MATLAB을 이용한 GUI 생성과 활용

김경중 지음

KYOWOOSA 교우사

Preface

본 저서는 매틀랩을 이용하여 GUI(Graphical User Interfaces)를 생성하고 활용하는 방법에 대하여 설명한다. 매틀랩의 기초가 부족한 독자를 위하여 GUI에 대한 내용뿐만 아니라 매틀랩의 기초적 내용도 자세히 설명하였다. 1장 처음부터 꼼꼼히 읽어 나간다면 매틀랩 이해에 큰 도움을 줄 것이다. 미분 방정식의 수치해와 관련된 수치해석적 내용을 피하고 싶다면 2.3절의 내용을 건너뛰어도 좋다.

이학과 공학 교육에서 매틀랩의 역할이 점점 커지고 있다. 더불어 매틀랩의 구조도 과거보다 훨씬 복잡하고 전문성을 가지게 되었다. 컴퓨터 언어로서 매틀랩의 장점은, 이론적 내용에 바탕을 둔 복잡한 계산의 결과를 그래프로 쉽게 보여준다는 것이다. 즉, 매틀랩이라는 도구를 이용하면 이해하기 어려울 수 있는 이론적 내용에 대한 접근이 좀 더 수월해질 수 있다. 매틀랩 코드로 작성된 프로그램은 그 내용에 따라 수치적 연산 또는 심볼릭 연산을 할 수 있다. 어떤 수학 함수의 경우 적분이 가능하지 않을 수 있다. 이런 경우에도 매틀랩은 몇 가지 명령어 또는 함수를 이용하여 적분의 근삿값을 제공한다. 이러한 과정에서 수치적 연산이 적용된다. 이론적으로 적분이 되는 함수이지만 그 풀이 과정을 알 수 없어서 정답을 찾지 못하는 경우를 가정하여 보자. 연구를 진행하는 과정에서 발생한 이러한 문제로 인하여 정답을 얻기까지 연구자는 많은 시간이 소비될 수 있다. 풀이 과정까지 자세히 보여주지는 않지만 매틀랩은 어쨌든 심볼릭 연산을 이용하여 적분 문제에 대한 이론적 해를 제공한다.

어떤 프로그램의 기능이 뛰어나다고 해도 그 내용을 익히고 배우는 과정이 어렵다면 이 또한 문제이다. 대중성이 결여되어 재능있는 소수 특정인들만 사용하는 전문 도구로 전락할 수 있기 때문이다. 매틀랩의 경우, 다른 컴퓨터 프로그램 언어와 비교하여 볼 때 그 배우는 과정을 좀 더 흥미롭게 만들 수 있다. 그 답은 매틀랩이 제공하는 사용자 환경의 UI window를 활용하는 것이다. UI window를 활용하면, 프로그램의 진행 과정을 시각화할 수 있다. 일반적인 컴퓨터 프로그램의 경우, 단순히 문자를 타이핑하여 파일로 만들고 저장한 뒤에 파일을 실행하여 그 결과를 수치적 데이터(또는 수치적 데이터를 이용한 그래프 결과)로 출력한다. 반면에, UI window는 그 내부에 여러 종류의 구성 요소가 있고 그 구성 요소를 마우스로 선택하거나 또는 키보드를 이용해 구성 요소에 정보를 입력하여 프로그램을 진행 시킬 수 있다. 이렇게 진행된 프로그램의 결과를 동일한 UI window에 그래프(또는 테이블)의 형식으로 출력할 수 있고 또는 추가로 만들어진 UI window에 출력할 수 있다. 모니터에 사용자 환경의 UI window 박스가 생성되고 그 안에 있는 객체를 선택하여 프로그램이 진행되기 때문에 무엇보다도 컴퓨터 프로그램 실행 과정이 사용자에게 친화적이다. 결과적으로, 텍스트로만 진행되는 컴퓨터 프로그램 과정과는 그 차별성이 있고 명백한 매틀랩의 장점으로 부각된다. 이러한 매틀랩의 장점을 다음과 같은 내용으로 본 저서에서 배우게 된다.

1장: UI window를 만드는 구성 요소(객체)와 콜백 함수에 대하여 소개한다.

2장: UI window를 이용하여 계산기를 실제로 만들어 본다. 매틀랩에 관한 많은 지식이 없어도 본 저서의 내용을 따르면 쉽게 계산기가 만들어 진다. 또한 수학 함수를 선택하여 대응하는 그래프를 UI window에 출력하는 내용도 배운다. 추가적으로 미분방정식의 수치해에 대한 이론적 내용을 어느 정도 알고 있는 독자라면 UI window의 활용성이 크게 다가올 수 있다. 그러나, 수치해에 대한 이론적 내용을 모른다고 해도 본 저서에서 수치해와 관련된 내용을 요약의 형식으로 언급하고 있다. 따라서, 이론적 내용을 모르는 독자의 경우에도 본 저서에서 설명하는 프로그램을 작성하고 실행하는 데에는 문제없다. 수치 해석적 이론 내용이 부담스러운 독자라면 앞에서도 언급하였지만 2.3절은 건너뛰고 3장을 공부하면 된다.

Preface

3장: UI window를 구성하는 객체(구성 요소)에 대하여 자세히 배우게 된다. 레이아웃 에디터에서 제공하는 구성 요소 하나하나에 대한 단순 설명뿐만 아니라 구성 요소 사이를 연결하는 방법에 대하여 배우게 된다. 즉, 새로운 구성 요소를 배우면서 이미 배웠던 구성요소와 어떤 관계를 만들고 그런 연결을 통하여 여러 가지 종류의 UI window를 구성하는 방법을 배울 것이다.

각 장마다 연습문제가 주어진다. UI window를 생성하는 매틀랩 코드는 그 특수성이 있기 때문에 어떤 연습문제의 경우 학기 중에 주어지는 과제 내용처럼 길게 느껴질 수 있다. 이러한 종류의 문제를 스스로 또는 팀 단위로 해결하여 자신의 매틀랩 이해도를 높이기 바란다. 2014년 후반기부터 매틀랩의 내용 중 객체에 대한 처리가 변경되었고 새롭게 변경된 내용에 따라 본 저서는 구성되었다. 독자가 본 저서를 공부할 때, 내용 이해가 쉽게 되도록 저자는 최대한 노력하였다. 이러한 노력중의 하나는 UI window 자체에 대한 내용뿐만 아니라 UI window 생성과 관련된 프로그램 이해를 위하여 매틀랩에 대한 기본적인 설명도 관련 내용에 따라 비교적 자세히 제공되었다.

어떤 독자가 본 저서를 읽고 매틀랩을 좋아하게 되었다면 저자로서 그보다 더 큰 기쁨은 없을 것이다. 한 글자 한 글자 생각하고 정성을 다해서 만든 문장이 모여져 한 권의 저서가 되었다. 독자에게 큰 도움이 되기를 진심으로 바란다.

마지막으로, 본 저서가 완성되기까지 보이지 않는 곳에서 작업하셨던 편집부 관계자 분들께 감사드립니다.

2015년 10월 14일

저자: 김경중

Contents

Contents

01

UI window의 소개와 구조

1.1 UI window 소개

매틀랩은 GUI(Graphical User Interfaces)를 만들 수 있는 도구와 환경을 제공한다. 명령창(Command Window)에서 guide를 입력하고 실행하면 레이아웃 에디터(Layout Editor)가 화면에 출력된다. 이 에디터 화면 왼쪽에 위치한 팔레트(Palette)의 구성요소(Component)를 사용하여 UI(User Interfaces) window를 디자인한다. 어떤 함수형 M-파일이나 스크립트형 M-파일의 실행 결과가 명령창이나 figure window로 단순히 출력된다고 가정하여 보자. 이러한 출력 방식과 비교하여 볼 때, UI window를 사용함으로 해서 나타나는 가장 큰 특징은 이 window를 통하여 프로그램 내용이 진행된다. 즉, 화면에 출력된 UI window 내부에 있는 객체(구성요소)을 선택하여 프로그램의 내용을 실행시킬 수 있고 그 결과를 UI window에 출력할 수 있다. 이때, 'UI window'라 지칭하는 대상은 레이아웃 에디터의 작업 공간인 'GUI figure panel'을 통해서 얻게 되는 GUI figure window를 의미한다. 다음과 같은 질문을 해보자.

□ UI란 무엇인가?

간단히 사용자 환경이라고 말할 수 있다. 좀 더 자세히 설명한다면, 구성요소라는 도구로 만들어진 GUI figure window를 이용하여, 사용자는 매틀랩과 대화형 작업을 할 수 있다. 이때, GUI figure window에 있는 그래픽 표시(Graphical Display)를 UI라고 할 수 있다.

다음 절에서는 UI window를 만드는 환경인 레이아웃 에디터와 그 에디터에서 이용하는 구성요소에 대하여 알아본다.

1.2 레이아웃 에디터와 구성요소 종류

UI window를 구성하는 객체(또는 구성요소)들을 〈표1〉과 같이 분류할 수 있다(버전에 따라 구성요소의 종류가 다를 수 있다). 〈표1〉에서 각각의 구성요소 옆에 있는 괄호 안에 주어진 명칭은 매틀랩의 명령창에서 직접 사용할 수 있는 함수명(ActiveX 컨트롤 제외)이다. 이 함수(또는 명령어)들을 그 사용 방법에 따라 실행하면 대응하는 객체를 UI window에 생성하게 되지만, 편의상 〈표1〉에서 괄호 안에 주어진 명칭이 UI window에 존재하는 객체(또는 구성요소)를 의미하는 것으로 취급될 것이다. 본 저서에서는 함수 사용이 아닌 레이아웃 에디터에 있는 구성요소로 UI window의 객체를 만들 것이기 때문에 함수명과 그 함수에 의하여 생성되는 객체를 동일하게 취급하여도 문제없다. 좀 더 세부적 분석이 필요한 대상은 그에 따른 추가적인 설명이 주어진다. 단, 함수 uicontrol의 경우 아래의 내용에서 설명하듯이 uicontrol과 관련되는 구성요소는 여러 개 존재한다. 또한, 〈표1〉에서 뒤 쪽에 위치한 uitoolbar, uipushtool, uitoggletool은 함께 이용되는 구성요소들이다. 만약에 괄호 안에 주어진 함수의 사용 방법을 알고 싶다면 명령창에서 doc를 이용하여 그 사용법을 알아낼 수 있다. 예를 들어, 함수 uipanel의 사용법을 알고 싶다면 명령창에서

```
>> doc uipanel
```

와 같이 입력하고 Enter키를 클릭하면 이 함수를 설명하는 팝업 박스가 화면에 출력될 것이다. 팝업 박스 안에는 적어도 하나 이상의 예제가 일반적으로 주어지기 때문에 처음 내용을 접하는 사용자에게 큰 도움을 준다.

표1

컨트롤(uicontrol), 테이블(uitable), 좌표축(axes), 패널(uipanel), 버튼 그룹(uibuttongroup), ActiveX 컨트롤, 메뉴 모음(uimenu), 상황별 메뉴(uicontextmenu), 도구 모음(uitoolbar), 푸시툴(uipushtool), 토글툴(uitoggletool)

위 〈표1〉에 주어진 구성요소(객체) 각각에 대한 설명이 아래에 주어진다.

- **컨트롤**: 레이아웃 에디터 왼쪽에 위치한 팔레트에 있는 대부분의 구성요소가 여기에 속한다. 구체적으로, 팔레트의 첫 번째 구성요소인 푸시 버튼부터 시작하여 아래로 토글 버튼까지이다. 즉, 푸시버튼, 슬라이더, 라디오 버튼, 확인란, 편집 텍스트, 정적 텍스트, 팝업 메뉴, 목록 상자, 토글 버튼이 함수 uicontrol에 의하여 생성될 수 있다.
- **테이블**: 팔레트에 있는 구성요소이고 UI window에 수 또는 문자로 구성된 표를 출력하기 위하여 사용할 수 있다. 좌표축에 그려진 그래프에 대한 수치적 결과를 출력할 때 이용할 수 있다.
- **좌표축**: 팔레트에 있는 구성요소이고 UI window에 그래프 또는 수식을 출력하기 위하여 이 좌표축을 사용할 수 있다. 보통 어떤 목적을 가지는 프로그램의 최종 결과를 그래프로 보여줄 때 이용하면 된다.
- **패널**: 팔레트에 있는 구성요소이고 두 개 이상의 구성요소들을 하나의 박스로 묶어서 그룹으로 만드는데 사용할 수 있다. UI window에 있는 구성요소(객체)들을 프로그램 내용과 관련하여 그룹으로 분리하면 보다 간결한 window 구성을 만들 수 있다. 그룹으로 묶은 뒤에도 패널 안에 있는 구성요소의 원래 기능은 유지된다.
- **버튼 그룹**: 팔레트에 있는 구성요소이고 이 구성요소를 사용하면 그룹화된 라디오 버튼 또는 토글 버튼을 이용할 수 있다. 여러 개의 대상에서 오직 하나의 선택만 되도록 하고 싶은 경우 이용하면 된다. 사용자가 선택한 항목을 이용하기 위하여 콜백 함수 SelectionChangedFcn을 사용하는 것이 특징이다.
- **ActiveX 컨트롤**: 팔레트에 있는 구성요소이다. 다른 프로그램에 의하여 만들어진 ActiveX 컨트롤을 입력할 수 있으나, ActiveX 컨트롤의 내용과 구조를 이미 잘 알고 있는 경우 사용할 것을 추천한다. 점차적으로 ActiveX의 사용이 줄어들고 있는 추세이다.

- **메뉴 모음**: UI window 상단에 사용자가 정한 명칭을 가진 메뉴(사용자 정의 메뉴) 버튼을 생성할 때 사용할 수 있다. 이 메뉴 버튼을 마우스로 클릭하면 사용자가 선택할 수 있는 항목들이 팝업되어 나타나고 그 중에서 하나의 항목을 사용자가 선택한다. 그 결과로 선택된 항목과 관련된 내용이 실행될 것이다. 메뉴 모음을 이용하기 위하여 아래와 같은 경로로 접근한다:

  레이아웃 에디터 상단: 툴 > 메뉴 편집기 > 메뉴 모음

- **상황별 메뉴**: UI window를 구성하는 객체 위에서 마우스의 오른쪽 버튼을 클릭하면 그 객체와 관련하여 선택할 수 있는 항목들이 팝업 되도록 만들 때 이용할 수 있다. 객체에 따라 다양한 상황별 메뉴를 만들 수 있다. 상황별 메뉴를 생성하기 위하여 아래와 같은 경로로 접근한다:

  레이아웃 에디터 상단: 툴 > 메뉴 편집기 > 상황별 메뉴

- **도구 모음**(푸시툴과 토글툴): 푸시툴과 토글툴이 이용가능 하도록 UI window 상단에 툴바 영역 생성과 관련된다. 도구 모음, 푸시툴과 토글툴을 생성하기 위하여 아래와 같은 경로로 접근한다:

  레이아웃 에디터 상단: 툴 > 도구 모음 편집기

다음 2장의 내용부터 레이아웃 에디터를 자세히 설명(주제에 따른)하지만, 현재 1장의 내용 이해를 쉽게 할 수 있도록 우선 간단히 소개하여 보자.

명령창에서 guide를 입력하고 키보드에 있는 Enter키를 선택한다. 〈표2〉와 같은 'GUIDE 빠른 시작'이라는 대화형 박스가 화면에 출력된다.

표2

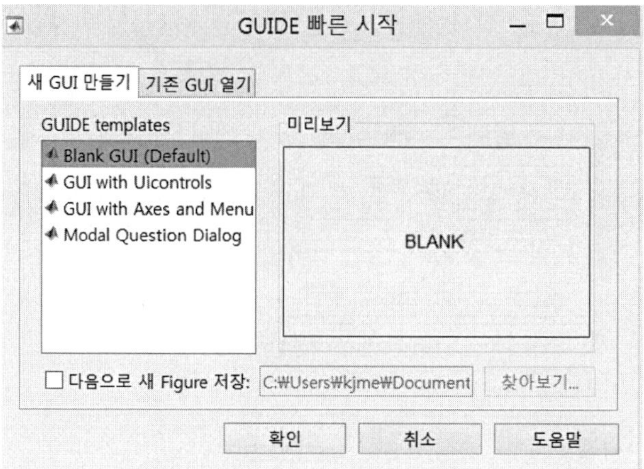

〈표2〉와 같이 주어진 박스에서

새 GUI 만들기 > Blank GUI (Default)

항목을 선택하고(다른 항목을 선택하면 이미 설정되어 있는 형식을 오른쪽에 위치한 미리보기 박스에서 확인할 수 있다) 이 박스 하단에 위치한 확인 버튼을 클릭한다. 확인 버튼 클릭 후, 〈표3〉과 같은 '레이아웃 에디터' 화면 출력을 볼 수 있다.

표3

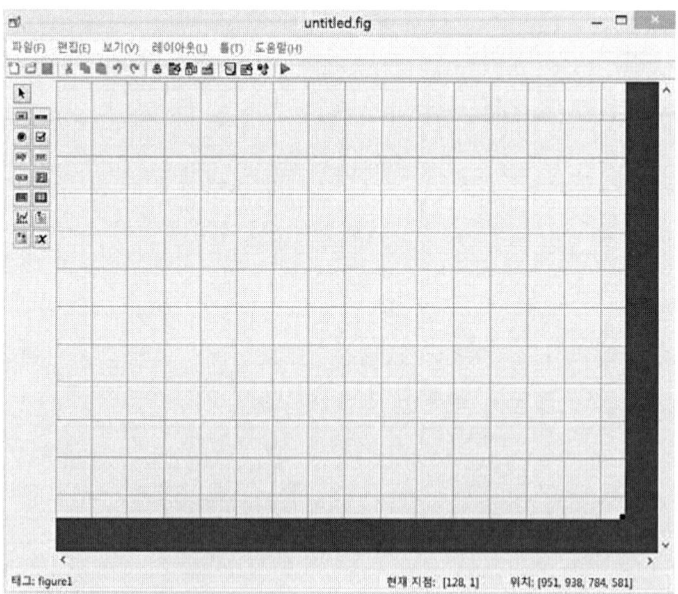

레이아웃 에디터를 처음 접하는 사용자는 에디터 왼쪽에 위치한 팔레트의 구성요소 아이콘이 아직 익숙하지 않기 때문에 각각의 구성요소에 대응하는 명칭을 팔레트에 함께 출력하여 보자. 즉, 레이아웃 에디터 상단에 위치한 메뉴바에서

파일 > 기본설정

항목을 클릭하면 <표4>와 같이 'MATLAB GUIDE 기본 설정'에 관한 window를 볼 수 있을 것이고 이 window에서 원하는 항목을 체크할 수 있다. <표5>와 같이 항목을 선택하고 window 하단에 위치한 확인 버튼을 클릭한다. 특별히, <표5>에서 첫 번째 항목인 '구성 요소 팔레트에 이름 표시'가 체크된 것을 확인한다.

표4

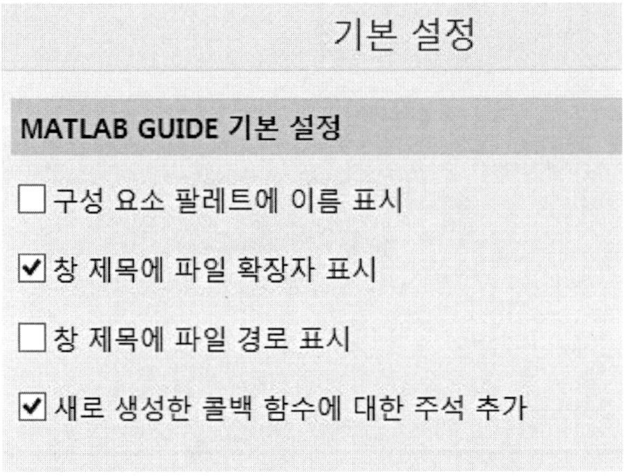

표5

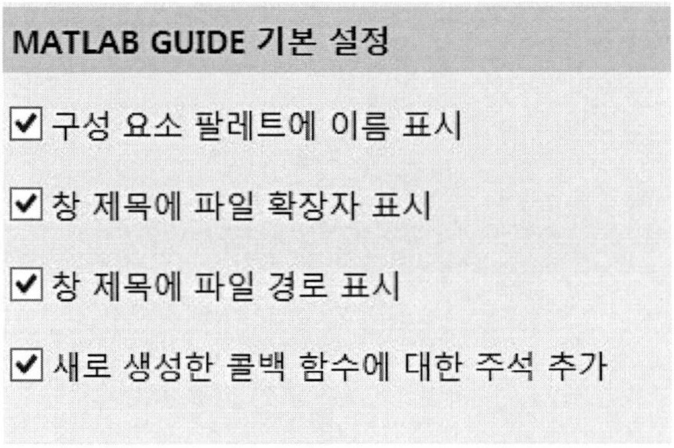

〈표5〉에서와 같이 MATLAB GUIDE 기본 설정에서 첫 번째 항목을 선택한 결과로 〈표6〉과 같이 레이아웃 에디터 왼쪽에 위치한 팔레트(추가로, 팔레트를 확대하여 〈표7〉에 제공)의 구성요소에 대응하는 명칭들이 출력되었다. 〈표6〉에 주어진 레이아웃 에디터에서 가로와 세로 격자선이 있는 영역을 GUI figure panel이라고 부른다. 이 영역으로 팔레트에 있는 구성요소를 드래그하여 사용자의 의도대로 배치하고 abc.fig라는 파일명으로 저장하였다고 가정하자. 이때, abc.m 파일이 자동 생성되고 M-파일 에디터에서 그 내용을 볼 수 있다. 파일 abc.m의 내부에는 매틀랩이 자동 생성한 주 함수, 지역 함수(OpeningFcn, OutputFcn)을 포함하여 사용자가 선택한 콜백 함수(Callback, ClickedCallback, CreateFcn 등을 포함)들이 존재할 수 있다. 만약에 지역 함수 또는 콜백 함수 내부에 어떤 내용을 추가하였다면, 이 함수와 연결되어 있는 객체를 UI window에서 사용자가 마우스 또는 키보드로 선택하여 그 추가된 내용을 실행시킬 수 있다.

표6

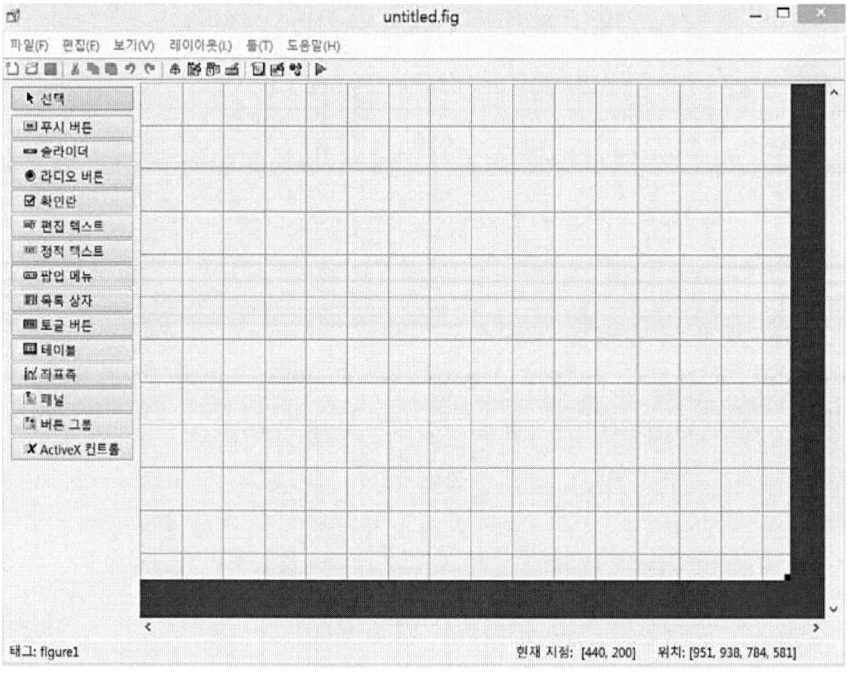

표7

〈표7〉에 팔레트의 구성요소가 주어졌고 이 구성요소들의 사용법에 대해서는 3장에서 자세히 설명할 것이다. 2장에서도 구성요소들이 UI window에서 어떻게 활용될 수 있는지 부분적으로 설명된다. 지금은 앞에서 설명한 정도로 구성요소들의 의미와 역할을 이해하면 된다.

1.3 객체와 콜백 함수 관계

이번 절과 다음 절의 내용을 이해하는 데에 어려움을 느끼는 독자는 2.1절로 이동하여도 된다. 즉, 매틀랩을 처음 접하는 독자의 경우 1.3절과 1.4절의 내용을 건너뛰고 2장의 내용(특별히, 2.1.5절과 2.1.6절의 내용 포함)을 먼저 학습한 다음에 다시 이곳으로 와서 1.3절과 1.4절의 내용을 이해하면 된다. 함수형 M-파일에 대한 개념과 사용방법(함수의 입력 변수와 출력 변수 처리 방법 포함)에 대해서 알고 있으며 간단한 UI window를 작성한 경험이 있는 독자는 1.3절과 1.4절의 내용을 이해할 수 있다고 본다. 참고로, M-파일 생성과 실행에 관한 기본적인 설명이 2.1.6절에 주어진다.

UI window에는 여러 종류의 구성요소이자 객체들로 구성(사용자가 선택하여 배치한)되어 있다. 사용자는 이런 객체를 선택하여 계획된 절차를 진행(어떤 결과를 얻기 위하여)할 수 있다. 이때, 어떤 목적 달성이 가능하도록 UI window에 있는 객체에 대응하는 콜백 함수를 사용자가 생성(레이아웃 에디터의 메뉴를 이용)하여 그 내용을(또는 매틀랩에 의하여 자동 생성된 콜백 함수의 내용을) 편집할 수 있다. 아래 〈표1〉에서 콜백 함수의 종류를 볼 수 있다. 실제적으로 〈표1〉에 주어진 명칭은 객체에 대응하는 속성 인스펙터에서 볼 수 있는 속성 이름(Property Name)이지만 이런 속성 이름을 포함하는 콜백 함수(UI window를 만들 때 생성된)의 종류를 언급할 때 〈표1〉에 주어진 명칭을 그대로 사용할 것이다. 〈표2a〉-〈표2g〉의 내용에서는 콜백 함수의 사용법에 대해서 간략히 설명하고 있고 2장부터 진행되는 내용에서 자세한 설명(UI window를 만들 때 관련된 콜백 함수에 대하여)이 주어질 것이다.

표1 콜백 함수

ButtondownFcn, Callback, CellEditCallback, CellSelectionCallback, ClickedCallback, CloseRequestFcn, CreateFcn, DeleteFcn, KeyPressFcn, KeyReleaseFcn, OffCallback, OnCallback, SizeChangedFcn, SelectionChangedFcn, WindowButtonDownFcn, WindowButtonMotionFcn,

WindowButtonUpFcn, WindowKeyPressFcn, WindowKeyReleaseFcn, WindowScrollWheelFcn

주의해야 할 사항은 UI window에 존재하는 객체에 따라서 사용할 수 있는 콜백 함수들이 다를 수 있다는 점이다. 어떻게 다를 수 있는지, 아래 〈표2a〉-〈표2g〉에 주어진 내용에서와 같이 각각의 콜백 함수에 대하여 두 가지 내용을 알아보자(객체의 종류에 figure가 추가되었다):

- 첫 번째 내용: 콜백 함수의 기능(또는 작동 방식) 설명 또는 콜백 함수가 작동하도록 하는 사용자의 처리방법.
- 두 번째 내용: 주어진 콜백 함수의 이용이 가능한 객체.

표2a

콜백 함수 종류	사용자의 처리 방법 (또는 콜백 함수 기능)	이용 가능 객체
ButtondownFcn	UI window 또는 객체 위에 커서(포인터)가 위치할 때, 사용자는 마우스 버튼을 누른다.	axes, figure, uibuttongroup, uicontrol, uipanel, uitable
Callback	사용자가 객체를 선택한다.	uicontextmenu, uicontrol, uimenu
CreateFcn	레이아웃 에디터에서 생성된 객체가 UI window에 출력되기 바로 전에 실행되는 콜백 함수이다. 그러므로, 사용자는 파일 내부에 존재하는 콜백 함수 CreateFcn를 편집하여 대응하는 객체의 초기화 상태를 설정할 수 있다.	axes, figure, uibuttongroup, uicontextmenu, uicontrol, uimenu, uipushtool, uipanel, uitable, uitoggletool, uitoolbar

표2b

콜백 함수 종류	사용자의 처리 방법 (또는 콜백 함수 기능)	이용 가능 객체
DeleteFcn	매틀랩이 UI window를 지우기 전에 수행되는 콜백 함수이다.	axes, figure, uibuttongroup, uicontextmenu, uicontrol, uimenu, uipushtool, uipanel, uitable, uitoggletool, uitoolbar
KeyPressFcn	포인터가 객체위에 있을 때, 사용자는 키보드에 있는 키를 누른다.	figure, uicontrol, uipanel, uipushtool, uitable, uitoolbar
KeyReleaseFcn	포인터가 객체위에 있을 때, 사용자는 누르고 있던 키보드의 키로부터 손은 뗀다.	figure, uicontrol, uitable

표2c

콜백 함수 종류	사용자의 처리 방법 (또는 콜백 함수 기능)	이용 가능 객체
SizeChangedFcn	사용자가 버튼 그룹, UI window, 패널과 같은 객체(속성 Resize의 값이 on인 경우에)의 크기를 재조정 한다.	figure, uipanel, uibuttongroup
SelectionChangedFcn	사용자가 버튼 그룹 박스 안에 있는 항목인 라디오 버튼 또는 토글 버튼을 선택한다.	uibuttongroup

표2d

콜백 함수 종류	사용자의 처리 방법 (또는 콜백 함수 기능)	이용 가능 객체
CellEditCallback	테이블을 구성하는 셀이 편집 가능하도록 설정되어 있을 때, 셀에 있는 값을 사용자가 편집한다.	uitable
CellSelectionCallback	테이블에 있는 셀을 사용자가 선택한다.	uitable

표2e

콜백 함수 종류	사용자의 처리 방법 (또는 콜백 함수 기능)	이용 가능 객체
ClickedCallback	토글툴과 푸시툴에 의하여 생성된 버튼을 마우스 왼쪽 버튼으로 클릭한다.	uitoggletool, uipushtool
OnCallback, OffCallback	토글툴에 의하여 생성된 토글 버튼의 State가 on 또는 off로 변경될 때 수행된다.	uitoggletool

표2f

콜백 함수 종류	사용자의 처리 방법 (또는 콜백 함수 기능)	이용 가능 객체
CloseRequestFcn	출력된 UI window를 닫는다.	figure
WindowButtonDownFcn	포인터가 UI window 안에 있을 때, 사용자가 마우스 버튼을 누른다.	figure
WindowButtonMotionFcn	포인터가 UI window 안에 있을 때, 사용자가 포인터를 움직인다.	figure
WindowButtonUpFcn	포인터가 UI window 안에 있을 때, 누른 마우스 버튼에서 손은 띈다. 또는 누른 상태를 해제한다.	figure
WindowScrollWheelFcn	포인터가 UI window 안에 있을 때, 사용자가 마우스 휠을 움직인다.	figure

표2g

콜백 함수 종류	사용자의 처리 방법 (또는 콜백 함수 기능)	이용 가능 객체
WindowKeyPressFcn	포인터가 UI window 안에 있을 때, 사용자가 키보드에서 키를 누른다.	figure
WindowKeyReleaseFcn	포인터가 UI window 안에 있을 때, 사용자가 누른 키보드의 키에서 손을 뗀다.	figure

1.4 콜백 함수 입력 인자

UI window를 만드는 레이아웃 에디터 환경에서 생성된 콜백 함수는 적어도 세 개의 입력 인자 hObject, eventdata, handles를 갖도록 구성되어 있다. 세 개의 입력 인자는 아래와 같은 내용을 가진다:

- hObject: UI window에 존재하는 객체를 선택하여 콜백 함수가 연결되는 경우, 선택된 객체에 대응하는 핸들을 저장하고 있는 변수이다.
- eventdata: 객체들로 구성된 UI window 영역 내부에서 선택한 마우스 버튼(또는 키보드에 의한 입력키)에 대한 자세한 정보를 가지고 있는 변수이다.
- handles: UI window에 존재하는 모든 객체에 이름표를 설정하여 그 객체를 제어할 수 있다. 이런 이름표는 객체의 속성 중의 하나인 Tag에 값(= 객체의 종류를 알 수 있는 문자열)을 설정하여 정한다. 이렇게 설정된 Tag의 값인 문자열을 관련 객체의 핸들 변수명으로 이용한다. 이런 과정에서 생성된 객체 핸들 변수명을 서브 필드명으로 사용하는 struct 변수 구조를 가진 것이 입력 인자 handles 이다.

콜백 함수의 입력 인자가 위에서 설명한 세 개 보다 많은 경우, 추가되는 입력 인자는 위에서 설명한 세 개의 입력 인자 뒤에 위치하도록 콜백 함수의 입력 인자 위치가 설정된다. 참고로, 2.1.1절의 〈표17〉에 주어진 MyCal.m 파일에 있는 콜백 함수 MyCal_OpeningFcn의 경우 아래와 같이 입력 인자가 네 개이고 네 번째 입력 인자인 varargin이 세 개의 입력 인자 hObject, eventdata, handles 뒤에 위치하고 있는 것을 확인할 수 있다.

```
function MyCal_OpeningFcn(hObject, eventdata, handles, varargin)
```

입력 인자 varargin에 관한 사용법은 2.1.5절에서 자세히 다룬다. 아래에 주어지는 〈표1a〉-〈표1d〉에서는 다음과 같은 두 가지 내용을 제공하고 있다:

- 첫 번째 내용: 변수 eventdata를 입력 인자로 사용하는 콜백 함수의 종류
- 두 번째 내용: 주어진 콜백 함수의 이용이 가능한 객체

콜백 함수의 기능 또는 콜백 함수를 작동하게 하는 사용자의 처리 방법에 대해서는 앞절의 내용을 참고한다. 특별히, 입력 인자 eventdata를 사용하는 콜백 함수 중에 SelectionChangedFcn이 있는데 그 활용 예가 궁금한 독자는 2.3.5절의 내용을 참고한다. 〈표1c〉에서 알 수 있듯이 버튼 그룹(uibuttongroup)은 콜백 함수 Selection ChangedFcn을 이용할 수 있다.

본 저서의 내용을 공부하면서 어떤 함수에 대하여 좀 더 많은 내용을 알고 싶은 경우에는 매틀랩이 지원하는 doc 함수를 적극적으로 활용할 것을 추천한다. 예를 들어, uicontrol 함수에 대한 내용을 자세히 알고 싶다면 명령창에서 아래와 같이 실행한다.

```
>> doc uicontrol    % 입력 후 Enter키 클릭
```

실행의 결과로 uicontrol 함수에 관한 도움말이 박스의 형식으로 화면에 팝업될 것이

다. 박스 안에 제공되는 도움말에는 일반적으로 예제도 함께 주어지기 때문에 예제의 내용을 분석하여 자신의 것으로 만들면 된다. 어떤 교재도 따라올 수 없는 많은 내용을 매틀랩[MAT]은 독자에게 제공하고 있다. 위와 같이, 함수 doc을 이용하여 매틀랩이 제공하는 정보와 내용에 접근할 수 있다. 매틀랩을 처음 배우는 독자의 경우에는 매틀랩이 제공하는 명령어(함수) 자체를 모르기 때문에 함수 doc를 바로 사용하기가 어렵다. 이런 경우라면 어떤 전공 분야의 주제어를 이용하여 매틀랩의 명령어를 알아낼 수 있는 lookfor 함수를 소개한다. 즉, 행렬과 관련된 echelon form에 관한 이론적 내용을 알고 있고 echelon form에 관련된 매틀랩 함수에는 무엇이 있는지 알고 싶다면 다음과 같이 명령창에서 실행한다.

```
>> lookfor echelon
rref                          - Reduced row echelon form.
```

실행의 결과로 위와 같은 출력을 명령창에서 볼 수 있을 것이다. 출력되는 내용을 살펴보면 왼쪽에는 함수가 출력되고 오른쪽에는 왼쪽에 있는 함수에 대한 간략 설명이 주어진다. 이 함수를 좀 더 알고 싶다면 다음과 같이 실행하여 rref 함수에 대하여 자세히 알 수 있다.

```
>> doc rref
```

함수 lookfor 실행 시, 출력의 내용이 많아서 출력되는 도중에 실행을 종료하고 싶다면 Ctrl+c 조합키(Ctrl 키를 누른 상태에서 c키를 클릭)를 실행한다. 또한 1장에서 소개한 객체와 대응하는 속성에 대하여 좀 더 구체적으로 알고 싶은 경우에는 참고문헌 [여]에서 소개한 서적을 참고한다.

표1a

콜백 함수	이용가능 객체
WindowKeyPressFcn, WindowKeyReleaseFcn, WindowScrollWheelFcn	figure

표1b

콜백 함수	이용가능 객체
KeyPressFcn, KeyReleaseFcn	figure, uicontrol, uitable

표1c

콜백 함수	이용가능 객체
SelectionChangedFcn	uibuttongroup

표1d

콜백 함수	이용가능 객체
CellEditCallback, CellSelectionCallback	uitable

이것으로 UI window에 대한 소개와 구조 설명을 끝내고 다음 장에서는 몇 가지 UI window를 직접 만들어 본다.

연습문제 01

01. 레이아웃 에디터에서 팔레트에 있는 구성요소를 GUI figure panel로 드래그하여 UI window를 디자인할 수 있다. 팔레트에 있는 구성요소 중에서, 함수 uicontrol에 의하여 생성할 수 있는 구성요소의 종류는?

02. 아래 〈표1〉과 같이 주어진 내용을 파일명 mytoolbar.m으로 저장한다. 파일 mytoolbar.m이 현재 폴더에 있는지 확인하고 명령창에서

```
>> mytoolbar
```

와 같이 입력한 후에 Enter키를 클릭하면 〈표2〉와 같은 figure window를 볼 수 있을 것이다. 이 window 왼쪽 상단을 보면 〈표3〉과 같이 토글툴 버튼이 만들어져 있는데 이 버튼을 마우스로 클릭하면 〈표4〉와 같이 토글툴 버튼이 선택된다. 이 선택의 결과로 〈표5〉와 같이 좌표축에 격자선이 출력되는 figure window가 된다. 〈표5〉와 같이 격자선이 있는 상태의 figure window에서 다시 왼쪽 상단에 있는 토글툴 버튼을 선택하면 〈표2〉의 상태(격자선이 사라짐)로 다시 돌아온다. 이와 같은 과정이 진행되는 이유를 〈표1〉에 주어진 함수 mytoolbar의 내용으로 설명하시오.

▌표1

```
--------- mytoolbar.m ----------------------------
function mytoolbar()
f = figure;
t=0:0.2:5;
y = sin(t);
plot(t,y);
```

```
set(f,'ToolBar','none');
set(f,'MenuBar','none');
tb = uitoolbar(f);
img = 0.7*ones(13,13,3);
t = uitoggletool(tb,'CData',img,'TooltipString','Grid', ...
    'OnCallback', @Make_Grid_On, ...
    'OffCallback',@Make_Grid_Off);
end

function Make_Grid_On(hObject, callbackdata)
 grid on
end

function Make_Grid_Off(hObject, callbackdata)
  grid off
end
----------------------------------------------------------------------
```

▌표2

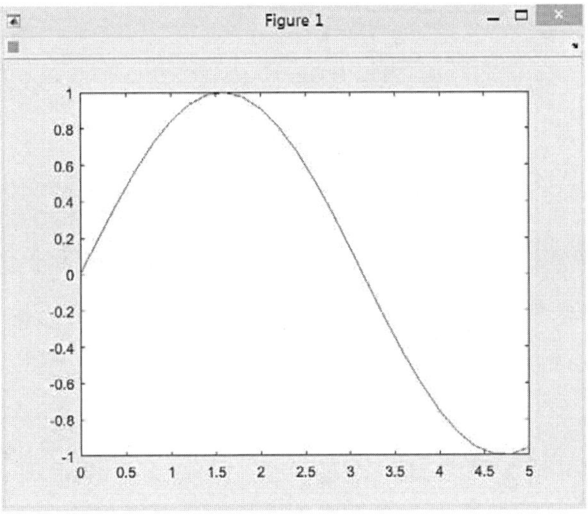

▌표3

▌표4

▌표5

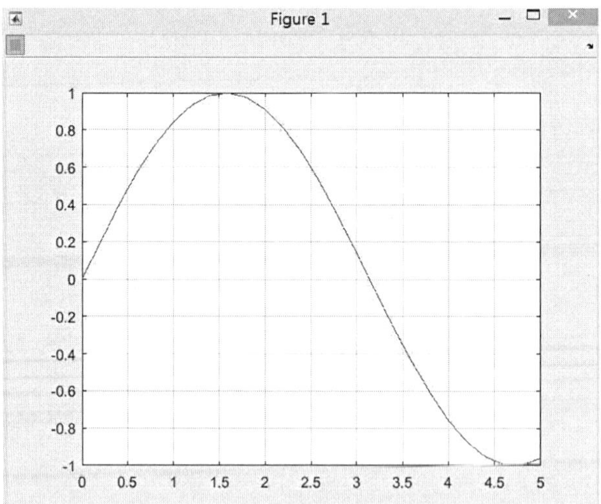

03. 두 개의 구성요소인 메뉴 모음과 상황별 메뉴를 UI window에 생성하기 위하여 이용하는 편집기의 종류는 무엇이고 또한 이 편집기에 접근할 수 있는 경로는?

04. 버튼 그룹의 박스 내부에서 사용할 수 있는 구성요소(팔레트에 있는)는?

05. 아래 박스 안에 주어진 내용을 읽어보자. 읽은 내용 중에서, 오른쪽 버튼으로 객체를 클릭하면 선택할 수 있는 항목들이 화면에 팝업 되도록 해주는 구성요소는? 또한 이런 구성요소를 생성할 수 있는 명령어는?

UI window를 구성하는 객체 중에서 어떤 객체를 마우스의 오른쪽 버튼으로 선택한다. 선택의 결과로서 그 객체와 관련하여 어떤 작업을 할 수 있는 항목들이 팝업된다. 팝업된 항목 중에서 하나를 선택하면 대응하는 작업이 진행된다.

06. 레이아웃 에디터의 GUI figure panel에 구성요소인 좌표축을 〈표1〉과 같이 배치하고 파일명을 mygraph.fig으로 정한다. 레이아웃 에디터에서 이 파일을 실행하면 〈표2〉와 같은 빈 UI window가 출력된다. 이때, 자동으로 생성된 mygraph.m 파일은 〈표3〉과 같은 함수로 구성되어 있다. 아래 박스 안에 주어진 세 줄의 실행문을 mygraph.m 파일에서 어느 함수 내부에 갖다 놓고 mygraph.m 파일을 실행하면 〈표4〉와 같은 초기 UI window 출력을 볼 수 있다. 이와 같은 초기 UI window를 출력하기 위하여 아래 박스 안의 내용이 어떤 함수에 저장되어야 하는가? 그 이유는?

```
[X,Y] = meshgrid(-5:0.2:5);
Z = cos(X).*Y.^2 + X.^2;
surf(X, Y, Z)
```

▌표1

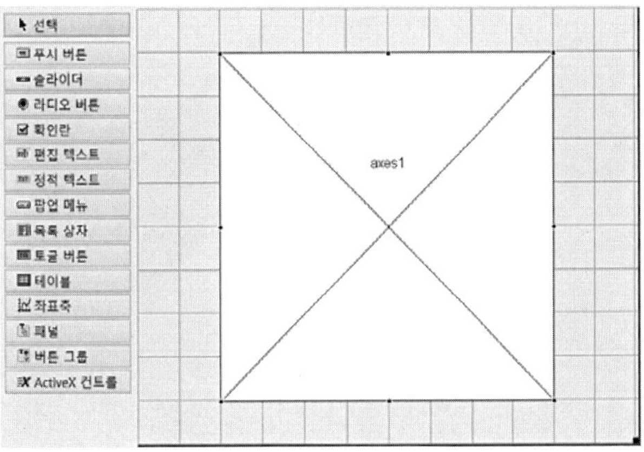

▌표2

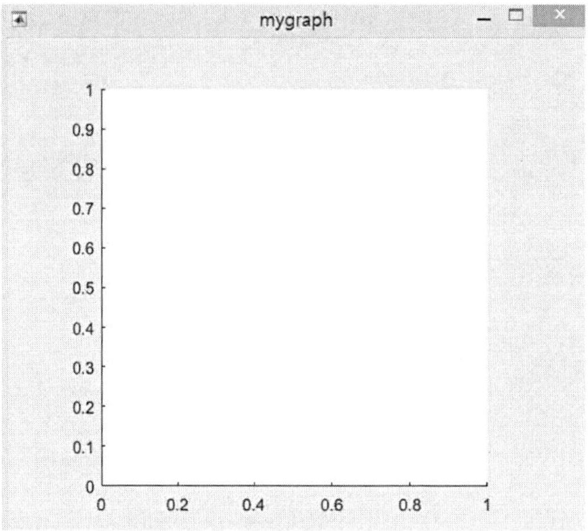

▌표3

```
------------------------------------------------------------
function varargout = mygraph(varargin)
function mygraph_OpeningFcn(hObject, eventdata, handles, varargin)
function varargout = mygraph_OutputFcn(hObject, eventdata, handles)
------------------------------------------------------------
```

▌표4

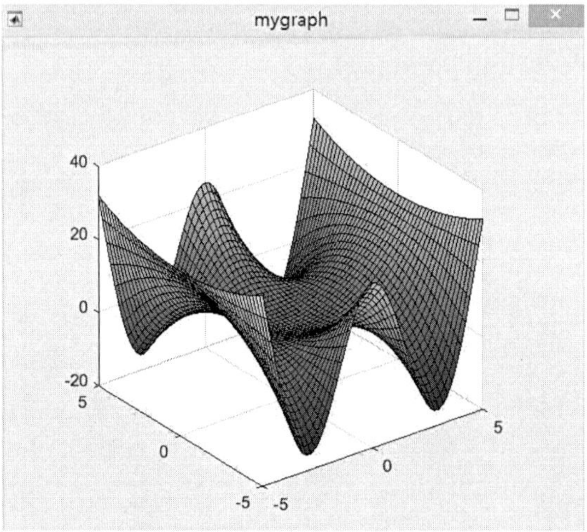

07. UI window에서 콜백 함수 SelectionChangedFcn을 이용할 수 있는 객체(또는 구성 요소)의 종류는? 또한, 이 콜백 함수는 어떻게 이용될 수 있는가?

08. 레이아웃 에디터를 사용하여 UI window를 생성한다. 이와 같은 생성 과정 중에 레이아웃 에디터 환경에서 만들어진 콜백 함수의 입력 인자인 hObject, eventdata, handles의 역할에 대하여 간략히 설명하면?

09. 콜백 함수 CellEditCallback은 입력 인자 중에 eventdata를 이용하여, 사용자가 마우스로 클릭한 위치 또는 키보드로 입력한 문자열과 같은 정보를 알아낼 수 있다. 이때, eventdata는 서브필드 Indices, PreviousData, EditData, NewData, Error를 가지는 구조체 변수이다. 이런 기능을 가진 콜백 함수 CellEditCallback을 사용할 수 있는 객체이자 팔레트에 있는 구성 요소는?

02

UI Window

작성과 환경

2.1 계산기 기능 UI window와 환경

단순한 구조의 UI window를 만들고 실행하여 그 구조와 작동원리를 쉽게 이해하여 보자. 먼저 사칙연산뿐만 아니라 다양한 수학 함수을 포함하는 수식을 계산하여 답을 구하는 계산기 기능을 하는 UI window를 만들어 볼 것이다.

2.1.1 계산기 디자인하기

아래와 같이 계산기 역할을 하는 UI window를 만들어 보자. 즉, 명령창에서

```
>> MyCal
```

와 같이 입력하고 실행(Enter키 선택)하면 〈표1〉이 출력되도록 만든다. 다음으로 〈표2〉와 같이 두 번째 구성요소에 임의의 수식(예: 2+(3+2)*4)을 입력하고 세 번째 구성요소(기호 =를 가진 박스)를 마우스로 선택하면 그 수식의 결과가 UI window 마지막 줄에 〈표2〉에서와 같이 22가 출력되어야 한다.

표1

표2

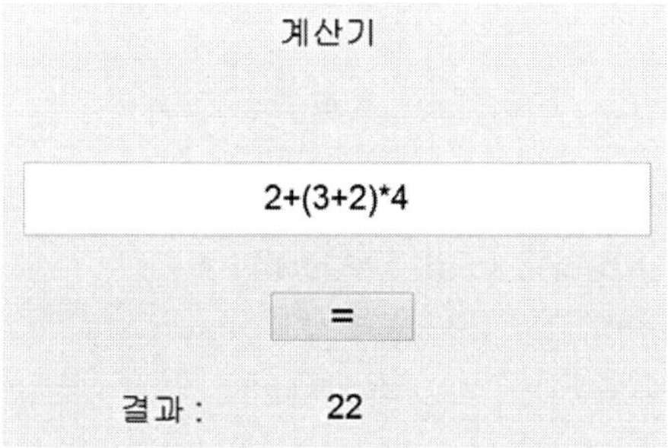

위와 같은 계산기를 만들기 위하여 두 개의 부분으로 그 내용을 나누어 진행하여 보자. 먼저, 이번 절에서는 레이아웃 에디터의 도구를 이용하여 〈표1〉과 같은 UI window 구조를 갖도록 구성하여 보고 다음 절에서는 〈표2〉와 같이 실행하면 입력한 수식의 값이 출력되도록 만들어 볼 것이다.

〈표1〉과 같은 UI window 구조를 완성하기 위하여 그 과정을 아래와 같이 몇 가지 스텝으로 나누어서 설명하였다.

〈step 1〉

명령창에서 guide를 입력하고 키보드에 있는 Enter키를 선택한다. 〈표3〉과 같은 'GUIDE 빠른 시작'이라는 대화형 박스가 화면에 출력된다.

표3

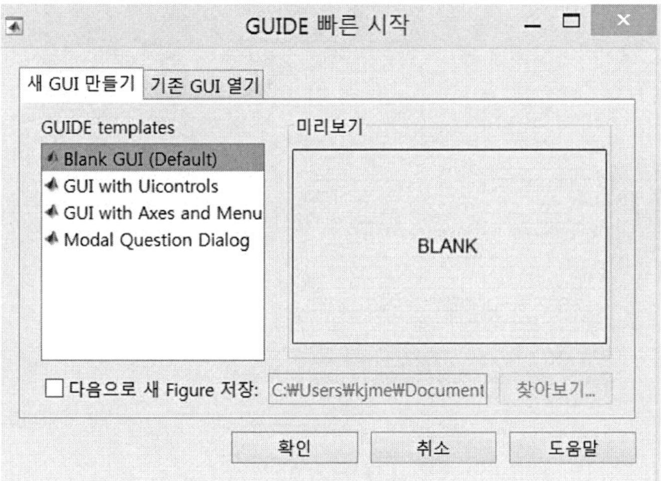

〈step 2〉

〈표3〉과 같이 제공된 박스에서

새 GUI 만들기 > Blank GUI (Default)

의 항목을 선택하고 박스 하단에 위치한 확인 버튼을 클릭한다. 그 결과로 〈표4〉 또는 〈표5〉와 같은 '레이아웃 에디터' 박스를 보게 될 것이다. 1장에서 설명한 내용인 'MATLAB GUIDE 기본 설정'에서 '구성 요소 팔레트에 이름 표시' 항목을 선택하였다면 〈표4〉와 같이 레이아웃 에디터 왼쪽에 위치한 구성 요소 아이콘에 이름이 표시되어 있을 것이다. 만약에 1장에서 이 내용을 수행하지 않았다면('구성 요소 팔레트에 이름 표시' 항목을 선택하지 않았다면) 〈표5〉와 같은 박스를 보게 될 것이다. 〈표5〉에 해당하는 경우라면 〈표4〉와 같이 구성 요소 아이콘에 이름이 표시되도록 레이아웃 에디터의 환경을 변경하기를 추천한다.

표4

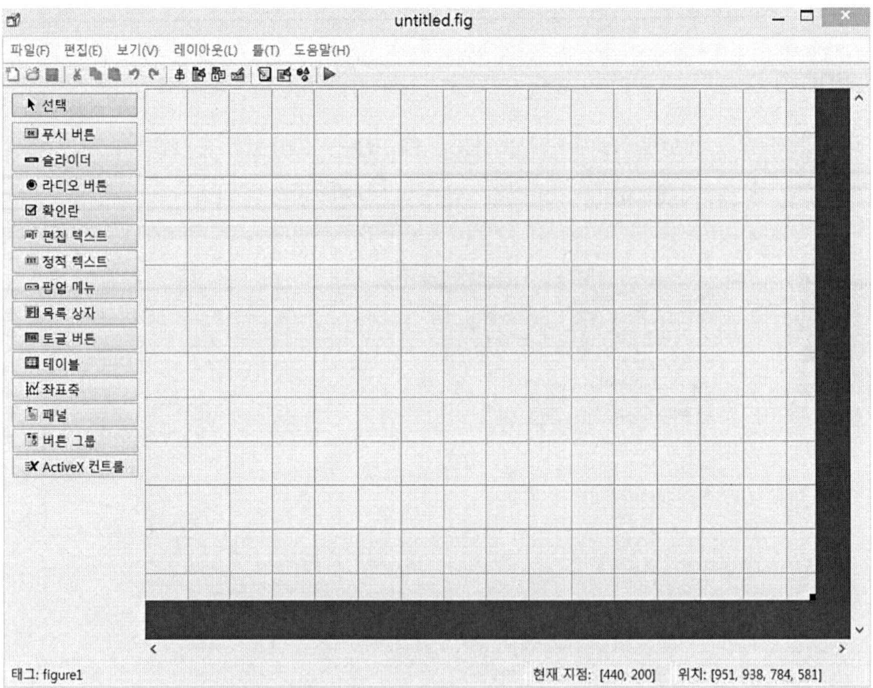

표5

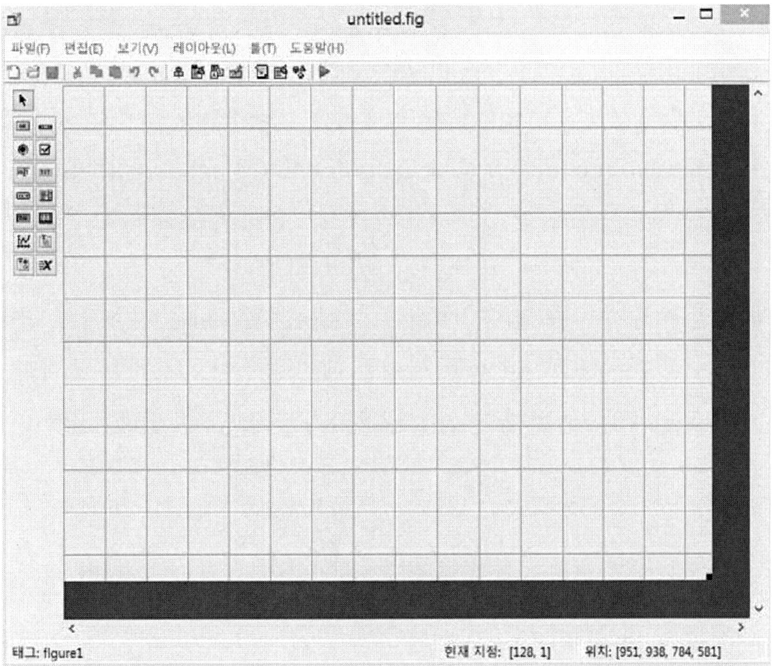

레이아웃 에디터 내부에는 GUI figure panel이 있는데 이 패널의 오른쪽 아래에 보면 검정색으로 네모 모양이 있다. 마우스로 이 네모를 조절하면 GUI figure panel의 크기를 조절할 수 있다.

〈step 3〉

〈표4〉와 같이 레이아웃 에디터 상단을 보면 현재 untitled.fig 파일로 이름이 설정되어 있는데 레이아웃 에디터 왼쪽 상단에 있는 메뉴 항목에서

파일 〉 다른 이름으로 저장

을 선택하여 MyCal.fig 파일로 저장한다. 매틀랩 현재 폴더 위치에 MyCal.fig와 MyCal.m이 생성된 것을 볼 수 있다. 또한, M-파일 편집기에서 자동 생성된 M-파일 MyCal.m을 볼 수 있다. MyCal.m의 내용을 체크하면 〈표6〉에 주어진 세 개의 함수로 구성되어 있는 것을 볼 수 있다.

표6

```
--------------------------------------------------------------------
function varargout = MyCal(varargin)
function MyCal_OpeningFcn(hObject, eventdata, handles, varargin)
function varargout = MyCal_OutputFcn(hObject, eventdata, handles)
--------------------------------------------------------------------
```

위의 세 개의 함수 중에서 주 함수(Main Function) MyCal은 사용자가 편집할 수 없는 함수이다. 이 함수는 UI window를 생성할 때 매틀랩이 사용하는 초기화 코드를 포함하고 있다. 두 번째와 세 번째 함수는 사용자가 편집할 수 있다. 간략히 그 특징을 요약하면

- MyCal: MyCal의 제목을 가진 UI window를 생성하는 주 함수이고 사용자가 접근할 수 없는 대상이다.
- MyCal_OpeningFcn: UI window가 처음 화면에 출력될 때 window에 존재하는 객체의 초기화 설정과 관련된 내용이 포함될 수 있는 지역 함수이다.
- MyCal_OutputFcn: 출력 변수로 셀 배열을 사용하고 있고 명령창에 어떤 내용을 출력하고자 할 때 이용할 수 있는 지역 함수이다. 2.1.4절에서 OutputFcn 함수에 대하여 좀 더 자세히 설명한다.

참고로, 내용 이해가 쉽도록 〈표7〉에 MyCal.m 파일의 내용 전체를 제공한다.

표7

```
----------- MyCal.m ------------------------------------
function varargout = MyCal(varargin)
% MYCAL MATLAB code for MyCal.fig
%      MYCAL, by itself, creates a new MYCAL or raises the existing
%      singleton*.
%
%      H = MYCAL returns the handle to a new MYCAL or the handle to
```

```
%    the existing singleton*.
%
%    MYCAL('CALLBACK',hObject,eventData,handles,...) calls the
%    local function named CALLBACK in MYCAL.M
%    with the given input arguments.
%    MYCAL('Property','Value',...) creates a new MYCAL or raises the
%    existing singleton*.  Starting from the left, property value pairs
%    are applied to the GUI before MyCal_OpeningFcn gets called.  An
%    unrecognized property name or invalid value makes property
%    application stop.
%    All inputs are passed to MyCal_OpeningFcn via varargin.
%
%    *See GUI Options on GUIDE's Tools menu.  Choose "GUI allows
%    only one instance to run (singleton)".
%
% See also: GUIDE, GUIDATA, GUIHANDLES

% Edit the above text to modify the response to help MyCal

% Last Modified by GUIDE v2.5 13-Jun-2015 11:47:17

% Begin initialization code - DO NOT EDIT
gui_Singleton = 1;
gui_State = struct('gui_Name',       mfilename, ...
                   'gui_Singleton',  gui_Singleton, ...
                   'gui_OpeningFcn', @MyCal_OpeningFcn, ...
                   'gui_OutputFcn',  @MyCal_OutputFcn, ...
                   'gui_LayoutFcn',  [] , ...
                   'gui_Callback',   []);
```

```
if nargin && ischar(varargin{1})
    gui_State.gui_Callback = str2func(varargin{1});
end

if nargout
    [varargout{1:nargout}] = gui_mainfcn(gui_State, varargin{:});
else
    gui_mainfcn(gui_State, varargin{:});
end
% End initialization code - DO NOT EDIT


% --- Executes just before MyCal is made visible.
function MyCal_OpeningFcn(hObject, eventdata, handles, varargin)
% This function has no output args, see OutputFcn.
% hObject    handle to figure
% eventdata  reserved - to be defined in a future version of MATLAB
% handles    structure with handles and user data (see GUIDATA)
% varargin   command line arguments to MyCal (see VARARGIN)

% Choose default command line output for MyCal
handles.output = hObject;

% Update handles structure
guidata(hObject, handles);

% UIWAIT makes MyCal wait for user response (see UIRESUME)
% uiwait(handles.figure1);
```

```
% --- Outputs from this function are returned to the command line.
function varargout = MyCal_OutputFcn(hObject, eventdata, handles)
% varargout  cell array for returning output args (see VARARGOUT);
% hObject    handle to figure
% eventdata  reserved - to be defined in a future version of MATLAB
% handles    structure with handles and user data (see GUIDATA)

% Get default command line output from handles structure
varargout{1} = handles.output;
% --------------------------------------------------------------------
```

〈step 4〉

현재의 상태(MyCal.fig로 저장된)인 레이아웃 에디터에서 상단에 위치한 메뉴 항목

툴 〉 실행

을 마우스로 선택한다. 또는 레이아웃 에디터 상단에 있는 실행 버튼(삼각형 모양의 녹색 버튼)을 선택한다. GUI figure panel에서 어떤 객체(구성요소)도 만들지 않았기 때문에 아래 〈표8〉과 같이 어떤 객체도 나타나지 않는 빈 UI window가 생성된다.

표8

〈step 5〉

다음으로, 레이아웃 에디터에 있는 GUI figure panel을 〈표9〉와 같이 만든다.

표9

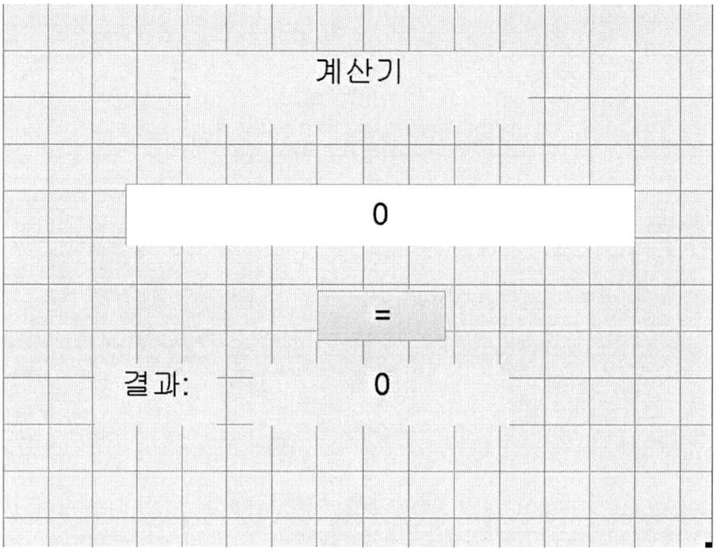

〈표9〉와 같이 만들기 위하여 팔레트에 있는 세 가지 구성요소인

정적 텍스트, 편집 텍스트, 푸시 버튼

가 이용 된다.

〈step 5-1〉

먼저, 레이아웃 에디터의 왼쪽에 있는 구성 요소 중에 '정적 텍스트'를 마우스로 선택한 상태에서 드래그(Drag)하여 〈표10〉과 같이 GUI figure panel에 생성한다.

표10

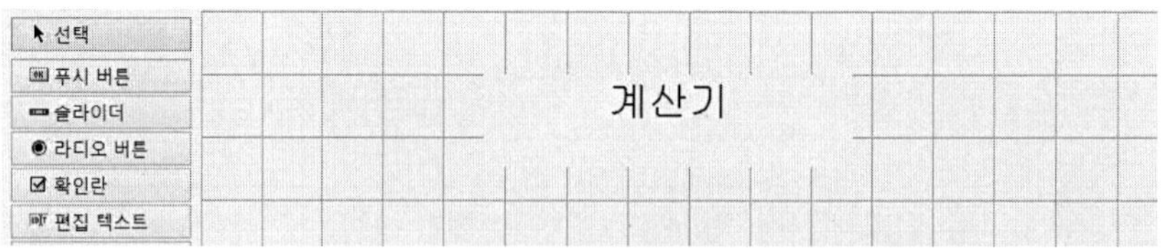

즉, 마우스를 이용하여 정적 텍스트 박스를 크게 하고 정적 텍스트를 더블 클릭하면 〈표10a〉와 같이 속성 인스펙터(Property Inspector) 박스가 출력된다.

표10a

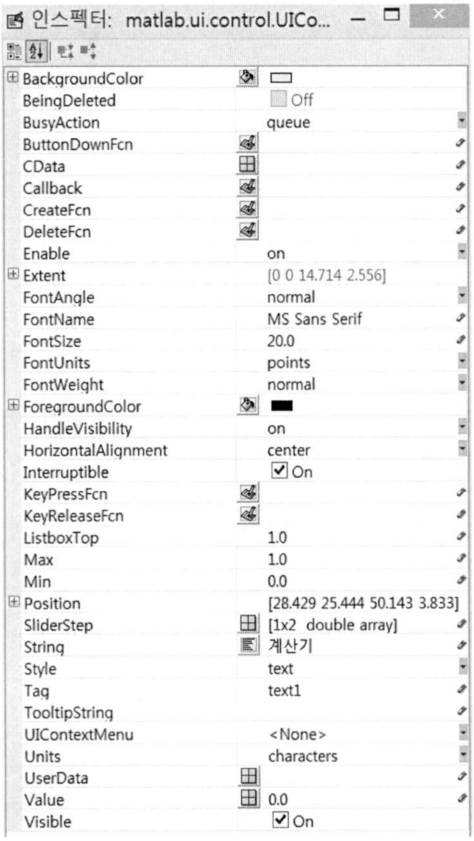

표10b

표10c

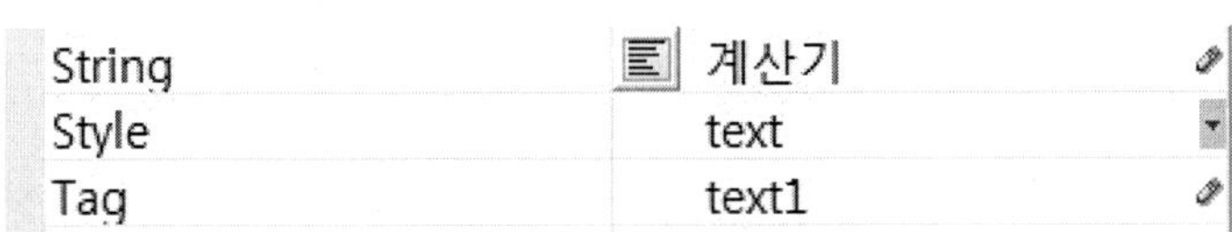

〈표10a〉에 주어진 속성 인스펙터에서 〈표10b〉와 〈표10c〉의 내용과 같이

(a) 속성 FontSize의 값을 20으로 설정

(b) 속성 String의 값을 '계산기'로 입력

(c) 속성 Tag의 값을 text1으로 설정

하면 〈표10〉과 같은 결과를 볼 수 있다.

참고로, 구성요소에 대응하는 속성 인스펙터(간단히, 인스펙터)의 구조를 설명하자:

- 첫 번째 열은 '속성 이름(명칭)'이 주어졌고 각각의 명칭에 대응하는 속성값(value)이 두 번째 열에 주어졌다. 속성 값은 문자열, 수, 배열, 함수핸들을 포함하는 매틀랩 데이터 종류 중에 하나가 될 수 있다.
- 인스펙터의 첫 번째 열에 있는 속성 중에 어느 하나의 속성을 선택하고 관련된 내용과 대응하는 속성값을 알기 위하여 '속성 이름' 위에서 마우스 오른쪽 버튼을 클릭하여 연결된 내용(매틀랩에서 제공하는 도움말)으로 이동하면 된다.

〈step 5-2〉

팔레트에 있는 구성 요소 중에 편집 텍스트를 마우스로 선택한 상태에서 드래그하여 아래 〈표11〉과 같이 GUI figure panel에 생성한다.

표11

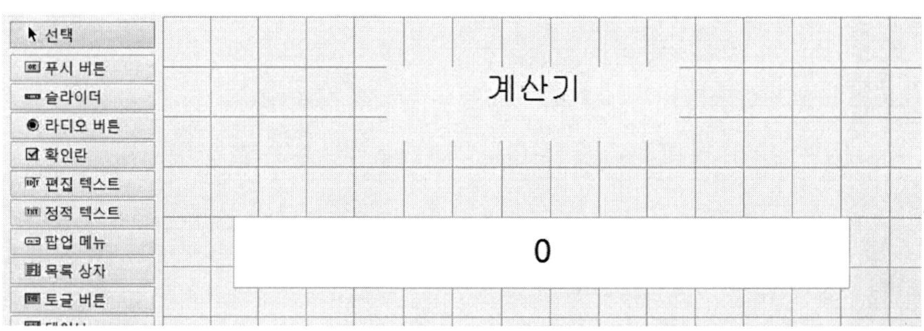

마우스를 이용하여 편집 텍스트 박스를 크게 하고 편집 텍스트를 더블 클릭하면 출력되는 인스펙터 박스에서 〈표11a〉와 〈표11b〉의 내용과 같이

(a) 속성 FontSize의 값을 20으로 설정

(b) 속성 String의 값을 0으로 입력

(c) 속성 Tag의 값을 edit1으로 설정

한 뒤의 구해진 결과가 〈표11〉이다.

표11a

FontSize	20.0

표11b

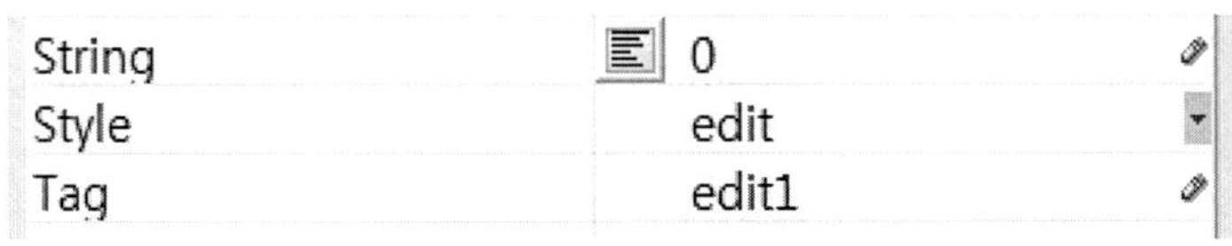

String	0
Style	edit
Tag	edit1

현재의 상태에서 레이아웃 에디터에 있는 실행(녹색)버튼을 마우스를 클릭한다. 결과로 〈표12〉와 같은 UI window를 볼 수 있다.

표12

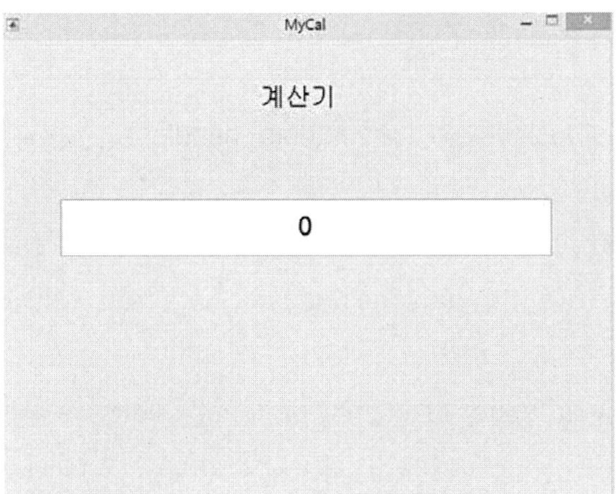

이때, 업데이트된 M-파일 MyCal.m을 M-파일 편집기에서 다시 체크하여 보자. 아래와 같은 두 개의 콜백 함수 edit1_Callback와 edit1_CreateFcn가 기존의 MyCal.m 파일의 내용(〈표7〉과 같이 주어진 세 개의 함수로 구성된) 뒤에 추가된 것을 볼 수 있다.

- **function** edit1_Callback(hObject, eventdata, handles)
- **function** edit1_CreateFcn(hObject, eventdata, handles)

예상할 수 있듯이 위의 콜백 함수들은 〈표12〉에 주어진 UI window에서 두 번째 구성요소인 편집 텍스트와 관련된다. 레이아웃 에디터에서 이 편집 텍스트를 더블 클릭하여 인스펙터 박스를 열어 속성 Tag의 위치를 확인한다. 속성 Tag의 값이 edit1으로 설정되어 있는 것을 볼 수 있는데, 이렇게 사용자가 속성 Tag에 입력한 값이 edit1이기 때문에 콜백 함수명이

edit1_Callback와 edit1_CreateFcn

로 설정된다. 이런 이유로 해서, 사용자는 각각의 구성요소에 대응하는 속성 Tag의 값을 정할 때 신중하게 설정해야 한다. 참고로, 편집 텍스트와 관련하여 자동 생성된 콜백 함수의 내용이 〈표13〉에 제공된다.

표13

```
----------------------------------------------------------------
function edit1_Callback(hObject, eventdata, handles)
% hObject    handle to edit1 (see GCBO)
% eventdata  reserved - to be defined in a future version of MATLAB
% handles    structure with handles and user data (see GUIDATA)

% Hints: get(hObject,'String') returns contents of edit1 as text
% str2double(get(hObject,'String')) returns contents of edit1 as a
```

```
% double


% --- Executes during object creation, after setting all properties.
function edit1_CreateFcn(hObject, eventdata, handles)
% hObject    handle to edit1 (see GCBO)
% eventdata  reserved - to be defined in a future version of MATLAB
% handles    empty - handles not created until after all CreateFcns
% called

% Hint: edit controls usually have a white background on Windows.
%       See ISPC and COMPUTER.
if ispc && isequal(get(hObject,'BackgroundColor'), ...
                get(0,'defaultUicontrolBackgroundColor'))
   set(hObject,'BackgroundColor','white');
end
%--------------------------------------------------------
```

〈step 5-3〉

다음으로, 레이아웃 에디터에 있는 팔레트에서 푸시 버튼을 마우스로 선택한 뒤에 드래그하여 〈표14〉와 같이 GUI figure panel 위에 세 번째 객체를 생성한다.

표14

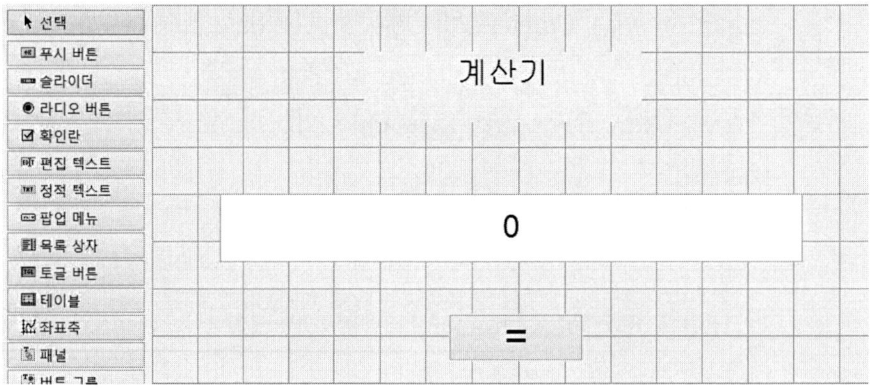

〈표14〉와 같이 세 번째 객체를 만들기 위하여 먼저 마우스를 이용하여 세 번째 객체인 푸시 버튼 박스를 크게 한다. 그 다음으로 푸시 버튼을 더블 클릭하여 열린 인스펙터 박스에서 〈표14a〉와 〈표14b〉의 내용과 같이 속성의 값을 입력한다:

(a) 속성 FontSize의 값을 25로 설정

(b) 속성 String의 값을 기호 =로 입력

(c) 속성 Tag의 값을 pushbutton1으로 설정

표14a

FontSize	25.0

표14b

String	=
Style	pushbutton
Tag	pushbutton1

〈step 5-4〉

계속하여, 팔레트에 있는 구성 요소 중에 정적 텍스트를 마우스로 선택한 상태에서 드래그하여 〈표15〉와 같이 GUI figure panel 위에 네 번째와 다섯 번째 객체를 각각 생성한다.

표15

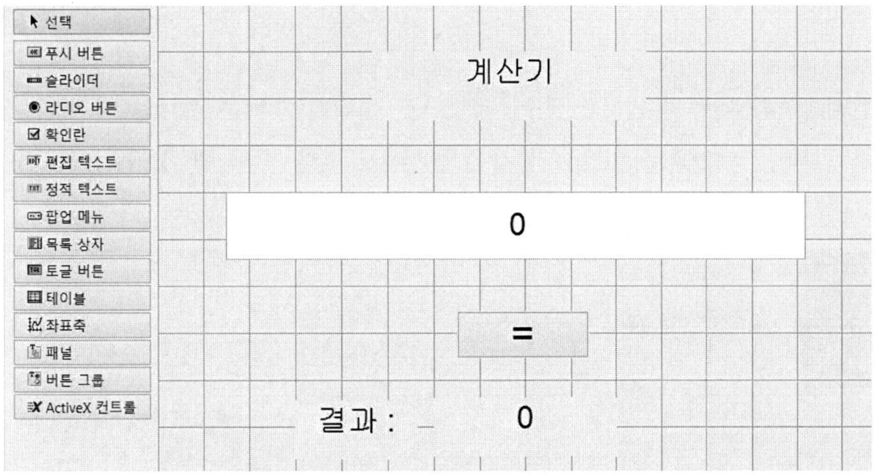

〈표15〉의 마지막 줄과 같은 결과를 만들기 위하여, 먼저 마우스를 이용하여 네 번째와 다섯 번째 객체인 정적 텍스트 박스를 크게 한다. 다음으로 정적 텍스트를 더블 클릭하면 생성되는 인스펙터 박스에서 〈표15a〉와 〈표15b〉의 내용과 같이 속성의 값을 입력한다:

(a) 속성 FontSize의 값을 20으로 설정

(b) 속성 String의 값을 각각 '결과'와 '0'으로 입력

(c) 속성 Tag의 값을 각각 text2와 text3으로 설정

표15a

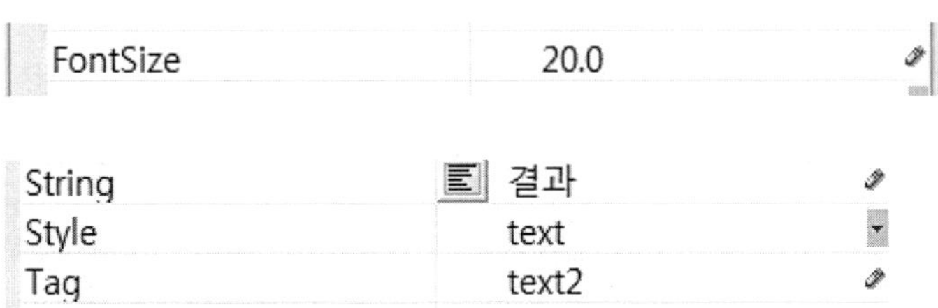

표15b

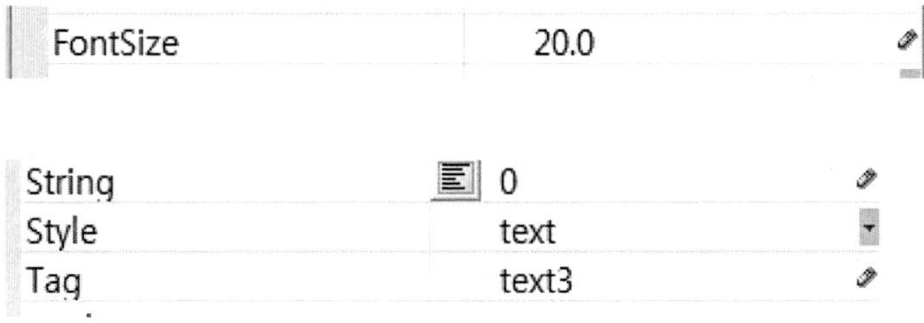

현재까지의 내용을 완료한 뒤에 레이아웃 에디터에 있는 실행(녹색)버튼을 마우스로 클릭한다. 그 결과로 〈표16〉과 같은 UI window를 보게 될 것이다.

표16

동시에 업데이트된 파일 MyCal.m을 M-파일 편집기에서 살펴보면 다음과 같이 총 6개의 함수로 구성되어 있는 것을 볼 수 있다.

- **function** varargout = MyCal(varargin)
- **function** MyCal_OpeningFcn(hObject, eventdata, handles, varargin)
- **function** varargout = MyCal_OutputFcn(hObject, eventdata, handles)

- **function** edit1_Callback(hObject, eventdata, handles)
- **function** edit1_CreateFcn(hObject, eventdata, handles)
- **function** pushbutton1_Callback(hObject, eventdata, handles)

참고로, 〈표16〉에 주어진 UI window 출력을 보여주는 MyCal.m 파일의 내용(위에 주어진 6개의 함수로 구성된)이 〈표17〉에 주어진다.

표17

```
----------- MyCal.m -----------------------------------
function varargout = MyCal(varargin)
% MYCAL MATLAB code for MyCal.fig
%      MYCAL, by itself, creates a new MYCAL or raises the existing
%      singleton*.
%
%      H = MYCAL returns the handle to a new MYCAL or the handle to
%      the existing singleton*.
%
%      MYCAL('CALLBACK',hObject,eventData,handles,...) calls the
%      local
%      function named CALLBACK in MYCAL.M with the given input
%      arguments.
%
%      MYCAL('Property','Value',...) creates a new MYCAL or raises the
%      existing singleton*.  Starting from the left, property value pairs
%      are
%      applied to the GUI before MyCal_OpeningFcn gets called.  An
%      unrecognized property name or invalid value makes property
%      application
%      stop.  All inputs are passed to MyCal_OpeningFcn via varargin.
```

```
%
%      *See GUI Options on GUIDE's Tools menu.  Choose "GUI allows
%      only one instance to run (singleton)".
%
% See also: GUIDE, GUIDATA, GUIHANDLES

% Edit the above text to modify the response to help MyCal

% Last Modified by GUIDE v2.5 25-May-2015 19:42:37

% Begin initialization code - DO NOT EDIT
gui_Singleton = 1;
gui_State = struct('gui_Name',       mfilename, ...
                   'gui_Singleton',  gui_Singleton, ...
                   'gui_OpeningFcn', @MyCal_OpeningFcn, ...
                   'gui_OutputFcn',  @MyCal_OutputFcn, ...
                   'gui_LayoutFcn',  [] , ...
                   'gui_Callback',   []);
if nargin && ischar(varargin{1})
    gui_State.gui_Callback = str2func(varargin{1});
end

if nargout
    [varargout{1:nargout}] = gui_mainfcn(gui_State, varargin{:});
else
    gui_mainfcn(gui_State, varargin{:});
end
% End initialization code - DO NOT EDIT
```

```
% --- Executes just before MyCal is made visible.
function MyCal_OpeningFcn(hObject, eventdata, handles, varargin)
% This function has no output args, see OutputFcn.
% hObject    handle to figure
% eventdata  reserved - to be defined in a future version of MATLAB
% handles    structure with handles and user data (see GUIDATA)
% varargin   command line arguments to MyCal (see VARARGIN)

% Choose default command line output for MyCal
handles.output = hObject;

% Update handles structure
guidata(hObject, handles);

% UIWAIT makes MyCal wait for user response (see UIRESUME)
% uiwait(handles.figure1);


% --- Outputs from this function are returned to the command line.
function varargout = MyCal_OutputFcn(hObject, eventdata, handles)
% varargout  cell array for returning output args (see VARARGOUT);
% hObject    handle to figure
% eventdata  reserved - to be defined in a future version of MATLAB
% handles    structure with handles and user data (see GUIDATA)

% Get default command line output from handles structure
varargout{1} = handles.output;
```

```
function edit1_Callback(hObject, eventdata, handles)
% hObject    handle to edit1 (see GCBO)
% eventdata  reserved - to be defined in a future version of MATLAB
% handles    structure with handles and user data (see GUIDATA)

% Hints: get(hObject,'String') returns contents of edit1 as text
%        str2double(get(hObject,'String')) returns contents of edit1 as a
%        double


% --- Executes during object creation, after setting all properties.
function edit1_CreateFcn(hObject, eventdata, handles)
% hObject    handle to edit1 (see GCBO)
% eventdata  reserved - to be defined in a future version of MATLAB
% handles    empty - handles not created until after all CreateFcns
% called

% Hint: edit controls usually have a white background on Windows.
%       See ISPC and COMPUTER.
if ispc && isequal(get(hObject,'BackgroundColor'), ...
                get(0,'defaultUicontrolBackgroundColor'))
    set(hObject,'BackgroundColor','white');
end


% --- Executes on button press in pushbutton1.
function pushbutton1_Callback(hObject, eventdata, handles)
% hObject    handle to pushbutton1 (see GCBO)
% eventdata  reserved - to be defined in a future version of MATLAB
```

```
% handles    structure with handles and user data (see GUIDATA)
------------- MyCal.m 내용 종료 --------------------------
```

주어진 〈표17〉의 내용에서 마지막 콜백 함수 pushbutton1_Callback은 레이아웃 에디터에서 세 번째 객체(기호: =)가 생성되면서 만들어진 지역 함수이다. 이번 절에서 가장 나중에 생성된 UI window(〈표16〉에서 제공)에서 볼 수 있는 객체를 모두 한 번에 정리하면 〈표18〉에 있는 내용으로 요약된다.

표18

	fontsize	String	Tag
첫 번째 객체	20	계산기	text1
두 번째 객체	20	0	edit1
세 번째 객체	25	=	pushbutton1
네 번째 객체	20	결과	text2
다섯 번째 객체	20	0	text3

이번 절에서 최종적으로 만들어진 UI window인 MyCal(앞의 〈표16〉에서 주어진)은 계산기의 구조를 가지고 있지만, 두 번째 객체인 편집 텍스트 박스에 수식을 입력하고 '='의 기호를 가진 세 번째 객체를 마우스로 선택하여도 그 수식의 결과를 의도하였던 다섯 번째 객체인 정적 텍스트 박스 안에서 볼 수 없는 상태이다. 수식의 결과가 UI window의 마지막 줄에 출력되도록 다음 절에서 설명한다.

2.1.2 계산기 실행

아래 〈표1〉에는 앞 절의 내용으로 구해진 UI window가 주어졌다. 이 window의 두 번째 객체인 편집 텍스트 박스 안에 수식(예를 들어, 2+(3+2)*4)을 입력하고 세 번째 객체인 푸시 버튼을 클릭하면 다섯 번째 객체인 정적 텍스트 박스 안에서 그 수식의 결과(= 22)를 볼 수 있어야 한다. 그러나, 현재까지의 작업으로는 의도하였던 결과를 볼 수 없다. 지금부터, 〈표1〉에 주어진 UI window의 객체 사이를 연결하여 보자. 이러한 연결 작업을 완성하면 〈표1〉에 주어진 UI window는 계산기같이 작동하게 될 것이다.

표1

매틀랩은 객체의 핸들(handle)로 그 객체의 위치(주소)를 파악한다. 그러므로 사용자는 객체 핸들을 이용하여 그 객체에 접근할 수 있다. M-파일 에디터에서 MyCal.m 파일의 내용 전체를 살펴보자. 이 파일을 구성하고 있는 함수들은 〈표2〉에 주어진 내용과 같고 이 함수들의 입력 인자 중에 하나가 handles인 것을 〈표2〉에서 확인할 수 있다.

표2

```
-----------------------------------------------------------
function MyCal_OpeningFcn(hObject, eventdata, handles, varargin)
function varargout = MyCal_OutputFcn(hObject, eventdata, handles)
function edit1_Callback(hObject, eventdata, handles)
function edit1_CreateFcn(hObject, eventdata, handles)
function pushbutton1_Callback(hObject, eventdata, handles)
-----------------------------------------------------------
```

객체 또는 구성요소의 속성 Tag에 설정된 속성값을 이용하여 UI window에 있는 객체들을 연결시킬 수 있다. UI window에 있는 객체를 사용자가 작동(마우스로 클릭, 문자 또는 수식 입력 포함)시키면 선택한 객체와 연결된 콜백 함수가 실행된다. 이때, 콜백 함수의 명칭은 객체의 속성 Tag에 설정된 속성값(=문자열)이 반영된다. 두 번째 객체의 경우, 속성 Tag의 값이 edit1으로 설정되어 있고 관련된 콜백 함수는 M-파일 MyCal.m 내부에서

```
function edit1_Callback(hObject, eventdata, handles)
```

와 같이 생성되어 있다. 이때, 변수 handles의 데이터 종류는 구조체이고 두 번째 객체의 핸들은 handles.edit1이다. 따라서, 객체 핸들 handles.edit1을 다음과 같이 이용할 수 있다:

- 함수 get을 이용하여, 두 번째 객체와 관련된 속성 중에서 선택한 속성에 설정된 속성값을 알 수 있다.
- 함수 set을 이용하여, 두 번째 객체와 관련된 속성 중에서 하나의 속성을 선택하고 대응하는 속성값을 지정 또는 변경할 수 있다.

이와 같이, UI window에 있는 객체의 속성 Tag에 설정된 값(=문자열)은 구조체 변수 handles의 하부 필드명(fieldname)이다. 즉, 매틀랩은 객체의 속성 Tag에 설정되어 있는 속성값을 구조체 변수 handles의 필드명으로 생성한다. 위의 〈표1〉에 주어진 UI window의 객체들과 관련하여 매틀랩은 순서대로 〈표3〉에 주어진 객체 핸들을 생성한다.

표3

```
handles.text1
handles.edit1
handles.pushbutton1
handles.text2
handles.text3
```

위의 내용을 근거로 해서, 세 번째 객체인 푸시 버튼을

객체 핸들: handles.pushbutton1

을 이용하여 제어할 수 있다. 가령, 〈표4〉와 같이 두 번째 객체의 박스 안에 수식

2+(3+2)*4

가 입력되었다고 가정하자.

표4

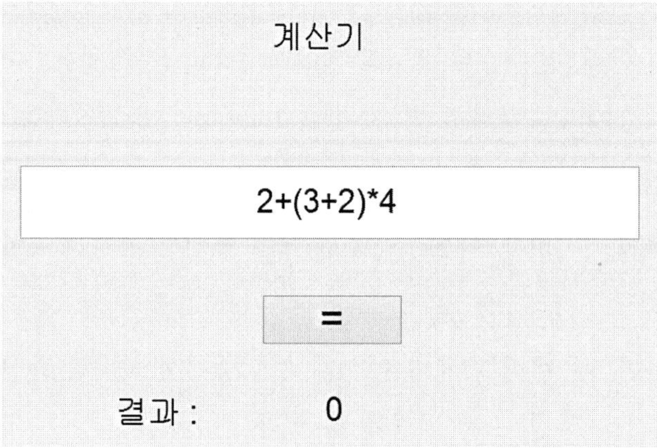

세 번째 객체인 푸시 버튼(기호: =)을 클릭했을 때 입력한 수식이 계산이 되도록 〈표5〉와 같은 내용으로 콜백 함수 pushbutton1_Callback을 수정한다.

표5

```
--------------------------------------------------------------
function pushbutton1_Callback(hObject, eventdata, handles)
% hObject    handle to pushbutton1 (see GCBO)
% eventdata  reserved - to be defined in a future version of MATLAB
% handles    structure with handles and user data (see GUIDATA)
%
str = get(handles.edit1,'string');
mynumber = eval(str);
set(handles.text3,'string',num2str(mynumber));
--------------------------------------------------------------
```

〈표5〉와 같이 편집된 콜백 함수 pushbutton1_Callback에서 추가된 내용을 부연 설명하여 보자:

(i) str = get(handles.edit1,'string');

- 두 번째 객체인 편집 텍스트 박스 안에 입력된 수식을 str에 저장한다.
- 이때, str의 데이터 종류는 문자열이다. 명령창에서 위의 명령문 다음에 class (str)와 같이 입력하여 확인할 수 있다.

(ii) mynumber = eval(str);

- 〈표4〉에 설정되어 있는 내용으로 설명하자. 수식 2+(3+2)*4이 변수 str에 문자열로 저장되어 있고 함수 eval에 의하여 str에 저장된 문자열을 수치적으로 계산한다. 계산된 결과를 mynumber 변수에 저장한다.
- 함수 eval

result = eval(expression)
설명: 수식을 포함한 매틀랩 코드로 작성된 문자열 expression을 계산하여 그 결과를 변수 result에 저장한다.

(iii) set(handles.text3,'string',num2str(mynumber));

- 바로 앞 줄의 명령문에 의하여 mynumber에는 수 22가 저장되어 있고 이 수를 함수 num2str을 이용하여 문자열 '22'로 변환한다.
- 다음으로, 함수 set에 의하여 다섯 번째 객체인 정적 텍스트(객체핸들: handles.text3)의 속성 string의 값을 문자열 '22'으로 설정하여 〈표6〉과 같이 마지막 줄에 22를 출력한다.
- 함수 num2str

nstr = num2str(n)
- 수 n을 문자열로 변환한다. - 수를 성분으로 하는 배열 n을 문자를 성분으로 하는 배열로 변환한다.

보기

```
----------------------------------------
>> n = [ 1 2 ; 12 34]
n =
     1    2
    12   34

>> nstr = num2str(n)
nstr =
 1   2
12  34

>> whos
  Name      Size      Bytes   Class     Attributes
  n         2x2       32      double
  nstr      2x6       24      char
----------------------------------------
```

콜백 함수 pushbutton1_Callback을 수정 완료 후, 레이아웃 에디터에서 실행버튼을 클릭한다. 출력된 UI window에서 〈표6〉과 같이 두 번째 객체인 편집 텍스트 박스 안에 수식을 입력한다. 입력 후, 세 번째 객체인 푸시 버튼(기호: =)를 마우스로 선택하면 계산된 결과 22가 다섯 번째 객체인 정적 텍스트 박스 안에 출력된다.

표6

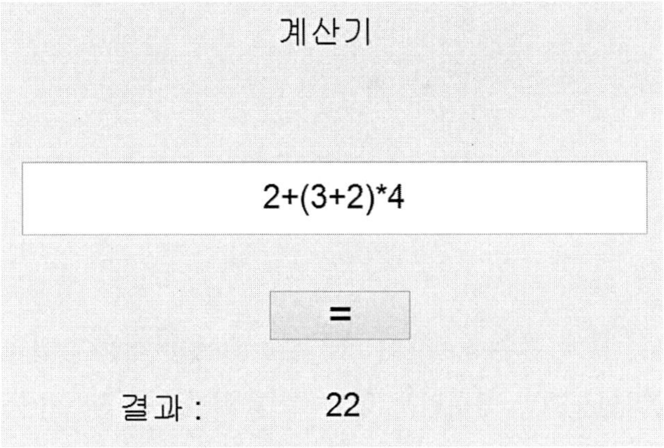

현재, 〈표6〉과 같이 실행되는 M-파일 MyCal.m은 앞 절의 〈표17〉에 주어진 M-파일에서 마지막 위치에 있는 콜백 함수 pushbutton1_Callback의 내용이 이번 절의 〈표5〉와 같이 변경된 내용을 가지고 있다. 즉, 우리가 얻고자 했던 결과를 보여주는 위의 〈표6〉의 출력을 만들기 위하여, 앞 절의 〈표17〉에 주어진 M-파일 MyCal.m에서 현재 절의 〈표5〉와 같이 콜백 함수 pushbutton1_Callback의 내용만을 변경하였을 뿐 그 이외의 내용은 변경하지 않았다. 이후로, 〈표6〉에 주어진 UI window에서 두 번째 객체 박스 안의 수식을 변경한 뒤에 세 번째 객체(기호: =)를 클릭하여 본다. 변경된 수식에 대응하여 결과의 값이 변경되는 것을 볼 수 있을 것이다. 예를 들어, 〈표6〉과 같이 입력한 두 번째 객체의 수식을

(2+(3+2)*4-2)/10

로 변경하고 세 번째 객체(기호: =)를 클릭하면 〈표7〉과 같이 수정된 수식에 대응하여 그 결과가 구해진다.

표7

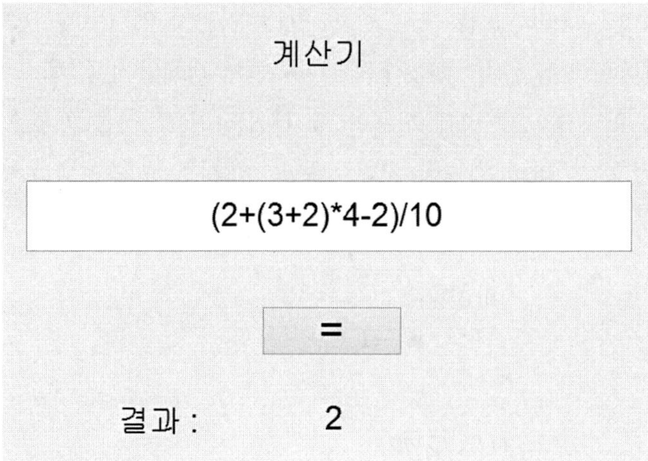

이렇게 만들어진 계산기는 콜백 함수 pushbutton1_Callback의 내용이 실행되어 수식이 계산되기 때문에, 사칙연산뿐만 아니라 수학 함수를 직접 입력하여 계산할 수 있다. 또 다른 예로, 〈표8〉은 삼각함수가 포함된 수식의 값을 출력하고 있다.

표8

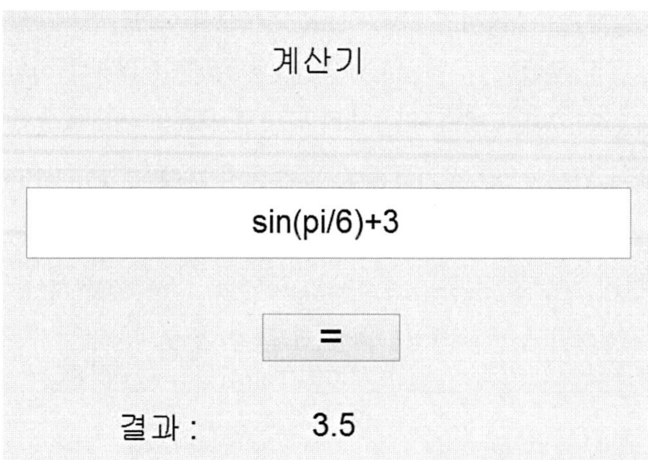

2.1.3 명령창에서 객체 제어

앞에서 공부한 2.1.2절까지의 내용을 끝내면 아래 〈표1〉과 같은 UI window를 만들 수 있다. 즉, 임의의 수식을 입력하고 푸시 버튼(기호: =)을 클릭하면 입력된 수식이 계산되어 UI window 하단에 그 결과가 출력된다.

표1

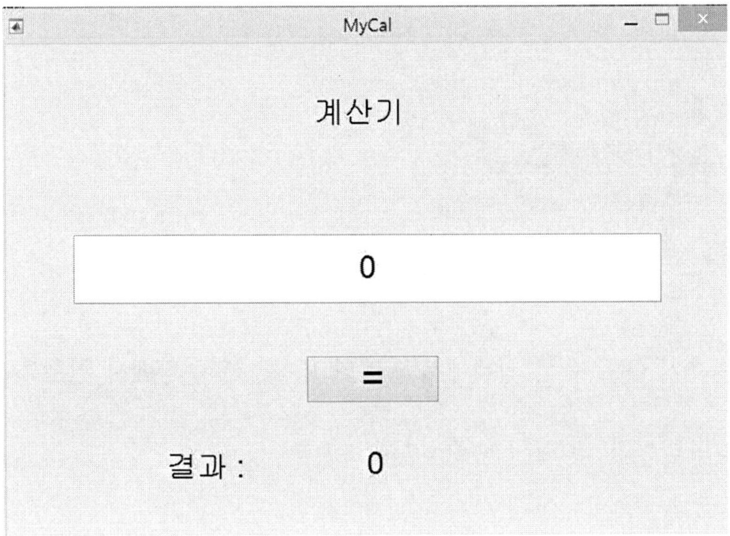

현재 절은 〈표1〉과 같은 UI window를 얻은 매틀랩 환경에서 시작한다. 레이아웃 에디터 상단에 있는 메뉴바(Menu Bar)에서

툴(T) > GUI 옵션

항목을 선택하면 〈표2〉와 같이 'GUI 옵션' 박스가 화면에 출력되고 이 박스에는 사용자가 선택할 수 있는 몇 가지 항목들이 있다.

표2

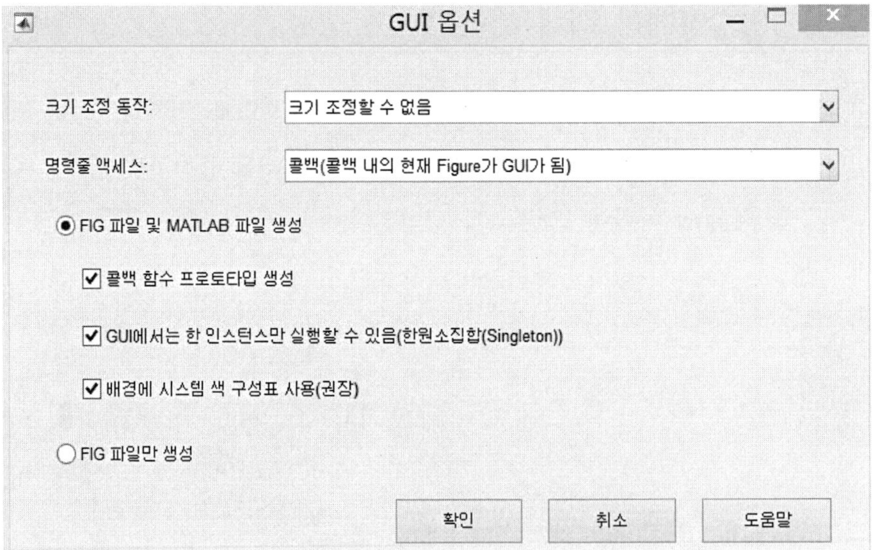

〈표2〉와 같은 초기 GUI 옵션 상태에서 아래의 내용을 명령창에서 실행하여 본다.

```
>> hdedit1 = findobj('Tag','edit1')
hdedit1 =
  0x0 비어 있는 GraphicsPlaceholder 배열.
```

위와 같이 출력된 결과에서 보듯이, 명령창에서 UI window에 있는 객체(사실, 속성 Tag의 속성값이 edit1인 것은 UI window에서 두 번째 객체인 편집 텍스트이다)에 접근 못하고 있다. 아래와 같이 GUI 옵션 박스 안의 두 번째 줄에 있는 '명령줄 액세스'에 대응하는 항목 중에

켜짐(명령줄에서 현재 Figure가 GUI가 될 수 있음)

또는

On(GUI may become Current Figure from Command Line)

을 선택하고 박스 하단에 위치한 확인 버튼을 클릭한다. 즉, 〈표3〉과 같은 내용으로 변경하고 확인 버튼을 클릭한다.

표3

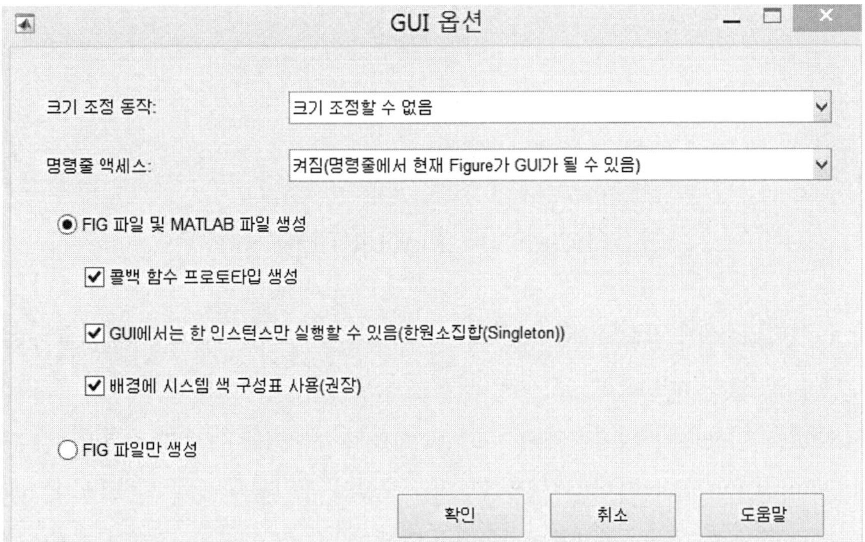

다음으로, 레이아웃 에디터에서 실행버튼을 선택한 후에 〈표1〉과 같은 UI window 화면 출력을 확인한다. 명령창에서 아래와 같이 입력하고 Enter키를 선택하면 전과는 다른 〈표4〉와 같은 결과를 명령창에 보여준다. 이때, UI window에서 수식이 입력되는 두 번째 객체의 속성 Tag의 값이 edit1이었던 것을 기억한다.

표4

```
------------------------------------------------
>> hdedit1 = findobj('Tag','edit1')
hdedit1 =
  UIControl (edit1) - 속성 있음:
              Style: 'edit'
             String: '0'
    BackgroundColor: [1 1 1]
           Callback: [function_handle]
```

Value: 0
Position: [14.1429 16.8333 78.7143 4.1111]
Units: 'characters'
모든 속성 표시

〈표4〉의 첫 번째 줄에 주어진 실행문

hdedit1 = findobj('Tag','edit1')

을 분석하면, 함수 findobj를 사용하여 속성 Tag의 값이 edit1인 객체를 찾고 그 객체의 핸들을 변수 hdedit1에 저장한다는 실행문이다. 따라서, 지금부터 객체 핸들 변수 hdedit1을 이용하여 명령창에서 UI window의 두 번째 객체에 접근이 가능하게 되었다. 주어진 〈표5〉와 같이 수식을 UI window의 두 번째 객체 박스 안에 입력하고 세 번째 객체(기호: =)를 클릭하면 마지막 줄에서 볼 수 있듯이 입력된 수식의 결과로 14를 출력한다.

표5

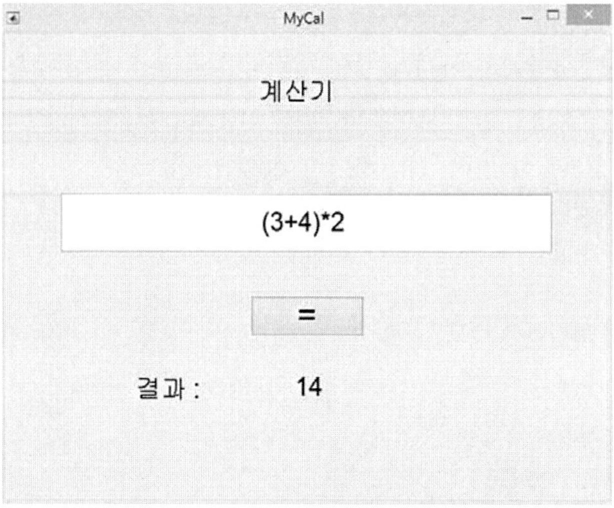

객체 핸들 hdedit1을 이용하여, 〈표5〉에 주어진 UI window의 두 번째 객체 박스 안에 입력된 수식을 다음과 같이 명령창에 전달하여 보자.

```
>> mathexp = get(hdedit1,'string')
mathexp = (3+4)*2
```

이후로, mathexp는 명령창의 영역에서 문자열 '(3+4)*2'이 저장된 변수이다.

```
>> mathexp
mathexp =  (3+4)*2

>> class(mathexp)
ans =  char
```

이번에는 다음과 같이 명령창에서 함수 set을 실행하여, 〈표5〉에 주어진 UI window의 두 번째 객체 박스 안의 수식을 변경하여 본다.

```
>> set(hdedit1,'string','(3+4)*2-4')
```

위의 실행 결과로 〈표5〉에 주어진 UI window가 〈표6〉의 내용을 가진 UI window로 변경된다.

표6

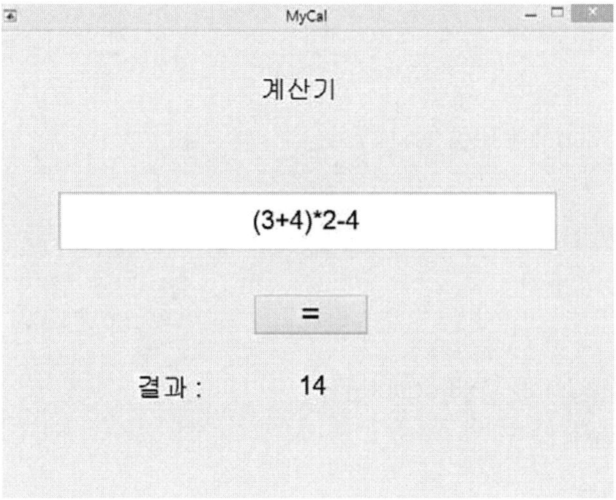

주어진 〈표6〉에서 두 번째 객체의 박스를 보면 명령창에서 입력한(함수 set을 이용하여) 수식 '(3+4)*2-4'이 입력된 것을 확인할 수 있다. 그러나, UI window 마지막 줄에 있는 결과는 여전히 14로 되어있다. 변경된 수식에 대응하는 결과를 보기 위하여 세 번째 객체(기호: =)를 클릭한다. 마지막 줄에 있는 결과의 값이 10으로 변경되었다. 이러한 과정의 결과로 〈표7〉과 같은 내용을 가진 UI window가 화면 출력된다.

표7

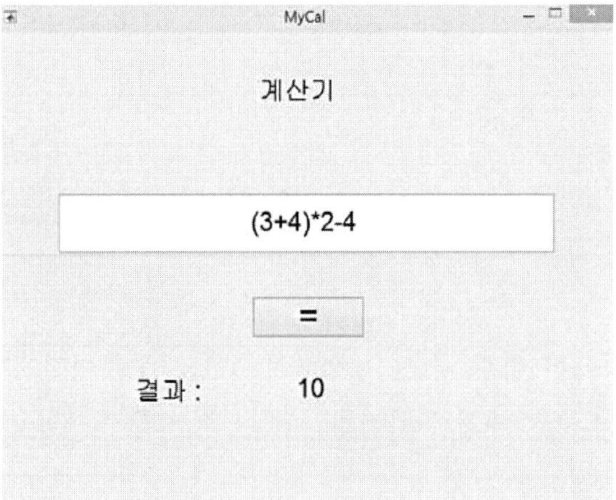

비슷한 방법으로, 명령창에서 UI window에 있는 다른 객체들을 함수 findobj, get, set을 이용하여 제어할 수 있다. 하나의 예로, 〈표7〉에 주어진 UI window에서 첫 번째 객체 박스 안에 위치한 문자열 '계산기'의 폰트 크기를 확대하여 보자. 아래와 같이 명령창에서 실행한다.

```
>> hdtext1 = findobj('Tag','text1')
hdtext1 =
  UIControl (text1) - 속성 있음:
            Style: 'text'
           String: '계산기'
  BackgroundColor: [1x3 double]
         Callback: ''
            Value: 0
```

```
          Position: [1x4 double]
             Units: 'characters'
  모든 속성 표시

>> titlefontsize = get(hdtext1,'fontsize')
titlefontsize =    20

>> set(hdtext1,'fontsize',35)
```

명령창에 출력된 위와 같은 내용에서 알 수 있듯이, 문자열 '계산기'의 현재 폰트 크기가 20인 것을 확인할 수 있었고 함수 set을 이용하여 폰트 크기를 35로 확대하였다. 이 결과로, 〈표8〉과 같이 UI window의 첫 번째 객체 박스 안에 있는 문자열 '계산기'의 글자크기가 확대되었다.

표8

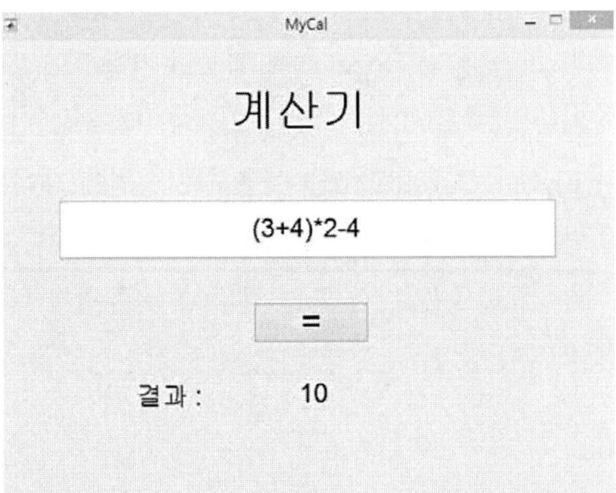

참고로, 위의 내용에서 필요한 함수 findobj의 사용 방법은 다음과 같다.

h = findobj('PropertyName', PropertyValue)
설명: 속성 PropertyName의 값이 PropertyValue로 설정된 모든 객체의 핸들을 변수 h에 저장한다.

2.1.4 지역 함수 OutputFcn 이해

M-파일 에디터에서 2.1.2절에서 완성한 MyCal.m의 내용을 살펴보면 〈표1〉과 같이 주어진 함수들로 구성되어 있다.

표1

```
-----------------------------------------------------------
- function varargout = MyCal(varargin)
- function MyCal_OpeningFcn(hObject, eventdata, handles, varargin)
- function varargout = MyCal_OutputFcn(hObject, eventdata, handles)
- function edit1_Callback(hObject, eventdata, handles)
- function edit1_CreateFcn(hObject, eventdata, handles)
- function pushbutton1_Callback
-----------------------------------------------------------
```

보통의 UI window를 만들 때 자동 생성되는 지역 함수 OutputFcn은 사용자 입장에서 자주 사용하는 함수는 아니다. 그러나, UI window를 만들면 자동으로 생성되는 함수이므로 그 사용 방법에 대해서는 알아둘 필요가 있다고 본다. 따라서, 이번 절에서는 〈표1〉에 있는 함수 중에서 MyCal_OutputFcn을 사용하는 방법에 대하여 알아보자. 함수형 M-파일의 구조(입력 인자와 출력 인자 사용법 포함)에 익숙하지 않은 독자의 경우, 이번 절의 내용을 건너뛰고 2.1.5절과 2.1.6절의 내용을 먼저 학습한 뒤에 다시 여기로 와서 진행하는 것을 추천한다.

현재, MyCal.m에 있는 지역 함수 MyCal_OutputFcn의 내용은 〈표2〉와 같다.

표2

```
-----------------------------------------------------------
function varargout = MyCal_OutputFcn(hObject, eventdata, handles)
% varargout  cell array for returning output args (see VARARGOUT);
% hObject    handle to figure
```

```
% eventdata  reserved - to be defined in a future version of MATLAB
% handles    structure with handles and user data (see GUIDATA)

% Get default command line output from handles structure
varargout{1} = handles.output;
--------------------------------------------------------
```

명령창에서 아래와 같이 입력하고 Enter키를 선택하면 이미 알고 있듯이 〈표3〉과 같은 UI window가 출력된다.

```
>> MyCal
```

표3

이번에는 아래와 같이 명령창에서 실행하여 보자.

```
>> a = MyCal
```

위의 실행 결과로 〈표3〉에 있는 UI window 뿐만 아니라 〈표4〉의 내용과 같이 이 window에 대한 속성 명칭과 대응하는 속성값을 명령창에서 볼 수 있다. 〈표4〉의 내용에서 마지막 줄에 있는 **모든 속성**을 마우스로 클릭(명령창에서)하면 〈표4〉에서 표시되지 않았던 속성 명칭과 속성값을 명령창에서 〈표5〉에 주어진 내용같이 모두 볼 수 있다.

표4

```
-----------------------------------------------------------------
a =
  Figure (figure1) - 속성 있음:

      Number: []
        Name: 'MyCal'
       Color: [0.9400 0.9400 0.9400]
    Position: [135.7143 24.4444 107.5714 32.1111]
       Units: 'characters'

  모든 속성 표시
-----------------------------------------------------------------
```

표5

```
-----------------------------------------------------------------
             Alphamap: [1x64 double]
         BeingDeleted: 'off'
           BusyAction: 'queue'
        ButtonDownFcn: ''
             Children: [5x1 UIControl]
             Clipping: 'on'
      CloseRequestFcn: 'closereq'
                Color: [0.9400 0.9400 0.9400]
             Colormap: [64x3 double]
            CreateFcn: ''
          CurrentAxes: []
```

```
    CurrentCharacter: ''
       CurrentObject: []
        CurrentPoint: [0 0]
           DeleteFcn: ''
        DockControls: 'on'
            FileName: 'C:\Users\...'
   GraphicsSmoothing: 'on'
    HandleVisibility: 'callback'
       IntegerHandle: 'off'
       Interruptible: 'on'
      InvertHardcopy: 'on'
         KeyPressFcn: ''
       KeyReleaseFcn: ''
             MenuBar: 'none'
                Name: 'MyCal'
            NextPlot: 'add'
              Number: []
         NumberTitle: 'off'
    PaperOrientation: 'portrait'
       PaperPosition: [0.2500 2.5000 8 6]
   PaperPositionMode: 'manual'
           PaperSize: [8.5000 11]
           PaperType: 'usletter'
          PaperUnits: 'inches'
              Parent: [1x1 Root]
             Pointer: 'arrow'
   PointerShapeCData: [16x16 double]
 PointerShapeHotSpot: [1 1]
            Position: [1x4 double]
```

```
              Renderer: 'opengl'
          RendererMode: 'auto'
                Resize: 'off'
         SelectionType: 'normal'
        SizeChangedFcn: ''
                   Tag: 'figure1'
               ToolBar: 'auto'
                  Type: 'figure'
         UIContextMenu: []
                 Units: 'characters'
              UserData: []
               Visible: 'on'
   WindowButtonDownFcn: ''
 WindowButtonMotionFcn: ''
     WindowButtonUpFcn: ''
     WindowKeyPressFcn: ''
   WindowKeyReleaseFcn: ''
  WindowScrollWheelFcn: ''
           WindowStyle: 'normal'
-----------------------------------------------------
```

이번에는 〈표2〉에 있는 함수 MyCal_OutputFcn의 내용에 명령문

```
varargout{2} = get(handles.text3,'string');
```

을 〈표6〉과 같이 추가한다.

표6

```
-----------------------------------------------------
function varargout = MyCal_OutputFcn(hObject, eventdata, handles)
%
```

```
varargout{1} = handles.output;
varargout{2} = get(handles.text3,'string');
-----------------------------------------------------------
```

지역 함수 MyCal_OutputFcn을 〈표6〉에 주어진 내용으로 편집한 뒤에 M-파일 에디터에서 MyCal.m 파일을 저장 후 아래와 같이 명령창에서 실행한다:

```
>> [a, b] = MyCal
```

실행의 결과로 〈표7〉에 주어진 내용을 명령창에서 볼 수 있다. 〈표4〉에 있는 내용과 비교하면 출력내용에 다른 점이 있는데, 〈표7〉의 내용에는 두 번째 출력 변수 b에 0이 저장되어 출력되었다. 이런 결과가 나온 이유를 설명하여 보자.

〈표3〉에서 주어진 UI window의 다섯 번째 객체인 정적 텍스트의 속성 Tag의 값이 text3이므로(2.1.1절 〈표18〉 내용 참고) 구조체 변수 handles.text3를 이용하여 지역 함수 MyCal_OutputFcn 내부에서 이 다섯 번째 객체에 접근할 수 있다. 〈표6〉에서와 같이 추가된 실행문

```
varargout{2} = get(handles.text3,'string');
```

에 의하여, 다섯 번째 객체의 속성 string의 값이 현재 '0'이므로(2.1.1절 〈표18〉 내용 참고) varargout{2}에 문자열 '0'이 전달되어 〈표7〉에 주어진 내용에서 보는 바와 같이 마지막 줄에 b=0라는 결과가 출력되었다. 참고로 〈표2〉의 두 번째 줄에서 설명한 내용에 따르면, 지역 함수 MyCal_OutputFcn의 출력 변수 varargout은 셀 배열이다. 따라서 위의 명령문으로 셀 배열 변수인 varargout의 두 번째 성분에 문자열 '0'이 저장되었고 실행문 [a, b] = MyCal에 의하여 varargout{2}에 저장된 내용이 출력 변수 b에 전달된 것이다. 출력 변수 varargout의 사용법에 대한 설명이 필요한 독자는 다음 절인 2.1.5절의 내용을 참고한다.

〈표5〉에서 속성 Type의 값이 'figure'로 설정된 것을 볼 수 있듯이 출력 변수 a에는

〈표3〉에 주어진 figure 객체가 저장되었다. 참고로, 아래에서 보듯이 b의 데이터 형식은 char이다.

```
>> class(b)
ans  =  char
```

표7

```
--------------------------------------------------------
a =
  Figure (figure1) - 속성 있음:

      Number: []
        Name: 'MyCal'
       Color: [0.9400 0.9400 0.9400]
    Position: [159 17 107.5714 32.1111]
       Units: 'characters'

  모든 속성 표시

b =  0
--------------------------------------------------------
```

표8

두 개의 실행문

>> a = MyCal   과   >> [a, b] = MyCal

의 결과로 똑같이 〈표3〉과 같은 UI window를 화면에서 볼 수 있고 〈표4〉와 같이 figure 객체의 속성 정보를 명령창에 출력할 수 있다. 두 번째 실행문의 경우, 추가적으로 UI window의 마지막 객체의 속성 String의 값이 b에 전달되어 명령창에 출력되고 있지만 그 결과는 항상 b의 값으로 0이 출력된다. 이 이후로, 〈표8〉과 같이 두 번째 객체인 편집 텍스트 박스 안에 수식을 입력하고 세 번째 객체(Tag: pushbutton1)를 클릭하여 다섯 번째 객체(Tag: text3)에 입력한 수식의 계산된 값이 보일 지라도 이미 앞의 절차에 의하여 b에 저장된 내용은 변경되지 않는다. 여기서 다음과 같은 질문을 하여보자.

질문 사용자가 명령창에서

>> b = MyCal

와 같이 실행하면 〈표3〉과 같은 UI window가 출력되어 필요한 계산을 하고 이 window를 닫으면 b에 수식의 최종 결과가 저장되도록 만들 수 있을까? 예를 들어, 〈표8〉의 내용으로 계산을 하고 UI window를 닫을 때, 두 번째 객체 박스 안에 입력된 수식의 최종 결과인 9가 명령창으로 전달되어 b에 저장되기를 바란다면 어떻게 해야 할까?

먼저, MyCal의 지역 함수 MyCal_OutputFcn을 수정하여 출력 변수의 값을 변경하여 보자. 〈표6〉에 주어진 지역 함수 MyCal_OutputFcn의 내용을 〈표9〉와 같이 수정한 뒤에 M-파일 에디터에 있는 MyCal.m 파일을 저장한다.

표9

```
function varargout = MyCal_OutputFcn(hObject, eventdata, handles)
%
varargout{1} = get(handles.text3,'string');
```

저장 후, 아래와 같이 실행하면 〈표7〉에서 보았던 출력 변수 a에 대응하는 내용은 명령창에서 볼 수 없고 단지 출력 변수 b의 내용만 명령창에서 볼 수 있다.

```
>> b = MyCal
b = 0
```

다음으로, 위와 같이 MyCal을 실행하면 수식이 계산되고 UI window를 닫을 때까지 출력 변수 b의 값이 확정되지 않도록 하는 방법을 알아보자. 먼저, 현재 〈표10〉과 같이 되어있는 지역 함수 MyCal_OpeningFcn의 내용을 다음 〈표11〉과 같은 내용으로 편집한다. 즉, 〈표10〉의 마지막 줄을 비실행문에서 실행문으로 변경하여 함수 uiwait 기능을 이용할 수 있게 만든다.

표10

```
function MyCal_OpeningFcn(hObject, eventdata, handles, varargin)
%
% Choose default command line output for MyCal
handles.output = hObject;

% Update handles structure
guidata(hObject, handles);

% UIWAIT makes MyCal wait for user response (see UIRESUME)
% uiwait(handles.figure1);
```

표11

```
function MyCal_OpeningFcn(hObject, eventdata, handles, varargin)
%
% Choose default command line output for MyCal
handles.output = hObject;
```

```
% Update handles structure
guidata(hObject, handles);

% UIWAIT makes MyCal wait for user response (see UIRESUME)
uiwait(handles.figure1);
-----------------------------------------------------------
```

현재, M-파일 에디터에 열려있는 MyCal.m 파일의 내용을 살펴보면 콜백 함수 figure1_CloseRequestFcn가 없다(〈표1〉의 내용 참고). 이 함수를 생성하기 위하여 MyCal.fig 파일이 열려있는 레이아웃 에디터의 GUI figure panel에서 figure 객체(Tag: figure1)를 마우스로 선택(첫 번째에서 다섯 번째 객체가 아닌 패널 위의 빈 공간)한다. 이때, 빈 공간을 더블 클릭하여 속성 인스펙터가 열리면, figure 객체의 속성 Tag의 값이 figure1인 것을 확인한다. 계속하여 레이아웃 에디터 상단에 위치한 메뉴바에서

보기 > 콜백보기 > CloseRequestFcn

항목을 선택하면, 기존에 존재했던 MyCal.m의 내용에 아래 〈표12〉에 주어진 내용과 같은 콜백 함수 figure1_CloseRequestFcn이 생성된다.

표12

```
-----------------------------------------------------------
% --- Executes when user attempts to close figure1.
function figure1_CloseRequestFcn(hObject, eventdata, handles)
% hObject    handle to figure1 (see GCBO)
% eventdata  reserved - to be defined in a future version of MATLAB
% handles    structure with handles and user data (see GUIDATA)

% Hint: delete(hObject) closes the figure
```

```
delete(hObject);
-----------------------------------------------------
```

<표12>와 같은 내용으로 되어있는 콜백 함수 figure1_CloseRequestFcn을 다음 <표13>에 주어진 내용으로 편집한다.

표13

```
-----------------------------------------------------
function figure1_CloseRequestFcn(hObject, eventdata, handles)
%
if isequal(get(hObject,'waitstatus'),'waiting')
   uiresume(hObject);
else
   delete(hObject);
end
-----------------------------------------------------
```

다음으로, <표9>와 같이 주어진 지역 함수 MyCal_OutputFcn에 실행문

```
delete(handles.figure1);
```

을 추가하여 <표14>와 같은 내용으로 만든다.

표14

```
-----------------------------------------------------
function varargout = MyCal_OutputFcn(hObject, eventdata, handles)
%
varargout{1} = get(handles.text3,'string');
%
delete(handles.figure1);
-----------------------------------------------------
```

지금까지의 작업을 완료하고 MyCal.m 파일을 저장한 뒤에, 명령창에서 다음과 같이 실행한다.

```
>> b = MyCal
```

앞의 과정과 달리 명령창에 출력 내용이 없고 〈표3〉과 동일한 UI window가 화면 출력된다. 〈표3〉과 같은 UI window에서 〈표15〉에 주어진 UI window의 내용으로 진행한다. 즉, 두 번째 객체 박스 안에 수식(= 3+2*3)을 입력하고 세 번째 객체(기호: =)를 클릭하여 다섯 번째 객체에 수식이 계산된 결과 9가 보이도록 한다.

표15

다음으로, 〈표15〉와 같은 내용과 결과를 가진 UI window 오른쪽 상단에 있는 x 기호를 선택하여 window 닫기를 시도한다. 아래와 같은 내용의 출력을 명령창에서 볼 수 있을 것이다:

```
b = 9
```

마지막에 입력한 수식의 계산 결과가 b에 전달되기를 기대했던 과정이 이루어졌다. 즉, 수식의 최종 결과인 9가 명령창에서 b에 전달되었다. 이번 절에서는 특별히

MyCal의 지역 함수인 MyCal_OutputFcn와 figure1_CloseRequestFcn의 사용법에 대하여 알아보았다.

참고로, 지금까지의 내용을 보여주는 MyCal.m이 〈표16〉에 주어진다. 즉, 〈표16〉에 주어진 내용으로 구성된 MyCal.m과 MyCal.fig가 존재하는 폴더에서 아래의 내용을 진행할 수 있다:

(첫 번째) 명령창에서 명령문 b = MyCal을 입력하고 실행한다.

(두 번째) 실행 후, 〈표15〉와 같은 내용의 UI window를 완성한다.

(세 번째) 완성된 UI window를 닫는다.

(네 번째) 명령창에서 b=9와 같은 결과를 볼 수 있다.

표16

```
MyCal.m-------------------------------------------
function varargout = MyCal(varargin)
% MYCAL MATLAB code for MyCal.fig
%     MYCAL, by itself, creates a new MYCAL or raises the existing
%     singleton*.
%
%     H = MYCAL returns the handle to a new MYCAL or the handle to
%     the existing singleton*.
%
%     MYCAL('CALLBACK',hObject,eventData,handles,...) calls the
%     local
%     function named CALLBACK in MYCAL.M with the given input
%     arguments.
%
%     MYCAL('Property','Value',...) creates a new MYCAL or raises the
%     existing singleton*.  Starting from the left, property value pairs
```

```
%     are
%     applied to the GUI before MyCal_OpeningFcn gets called.  An
%     unrecognized property name or invalid value makes property
%     application
%     stop.  All inputs are passed to MyCal_OpeningFcn via varargin.
%
%     *See GUI Options on GUIDE's Tools menu.  Choose "GUI allows
%     only one
%     instance to run (singleton)".
%
% See also: GUIDE, GUIDATA, GUIHANDLES

% Edit the above text to modify the response to help MyCal

% Last Modified by GUIDE v2.5 27-Jun-2015 14:38:35

% Begin initialization code - DO NOT EDIT
gui_Singleton = 1;
gui_State = struct('gui_Name',       mfilename, ...
                   'gui_Singleton',  gui_Singleton, ...
                   'gui_OpeningFcn', @MyCal_OpeningFcn, ...
                   'gui_OutputFcn',  @MyCal_OutputFcn, ...
                   'gui_LayoutFcn',  [] , ...
                   'gui_Callback',   []);
if nargin && ischar(varargin{1})
   gui_State.gui_Callback = str2func(varargin{1});
end

if nargout
```

```
    [varargout{1:nargout}] = gui_mainfcn(gui_State, varargin{:});
else
    gui_mainfcn(gui_State, varargin{:});
end
% End initialization code - DO NOT EDIT

% --- Executes just before MyCal is made visible.
function MyCal_OpeningFcn(hObject, eventdata, handles, varargin)
% This function has no output args, see OutputFcn.
% hObject    handle to figure
% eventdata  reserved - to be defined in a future version of MATLAB
% handles    structure with handles and user data (see GUIDATA)
% varargin   command line arguments to MyCal (see VARARGIN)

% Choose default command line output for MyCal
handles.output = hObject;

% Update handles structure
guidata(hObject, handles);

% UIWAIT makes MyCal wait for user response (see UIRESUME)
uiwait(handles.figure1);

% --- Outputs from this function are returned to the command line.
function varargout = MyCal_OutputFcn(hObject, eventdata, handles)
% varargout  cell array for returning output args (see VARARGOUT);
% hObject    handle to figure
% eventdata  reserved - to be defined in a future version of MATLAB
% handles    structure with handles and user data (see GUIDATA)
```

```
%
varargout{1} = get(handles.text3,'string');
%
delete(handles.figure1);

function edit1_Callback(hObject, eventdata, handles)
% hObject    handle to edit1 (see GCBO)
% eventdata  reserved - to be defined in a future version of MATLAB
% handles    structure with handles and user data (see GUIDATA)

% Hints: get(hObject,'String') returns contents of edit1 as text
%        str2double(get(hObject,'String')) returns contents of edit1 as a
%        double

% --- Executes during object creation, after setting all properties.
function edit1_CreateFcn(hObject, eventdata, handles)
% hObject    handle to edit1 (see GCBO)
% eventdata  reserved - to be defined in a future version of MATLAB
% handles    empty - handles not created until after all CreateFcns
% called

% Hint: edit controls usually have a white background on Windows.
%       See ISPC and COMPUTER.
if ispc && isequal(get(hObject,'BackgroundColor'),
get(0,'defaultUicontrolBackgroundColor'))
    set(hObject,'BackgroundColor','white');
end
```

```
% --- Executes on button press in pushbutton1.
function pushbutton1_Callback(hObject, eventdata, handles)
% hObject    handle to pushbutton1 (see GCBO)
% eventdata  reserved - to be defined in a future version of MATLAB
% handles    structure with handles and user data (see GUIDATA)
%
str = get(handles.edit1,'string');
mynumber = eval(str);
set(handles.text3,'string',num2str(mynumber));
%

% --- Executes when user attempts to close figure1.
function figure1_CloseRequestFcn(hObject, eventdata, handles)
% hObject    handle to figure1 (see GCBO)
% eventdata  reserved - to be defined in a future version of MATLAB
% handles    structure with handles and user data (see GUIDATA)

% Hint: delete(hObject) closes the figure
if isequal(get(hObject,'waitstatus'),'waiting')
   uiresume(hObject);
else
   delete(hObject);
end
%
-------------------------------------------------------
```

2.1.5 nargin, nargout, varargin, varargout 활용

함수의 입력 변수와 출력 변수를 좀 더 효과적으로 제어하기 위하여 nargin, nargout, varargin, varargout의 사용 방법에 대하여 자세히 알아보자. 먼저 varargout의 사용법에 관하여 설명하여 보자.

□ varargout

함수에서 변수 varargout을 사용할 때, 함수의 출력 변수명으로 사용한다. 함수의 출력 변수가 여러 개 있을 경우 varargout은 가장 뒤에 위치한다. 예를 들어, 〈표1〉에 주어진 함수 showdate.m의 첫 번째 줄에 위치한 함수 선언에서 보듯이 출력 변수 t 다음에 변수 varargout가 자리 잡고 있다.

표1

```
------ showdate.m-------------
function [t, varargout] = showdate
 DateStr = date;
 t = 'Today: ';
 varargout{1} = DateStr(8:11);
 varargout{2} = DateStr(4:6);
 varargout{3} = DateStr(1:2);
end
------------------------------
```

명령창에서 함수를 실행할 때, 함수의 출력 인자 (또는 성분) 개수를 varargout을 사용하여 조절할 수 있다. 이때 varargout의 데이터 종류는 셀 배열(cell array)이고, 변수 varargout을 사용할 경우 함수에서 모두 소문자로 처리한다. 예를 들어, 〈표1〉과 같이 함수형 M-파일 showdate.m을 만들고 저장한 뒤에 아래와 같이 명령창에서 실행하여 본다:

```
>> t = showdate
```

```
t = Today:

>> [t, year] = showdate
t = Today:
year = (실행 시 년도 출력)

>> [t, year, month] = showdate
t = Today:
year = (실행 시 년도 출력)
month = (실행 시 달 출력)

>> [t, year, month, day] = showdate
t = Today:
year = (실행 시 년도 출력)
month = (실행 시 달 출력)
day = (실행 시 날짜 출력)
```

함수 showdate 실행 후, 위의 출력 내용에서 확인할 수 있듯이 출력 인자의 개수가 변하지만 함수 showdate 내부에서 셀 배열 변수 varargout을 사용하기 때문에 그러한 상황을 문제없이 잘 처리하고 있다. 이와 같이 어떤 함수를 실행한 뒤에 출력 인자의 개수가 변할 수 있는 상황에서, 출력 변수 varargout를 사용하여 함수의 내용을 구성하면 그런 가변적인 출력 환경을 효율적으로 제어할 수 있다. 참고로, 〈표1〉의 내용에서 사용하는 명령어 date는 현재의 날짜를 문자열로 출력하여 준다. 출력하는 형식은

```
day-month-year
```

이다. 예를 들어, 명령창에서 2016년 1월 1일에 아래와 같이 실행하였다고 가정하자.

```
>> DateStr = date
```

```
DateStr =
01-Jan-2016

>> whos
  Name         Size            Bytes  Class    Attributes
  DateStr      1x11               22  char
```

위에서 보는 바와 같이 Datestr에는 문자열 '01-Jan-2016'이 저장되었다. 변수 Datestr은 1×11 크기의 배열로 처리되기 때문에 <표1>에 있는 명령문

```
varargout{1} = DateStr(8:11);
```

에 의하여 varargout{1}에는 배열 DateStr의 8번째에서 11번째까지의 성분이 저장된다. 즉, 문자열 '2016'이 varargout{1}에 저장된다. 다음 실행문

```
varargout{2} = DateStr(4:6);
```

에 의하여 배열 DateStr의 4번째에서 6번째까지의 성분인 'Jan'이 varargout{2}에 저장된다. 같은 논리로 실행문

```
varargout{3} = DateStr(1:2);
```

에 의하여 varargout{3}에는 문자열 '01'이 저장된다. 다음으로 출력 인자 개수와 관련된 nargout을 함수 내부에서 어떻게 사용할 수 있는지 알아보자.

□ nargout

명령창에서 어떤 함수를 포함하는 명령문을 실행할 경우에, 그 명령문을 구성하는 출력 인자의 개수를 변수 nargout에 의하여 알 수 있다. 변수 nargout은 함수 내부에서만 사용한다. 지금부터 nargout의 사용법을 알아보자. 먼저, 변수 varargout의 사용법을 설명하기 위하여 앞에서 소개했던 showdate.m 파일(<표1>에 주어진)이 있는 폴

더에서

```
>> [t, year, month, day, century1] = showdate
```

와 같이 실행하여 본다. varargout{4}에 값이 대입되지 않았다는 내용의 에러 메시지가 명령창에 출력될 것이다.

표2

```
--- showdateOne.m-------------
function [t, varargout] = showdateOne
 DateStr = date;
 t = 'Today: ';
 varargout{1} = DateStr(8:11);
 varargout{2} = DateStr(4:6);
 varargout{3} = DateStr(1:2);
 outnum = nargout;
 if outnum > 4
  for k=4:outnum-1
   varargout{k} = 'No output';
  end
  msgbox({'출력 인자 개수 4개 이하로 설정!',...
      '5번째 이상 출력 변수: 내용 무'},'주의')
 end
end
------------------------------------
```

〈표1〉에 주어진 showdate.m 파일의 내용을 〈표2〉에 주어진 내용으로 수정하고 파일명을 showdataOne.m으로 저장한 뒤에 아래와 같이 실행한다.

```
>> [t, year, month, day, century1] = showdateOne
```

실행 결과로서 〈표3〉과 같은 내용이 명령창에 출력되고 〈표4〉에 주어진 메시지 대화 박스를 화면에서 볼 수 있다.

표3

```
------------------
t = Today:
year = 2015
month = Jun
day = 28
century1 = No output
-----------------------
```

표4

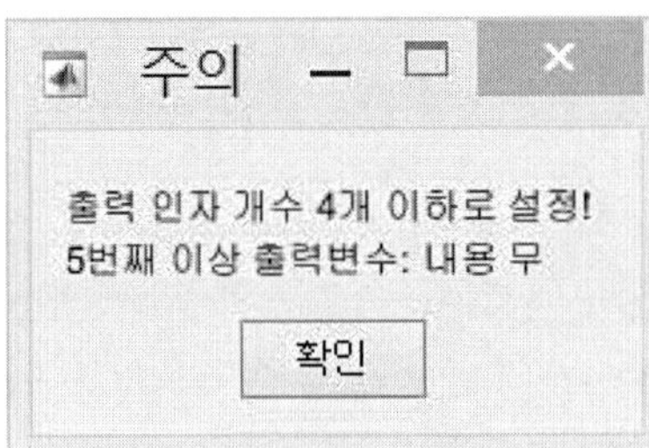

〈표2〉에 주어진 showdateOne.m 파일의 내용에서 알 수 있듯이 출력 인자의 개수가 5개 이상이면 〈표4〉와 같은 메시지 박스가 출력된다. 위와 같이 실행되면 출력 인자의 개수가 다섯 개이므로 showdateOne.m 함수 내부에 있는 변수 nargout에 5가 저장된다. 이런 이유로, 함수 showdateOne 내부에서 if-end문이 참인 경우로 실행되어 varargout{4}에 문자열 'No output'이 저장되었다. 따라서, 〈표3〉의 내용에서 보듯이 다섯 번째 출력 변수인 century1에 문자열 'No output'이 저장되었다. 현재, 〈표2〉에 주어진 showdateOne.m 함수를 사용하면, 5번째 이상의 출력 변수에는 모두 문자열 'No output'이 저장된다(showdateOne.m 파일 내용 중, if-end문 참고). 〈표2〉에 주어진 함수 showdateOne.m에서와 같이 nargout을 사용하면 함수 showdate.m을

```
>> [t, year, month, day, century1] = showdate
```

와 같이 실행하였을 때 발생하였던 경고 메시지를 제어할 수 있다. 두 개의 함수 showdate.m와 showdateOne.m은 그 내용에 차이가 있지만, 아래 (A)와 (B)에 주어진 명령문을 각각 실행하면 동일한 결과를 명령창에서 볼 수 있을 것이다. 각자가 실행하여 확인하여 보자.

(A)	>> [t, year, month, day] = showdate
(B)	>> [t, year, month, day] = showdateOne

지금까지 함수 출력 인자와 관련이 있는 varargout와 nargout에 대하여 알아보았고 다음은 입력 인자와 관련된 varargin가 함수에서 어떻게 사용될 수 있는지 설명한다.

□ varargin

함수 내부에서 변수 varargin을 사용할 때, 함수의 입력 변수명으로 사용한다. 함수의 입력 변수가 여러 개 있을 경우 가장 뒤에 위치한다. 예를 들어, 〈표5〉에 주어진 showft.m 파일의 첫 번째 줄에 있는 함수 선언에서 보듯이 입력 변수 x 다음에 varargin가 자리잡고 있다. 명령창에서 어떤 함수를 포함하는 명령문을 실행할 경우에, 그 명령문을 구성하는 입력 인자의 개수를 varargin을 사용하여 제어할 수 있다. 이때, varargin의 데이터 종류는 셀 배열(cell array)이고 사용 시 모두 소문자로 처리한다.

입력 인자와 관련된 nargin을 함수 내부에서 어떻게 사용할 수 있는지 아래에서 간단히 정리하고 그 활용 예는 〈표5〉에 주어진 showft.m 파일을 참고한다.

□ nargin

함수가 실행될 때, 함수의 입력 인자 개수를 변수 nargin에 저장된 값에 의하여 알 수 있고 nargin은 함수 내부에서만 사용한다.

표5

```
------------- showft.m ---------------------------------
function showft(x, varargin)
 fprintf('입력 인자 총 개수 = %d \n', nargin);
 if nargin >= 2
    ftn = length(varargin);
    for ind = 1:ftn
      f = varargin{ind};
      figure(ind)
      plot(x,eval(f))
      title(f); xlabel('x');
    end
 else
    msgbox({'입력 인자 개수: 2개 이상 입력하시오', ...
           '첫 번째 인자: 정의역 x 범위', ...
           '두 번째 인자부터: "수학 함수" '},'주의','warn');
 end
end
-------------------------------------------------------
```

위에서 설명한 varargin과 nargin의 사용법을 좀 더 자세히 알기 위하여 〈표5〉와 같은 내용의 함수 showft.m을 만들고 저장한 뒤에 아래와 같이 명령창에서 실행한다.

```
>> showft
입력 인자 총 개수 = 0
```

위와 같이 명령창에서 showft을 실행하면 함수 입력 인자가 없기 때문에 변수 nargin이 0으로 설정된다. 그러므로 〈표5〉에 주어진 showft.m 파일의 두 번째 줄에 있는 fprintf 명령어에 의하여 위와 같은 출력(입력 인자 총 개수 = 0)을 볼 수 있다. 계속해서, 세 번째 줄부터 시작하는 if-end문을 판단하면 거짓인 경우(이유: nargin=0)에 해당하기 때문에 〈표6〉과 같은 내용의 메시지 대화 박스를 보여준다.

표6

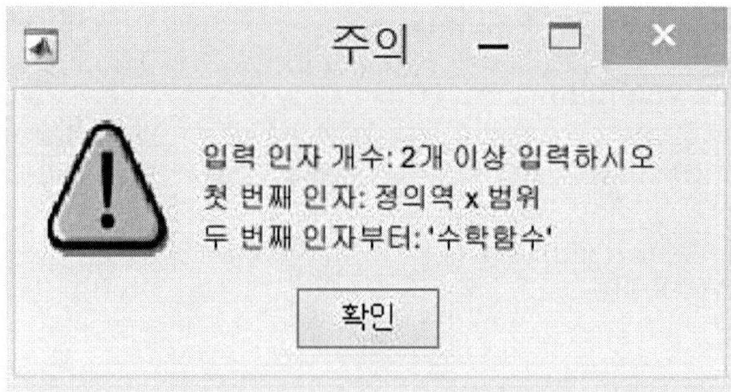

이번에는 아래와 같이 명령창에서 실행한다.

```
>> x = 1:0.1:5;
>> showft(x)
입력 인자 총 개수 = 1
```

위의 경우, 함수 입력 인자가 x 하나이기 때문에 변수 nargin이 1로 설정된다. 그러므로 fprintf 명령어에 의하여 위와 같은 출력(입력 인자 총 개수 = 1)을 볼 수 있다. 계속해서, 세 번째 줄부터 시작하는 if-end문을 판단하면 이번 역시 거짓인 경우(이유: nargin=1)에 해당하기 때문에 〈표6〉과 같은 내용의 메시지 대화 박스를 다시 보여준다. 앞의 경우들과는 달리 입력 인자의 총 개수가 두 개인 경우를 아래와 같이 실행하여 보자.

```
>> x = 1:0.1:5;
>> showft(x,'exp(x)')
입력 변수 인자 총 개수 = 2
```

위의 실행 결과로, 입력 인자가 두 개(= x와 문자열 'exp(x)')이기 때문에 변수 nargin이 2로 설정된다. 그러므로 fprintf 명령어에 의하여 위와 같이 출력(입력 인자 총 개수 = 2)된다. 계속해서, if-end문을 판단하면 이번에는 참의 경우(이유: nargin=2)이다. 〈표5〉에 주어진 showft.m 파일의 내용에 따르면 참인 경우 〈표7〉의 내용이 실행된다.

표7

```
------------------------------------
Line1:    ftn = length(varargin);
Line2:    for ind = 1:ftn
Line3:      f = varargin{ind};
Line4:      figure(ind)
Line5:      plot(x,eval(f))
Line6:      title(f); xlabel('x');
Line7:    end
------------------------------------
```

실행문 showft(x,'exp(x)')에서 입력 인자 x 이외의 입력 인자는 'exp(x)' 하나이므로 〈표7〉의 Line1에 주어진 ftn의 값은 1이다. 따라서, Line2부터 Line7까지 주어진 for-end문은 한 번만 실행된다. 자세한 내용은 아래와 같다:

- 명령창에서 명령문 showft(x,'exp(x)')을 실행하면 두 번째 입력 인자인 'exp(x)'가 varargin{1}에 저장되기 때문에, Line3의 내용이 실행되면 변수 f에는 문자열 'exp(x)'이 저장된다.
- Line4에 의하여 figure(1)이 실행되어 현재 어떤 그래프도 없는 빈 figure 객체를 출력하고, 그 figure의 최상단 위치에 Figure 1 와 같이 출력한다. 참고로, 함수 figure에 대한 설명이 아래 〈표8〉에 주어진다.

표8

figure(n)	설명: n이 양의 정수일 때, figure 객체를 만들고 이 객체의 속성 Number의 값을 n으로 설정한다. figure 최상단 위치에서 n을 출력하여 다른 figure와 구별할 수 있다. 만약에 n이 기존에 존재했던 figure 객체의 속성 Number의 값이면 명령문 figure(n)은 그 기존에 존재했던 figure 객체를 current 객체로 설정한다.

- Line5에 의하여 plot(x, exp(x))가 실행되어 〈표9〉와 같이 지수함수 e^x의 그래프를 figure 객체에 출력한다.
- Line6에 주어진 명령문에 의하여 figure 객체에 관련 내용을 추가한다. 즉, title(f)에 의하여 그래프의 제목 위치에 문자열 exp(x)를 출력하고 xlabel('x')에 의하여 x축 위치에 문자 x를 출력한다.

표9

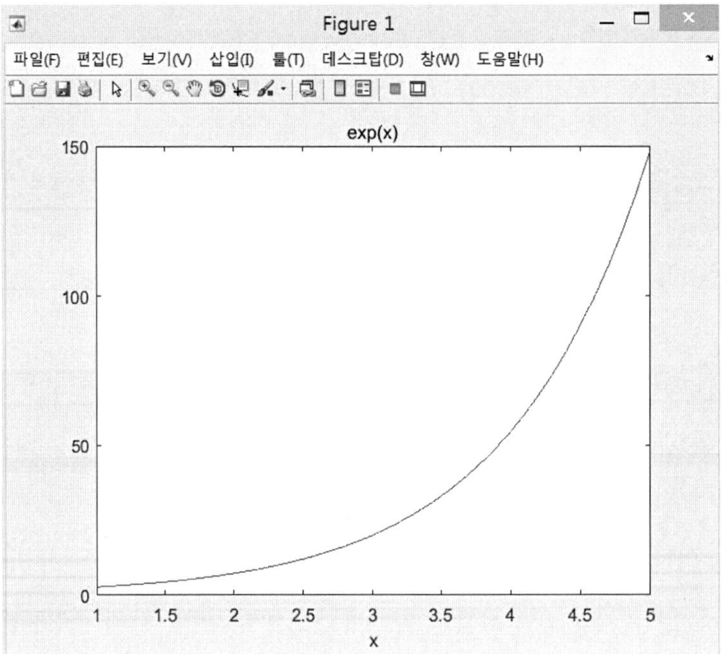

다음으로, 입력 인자의 총 개수가 세 개인 경우를 아래와 같이 실행한다.

```
>> x = 1:0.1:5;
>> showft(x,'exp(x)','sin(x)')
입력 인자 총 개수 = 3
```

위와 같이 실행하면, 함수 입력 인자가 세 개이기 때문에 변수 nargin이 3으로 설정된다. 그러므로 fprintf 함수에 의하여 위와 같이 출력(입력 인자 총 개수 = 3)된다. 계속해서, if-end문을 판단하면 참의 경우(이유: nargin=2)이므로 〈표7〉의 내용이 실행된다.

- 명령문 showft(x,'exp(x)','sin(x)')에서 입력 인자 x 이외의 입력 인자가 두 개이므로

varargin{1}='exp(x)'	varargin{2}='sin(x)'

와 같이 저장된다. 따라서, 〈표7〉의 Line1에 주어진 ftn의 값은 2가 되어 Line3에서 Line6까지의 for-end문 내용이 두 번 실행된다. 첫 번째 실행 시, 〈표9〉와 같은 지수함수 e^x의 그래프가 출력되고 두 번째 실행 시에는 삼각함수 sin(x)의 그래프를 보여주는 〈표10〉이 출력된다.

표10

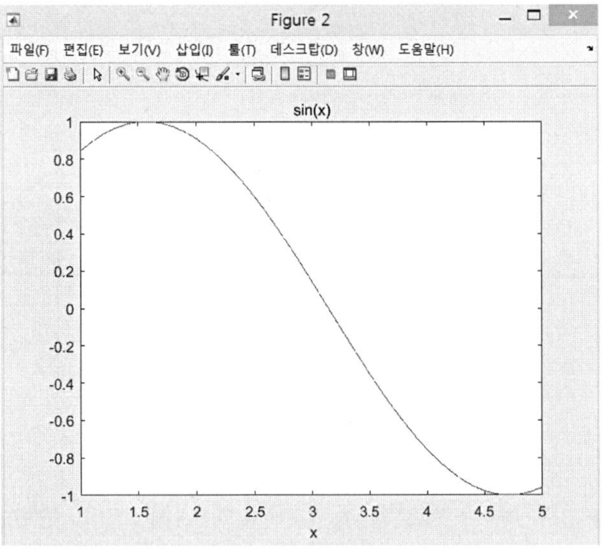

이번절의 내용을 충분히 이해하였다면 다른 종류의 프로그램에서도 nargin, nargout, varargin, varargout의 기능을 사용할 수 있을 것이다.

2.1.6 M-파일 구조와 이해

파일 이름에서 확장자 m을 갖는 파일을 함수형 M-파일 또는 스크립트형 M-파일의 방식으로 매틀랩은 사용한다. 수학 함수 y=f(x)가 주어졌을 때, 입력 변수 x에 어떤 값을 주면 함수 f에 의하여 계산된 값 y가 출력된다. 이와 같은 수학 함수의 구조를 갖는 것이 함수형 M-파일이다. 함수형 M-파일의 경우에는 함수를 선언하는 영역이 (간단히, 함수 선언부가) 있어야 하는 규칙이 있으나, 스크립트형 M-파일은 함수 선언부 없이 자유로운 형식으로 사용된다. 먼저 함수형 M-파일에 대하여 알아보자.

2.1.6.1 함수형 M-파일

함수형 M-파일은 〈표1〉과 같은 구조를 가진다. n개의 입력 변수 x1, x2, ..., xn와 m개의 출력 변수 y1, y2, ..., ym을 가지는 함수명이 f인 함수를 〈표1〉의 첫 번째 줄에서 선언하고 있다.

표1

```
function  [y1, y2, ..., ym] = f(x1, x2, ..., xn)
      내용1;
      내용2;
        ⋮
end
```

이와 같이 함수 선언부를 함수형 M-파일의 첫 번째 줄에 위치시키고 관련 내용을 함수 선언부 아래에서부터 입력을 시작한 뒤에 모든 내용을 입력하고 키워드 end로서 함수의 끝을 알려준다. 함수형 M-파일은 text 파일로 저장하고 저장할 때 파일명을

함수명.m

와 같이 확장자를 m으로 설정한다. 즉, 함수 선언부에 있는 함수명과 같은 명칭으로 파일명을 설정하여 저장하는 것이 일반적이다. 함수명과 저장되는 파일명을 일치시켜 단순화된 환경을 만드는 것을 추천하지만 어떤 특별한 이유로 파일을 저장할 때 함수명이 아닌 다른 이름을 선택할 수는 있다. 이런 경우, 명령창에서 실행할 때 함수명이 아닌 저장된 파일명으로 실행해야 한다. 예를 들어 〈표1〉의 구조를 가지는 함수형 M-파일의 경우, 파일명을 f.m으로 저장하는 것이 일반적이다. 그러나 사용자의 어떤 이유가 있어서 f.m이 아닌 다른 파일명 f1.m으로 저장하였다면 실행할 때에는 명령창에서 f1으로 사용(함수 선언부에 의하여 함수명이 f라고 해도)해야 한다. 함수명을 설정할 때에는 첫 번째 글자는 알파벳 문자로 시작해야 하고 그 이후로 알파벳 문자, 수, underscore를 포함할 수 있다.

다음은 함수형 M-파일을 직접 작성하고 실행하여 보자. 먼저 〈표2〉에는 하나의 입력 변수와 하나의 출력 변수를 가지는 함수형 M-파일 ft.m이 주어졌다.

표2

```
--- ft.m ---------
function [y] = ft(x)
  y = sort(x);
end
----------------
```

〈표2〉와 같은 내용을 가진 ft.m 파일을 생성하고 명령창에서 아래와 같이 실행한다.

```
>> x = [ 2 10 3 5 ]
x =
    2   10    3    5
>> xsort = ft(x)
xsort =
    2    3    5   10
```

위의 결과를 설명하여 보자:

- 바로 위에서 실행한 명령문의 오른쪽에 있는 ft(x)에 의하여 배열 x = [2 10 3 5]가 함수 ft의 입력 인자로 전달되었고 함수 ft 내부의 명령문 y=sort(x)가 실행(〈표2〉의 내용 참고)되어 배열 x의 성분이 오름차순으로 정렬되어 그 결과가 y에 저장되었다.
- 변수 y는 함수 ft의 출력 변수이기 때문에 명령창에서의 명령문 xsort=ft(x)에 의하여 xsort 변수에 y에 저장된 내용이 전달되어 xsort=[2 3 5 10]와 같은 결과가 출력되었다.

참고로, 벡터 x에 대한 함수 sort(x) 또는 sort(x, mode)의 사용법에 대한 내용이 아래에 주어진다.

y=sort(x) 또는 y=sort(x, 'ascend')

설명: x의 성분을 오름차순으로 정렬한 뒤에 그 결과를 y에 저장한다. 만약에 x가 행렬이면 x의 각 열을 오름차순으로 정렬한다.

y=sort(x, 'descend')

설명: x의 성분을 내림차순으로 정렬한 뒤에 그 결과를 y에 저장한다. 예를 들어, 아래와 같이 실행하여 본다.

```
>> x = [ 2 10 3 5 ];
>> y=sort(x,'descend')
y =     10     5     3     2
```

이번에는 두 개의 입력 변수와 세 개의 출력 변수를 가지는 함수형 M-파일을 〈표3〉의 내용으로 작성(파일명 fta.m으로 저장)하고 아래와 같이 실행하여 보자.

표3

```
----- fta.m ------------------------------------------
function [z1, z2, z3] = fta(x, y)
 z1 = x;
 z2 = y;
 if x > y
    z3 = '첫 번째 입력 인자의 값이 두 번째 입력 인자의 값보다 크다.';
 elseif x == y
    z3= '첫 번째와 두 번째 입력 인자의 값이 서로 같다.';
 else
    z3= '첫 번째 입력 인자의 값이 두 번째 입력 인자의 값보다 작다.';
 end
end
-----------------------------------------------------
```

```
>> [arg1, arg2, result] = fta(3, 6)
arg1 =      3
arg2 =      6
result =    첫 번째 입력 인자의 값이 두 번째 입력 인자의 값보다 작다.
```

위의 실행 결과에 대하여 설명하여 보자. 위 실행문의 등호 오른쪽에 있는 fta(3, 6)에 의하여 함수 fta의 입력 변수 x와 y가

x=3과 y=6

과 같이 값이 설정되므로 〈표3〉에 주어진 함수 fta로부터

z1 = 3, z2 = 6

이 되고 계속해서 if-end문을 판단하여 z3에는 아래와 같은 문자열이 저장된다.

z3 = '첫 번째 입력 인자의 값이 두 번째 입력 인자의 값보다 작다.'

함수 fta의 내부에서 이렇게 결정된 z1, z3, z3가 출력 변수이므로 실행문

[arg1, arg2, result] = fta(3, 6)

에 의하여 arg1, arg2, result에 차례대로 z1, z2, z3에 저장되어 있는 내용이 전달된다. 위의 실행문에서 오른쪽에 있는 fta(3, 6) 대신에 fta(3, 3) 또는 fta(6, 3)과 같이 다른 경우를 실행하면 이에 대응하는 결과를 명령창에서 확인할 수 있다:

```
>> [arg1, arg2, result] = fta(3, 3)
arg1 =      3
arg2 =      3
result =    첫 번째와 두 번째 입력 인자의 값이 서로 같다.

>> [arg1, arg2, result] = fta(6, 3)
arg1 =      6
arg2 =      3
result =    첫 번째 입력 인자의 값이 두 번째 입력 인자의 값보다 크다.
```

표4

```
function 함수 선언부 % 주 함수
    주 함수 내용
        ⋮
end

function 함수 선언부 % 지역 함수1
    지역 함수1 내용
        ⋮
end

function 함수 선언부 % 지역 함수2
    지역 함수2 내용
        ⋮
end
 ⋮
```

함수형 M-파일을 만들 때, 〈표4〉와 같이 여러 개의 지역 함수(Local Function)가 존재할 수 있다. 이런 경우, 첫 번째 함수를 주 함수(Main Function)라고 하며 두 번째 함수부터는 지역 함수(Local Function)라고 부른다. 〈표4〉와 같은 구조의 파일을 하나의 파일로 저장할 경우, 파일 저장명은 주 함수의 함수명으로 저장한다. 주 함수는 지역 함수를 참조(call)할 수 있다. 이런 기능을 이용하여 다음과 같은 작업이 가능하다:

어떤 함수의 내용이 긴 경우, 기능별로 그 내용을 나누어 몇 개의 지역 함수로 만든 뒤에 주 함수에서 지역 함수를 참조하는 방식으로 함수의 구조를 변경할 수 있다.

표5

```
--------- ftmain.m ----------------------------------
function [outone, outtwo] = ftmain(x)
  n = length(x);
```

```
  outone = ftsub1(x, n);
  outtwo = ftsub2(n);
end

function  xa = ftsub1(x, n)
  xsum = sum(x);
  xa = xsum/n;
end

function  z = ftsub2(n)
  if n > 4
     z = '입력한 벡터의 모든 성분의 개수가 5개 이상이다.';
  elseif n == 4
     z = '입력한 벡터의 모든 성분의 개수가 4개이다.';
  else
     z = '입력한 벡터의 모든 성분의 개수가 3개 이하이다.';
  end
end
```

하나의 파일 내부에 세 개의 함수가 존재하는 경우를 알아보자. 즉, 〈표5〉의 내용을 가지는 파일을 작성하고 ftmain.m으로 저장한다. 파일 ftmain.m은 주 함수 ftmain과 두 개의 지역 함수(ftsub1와 ftsub2)로 구성되어 있다. 임의의 벡터 x가 주 함수 ftmain의 입력 인자로 전달되면 두 개의 출력 인자가 있는데 다음과 같은 값으로 설정된다:

- 첫 번째 출력 인자인 outone에는 평균값이 저장된다. 이 평균값은 입력 인자로 전달된 벡터 x를 구성하는 성분들의 평균이다.
- 두 번째 출력 인자인 outtwo에는 문자열이 저장된다. 이 문자열은 입력 인자로 전달된 벡터 x를 구성하는 성분의 개수가 어떤 범위에 속하는지 알려주는 내용

이다. 문자열의 내용은 〈표6〉에 주어진 세 종류가 있다. 결과로 얻어지는 문자열의 내용에 큰 의미가 있는 것은 아니다. 단지, 주 함수와 지역 함수의 연결 관계를 쉽게 설명하기 위하여 도입되었다.

표6

```
-------------------------------------------
(a) '입력한 벡터의 모든 성분의 개수가 5개 이상이다.'
(b) '입력한 벡터의 모든 성분의 개수가 4개이다.'
(c) '입력한 벡터의 모든 성분의 개수가 3개 이하이다.'
-------------------------------------------
```

위 〈표5〉에서 작성한 ftmain.m 파일을 〈표7〉의 내용으로 명령창에서 실행한다.

표7

```
-------------------------------------------
>> x = [ 2 3 5 10 ];
>> [xaverage, mymessage] = ftmain(x)
xaverage =     5
mymessage =  입력한 벡터의 모든 성분의 개수가 4개이다.
-------------------------------------------
```

위와 같은 결과가 출력되는 과정에 관하여 좀 더 설명하여 보자:

- 주 함수 ftmain에서 입력 인자 x(=[2 3 5 10])의 성분의 개수가 4이므로 명령문 n=length(x)에 의하여 n=4로 설정된다. 즉, 벡터 x에 대하여 함수 length(x)은 벡터 x를 구성하는 모든 성분의 개수를 알려준다.
- 주 함수 내부에 있는 명령문 outone = ftsub1(x, n)에 의하여 지역 함수 ftsub1가 실행된다. 이 때, 입력 변수 x와 n에 설정되는 내용이 x=[2 3 5 10]이고 n=4이므로 지역 함수 ftsub1의 출력 변수 xa에는 벡터 x의 모든 성분의 평균값인 4가 저장된다. 따라서, 변수 outone에는 4가 저장된다.

- 함수 내부에 있는 명령문 outtwo = ftsub2(n)에 의하여 지역 함수 ftsub2가 실행된다. 입력 변수 n에 값을 전달받은 지역 함수 ftsub2은 n의 값에 따라 〈표6〉에 주어진 세 종류의 문자열 중에 하나(if-end문의 선택 결과로)가 변수 z에 저장된다. 바로 이 z 변수가 지역 함수 ftsub2의 출력 변수이므로 z에 저장되어 있는 내용이 outtwo에 전달된다.
- 위의 내용 설명에 의하여 결정된 outone과 outtwo(주 함수 ftmain의 출력 인자인)에 저장된 내용이 순서대로 변수 xaverage와 mymessage에 전달되어 〈표7〉과 같이 출력된다.

참고로, 함수 sum에 대한 설명이 아래와 같이 주어진다:

형식: y = sum(x)
설명: x가 벡터이면 명령어 sum에 의하여 x의 모든 성분의 합이 y에 전달된다. 예를 들어, 명령창에서 다음과 같이 실행한다.

```
>> x = 1:5
x =   1     2     3     4     5

>> y = sum(x)
y =   15
```

주 함수를 외부(다른 파일에 존재하는 함수 또는 명령창)에서 참조(call)할 수 있으나 지역 함수를 외부에서 참조할 수는 없다. 같은 파일에 존재하는 지역 함수끼리는 서로 참조 가능하다. 서로 참조 가능하다고 하여 각각의 함수 내부에 있는 변수끼리 접근이 가능한 것은 아니다. 어떤 함수에서 다른 함수에 존재하는 변수에 접근할 필요가 있는 경우, 함수의 입력과 출력 변수를 이용하거나 전역 변수(Global Variable) 선언을 이용해야 한다.

다음으로 네스트 함수(Nested Function)에 대하여 알아보자. 〈표8〉과 같은 구조의 파일에서 내부 박스 안의 영역이 네스트 함수에 해당한다. 이 네스트 함수를 포함하고 있는 함수를 주 함수라고 하자. 함수 안에 존재하는 변수는 지역 변수이다. 즉, 어떤 함수에 존재하는 변수를 다른 함수 내부에서 변수로 공유할 수 없다. 그러나, 네스트 함수와 이 네스트 함수를 포함하는 주 함수 사이에서는 인자로서 서로 주고받음 없이 변수를 공유할 수 있다.

표8

```
function  함수 선언부   % 주 함수
     주 함수 내용
          ⋮
     function  함수 선언부  % 네스트 함수
          네스트 함수 내용
               ⋮
     end
end
```

함수를 만들 때, 함수 내용의 끝을 알려주는 키워드 end를 반드시 써야하는 것은 아니다. 함수의 끝에 end를 생략하여도 에러 없이 함수를 사용할 수 있지만 키워드 end를 각 함수의 내용 끝에 쓰는 것을 추천한다. 특히, 네스트 함수를 포함하는 파일 안에 존재하는 모든 함수의 끝에는 키워드 end를 써야한다. 또한 if-end문, switch-end문, for-end문, while-end문 내부에서 네스트 함수를 사용할 수 없다. 〈표9〉에 두 개의 파일 ftone.m과 fttwo.m이 주어지고 각각의 파일은 네스트 함수를 포함하고 있다.

표9

ftone.m	fttwo.m

function y = ftone(x)
d = 2*x;
y = ftonenest(d);
 	
   function z = ftonenest(u)
      z = x+u;
   end
 	
end
	function y = fttwo(x)
	fttwonest(x);
	
	   function fttwonest(u)
	      d = 2*u;
	   end
	
	y = x+d;
	end

표10

```
-----------------
>> resultone = ftone(7)
resultone =     21

>> resulttwo = fttwo(7)
resulttwo =    21
----------------------
```

〈표9〉의 내용을 가진 두 개의 파일을 생성하고 명령창에서 〈표10〉과 같이 실행한다. 출력된 결과에 대하여 알아보자:

- 〈표10〉의 첫 번째 명령문과 결과
  - (a) 첫 번째 명령문에서 등호 오른쪽에 있는 ftone(7)에 의하여 주 함수 ftone의 입력 변수 x에 7이 전달되어 d=14로 설정된다. 〈표9〉에 주어진 ftone.m 파일 내용을 참고한다.
  - (b) 다음 줄에 있는 명령문 y=ftonenest(d)에 의하여 네스트 함수 ftonenest의 입력 변수 u에 14(변수 d에 저장된)가 전달되어 z=x+u=7+14=21이 된다.

(c) z은 네스트 함수 ftonenest의 출력 변수이므로 z에 저장된 값 21이 주 함수의 변수 y에 전달된다.

(d) 한편, 변수 y는 주 함수 ftone의 출력 변수이므로 〈표10〉의 첫 번째 명령문인 resultone=ftone(7)에 의하여 resultone=21의 결과를 얻게 된다.

(e) 주 함수의 입력 변수인 x에 저장된 값이 네스트 함수 ftonenest 내부에도 전달(입력 인자로 네스트 함수에 전달하지 않고도)되고 있는 점에 주목한다.

- 〈표10〉의 두 번째 명령문과 결과

(a) 〈표10〉의 두 번째 명령문에서 등호 오른쪽에 있는 fttwo(7)에 의하여 주 함수 fttwo의 입력 변수 x에 7이 전달된다.

(b) 주 함수 fttwo의 첫 번째 명령문 fttwonest(x)에 의하여 네스트 함수 fttwonest의 입력 변수 u에 7이 전달되어 d=2*7=14이 된다. 네스트 함수 fttwonest의 경우, 출력 변수에 대한 설정 없이 d에 14가 저장된다.

(c) 주 함수 fttwo의 마지막 줄에 있는 명령문에 의하여 y=x+d=7+14=21이 된다.

(d) 변수 y는 주 함수 fttwo의 출력 변수이므로 〈표10〉의 두 번째 명령문인 resulttwo=fttwo(7)에 의하여 resulttwo=21의 결과를 얻게 된다.

(e) 네스트 함수 fttwonest 내부에서 생성된 변수 d가 네스트 함수 범위를 벗어나 주 함수의 마지막 줄에 있는 명령문 y = x+d에서 이용되고 있는 점을 주목한다.

〈표9〉와 〈표10〉의 내용에서 보았듯이, 네스트 함수와 이 네스트 함수를 포함하는 주 함수 사이에서는 인자를 서로 주고받는 형식 없이 변수를 서로 공유할 수 있다.

2.1.6.2 스크립트형 M-파일

스크립트형 M-파일의 내용에는 함수형 M-파일에 존재하는 함수 선언부가 존재하지 않는다. 일반적으로 매틀랩에서 프로그램을 작성한다고 하면 스크립트형 M-파일을 작성하는 것으로 보면 된다. 현재 폴더에 앞 절에서 소개한 〈표2〉의 내용을 가진 함수형 M-파일 ft.m이 존재할 때, 명령창에서 다음 〈표1〉과 같은 내용으로 실행하여 보자.

표1

```
----------------------------------------------------------------
>> x = [ 2 10 3 5 ]
x =     2    10    3    5

>> xsum = sum(x)
xsum =    20

>> xaverage = sum(x)/length(x)
xaverage =     5

>> xsort = ft(x)
xsort =    2    3    5    10
----------------------------------------------------------------
```

이번에는 〈표2〉에 주어진 내용을 M-파일 에디터에서 입력하고 myprog.m 파일로 저장한다.

표2

```
---------- myprog.m -----------------------------------
%
x = [ 2 10 3 5 ]
xsum = sum(x)
xaverage = sum(x)/length(x)
```

```
xsort = ft(x)
%
------------------------------------------------------------
```

현재 폴더에 myprog.m 파일이 존재하는 것을 확인하고, 명령창에서 다음과 같이 실행한다:

```
>> myprog
```

〈표1〉에서는 네 번을 실행(각 실행문마다 Enter키 클릭)하여 각각의 결과를 보았지만 위와 같이 하면 한 번의 실행(명령창에서 myprog 입력 후 한 번의 Enter키 클릭)으로 모든 결과를 볼 수 있다. 즉, 〈표2〉에 주어진 내용이 모두 실행되었다. 이때, 〈표2〉에 주어진 네 줄의 내용을 가진 프로그램인 myprog.m 파일이 스크립트형 M-파일에 해당한다. 이와 같이, 매틀랩 코드를 이용하여 프로그램을 작성한 후에 '파일명.m'의 형식으로 저장한 뒤에 명령창에서

```
>>파일명  % 입력 후 Enter키 클릭
```

와 같이 실행하면 '파일명.m' 파일 안에 저장된 내용이 모두 실행된다.

2.2 UI window에서 그래프 출력

이번 절에서는 수학 함수를 그리기 위하여 팔레트의 구성요소 중, 좌표축과 팝업 메뉴를 사용하게 된다. UI window에 있는 팝업 메뉴에서 두 개의 수학 함수중 하나를 선택할 수 있다. 선택한 수학 함수를 surf와 mesh 함수로서(푸시 버튼에 의하여 구현된) 좌표축 박스 안에 출력할 것이다. 또한 이번에는 OpeningFcn 지역 함수를 이용하여 UI window의 초기 화면을 설정할 것이다. 먼저 2.2.1절에서는 레이아웃 에디터를 사용하여 이용할 객체를 적절히 배치할 것이다. 그 후에 2.2.2절에서는 UI window에 존재하는 객체 사이를 연결하는 내용으로 진행할 것이다. 마지막 절에서는 UI window의 상단 위치에 '도구 모음' 객체를 생성하는 방법에 대하여 설명한다.

2.2.1 그래프 출력 관련 객체 설정

팔레트에 있는 구성요소를 이용하여 완성하게 될 UI window는 〈표1〉과 같은 초기 화면을 갖게 될 것이다.

표1

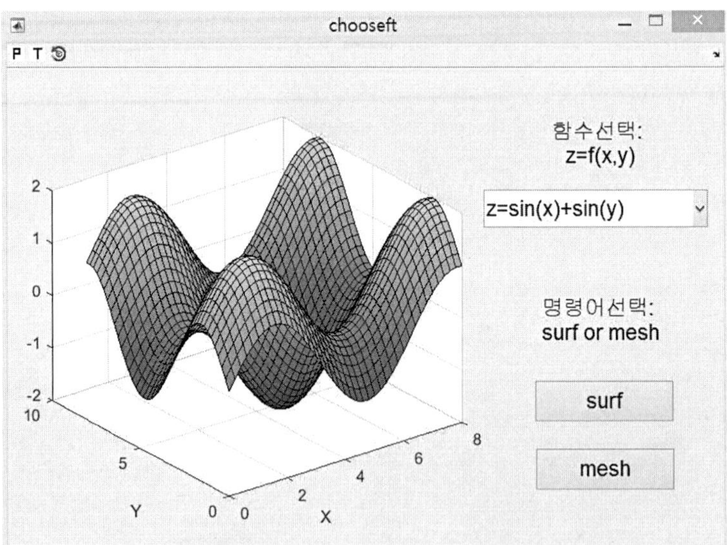

내용 설명을 위하여 〈표1〉에서 보이는 객체를 차례대로 〈표2〉와 같이 설정하자:

표2

1번째 객체(구성요소: 좌표축):

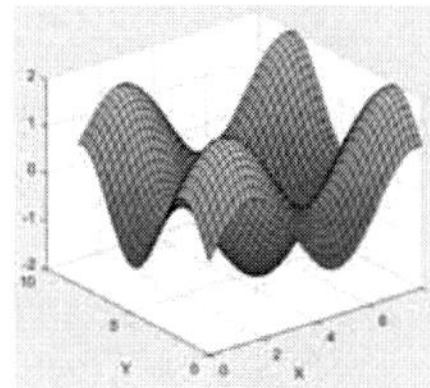

2번째 객체(구성요소: 정적 텍스트):

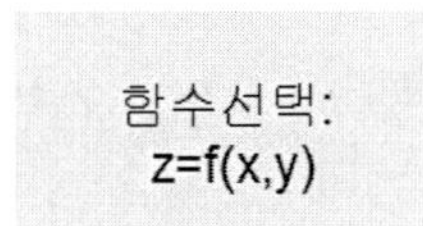

3번째 객체(구성요소: 팝업 메뉴):

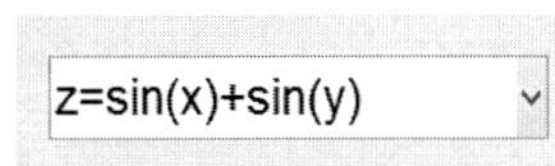

4번째 객체(구성요소: 정적 텍스트):

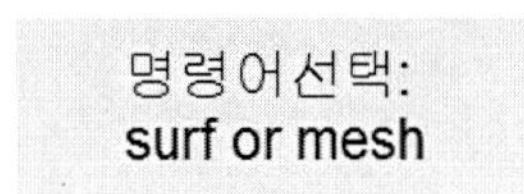

5번째 객체(구성요소: 푸시 버튼):

6번째 객체(구성요소: 푸시 버튼):

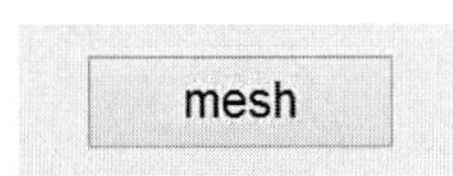

〈표1〉에서 주어진 UI window의 1번째 객체에서 보이는 그래프는 3번째 객체에 있는 수학 함수

$$z = f(x,y) = \sin(x) + \sin(y)$$

에 대응한다. 함수를 변경하고 싶으면 3번째 객체에서 오른쪽에 있는 화살표를 클릭하여 다른 수학 함수

$$z = f(x,y) = (1-x^2)(1-y^2)$$

를 선택할 수 있다. 이와 같이 선택된 수학 함수에 대하여 5번째 또는 6번째 객체를 선택하면 주어진 수학 함수를 surf와 mesh 명령어에 따라 다른 출력을 보여준다. 또한, 〈표1〉에서 왼쪽 상단을 보면 〈표3〉과 같은 도구 모음 메뉴를 볼 수 있는데 이러한 메뉴를 만드는 방법도 2.2.3절에서 설명할 것이다. 〈표1〉에서 볼 수 있는 도구 모음은 차례대로 푸시툴, 토글툴, 회전의 기능을 가지고 있다.

표3

지금부터, 〈표1〉에 주어진 UI window을 만들기 위하여 객체를 배치하여 보자.

〈step 1〉

앞의 2.1.1절 〈step 1〉과 〈step 2〉의 내용을 반복한다. 즉, 다음과 같이 요약될 수 있다.

- 명령창에서 guide를 실행한다: 〉〉 guide % 입력 후 Enter키 클릭
- 출력된 대화형 박스 'GUIDE 빠른 시작'에서 아래의 항목을 선택한다:

새 GUI 만들기 〉 Blank GUI (Default)

〈step 2〉

화면에 출력된 레이아웃 에디터 상단에 위치한 메뉴바에서

파일 > 다른이름으로 저장

을 선택하여 파일 이름을 untitled.fig에서 chooseft.fig로 저장한다. 현재 폴더에 두 개의 파일 chooseft.fig와 chooseft.m이 생성된 것을 볼 수 있을 것이다. 생성된 chooseft.m 파일을 M-파일 편집기에서 보면 〈표4〉에 주어진 세 개의 함수로 구성되어 있다.

표4

```
-----------------------------------------------------------------
function varargout = chooseft(varargin)
function chooseft_OpeningFcn(hObject, eventdata, handles, varargin)
function varargout = chooseft_OutputFcn(hObject, eventdata, handles)
-----------------------------------------------------------------
```

〈step 3〉

레이아웃 에디터에 있는 GUI figure panel에 〈표5〉에 주어진 구성으로 객체를 배치하여 보자.

표5

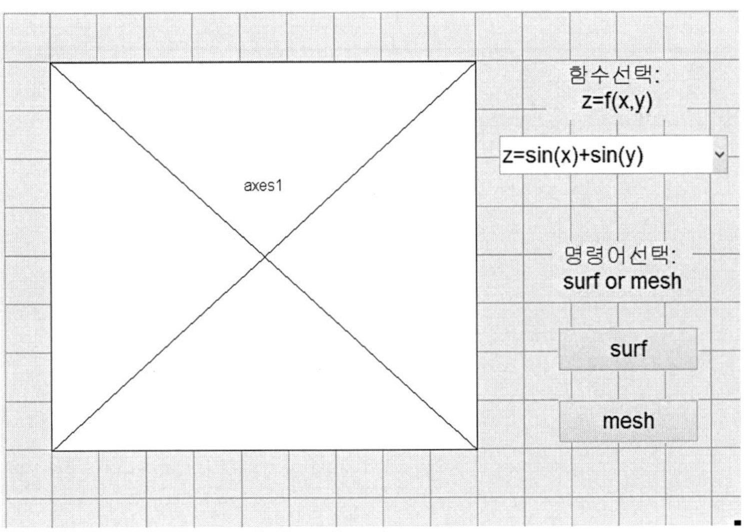

주어진 〈표5〉와 같은 GUI figure panel을 만들기 위하여 앞 〈표2〉에서 설명한

> 1번째 객체(구성요소: 좌표축)
> 2번째 객체(구성요소: 정적 텍스트)
> 3번째 객체(구성요소: 팝업 메뉴)
> 4번째 객체(구성요소: 정적 텍스트)
> 5번째 객체(구성요소: 푸시 버튼)
> 6번째 객체(구성요소: 푸시 버튼)

와 같은 대응관계를 이용한다.

〈step 3-1〉 첫 번째 객체 생성

레이아웃 에디터의 왼쪽에 있는 팔레트에서 구성요소인 좌표축을 마우스로 선택한 상태에서 드래그하여 GUI figure panel에 생성하고 마우스로 크기 조절하여 〈표6〉과 같이 1번째 객체를 만든다.

표6

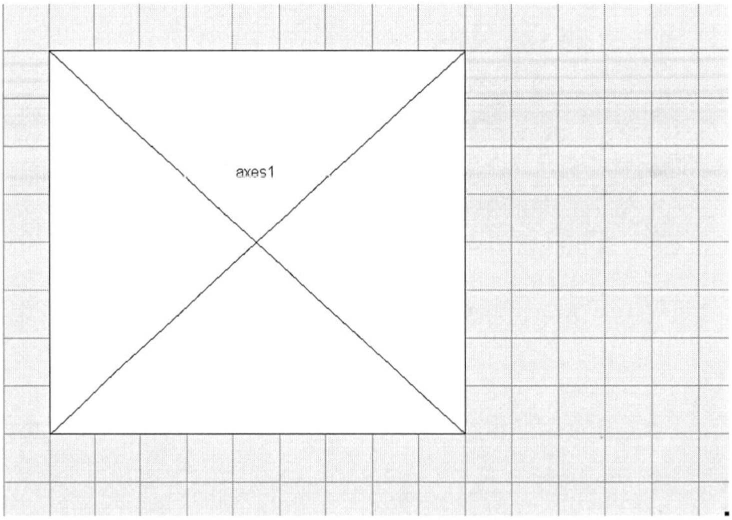

〈step 3-2〉 두 번째 객체 생성

팔레트에서 정적 텍스트를 마우스로 선택한 상태에서 드래그하여 GUI figure panel에 생성한다. 마우스를 이용하여 정적 텍스트 박스를 크게 하고 정적 텍스트를 더블 클릭하여 속성 인스펙터 박스를 화면 출력하여 아래와 같이 설정한다. 〈표7a〉와 〈표7b〉를 참고한다.

(1) 속성 FontSize의 값을 14로 설정

(2) 속성 String의 값을 '함수선택: z=f(x,y)'로 입력

(3) 속성 Tag의 값을 'text1'으로 설정

표7a

FontSize	14.0

표7b

String	함수선택: z=f(x,y)
Style	text
Tag	text1

지금까지의 내용을 레이아웃 에디터에서 실행(에디터 상단에 있는 녹색의 실행 버튼을 클릭)하면 〈표8〉과 같은 UI window를 보게 된다.

표8

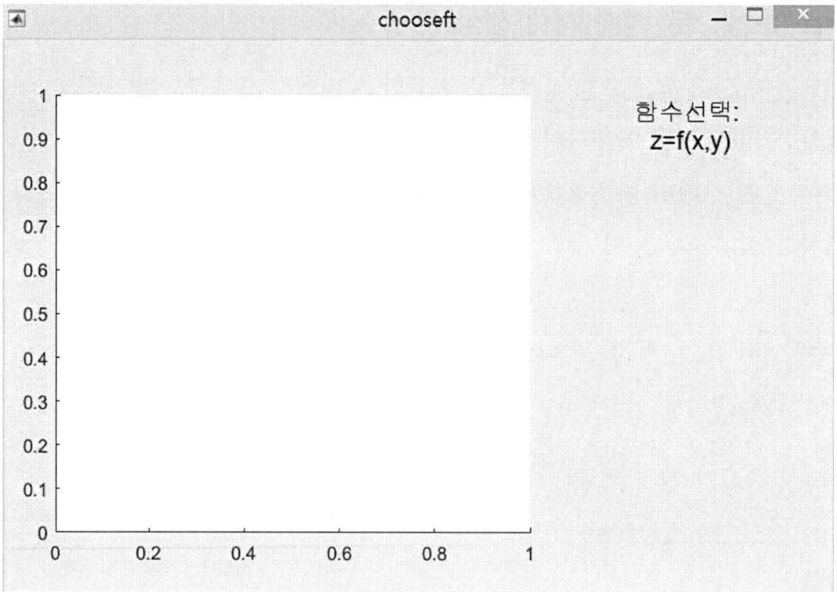

〈step 3-3〉 세 번째 객체 생성

팔레트에서 팝업 메뉴를 마우스로 선택한 상태에서 드래그하여 GUI figure panel에 생성한다. 마우스를 이용하여 팝업 메뉴 박스를 크게 하고 팝업 메뉴 객체를 더블 클릭한다. 그 결과로 화면에 출력된 속성 인스펙터 박스에서 아래와 같이 변경 한다:

(1) 속성 FontSize의 값을 14로 설정한다.

(2) 속성 String의 값을 〈표9〉와 같이 두 개의 수학 함수를 입력한다. 수학 함수 입력 시 한 줄에 하나의 함수를 입력하고 Enter키를 클릭하여 다음 줄로 이동한다.

(3) 속성 Tag의 값을 'popupmenu1'으로 설정한다.

표9

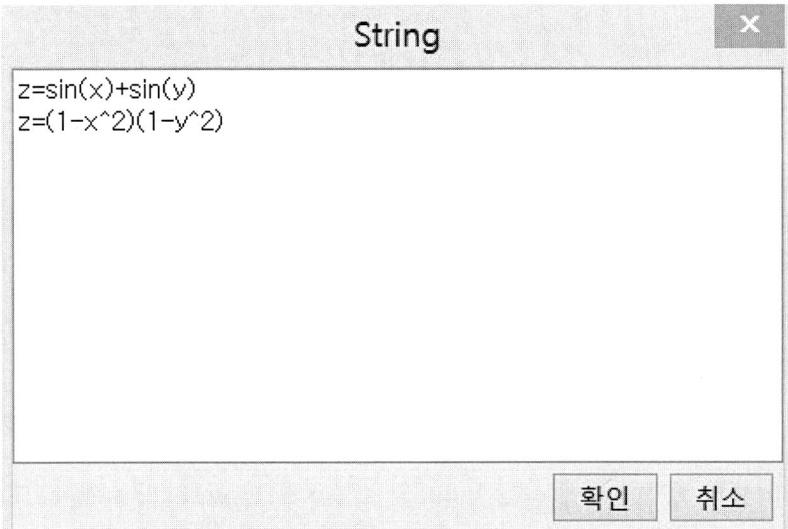

지금까지의 내용을 레이아웃 에디터에서 실행(상단에 위치한 실행 버튼 클릭)하면 〈표 10〉과 같은 UI window를 보게 된다.

표10

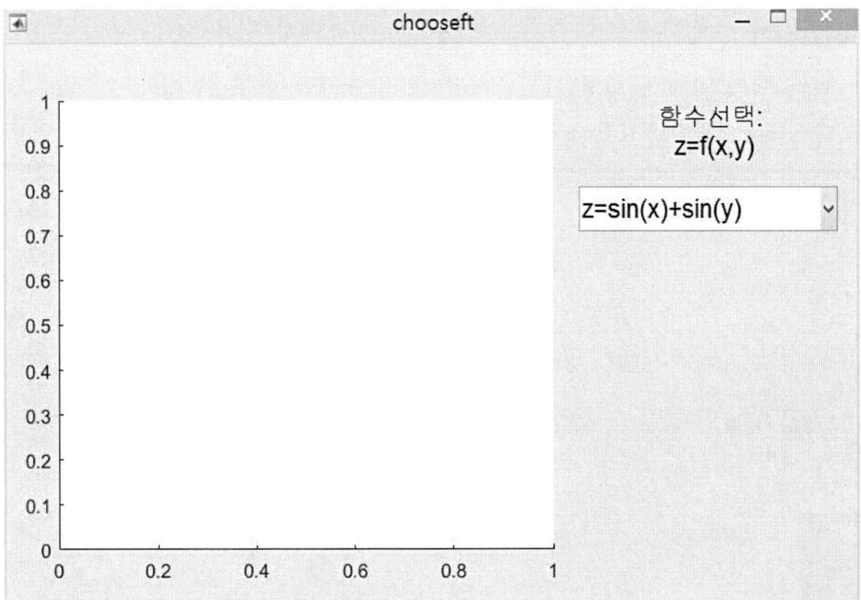

세 번째 객체에서 오른쪽에 있는 화살표를 선택하면 〈표9〉와 같이 입력했던 수학 함수 리스트가 보인다. 현재, 두 개의 수학 함수 중에 첫 번째 함수

$$z=\sin(x)+\sin(y)$$

가 선택된 상태이므로 세 번째 객체의 속성 Value의 값이 1로 설정되어 있다. 만약에, 팝업 창에서 두 번째 수학 함수

$$z=(1-x^2)(1-y^2)$$

을 선택하면 세 번째 객체의 속성 Value의 값이 2로 속성값이 변경된다. 이러한 결과를 이용하여 사용자가 어떤 함수를 선택하였는지 알아낼 수 있다. 나중에 객체 간 상호 작용하도록 만들 때 이러한 결과가 이용된다.

〈step 3-4〉 네 번째 객체 생성

팔레트에서 정적 텍스트를 마우스로 선택한 상태에서 GUI figure panel에 드래그하여 세 번째 객체 아래에 생성한다. 마우스를 이용하여 정적 텍스트 박스를 크게 하고 정적 텍스트를 더블 클릭하여 속성 인스펙터 박스를 화면 출력한다. 박스 내부에서 아래와 같이 설정한다. 〈표11〉의 내용을 참고한다.

(1) 속성 FontSize의 값을 14로 설정

(2) 속성 String의 값을 '명령어선택: surf or mesh'로 입력

(3) 속성 Tag의 값을 'text2'으로 설정

표11

String	명령어선택: surf or mesh
Style	text
Tag	text2

〈step 3-5〉 다섯 번째와 여섯 번째 객체 생성

팔레트에서 푸시 버튼을 마우스로 선택한 상태에서 GUI figure panel에 드래그하여 다섯 번째와 여섯 번째 객체를 생성한다. 마우스를 이용하여 푸시 버튼 박스를 크게 하고 각각의 푸시 버튼을 더블 클릭한다. 화면 출력된 속성 인스펙터 박스에서 아래와 같이 변경 한다:

다섯 번째 객체

(1) 속성 FontSize의 값을 14로 설정

(2) 속성 String의 값을 'surf'로 입력

(3) 속성 Tag의 값을 'pushbutton1'로 설정

여섯 번째 객체

(1) 속성 FontSize의 값을 14로 설정

(2) 속성 String의 값을 'mesh'로 입력

(3) 속성 Tag의 값을 'pushbutton2'로 설정

〈step 4〉

현재의 상태에서 레이아웃 에디터에 있는 객체의 변경사항을 요약하면 〈표12〉의 내용과 같다.

표12

	FontSize	String	Tag
첫 번째 객체			axes1
두 번째 객체	14	함수선택: z=f(x,y)	text1
세 번째 객체	14	z=sin(x)+sin(y) z=(1-x^2)(1-y^2)	popupmenu1
네 번째 객체	14	명령어선택: surf or mesh	text2
다섯 번째 객체	14	surf	pushbutton1
여섯 번째 객체	14	mesh	pushbutton2

레이아웃 에디터에서 실행(녹색)버튼을 마우스로 클릭한다. 화면에서 〈표13〉과 같은 UI window를 볼 수 있다.

표13

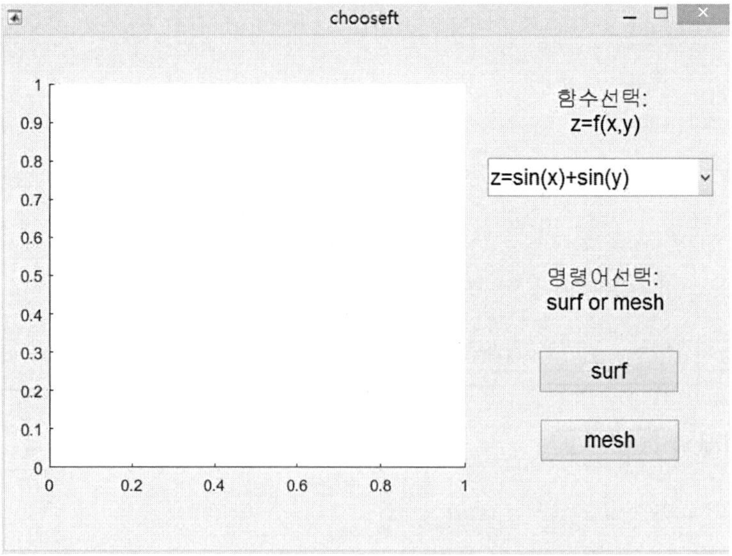

또한, 업데이트된 파일 chooseft.m을 M-파일 편집기에서 살펴보면 아래와 같은 함수가 생성된 것을 볼 수 있다.

- **function** varargout = chooseft(varargin)
- **function** chooseft_OpeningFcn(hObject, eventdata, handles, varargin)
- **function** varargout = chooseft_OutputFcn(hObject, eventdata, handles)
- **function** popupmenu1_Callback(hObject, eventdata, handles)
- **function** popupmenu1_CreateFcn(hObject, eventdata, handles)
- **function** pushbutton1_Callback(hObject, eventdata, handles)
- **function** pushbutton2_Callback(hObject, eventdata, handles)

위의 함수들로 구성된 현재까지의 chooseft.m 파일 내용이 〈표14〉에 주어진다.

표14

```
----- chooseft.m -----------------------------------
function varargout = chooseft(varargin)
% CHOOSEFT MATLAB code for chooseft.fig
%    CHOOSEFT, by itself, creates a new CHOOSEFT or raises the
%    existing singleton*.
%
%    H = CHOOSEFT returns the handle to a new CHOOSEFT or the
%    handle to the existing singleton*.
%
%    CHOOSEFT('CALLBACK',hObject,eventData,handles,...) calls the
%    local
%    function named CALLBACK in CHOOSEFT.M with the given input
%    arguments.
%
%    CHOOSEFT('Property','Value',...) creates a new CHOOSEFT or
%    raises the
%    existing singleton*.  Starting from the left, property value pairs
%    are
%    applied to the GUI before chooseft_OpeningFcn gets called.  An
%    unrecognized property name or invalid value makes property
%    application
%    stop.  All inputs are passed to chooseft_OpeningFcn via varargin.
%
%    *See GUI Options on GUIDE's Tools menu. Choose "GUI allows
%    only one instance to run (singleton)".
%
% See also: GUIDE, GUIDATA, GUIHANDLES

% Edit the above text to modify the response to help chooseft
```

```
% Last Modified by GUIDE v2.5 17-Jun-2015 11:59:46

% Begin initialization code - DO NOT EDIT
gui_Singleton = 1;
gui_State = struct('gui_Name',       mfilename, ...
                   'gui_Singleton',  gui_Singleton, ...
                   'gui_OpeningFcn', @chooseft_OpeningFcn, ...
                   'gui_OutputFcn',  @chooseft_OutputFcn, ...
                   'gui_LayoutFcn',  [] , ...
                   'gui_Callback',   []);
if nargin && ischar(varargin{1})
    gui_State.gui_Callback = str2func(varargin{1});
end

if nargout
    [varargout{1:nargout}] = gui_mainfcn(gui_State, varargin{:});
else
    gui_mainfcn(gui_State, varargin{:});
end
% End initialization code - DO NOT EDIT


% --- Executes just before chooseft is made visible.
function chooseft_OpeningFcn(hObject, eventdata, handles, varargin)
% This function has no output args, see OutputFcn.
% hObject    handle to figure
% eventdata  reserved - to be defined in a future version of MATLAB
% handles    structure with handles and user data (see GUIDATA)
```

```
% varargin   command line arguments to chooseft (see VARARGIN)

% Choose default command line output for chooseft
handles.output = hObject;

% Update handles structure
guidata(hObject, handles);

% UIWAIT makes chooseft wait for user response (see UIRESUME)
% uiwait(handles.figure1);


% --- Outputs from this function are returned to the command line.
function varargout = chooseft_OutputFcn(hObject, eventdata, handles)
% varargout  cell array for returning output args (see VARARGOUT);
% hObject    handle to figure
% eventdata  reserved - to be defined in a future version of MATLAB
% handles    structure with handles and user data (see GUIDATA)

% Get default command line output from handles structure
varargout{1} = handles.output;


% --- Executes on selection change in popupmenu1.
function popupmenu1_Callback(hObject, eventdata, handles)
% hObject    handle to popupmenu1 (see GCBO)
% eventdata  reserved - to be defined in a future version of MATLAB
% handles    structure with handles and user data (see GUIDATA)
```

```
% Hints: contents = cellstr(get(hObject,'String')) returns
%        popupmenu1 contents as cell array
%        contents{get(hObject,'Value')} returns selected item
%        from popupmenu1


% --- Executes during object creation, after setting all properties.
function popupmenu1_CreateFcn(hObject, eventdata, handles)
% hObject    handle to popupmenu1 (see GCBO)
% eventdata  reserved - to be defined in a future version of MATLAB
% handles    empty - handles not created until after all CreateFcns
% called

% Hint: popupmenu controls usually have a white background on
% Windows.
%       See ISPC and COMPUTER.
if ispc && isequal(get(hObject,'BackgroundColor'), ...
                   get(0,'defaultUicontrolBackgroundColor'))
    set(hObject,'BackgroundColor','white');
end


% --- Executes on button press in pushbutton1.
function pushbutton1_Callback(hObject, eventdata, handles)
% hObject    handle to pushbutton1 (see GCBO)
% eventdata  reserved - to be defined in a future version of MATLAB
% handles    structure with handles and user data (see GUIDATA)
```

```
% --- Executes on button press in pushbutton2.
function pushbutton2_Callback(hObject, eventdata, handles)
% hObject    handle to pushbutton2 (see GCBO)
% eventdata  reserved - to be defined in a future version of MATLAB
% handles    structure with handles and user data (see GUIDATA)
-----------------------------------------------------------------
```

주어진 〈표13〉에서 보는 바와 같이 첫 번째 객체인 좌표축이 현재 비어 있다. UI window를 출력하였을 때, 초기 화면이 이번 절의 앞부분에서 보여준 〈표1〉과 같이 출력되기 위해서는 파일 chooseft.m의 지역 함수인 chooseft_OpeningFcn에 내용을 추가하여야 한다. 이러한 내용과 관련하여 다음 절에서 자세히 살펴본다.

2.2.2 그래프 선택과 실행

먼저, 앞 2.2.1절의 〈표1〉과 같은 초기화면이 출력되도록 만들기 위하여 지역 함수 chooseft_OpeningFcn을 편집하여 보자. M-파일 에디터 상단에 위치한 메뉴바에서

편집기 > 이동

항목을 클릭하면 M-파일 에디터에 열려있는 chooseft.m 파일을 구성하는 함수의 이름을 볼 수 있다. 이 중에 chooseft_OpeningFcn을 선택하면 〈표1〉에 주어진 코드를 가지는 지역 함수 chooseft_OpeningFcn으로 이동할 것이다.

표1

```
--------------------------------------------------------
function chooseft_OpeningFcn(hObject, eventdata, handles, varargin)
% This function has no output args, see OutputFcn.
% hObject    handle to figure
% eventdata  reserved - to be defined in a future version of MATLAB
% handles    structure with handles and user data (see GUIDATA)
% varargin   command line arguments to chooseft (see VARARGIN)

% Choose default command line output for chooseft
handles.output = hObject;

% Update handles structure
guidata(hObject, handles);

% UIWAIT makes chooseft wait for user response (see UIRESUME)
% uiwait(handles.figure1);
--------------------------------------------------------
```

〈표1〉에 주어진 내용의 중간 영역('% varargin   command line ...'의 내용을 가지는 비실행문 바로 다음 줄부터)에 UI window의 초기 화면과 관련된 내용을 〈표2〉와 같이 추가한다. 즉, 〈표1〉에 주어진 내용을 〈표2〉와 같이 지역 함수 chooseft_OpeningFcn을 편집한 뒤에 M-파일 편집기 상단에 있는 초록색의 실행 버튼을 클릭하면 〈표3〉과 같은 초기 화면 출력을 얻게 된다.

표2

```
--------------------------------------------------------
function chooseft_OpeningFcn(hObject, eventdata, handles, varargin)
% This function has no output args, see OutputFcn.
% hObject    handle to figure
% eventdata  reserved - to be defined in a future version of MATLAB
```

```
% handles    structure with handles and user data (see GUIDATA)
% varargin   command line arguments to chooseft (see VARARGIN)

%  making the data1
[X1,Y1] = meshgrid(0:.2:8);
Z1 = sin(X1)+sin(Y1);
handles.ftone.X = X1;
handles.ftone.Y = Y1;
handles.ftone.Z = Z1;
% making the data2
[X2,Y2] = meshgrid(-2:.1:2);
Z2 = (1-X2.^2).*(1-Y2.^2);
handles.fttwo.X = X2;
handles.fttwo.Y = Y2;
handles.fttwo.Z = Z2;
%  setting the current data
handles.uidata = handles.ftone;
surf(handles.uidata.X, handles.uidata.Y, handles.uidata.Z);
xlabel('X'); ylabel('Y');

% Choose default command line output for chooseft
handles.output = hObject;

% Update handles structure
guidata(hObject, handles);

% UIWAIT makes chooseft wait for user response (see UIRESUME)
% uiwait(handles.figure1);
```

참고로, 〈표2〉의 내용에서 사용하고 있는 함수 meshgrid와 surf의 사용법에 관하여 알아보자.

□ [X, Y] = meshgrid(xv, yv)

(a) 입력 인자 xv와 yv는 벡터이다. 일반적으로 콜론 연산자를 이용하여 xv와 yv가 주어진다. 예를 들어, xv = 1:0.2:3 또는 yv = 0:0.1:2와 같이 주어질 수 있다.

(b) 출력 인자 X와 Y는 m×n 크기의 배열이다. 이때, m과 n은 다음과 같다:

length(yv) = m, length(xv) = n

또한, 배열 X의 각 행은 벡터 xv에 의하여 주어지고 배열 Y의 각 열은 벡터 yv로 주어진다.

(c) meshgrid(xv)는 meshgrid(xv, xv)으로 간주한다. 예를 들어,

meshgrid(-2:.1:2)은 meshgrid(-2:.1:2, -2:.1:2)

와 동일하다. 참고로, 매틀랩 코드에서 .1은 0.1을 의미한다.

(d) 명령창에서 다음과 같이 실행하여 위의 내용을 확인하여 본다.

```
>> [X, Y] = meshgrid(1:3, 5:8)
X =
    1   2   3
    1   2   3
    1   2   3
    1   2   3
Y =
    5   5   5
    6   6   6
    7   7   7
    8   8   8
```

참고로 콜론 연산자 사이에 있는 간격 크기(Stepsize)가 1인 경우 간격 크기를 생략할 수 있다. 즉, 위의 실행문에 있는

meshgrid(1:3, 5:8) 대신에 meshgrid(1:1:3, 5:1:8)

를 사용하여도 같은 결과가 출력된다. 이것으로 meshgrid 함수에 대한 설명을 끝낸다.

☐ surf

설명: surf를 이용하여 이변수 수학 함수의 그래프를 출력한다. 일반적으로, 바로 앞에서 설명한 함수인 meshgrid와 함께 사용된다. 예를 들어, 다음과 같은 이변수 수학 함수

$$z = f(x,y) = \sin(x) + \sin(y),\ 0 \le x \le 8, \quad 0 \le y \le 8$$

의 그래프를 출력하여 보자. 명령창에서 아래와 같이 실행한다:

```
>> [X1,Y1] = meshgrid(0:.2:8);
>> Z1 = sin(X1)+sin(Y1);
>> surf(X1, Y1, Z1)
```

함수 surf의 실행으로 〈표3〉의 좌표축에 출력된 그래프와 동일한 결과를 볼 수 있다. 위와 같은 방식으로 다른 이변수 수학 함수의 그래프를 출력할 수 있다. 즉, 정의역의 범위와 수학 함수를 변경하고 위와 같은 방식으로 meshgrid와 surf 함수를 실행하면 변경된 수학 함수의 그래프를 보게 된다. 이것으로 surf 함수의 설명을 끝낸다.

표3

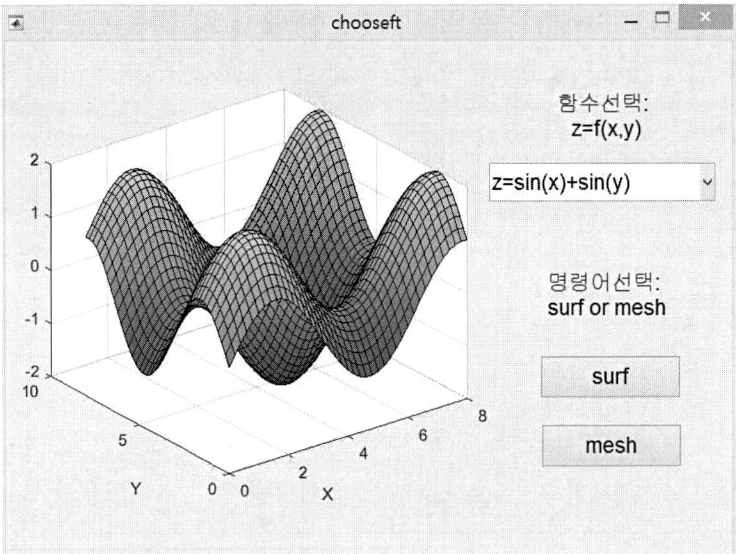

현재의 단계에서 세 번째 객체인 팝업 메뉴(Tag: popupmenu1), 다섯 번째 객체인 푸시 버튼(Tag: pushbutton1)과 여섯 번째 객체인 푸시 버튼(Tag: pushbutton2)을 클릭하여도 〈표3〉에 주어진 UI window에서는 어떤 변화도 발생하지 않는다. UI window에서 어떤 객체를 클릭하였을 때, 의도하였던 내용이 실행되도록 하기 위해서는 콜백 함수(각 객체에 대응하는)를 편집해야 한다. 편집할 콜백 함수는 〈표4〉에 주어진다.

표4

객체	콜백 함수
3 번째 객체	popupmenu1_Callback
5 번째 객체	pushbutton1_Callback
6 번째 객체	pushbutton2_Callback

먼저, 콜백 함수 pushbutton1_Callback와 pushbutton2_Callback을 편집하자. 파일 chooseft.m이 열려 있는 M-파일 에디터 상단에서

이동 > pushbutton1_Callback

항목을 선택하여 〈표5〉와 같이 주어진 콜백 함수 pushbutton1_Callback로 이동한다.

표5

```
-----------------------------------------------------
function pushbutton1_Callback(hObject, eventdata, handles)
% hObject    handle to pushbutton1 (see GCBO)
% eventdata  reserved - to be defined in a future version of MATLAB
% handles    structure with handles and user data (see GUIDATA)
-----------------------------------------------------
```

주어진 〈표5〉의 내용(현재 실행될 수 있는 내용은 없다)에 〈표6〉과 같이 내용을 추가한다.

표6

```
-----------------------------------------------------
function pushbutton1_Callback(hObject, eventdata, handles)
% hObject    handle to pushbutton1 (see GCBO)
% eventdata  reserved - to be defined in a future version of MATLAB
% handles    structure with handles and user data (see GUIDATA)

% 5번째 객체인 surf 버튼을 클릭한 경우 아래 내용 실행
surf(handles.uidata.X, handles.uidata.Y, handles.uidata.Z);
xlabel('X'); ylabel('Y');
-----------------------------------------------------
```

이번에는, M-파일 에디터 상단에서

이동 > pushbutton2_Callback

항목을 선택하여 〈표7〉과 같이 주어진 콜백 함수 pushbutton2_Callback로 이동한다.

표7

```
--------------------------------------------------------
function pushbutton2_Callback(hObject, eventdata, handles)
% hObject    handle to pushbutton2 (see GCBO)
% eventdata  reserved - to be defined in a future version of MATLAB
% handles    structure with handles and user data (see GUIDATA)
--------------------------------------------------------
```

주어진 〈표7〉의 내용(현재 실행될 수 있는 내용은 없다)에 〈표8〉과 같이 내용을 추가한다. 추가되는 내용에 있는 mesh 함수의 사용법은 앞에서 설명한 surf 함수와 동일하다.

표8

```
--------------------------------------------------------
function pushbutton2_Callback(hObject, eventdata, handles)
% hObject    handle to pushbutton2 (see GCBO)
% eventdata  reserved - to be defined in a future version of MATLAB
% handles    structure with handles and user data (see GUIDATA)

% 6번째 객체인 mesh 버튼을 클릭한 경우 아래 내용 실행
mesh(handles.uidata.X, handles.uidata.Y, handles.uidata.Z);
xlabel('X'); ylabel('Y');
--------------------------------------------------------
```

지금까지의 추가 내용을 완성하고 chooseft.m 파일이 열려있는 M-파일 에디터에서 실행버튼(M-파일 에디터 상단에 있는)을 클릭한다. 실행의 결과로 출력된 UI window에서 6번째 객체인 mesh 버튼을 클릭하면 〈표9〉에 주어진 결과를 보게 된다.

표9

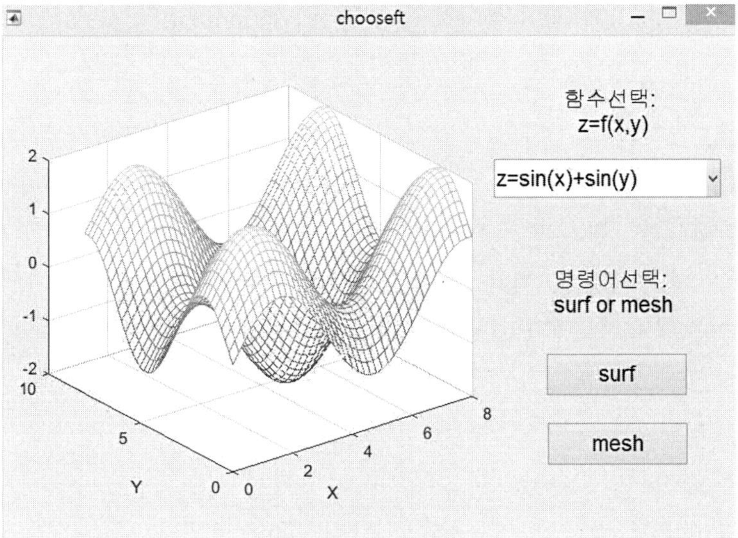

〈표9〉에 주어진 UI window에서 5번째 객체인 surf 버튼을 클릭하면 다시 〈표3〉에서 보았던 그래프 출력을 얻게 된다. 이후로, surf 버튼과 mesh 버튼 중 어떤 것을 선택하여도 그 기능에 대응하는 화면 출력을 얻게 된다. 이번에는 화면 출력된 UI window의 3번째 객체인 팝업 메뉴에서 수학 함수를

z=sin(x)+sin(y)에서 z=(1-x^2)(1-y^2)

으로 변경한 뒤에 surf 또는 mesh 버튼을 클릭하여 보자. 1번째 객체인 좌표축에 있던 그래프가 변경되질 않고 그대로 있는 것을 볼 수 있다. 즉, 3번째 객체인 팝업 메뉴에서 함수를 z=(1−x^2)(1−y^2)으로 선택하였지만 함수 z=sin(x)+sin(y)에 대응하는 그래프의 모습을 계속 유지(surf 또는 mesh 버튼을 클릭 후에도)하고 있다. 수학 함수의 그래프가 변경되지 않는 이러한 문제점을 해결하기 위하여 3번째 객체인 팝업 메뉴에 대응하는 콜백 함수 popupmenu1_Callback을 편집하여 보자. M−파일 에디터 상단에 위치한 메뉴바에서

이동 > popupmenu1_Callback

항목을 선택하여 〈표10〉과 같이 주어진 콜백 함수 popupmenu1_Callback로 이동한다.

표10

```
---------------------------------------------------------------
function popupmenu1_Callback(hObject, eventdata, handles)
% hObject    handle to popupmenu1 (see GCBO)
% eventdata  reserved - to be defined in a future version of MATLAB
% handles    structure with handles and user data (see GUIDATA)

% Hints: contents = cellstr(get(hObject,'String'))
% returns popupmenu1 contents as cell array
% contents{get(hObject,'Value')} returns selected item from
% popupmenu1
---------------------------------------------------------------
```

〈표10〉에 주어진 내용(현재 모두 비실행문이다)에 〈표11〉과 같이 내용을 추가한다. 참고로 추가된 내용에 있는 cellstr 함수에 관하여 알아보자.

C = cellstr(S)

설명: cellstr 함수는 문자 배열 S를 셀 배열 C로 변경한다. 이때, 문자 배열 S를 구성하는 각각의 행이 순서대로 셀 배열 C의 성분이 된다. 아래와 같이 명령창에서 실행하여 보자. 문자 배열 mylist를 만들 때 각 행이 모두 8개의 문자(공백 포함)로 구성되어 있는 것을 주의한다.

```
>> mylist = ['Lion    '; 'Elephant';'Rabbit  ']
mylist =
Lion
Elephant
Rabbit
```

```
>> mycell = cellstr(mylist)
mycell =
    'Lion'
    'Elephant'
    'Rabbit'

>> firstpet = mycell{1}
firstpet =  Lion

>> secondpet = mycell{2}
secondpet =  Elephant

>> thirdpet = mycell{3}
thirdpet =  Rabbit

>> whos
  Name Size    Bytes   Class   Attributes
  firstpet     1×4     8       char
  mycell       3×1     372     cell
  mylist       3×8     48      char
  secondpet    1×8     16      char
  thirdpet     1×6     12      char
```

위의 내용에서 알 수 있듯이 3×8 크기의 문자 배열인 mylist가 3×1 크기의 셀 배열 mycell로 변경되었다. 즉, 문자 배열 mylist의 1행의 내용이 mycell{1}에 전달되었다. 이 전달 과정에서 mylist의 1행에 존재했던 빈 공란이 생략되었다. 그 결과로서 mycell{1}의 크기가 1×4로 되었다. 같은 방식으로 문자 배열 mylist의 2행과 3행의 내용이 각각 mycell{2}와 mycell{3}에 문자열로 전달된다. 셀 배열에서 문자 배열로 다시 돌아가고 싶으면 char 함수를 이용한다. 이것으로 cellstr 함수에 관한 설명을 마친다.

다음으로, 〈표11〉에서 cellstr 실행문 다음 줄에 있는

```
(*)    ind = get(hObject,'Value');
```

에 관하여 알아보자. 변수 hObject과 관련된 객체는 팝업 메뉴이다. 팝업 메뉴에 있는 항목을 〈표9〉와 같이 주어진 UI window에서 마우스로 선택하면 속성 Value의 값이 정해진다. 즉, 첫 번째 항목을 선택하면 Value=1, 두 번째 항목을 선택하면 Value=2와 같이 순서대로 속성 Value의 값이 정해지므로 이 속성에 있는 값을 알아내어 사용자가 팝업 메뉴에서 무슨 항목을 선택하였는지 알 수 있다. 위 (*)에서 주어진 실행문에 의하여 이 값이 변수 ind에 전달되고 계속해서 진행되는 switch-end문의 선택에 영향을 준다.

표11

```
-----------------------------------------------------------
function popupmenu1_Callback(hObject, eventdata, handles)
% hObject    handle to popupmenu1 (see GCBO)
% eventdata  reserved - to be defined in a future version of MATLAB
% handles    structure with handles and user data (see GUIDATA)

% Hints: contents = cellstr(get(hObject,'String'))
% returns popupmenu1 contents as cell array
% contents{get(hObject,'Value')} returns selected item from
% popupmenu1

% Select z=f(x,y)  using switch-end
ftstr = cellstr(get(hObject, 'String'));
ind = get(hObject,'Value');
switch ftstr{ind};
case 'z=sin(x)+sin(y)'
  handles.uidata = handles.ftone;
case 'z=(1-x^2)(1-y^2)'
```

```
    handles.uidata = handles.fttwo;
end
% Save the handles structure.
guidata(hObject,handles)
-----------------------------------------------------------
```

콜백 함수 popupmenu1_Callback을 〈표11〉과 같이 편집한 뒤에 파일 chooseft.m이 열려있는 M-파일 에디터에서 실행버튼을 클릭하면 다시 〈표3〉 또는 〈표9〉의 결과를 보게 된다. 이번에는 〈표9〉에 주어진 UI window에서 3번째 객체인 팝업 메뉴에서 두 번째 함수인

$$z = (1-x^2)(1-y^2)$$

을 선택하고 surf 버튼을 클릭하면 〈표12〉와 같이 바로 위의 이변수 다항식에 대응하는 그래프의 결과를 보게 될 것이다.

표12

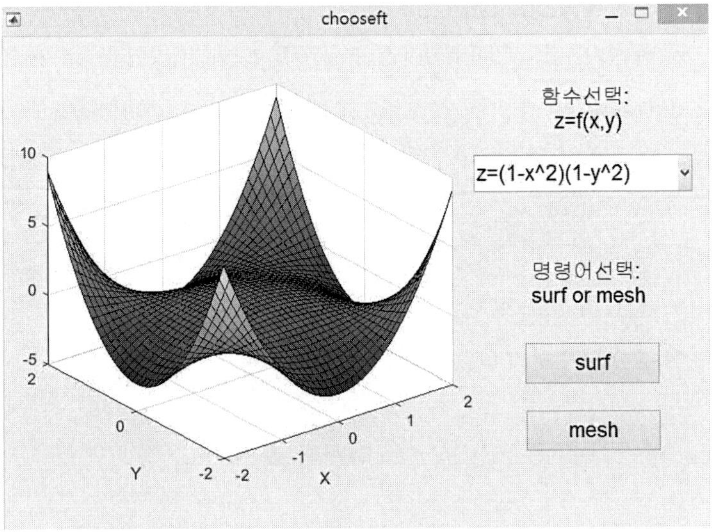

이것으로 이번 절의 내용을 마친다. 참고로 〈표13〉에는 이번 절의 모든 내용을 담고 있는 chooseft.m 파일이 주어진다.

표13

```
----------------------------------------------------------------
function varargout = chooseft(varargin)
% CHOOSEFT MATLAB code for chooseft.fig
%      CHOOSEFT, by itself, creates a new CHOOSEFT or raises the
%      existing singleton*.
%
%      H = CHOOSEFT returns the handle to a new CHOOSEFT or the
%      handle to the existing singleton*.
%
%      CHOOSEFT('CALLBACK',hObject,eventData,handles,...) calls the
%      local function named CALLBACK in CHOOSEFT.M with the given
%      input arguments.
%
%      CHOOSEFT('Property','Value',...) creates a new CHOOSEFT or
%      raises the existing singleton*.  Starting from the left,
%      property value pairs are
%      applied to the GUI before chooseft_OpeningFcn gets called.  An
%      unrecognized property name or invalid value makes property
%      application stop.  All inputs are passed to chooseft_OpeningFcn
%      via varargin.
%
%      *See GUI Options on GUIDE's Tools menu.  Choose "GUI allows
%      only one instance to run (singleton)".
%
% See also: GUIDE, GUIDATA, GUIHANDLES

% Edit the above text to modify the response to help chooseft

% Last Modified by GUIDE v2.5 17-Jun-2015 11:59:46
```

```
% Begin initialization code - DO NOT EDIT
gui_Singleton = 1;
gui_State = struct('gui_Name',       mfilename, ...
                   'gui_Singleton',  gui_Singleton, ...
                   'gui_OpeningFcn', @chooseft_OpeningFcn, ...
                   'gui_OutputFcn',  @chooseft_OutputFcn, ...
                   'gui_LayoutFcn',  [] , ...
                   'gui_Callback',   []);
if nargin && ischar(varargin{1})
   gui_State.gui_Callback = str2func(varargin{1});
end

if nargout
   [varargout{1:nargout}] = gui_mainfcn(gui_State, varargin{:});
else
   gui_mainfcn(gui_State, varargin{:});
end
% End initialization code - DO NOT EDIT


% --- Executes just before chooseft is made visible.
function chooseft_OpeningFcn(hObject, eventdata, handles, varargin)
% This function has no output args, see OutputFcn.
% hObject    handle to figure
% eventdata  reserved - to be defined in a future version of MATLAB
% handles    structure with handles and user data (see GUIDATA)
% varargin   command line arguments to chooseft (see VARARGIN)

%   making the data1
```

```
[X1,Y1] = meshgrid(0:.2:8);
Z1 = sin(X1)+sin(Y1);
handles.ftone.X = X1;
handles.ftone.Y = Y1;
handles.ftone.Z = Z1;
% making the data2
[X2,Y2] = meshgrid(-2:.1:2);
Z2 = (1-X2.^2).*(1-Y2.^2);
handles.fttwo.X = X2;
handles.fttwo.Y = Y2;
handles.fttwo.Z = Z2;
%  setting the current data
handles.uidata = handles.ftone;
surf(handles.uidata.X, handles.uidata.Y, handles.uidata.Z);
xlabel('X'); ylabel('Y');

% Choose default command line output for chooseft
handles.output = hObject;

% Update handles structure
guidata(hObject, handles);

% UIWAIT makes chooseft wait for user response (see UIRESUME)
% uiwait(handles.figure1);



% --- Outputs from this function are returned to the command line.
function varargout = chooseft_OutputFcn(hObject, eventdata, handles)
% varargout  cell array for returning output args (see VARARGOUT);
```

```
% hObject    handle to figure
% eventdata  reserved - to be defined in a future version of MATLAB
% handles    structure with handles and user data (see GUIDATA)

% Get default command line output from handles structure
varargout{1} = handles.output;



% --- Executes on selection change in popupmenu1.
function popupmenu1_Callback(hObject, eventdata, handles)
% hObject    handle to popupmenu1 (see GCBO)
% eventdata  reserved - to be defined in a future version of MATLAB
% handles    structure with handles and user data (see GUIDATA)

% Hints: contents = cellstr(get(hObject,'String')) returns popupmenu1
%                                 contents  as cell array
%        contents{get(hObject,'Value')} returns selected item from
%        popupmenu1

% Select z=f(x,y)  using switch-end  -------
ftstr = cellstr(get(hObject, 'String'));
ind = get(hObject,'Value');
switch ftstr{ind};
 case 'z=sin(x)+sin(y)'
  handles.uidata = handles.ftone;
 case 'z=(1-x^2)(1-y^2)'
  handles.uidata = handles.fttwo;
end
% Save the handles structure.
```

```
guidata(hObject,handles)
% ----------------------------------------

% --- Executes during object creation, after setting all properties.
function popupmenu1_CreateFcn(hObject, eventdata, handles)
% hObject    handle to popupmenu1 (see GCBO)
% eventdata  reserved - to be defined in a future version of MATLAB
% handles    empty - handles not created until after all CreateFcns
% called

% Hint: popupmenu controls usually have a white background on
% Windows.
%       See ISPC and COMPUTER.
if ispc && isequal(get(hObject,'BackgroundColor'),
get(0,'defaultUicontrolBackgroundColor'))
   set(hObject,'BackgroundColor','white');
end


% --- Executes on button press in pushbutton1.
function pushbutton1_Callback(hObject, eventdata, handles)
% hObject    handle to pushbutton1 (see GCBO)
% eventdata  reserved - to be defined in a future version of MATLAB
% handles    structure with handles and user data (see GUIDATA)

%  5번째 객체인 surf 버튼을 클릭한 경우 아래 내용 실행
surf(handles.uidata.X, handles.uidata.Y, handles.uidata.Z);
xlabel('X'); ylabel('Y');
```

```
% --- Executes on button press in pushbutton2.
function pushbutton2_Callback(hObject, eventdata, handles)
% hObject    handle to pushbutton2 (see GCBO)
% eventdata  reserved - to be defined in a future version of MATLAB
% handles    structure with handles and user data (see GUIDATA)

% 6번째 객체인 mesh 버튼을 클릭한 경우 아래 내용 실행
mesh(handles.uidata.X, handles.uidata.Y, handles.uidata.Z);
xlabel('X'); ylabel('Y');
------------------------------------------------------------
```

2.2.3 도구 모음 생성

이번 절은 앞 절에서 완성한 chooseft.m과 chooseft.fig 파일을 가지고 시작한다. 즉, 레이아웃 에디터에서 chooseft.fig 파일을 실행하여 〈표1〉과 같은 UI window를 출력한다. 이 window 왼쪽 상단 위치에 도구 모음(툴바 메뉴)를 생성하고 사용하는 방법에 대하여 이번 절에서 알아볼 것이다.

표1

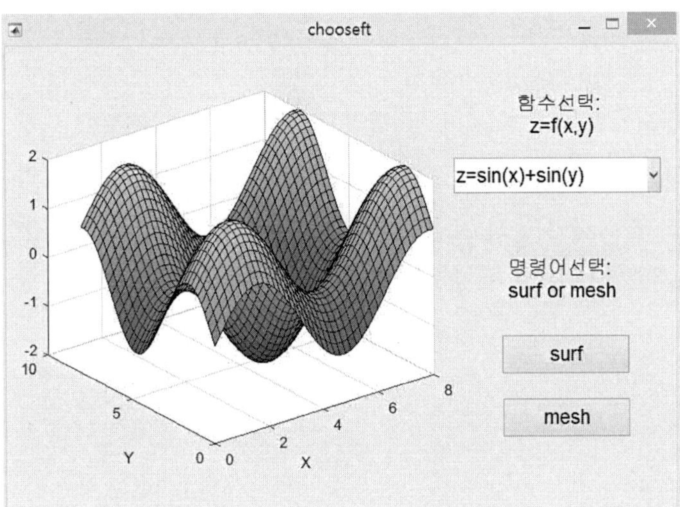

레이아웃 에디터에서 chooseft.fig 파일을 열고 에디터 상단에 위치한 메뉴바에서

툴 > 도구 모음 편집기

항목을 선택하여 〈표2〉와 같은 도구 모음 편집기(Toolbar Editor)를 연다.

표2

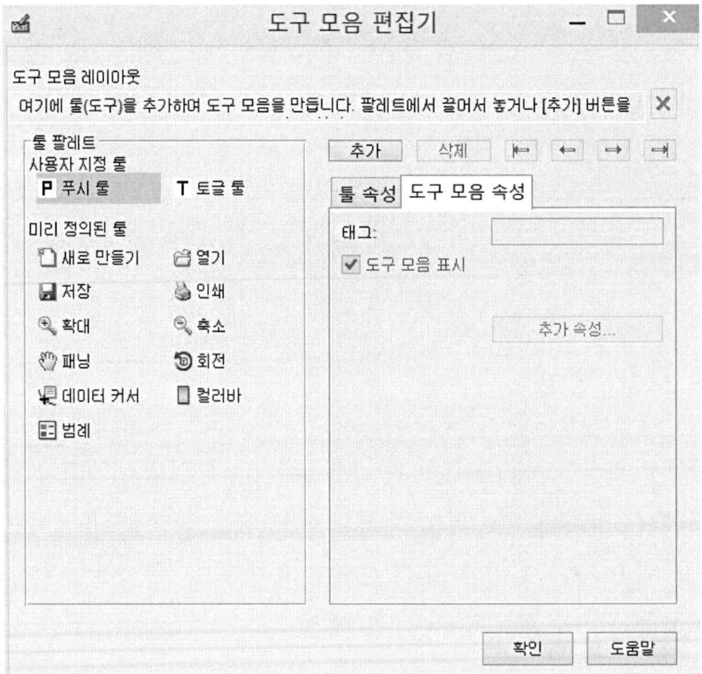

〈표2〉에 주어진 편집기의 왼쪽 위치에 툴 팔레트가 있다. 툴 팔레트에는 두 종류의 영역으로 나누어져 있다. 즉, 툴 팔레트에서 위쪽에는 '사용자 지정 툴' 영역이 있고 관련 항목은 〈표3〉과 같이 푸시툴과 토글툴이 있다. 아래쪽에는 〈표4〉와 같이 '미리 정의된 툴' 제목 아래에 매틀랩이 제공하는 여러 가지의 항목들이 있다.

표3

표4

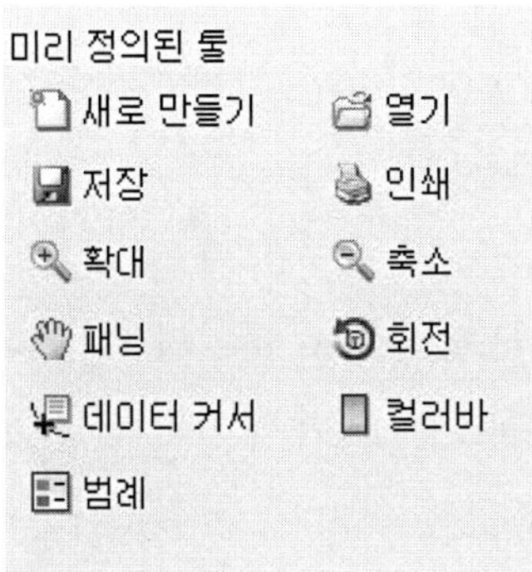

먼저, 〈표3〉에서 볼 수 있는 항목인 푸시툴을 더블 클릭하면 편집기 상단에 〈표5〉와 같이 푸시툴 항목에 대응하는 아이콘이 생성된다. 동시에 〈표2〉에 주어진 편집기의 오른쪽 영역에서 두 개의 항목 중 하나인 툴 속성 항목이 선택되어 〈표6〉과 같은 내용을 볼 수 있다.

표5

표6

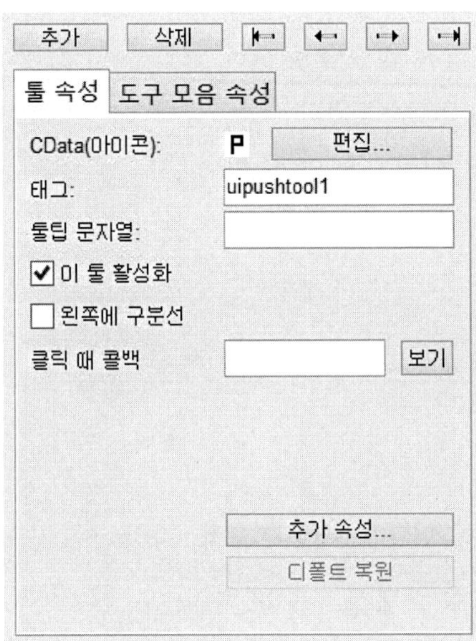

〈표6〉에 주어진 박스 안의 항목 중에

에서 오른쪽 끝에 위치한 보기 버튼을 클릭하면 chooseft.m 파일의 기존 내용에 〈표 7〉의 내용을 가진 콜백 함수 uipushtool1_ClickedCallback가 추가된다. 〈표6〉에서 태그의 값이 uipushtool1으로 되어 있기 때문에 〈표5〉와 같이 생성된 푸시툴 객체에 대응하는 콜백 함수의 이름이 uipushtool1_ClickedCallback으로 되었다.

표7

```
----------------------------------------------------------------
function uipushtool1_ClickedCallback(hObject, eventdata, handles)
% hObject      handle to uipushtool1 (see GCBO)
% eventdata    reserved - to be defined in a future version of MATLAB
% handles      structure with handles and user data (see GUIDATA)
----------------------------------------------------------------
```

〈표7〉과 같은 내용이 chooseft.m 파일에 추가된 것을 체크한 뒤에 도구 모음 편집기 하단에 있는 확인 버튼을 클릭한다. 계속해서 레이아웃 에디터에서 chooseft.fig 파일을 실행한다. 앞 절 UI window에 존재하지 않았던 푸시툴 항목이 〈표8〉과 같이 새로 생성(출력된 UI window에서)된 것을 확인할 수 있다. 지금 상황에서 〈표8〉에 있는 푸시툴 아이콘을 클릭하여도 어떤 결과로 이어지지 않는다.

표8

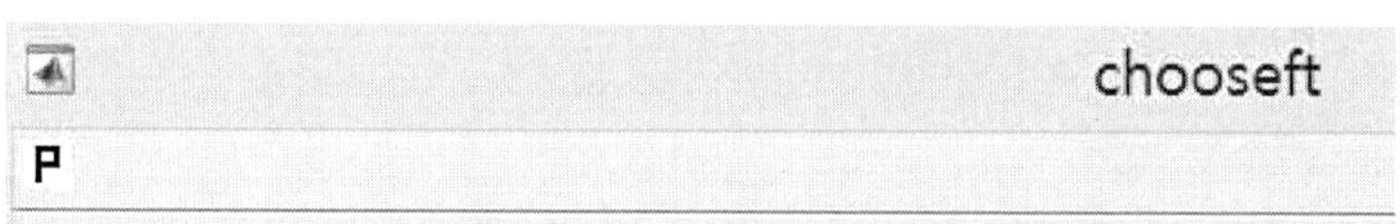

푸시툴 항목을 클릭할 때마다 어떤 진행이 되도록 만들어 보자. 파일 chooseft.m이 열려 있는 M-파일 에디터에서 〈표7〉에 주어진 콜백 함수 uipushtool1_ClickedCallback에

〈표9〉와 같이 내용을 추가하고 저장한다. 참고로, 아래에 명령어 menu에 대한 설명이 주어진다.

□ mychoice = menu('mytitle', 'c1', 'c2', …, 'cn')

설명: menu의 첫 번째 인자는 문자열이고 제목에 해당한다. 두 번째 인자인 문자열 'c1'부터 마지막 인자인 문자열 'cn'은 출력되는 박스 안에서 선택할 수 있는 항목이다. 출력 변수 mychoice에는 선택한 인자의 순서에 해당하는 수가 저장된다. 만약에 'c1'을 선택하면 mychoice=1, 'c2'를 선택하면 mychoice=2와 같이 저장된다. 선택하지 않고 출력된 박스를 닫을 경우 mychoice에는 0이 설정된다. 예를 들어, 다음과 같이 명령창에서 실행하여 보자:

```
>> mychoice = menu('선택하세요','비빔밥','피자','된장찌개')
```

위의 실행으로 아래와 같이 세 개의 선택 항목을 가진 메뉴 박스가 화면 출력된다.

위의 메뉴 박스에서 세 번째 항목을 마우스로 클릭하면 출력 변수 mychoice에는 3이 저장된다. 즉, 사용자가 선택한 항목을 mychoice에 저장된 값으로 알 수 있다. 이것으로 menu 함수에 대한 설명을 마친다.

표9

```
------------------------------------------------------------
function uipushtool1_ClickedCallback(hObject, eventdata, handles)
% hObject    handle to uipushtool1 (see GCBO)
% eventdata  reserved - to be defined in a future version of MATLAB
% handles    structure with handles and user data (see GUIDATA)

sel = menu('선택하세요','axis off', 'axis on');
if sel == 1
   axis off
else
   axis on
end
------------------------------------------------------------
```

업데이트된 chooseft.m 파일을 실행하여 출력된 UI window에서 왼쪽 상단에 있는 푸시툴 객체를 마우스로 클릭하면 〈표10〉에 주어진 메뉴 박스가 새로 출력될 것이다. 계속해서 박스 안에 있는 첫 번째 버튼을 선택하면 〈표11〉과 같이 x, y, z축이 모두 사라지고 그래프만 볼 수 있다. 〈표11〉에서 다시 푸시툴 아이콘을 클릭하여 출력된 메뉴 박스(〈표10〉과 같은)에서 이번에는 두 번째 버튼을 선택하면 원래의 UI window(현재 절의 앞부분에서 볼 수 있었던 〈표1〉과 같은)로 돌아가게 된다.

표10

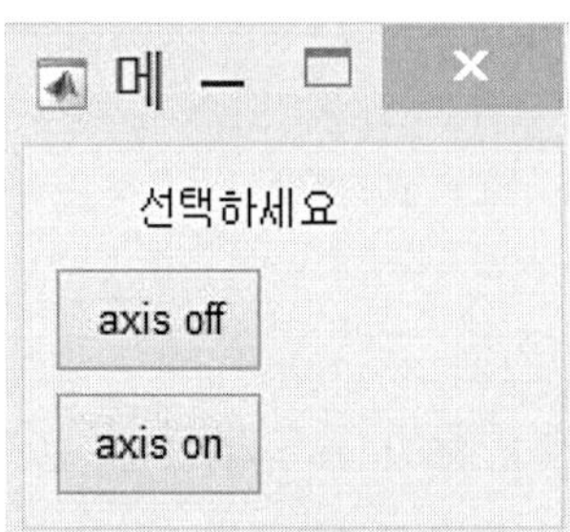

표11

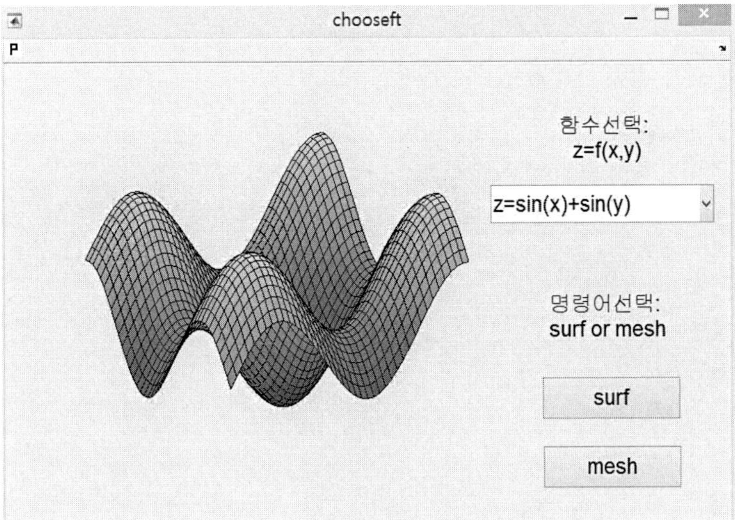

이번에는, 도구 모음 편집기의 툴 팔레트에 있는

에서 토글툴 항목을 더블 클릭 한다. 편집기 상단에 〈표12〉와 같이 푸시툴 아이콘 바로 옆에 토글툴 아이콘이 생성된다.

표12

동시에 도구 모음 편집기의 오른쪽 영역은 〈표13〉과 같이 푸시툴의 경우와 약간 다른 항목을 가지고 있다.

표13

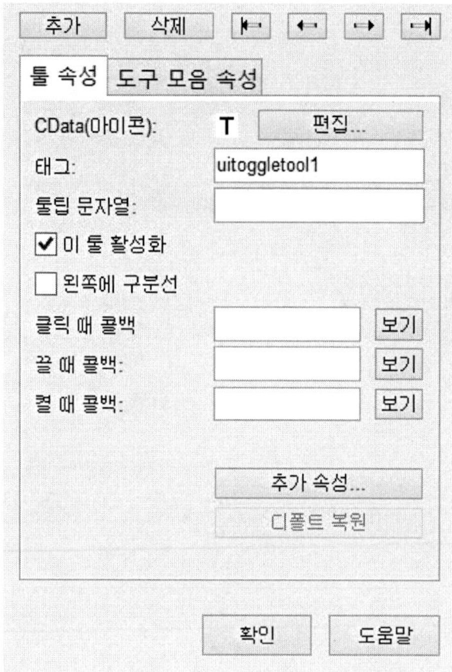

〈표13〉에 주어진 박스 안의 내용을 보면 다음과 같은 세 개의 항목이 있다.

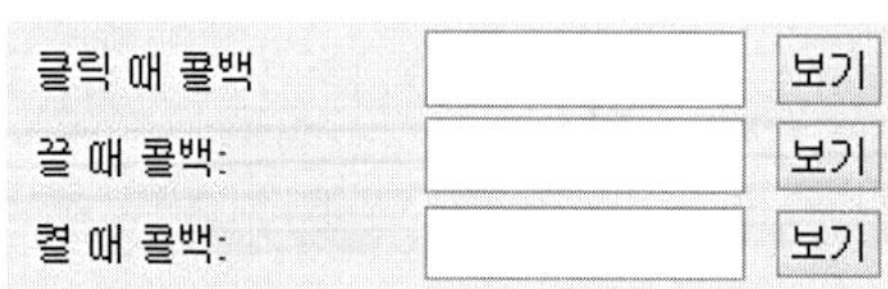

세 개의 항목 오른쪽 끝에 있는 보기 버튼을 위에서 아래로 각각 클릭하면 chooseft.m 파일의 기존 내용 다음에 〈표14〉에 주어진 세 개의 콜백 함수가 차례로 추가된다.

표14

```
-----------------------------------------------------------
function uitoggletool1_ClickedCallback(hObject, eventdata, handles)
% hObject    handle to uitoggletool1 (see GCBO)
% eventdata  reserved - to be defined in a future version of MATLAB
```

```
% handles    structure with handles and user data (see GUIDATA)

function uitoggletool1_OffCallback(hObject, eventdata, handles)
% hObject    handle to uitoggletool1 (see GCBO)
% eventdata  reserved - to be defined in a future version of MATLAB
% handles    structure with handles and user data (see GUIDATA)

function uitoggletool1_OnCallback(hObject, eventdata, handles)
% hObject    handle to uitoggletool1 (see GCBO)
% eventdata  reserved - to be defined in a future version of MATLAB
% handles    structure with handles and user data (see GUIDATA)
-----------------------------------------------------------------
```

도구 모음 편집기 하단에 위치한 확인 버튼을 클릭한 뒤에 chooseft.m 파일을 저장한다. 업데이트된 chooseft.m(또는 chooseft.fig) 파일을 실행한다. 이 결과로 출력된 UI window의 왼쪽 상단이 

에서 

으로 토글툴 아이콘이 추가되었다. 지금 상황에서는 위에서 볼 수 있는 토글툴 아이콘을 선택해도 실행되는 내용은 없다. 앞에서 다루었던 푸시툴에 대응하는 콜백 함수를 〈표9〉의 내용으로 편집하였듯이, 토글툴 객체에 대응하는 콜백 함수 내부에 필요한 내용을 추가하여 토글툴의 아이콘이 작동하도록 만들 수 있다. 즉, 아래 〈표15〉에 주어진 대응 관계로 콜백 함수를 편집한다. 토글툴 아이콘 작동과 관련된 내용은 사용자 각자가 시도(푸시툴 아이콘 같이)하길 바란다.

표15

토글 툴 아이콘	편집 대상 콜백 함수
처음 클릭할 때	uitoggletool1_ClickedCallback
선택을 해제할 때	uitoggletool1_OffCallback
다시 선택할 때	uitoggletool1_OnCallback

다음으로 툴 팔레트의 '미리 정의된 툴' 영역에서 항목을 선택하고 실행하는 것에 대해서 알아보자. 먼저 chooseft.fig 파일이 열려있는 레이아웃 에디터로 다시 돌아가 도구 모음 편집기를 연다. 툴 팔레트의 '미리 정의된 툴' 영역에 있는 항목 중에 회전 항목(〈표4〉의 내용 참고)을 더블 클릭한다. 도구 모음 편집기의 상단 위치에 다음과 같이 회전 아이콘이 추가된 것을 확인하고 편집기 하단에 위치한 확인 버튼을 클릭한다.

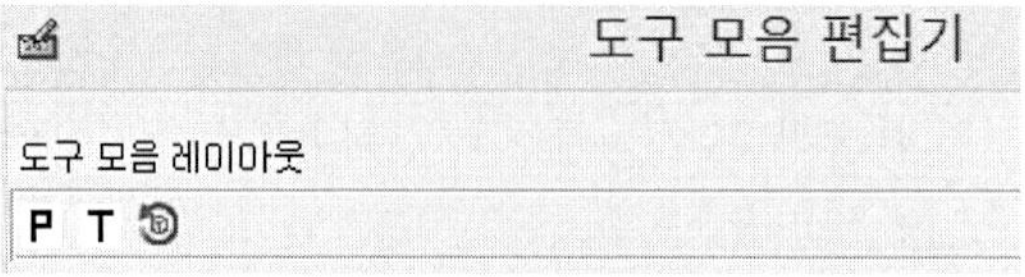

현재 절에서 처음부터 지금까지 설명한 내용을 완료하고 레이아웃 에디터에서 chooseft.fig 파일을 실행하면 〈표16〉에 주어진 UI window를 볼 수 있다. 이 window 왼쪽 상단에 있는 회전 아이콘을 선택한 뒤에 마우스를 이용하여 좌표축에 있는 수학 함수 그래프를 회전하여 본다. 그래프가 회전될 것이다. 선택된 회전 아이콘을 다시 클릭하면 선택이 해제되어 그래프가 회전되지 않는다. 앞에서 주어진 〈표4〉의 내용을 보면 회전 항목 이외에도 여러 가지 항목이 있는데 지금 다루어본 회전 항목같이 UI window에 생성하여 사용하면 된다. 아이콘 각각의 기능은 제목으로부터 추측할 수 있을 것이다.

표16

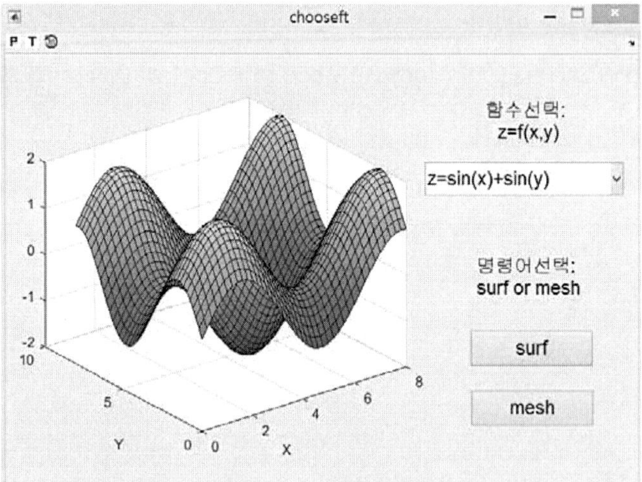

2.3 UI window 활용

명령창에서 실행될 수 있는 두 개의 파일이 2.3.1절에 제공될 것이다. 이 파일들의 내용을 실행하면 미분 방정식의 수치해를 구하게 된다. 이 수치해를 명령창에서의 실행이 아닌 UI window를 이용하여 다시 구하게 될 것이다. 이러한 목적을 가진 UI window 구성과 실행을 위하여 2.3.2절에서부터 자세히 설명한다. 특별히, 2.3.4절에서는 미분 방정식의 수치해를 팔레트에 있는 구성요소인 테이블을 이용하여 출력할 것이다.

2.3.1 명령창에서 실행

현재 폴더에 아래와 같은 두 개의 파일이 저장되어 있다고 가정한다:

- MainEuler.m: 스크립트형 M-파일
- eulerft.m: 함수형 M-파일

각각의 파일 내용은 〈표1〉과 〈표2〉에 주어진다. 이 파일들을 이용하면 상미분 방정식

$$(*) \qquad y'(t) = y + e^t - 1, \ 0 \le t \le 2, y(0) = 1$$

의 수치해(Numerical Solution)를 구할 수 있다. 수치해를 구하는 여러 가지 해법 중에 Euler Method를 사용한다.

표1 MainEuler.m

```
---------------------------------------------------
% 미분 방정식의 수치해 구하기
```

```
f = @(t,y) y+exp(t)-1;
leftend = 0;
rightend = 2;
initialvalue = 1;
stepsize = input('\n  Input the stepsize (= 0.2) =  ');
[t, y] = eulerft(f,[leftend,rightend],initialvalue,stepsize);
exactsol = t.*exp(t)+1;
err = abs(exactsol - y);
disp('      Nodes       Exact       Euler       Error');
disp([t,exactsol,y,err]);
plot(t,y,'k--');
hold on
exactgf = ezplot('t*exp(t)+1',[0 2]);
set(exactgf,'color','k','linestyle','-');
legend('Euler Method','Exact Solution','Location','northwest');
title('  y'' = y+exp(t)-1  ');
```

표2

eulerft.m

```
% < Euler Method >
% yp = f(t,y), tvar =[a,b]
% wzero = y(a), h = stepsize

function [t,w] = eulerft(yp,tvar,wzero,h)
tvari=tvar(1);
tvarf=tvar(2);
t = (tvari:h:tvarf)';
n = length(t);
```

```
w = wzero*ones(n,1);
for ind = 1:n-1
  w(ind+1)=w(ind) + (t(ind+1)-t(ind))*feval(yp,t(ind),w(ind));
end
----------------------------------------------------------------
```

〈표1〉에 주어진 MainEuler.m 파일 내용을 아래와 같이 (a)−(j)로 나누어 자세히 알아 보자:

(a) 〈표1〉에서 실행문

```
f = @(t, y) y + exp(t) - 1;
```

에 의하여 $f(t,y) = y + e^t - 1$와 같은 이변수 함수 기능을 가진 함수 핸들 f가 생성된다. 아래에 익명 함수에 대한 설명이 주어진다.

익명 함수(Anonymous Function)

- **형식:** f = @(입력 인자) 수식
- **내용:** 위의 형식에 의하여 생성된 변수 f의 데이터 종류는 함수 핸들(Function Handle)이다. 이와 같이 연산자 @를 이용하여 만든 함수 핸들 f는 보통의 수학 함수같이 사용될 수 있다. 아래 주어진 〈보기1〉과 〈보기2〉의 내용과 같이 명령창에서 실행하여 보자.

보기1

```
------ 입력 인자가 x 하나인 경우 ----------------------------
>> f = @(x)  x.^2+1
f =  @(x)x.^2+1
```

```
>> y = f(2)        % x=2이므로 x^2+1=2^2+1=5가 y에 저장됨
y = 5
--------------------------------------------------------
```

보기2

```
------ 입력 인자가 x와 y 두 개인 경우--------------------------
>> h = @(x, y)  x.^2 + 2*y + 3
h =   @(x,y)x.^2+2*y+3

>> z = h(1,3)       % x=1, y=3이므로 x^2+2y+3=1+6+3=10이 z에
                    % 저장됨
z =   10
--------------------------------------------------------
```

이런 방식으로 연산자 @를 이용하여 이변수 이상의 다변수 함수를 생성할 수 있다. 매틀랩에서는 함수를 필요로 하는 함수인 function function 계열의 함수들은 입력 인자로 함수 핸들을 요구하므로 익명 함수에 대한 이해가 필요하다. 참고로, 다음과 같은 영역과 관련된 함수를 매틀랩에서는 function function 계열의 함수로 부른다:

- 비선형 방정식의 해
- 함수의 최댓값과 최솟값
- 함수의 미분과 적분
- 최적화 문제

이것으로 익명 함수에 대한 설명을 끝낸다.

(b) input 관련 실행문

```
stepsize = input('\n  Input the stepsize (= 0.2) =  ');
```

에 의하여 단일인용부호 안에 있는 내용을 명령창에

```
Input the stepsize (= 0.2) =
```

와 같이 출력하고 사용자가 어떤 값을 입력하기를 기다린다. 사용자가 값을 입력하고 Enter키를 클릭하면 입력한 값이 변수 stepsize에 저장된다.

(c) 함수형 M-파일 eulerft 관련 실행문

```
[t, y] = eulerft(f,[leftend,rightend],initialvalue,stepsize);
```

에 의하여 아래 〈표3〉에 주어진 내용으로 eulerft 함수의 입력 인자에 전달된다:

표3

```
f = @(t,y)y+exp(t)-1
[leftend,rightend]=[0, 2]
initialvalue=1
stepsize=0.2  (사용자가 input 관련 명령문에서 0.2를 입력한 경우)
```

출력 변수 t와 y에 대해서는 〈표2〉의 내용을 설명할 때 알아볼 것이다.

(d) abs 관련 실행문

```
err = abs(exactsol - y);
```

에 의하여 괄호 안의 수식

exactsol - y

을 계산한 뒤에 함수 abs는 모든 성분을 절대값으로 변경한다. 최종적으로 변경한 결과를 변수 err에 저장한다. 함수 abs에 대한 설명이 다음과 같이 주어진다.

abs

- **형식:** y = abs(x)
- **설명:** x가 배열일 때, x의 각 성분을 절대값으로 변경한 뒤에 그 결과를 y에 저장한다. 아래와 같이 명령창에서 실행하여 본다.

```
>> y = abs(-3)
y =      3

>> y = abs([-2 3 -5 -4 7 10])
y =      2     3     5     4     7    10
```

함수 abs에 대한 설명을 끝낸다.

(e) disp 관련 실행문

disp([t,exactsol,y,err]);

에 의하여 변수 t, exactsol, y, err 각각에 저장된 값을 명령창에 출력한다. 아래에 함수 disp에 대한 설명이 주어진다.

disp

- **형식:** disp(x)
- **설명:** 변수 x에 저장된 값이 명령창에 출력된다. 아래와 같이 실행하여 본다.

```
>> x1 = [1 2 3; 10 20 30]
x1 =
     1     2     3
    10    20    30

>> x2 = 'Do you like Matlab?'
x2 = Do you like Matlab?

>> disp(x1)
     1     2     3
    10    20    30

>> disp(x2)
Do you like Matlab?
```

함수 disp에 대한 설명을 끝낸다.

(f) plot 관련 실행문

```
plot(t,y,'k--');
```

에 의하여 정의역의 값이 t이고 대응하는 함수 값이 y인 이차원의 곡선을 그린다. 이때, 옵션 'k--'에 의하여 곡선의 색은 검정색이고 곡선의 스타일은 파선으로 출력된다. 아래와 같이 함수 plot에 대한 설명을 추가한다.

plot

- **형식:** plot(x, y, option)
- **설명:** x=[x1, x2, …, xn]이고 y=[y1, y2, …, yn]일 때, n개의 점

(x1, y1), (x2, y2), (x3, y3), …, (xn, yn)

을 연결하는 이차원 곡선을 그린다. 이때, 출력되는 곡선의 스타일(Style), 곡선의 색(Color), 마커(Marker)를 option에 의하여 설정할 수 있다. 〈표4〉에서 스타일의 종류, 〈표5〉에서 마커의 종류, 〈표6〉에서 색의 종류가 주어진다. 마커의 경우 자주 사용되는 기호만 제시되었다.

표4

스타일	기호
실선(Solid line)	–
파선(Dashed line)	– –
점선(Dotted line)	:
쇄선(Dash–dot line)	–.

표5

마커	기호
원	O
플러스 기호	+
별표	*
곱하기	×

표6

색	기호
노란색(Yellow)	y
마젠타색(Magenta)	m
시안색(Cyan)	c

빨간색(Red)	r
초록색(Green)	g
파란색(Blue)	b
흰색(White)	w
검정색(Black)	k

명령창에서 아래의 내용을 실행하면 〈표7〉과 같은 figure window 출력을 볼 수 있다. 즉, 지수 함수 e^x에 대응하는 곡선이 옵션 'k--*'에 의하여 선의 색은 검정색, 선의 스타일은 파선, 마커는 별표로 설정되었다.

```
>> x=0:0.2:3;
>> y=exp(x);
>> plot(x,y,'k--*')
```

표7

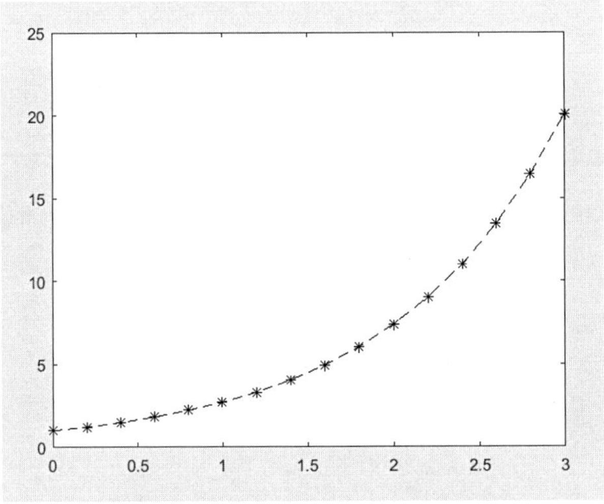

이것으로 함수 plot에 대한 설명을 끝낸다.

(g) 실행문 hold on 이후에 함수 plot에 의하여 그래프를 출력하면, 기존에 존재했던 figure window의 그래프가 지워지지 않고 함께 출력된다. 실행문 hold on 이전의 상태(기존의 그래프를 지우고 새 그래프를 출력)로 돌아가려면

```
>> hold off
```

와 같이 실행한다.

(h) ezplot 관련 실행문

```
exactgf = ezplot('t*exp(t)+1',[0 2]);
```

에 의하여 정의역 [0, 2]에서 함수 te^x+1에 대응하는 그래프를 figure window에 출력한다. 출력 변수 exactgf은 그래프에 대응하는 라인 객체이다. 따라서, 함수 set을 이용하여 라인 객체 exactgf의 속성값을 설정할 수 있다. 함수 ezplot에 대하여 알아보자.

ezplot

- **형식:** ezplot(f, [xmin, xmax])
- **설명:** x의 범위가 xmin〈x〈xmax일 때, f(x)의 그래프를 출력한다. f는 함수 핸들 또는 함수의 내용을 가지는 문자열이 될 수 있다. 다음과 같이 명령창에서 실행하면 〈표8〉과 같이 정의역 [0, 3]에서 지수함수 e^x의 그래프를 출력한다.

```
>> ezplot('exp(x)',[0, 3])
```

표8

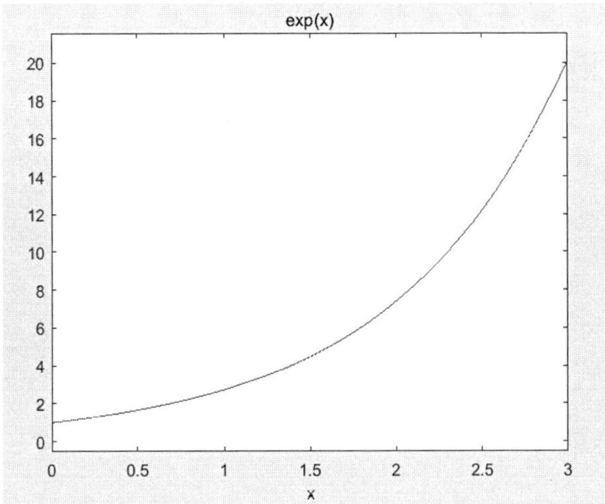

함수 ezplot에 대한 설명을 끝낸다.

(i) 실행문 set(exactgf,'color','k','linestyle','-')에 의하여 라인 객체 exactgf의 속성 color의 값을 검정색, 속성 linestyle의 값을 실선으로 각각 설정한다.

(j) 실행문 legend('Euler Method','Exact Solution','Location','northwest')에 의하여 figure window의 왼쪽 상단에 〈표9〉와 같은 범례를 표시한다.

표9

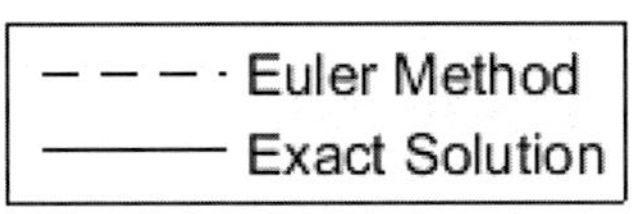

다음은 legend 사용법에 대한 설명이 주어진다.

legend

- **형식:** legend('str1', 'str2', ..., 'strN', 'Location', Value)

- **내용:** Value에 의하여 설정된 위치에 문자열 str1, str2, ..., strN을 범례의 형식으로 표시한다. 〈표10〉에는 자주 사용될 수 있는 Value의 종류가 주어진다.

표10 Value의 종류

Value	위치	Value	위치
'north'	좌표축 내부 위쪽	'northeast'	좌표축 내부 오른쪽 위
'south'	좌표축 내부 아래쪽	'northwest'	좌표축 내부 왼쪽 위
'east'	좌표축 내부 오른쪽	'southeast'	좌표축 내부 오른쪽 아래
'west'	좌표축 내부 왼쪽	'southwest'	좌표축 내부 왼쪽 아래
'best'	다른 출력과 겹치는 부분 최소화	'bestoutside'	좌표축 외부 오른쪽

아래와 같이 실행하면 〈표11〉과 같이 범례를 좌표축 외부에서 볼 수 있다.

```
>> ezplot('exp(x)',[0, 3])
>> legend('범례위치확인','Location','bestoutside')
```

표11

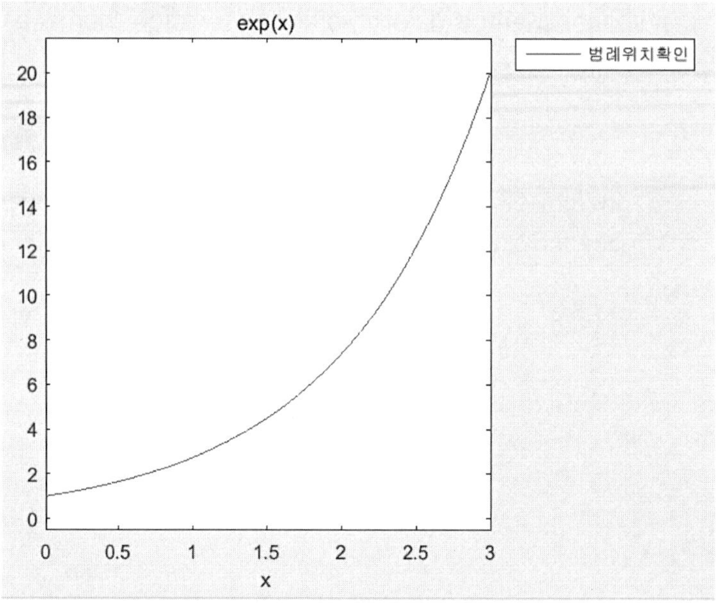

이것으로 함수 legend에 대한 설명을 끝낸다.

다음으로 〈표2〉의 내용을 알아보자. 앞에서 설명한 (c)의 내용에 의하면 〈표3〉에 주어진 값이 eulerft 함수의 입력 인자에 전달된다. 그러므로, eulerft 함수의 입력 변수인 yp, tvar, wzero, h가 〈표12〉의 내용으로 그 값들이 설정된다.

표12

```
yp =  @(t,y)y+exp(t)−1
tvar = [0, 2]
wzero = 1
h = 0.2  (사용자가 input 관련 명령문에서 0.2를 입력한 경우)
```

계속해서, 〈표2〉에 주어진 함수 내부의 내용을 진행하면 다음과 같이 지역 변수의 값이 결정된다.

- tvari = 0
- tvarf = 2
- t = (0:0.2:2)'

  설명: t는 11×1 크기의 배열이다.

- n = 11
- w는 11×1 크기의 배열이고 모든 성분의 값이 1이다.

  설명: one(n,1)에 의하여 n×1(= 11×1)크기의 배열이 만들어지고 배열의 모든 성분의 값은 1이다.

위와 같이 결정된 지역 변수의 값을 가지고 아래 〈표13〉과 같이 주어진 for-end문이 실행되어 수치해에 대응하는 배열 w가 구해진다.

표13

```
------------------------------------------------
for ind = 1:n-1
  w(ind+1)=w(ind) + (t(ind+1)-t(ind))*feval(yp,t(ind),w(ind));
end
-------------------------------------------------------
```

이와 같이 구해진 변수 t와 w가 함수 eulerft의 출력 변수이므로, 〈표1〉에 주어진 MainEuler.m의 내용 중에 실행문

```
[t, y] = eulerft(f,[leftend,rightend],initialvalue,stepsize);
```

에 의하여 t에는 (0:0.2:2)'가 y에는 수치해 w가 전달된다. 참고로, 함수 feval에 대한 설명이 주어진다.

feval

- 형식: [y1, y2, ..., ym] = feval(fh, x1, x2, ..., xn)
- 설명: 함수 핸들 fh에 대응하는 함수를 f라고 가정할 때, x1, x2, ..., xn이 대응 함수 f에 입력 인자로 전달되어 f의 내용이 실행된다. 실행의 결과로 구해진 f의 출력 인자에 저장된 값이 y1, y2, ..., ym으로 출력된다. 따라서,

  x1, x2, ..., xn 와 y1, y2, ..., ym

  의 개수와 데이터 종류는 대응하는 함수 f에 의하여 결정된다. 아래에 주어진 〈예제1〉-〈예제4〉을 실행하여 그 결과를 확인하여 보자.

예제1

```
---------------------------------------------
>> f = @(x) x.^2-1;
>> y = feval(f,3)          % y = f(3) = 9 - 1 = 8
y =  8
----------------------------------------------
```

예제2

```
---------------------------------------------
>> g = @(x,y) x.^2 + 3*y - 1;
>> z = feval(g,1,2)          % z = g(1,2) = 1 + 6 - 1 = 6
z =  6
---------------------------------------------
```

예제3

```
---------------------------------------------
>> h = @(x) size(x);
>> M = [ 1 2 3; 4 5 6]
M =
    1    2    3
    4    5    6
>> [Mrow, Mcol] = feval(h,M)      % feval(h,M) = h(M) = size(M)
Mrow   =    2                     % M의 행과 열을 출력
Mcol   =    3
---------------------------------------------
```

아래 <표14>에 주어진 내용을 함수형 M-파일 fone.m으로 저장한 뒤에, fone.m 파일이 저장된 폴더에서 <예제4>와 같이 실행한다. 파일 fone.m은 주 함수 fone과 지역 함수 ftwo로 구성되어 있다.

예제4

```
----------------------------------
>> w = [ 1 2 3 4 5 ]
w = 1    2    3    4    5
>> [xmidval, xdiffvec] = feval(@fone, w)
xmidval =     3
xdiffvec =   -2   -1    0    1    2
----------------------------------
```

표14

```
---------- fone.m -----------------
function [xmid, xdiff] = fone(x)
  ftwoh = @ftwo;
  xmid = feval(ftwoh,x);
  xdiff = x - xmid;
end
function v = ftwo(u)
  n = length(u);
  v = sum(u)/n;
end
-----------------------------------
```

〈예제4〉의 내용에 있는 실행문

(**)   [xmidval, xdiffvec] = feval(@fone, w)

에 대하여 아래 (a)–(d)에서 자세히 설명하여 보자:

(a) feval(@fone, w)에 의하여 〈표14〉에 주어진 주 함수 fone의 입력 인자 x에 벡터 [1 2 3 4 5]가 전달된다.

(b) 주 함수 fone의 내부에 있는 변수 xmid는 다음과 같이 결정된다:

xmid = feval(ftwoh,x) = ftwo([1 2 3 4 5]) = 3

위의 식에서 가장 마지막에 있는 등식에 대한 이유: 지역 함수 ftwo의 입력 인자 u에 벡터 [1 2 3 4 5]가 전달되면 이 벡터를 구성하는 성분들의 평균값인 3이 함수 ftwo의 출력 변수 v에 저장되기 때문이다.

(c) xdiff = x - xmid = [1 2 3 4 5] - 3 = [1 2 3 4 5] - [3 3 3 3 3]
= [-2 -1 0 1 2]

(d) xmid와 xdiff가 함수 fone의 첫 번째와 두 번째 출력 변수이므로 위 (**)에 주어진 실행문에 의하여 xmidval에 지역 변수 xmid에 저장되어 있는 값 3이 전달되고 xdiffvec에는 지역 변수 xdiff에 저장되어 있는 벡터 [-2 -1 0 1 2]가 전달되었다. 위 (**)에 주어진 실행문에 대한 설명을 끝낸다.

이것으로 함수 feval에 대한 설명을 종료한다.

다음으로 〈표13〉에 주어진 반복문이 의미하는 내용을 이해하기 위하여, Euler Method에 대하여 알아보자.

초기치가 주어진 상미분 방정식

$$(***) \quad y'(t) = f(t,y),\ a \le t \le b,\ y(a) = y_0$$

의 수치해를 구하는 방법 중에 Euler Method가 있고 〈표15〉와 같이 주어진다. 〈표15〉에 주어진 내용에서

$$h = (b-a)/N$$

이고 $i = 0, 1, 2, \ldots, N$에 대하여 노드점은 $t_i = a + ih$로 주어진다.

표15 **Euler Method**

$$w_0 = y_0$$
$$w_{i+1} = w_i + hf(t_i,\ w_i)\ (i = 0, 1, 2, \ldots, N-1)$$

이와 같은 방법에 의하여 구해진

$$w = [w_0, w_1, w_2, \dots, w_N]$$

은 위의 (***)에 주어진 미분 방정식의 수치해(Numerical Solution)이다. 즉, $i = 0, 1, 2, \dots, N$에 대하여 w_i는 이론해 $y(t_i)$의 근사값이다. 이와 같은 이유로, 〈표13〉에 주어진 반복문에 의하여 구해지는 벡터

w=[w(1), w(2), w(3), ..., w(n)]

은 현재 절의 앞부분 (*)에 주어진 미분 방정식의 수치해가 된다. 미분 방정식의 수치해를 구하는 방법에 대한 이론적인 내용과 수치 해석적 내용이 필요한 경우 참고문헌 [ATK], [BUR], [CHA], [CHE]에서 소개한 서적을 참고하길 바란다.

지금까지 〈표1〉과 〈표2〉에 주어진 파일의 내용을 자세히 알아보았다. 다음으로, 이 두 개의 표에서 주어진 M-파일을 현재 폴더에 저장한 뒤에 아래와 같이 입력하고 실행한다.

```
>> MainEuler   % 명령창에서 입력 후 Enter키 클릭
```

위와 같이 실행하면 명령창에서 다음과 같이 stepesize의 값을 입력하기를 요청할 것이다:

```
Input the stepsize (= 0.2) =
```

아래와 같이 0.2를 입력하고 Enter키를 클릭한다:

```
Input the stepsize (= 0.2) =  0.2
```

그 결과로 〈표16〉에 주어진 내용이 명령창에 출력되고 〈표17〉와 같이 figure window가 화면 출력될 것이다.

표16

Nodes	Exact	Euler	Error
0	1.0000	1.0000	0
0.2000	1.2443	1.2000	0.0443
0.4000	1.5967	1.4843	0.1124
0.6000	2.0933	1.8795	0.2138
0.8000	2.7804	2.4198	0.3606
1.0000	3.7183	3.1489	0.5694
1.2000	4.9841	4.1223	0.8618
1.4000	6.6773	5.4108	1.2665
1.6000	8.9249	7.1040	1.8208
1.8000	11.8894	9.3154	2.5739
2.0000	15.7781	12.1885	3.5897

표17

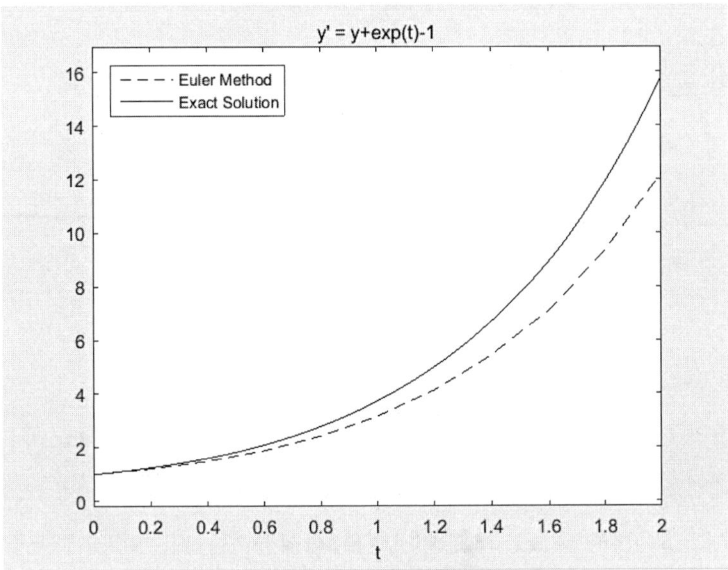

다음 절에서는 〈표16〉과 〈표17〉에 주어진 내용과 같은 결과를 구해주는 UI window를 작성할 것이다.

2.3.2 수치해 출력 관련 객체 설정

앞 절의 내용을 요약하면, 명령창에서 파일을 실행하여 구해지는 결과를 명령창과 figure window에 출력하였다. 같은 결과를 지금부터 UI window에 의해서 구해 볼 것이다. 이런 목적을 위하여 먼저 UI window를 구성하는 객체를 설정하여 보자. 아래와 같이 순차적으로 진행한다:

〈step 1〉

명령창에서 guide 입력 후 Enter키를 클릭한다.

〈step 2〉

출력된 대화형 박스 'GUIDE 빠른 시작'에서 아래의 항목을 선택한다:

새 GUI 만들기 > Blank GUI (Default)

위와 같이 진행하면 레이아웃 에디터가 열린다.

〈step 3〉

레이아웃 에디터 내부에 있는 GUI figure panel을 〈표1〉과 같이 객체를 배치한다. 즉, 구성요소인 패널을 마우스로 선택한 상태에서 드래그하여 GUI figure panel 왼쪽에 생성하고 크기를 조절하여 〈표1〉과 같이 1번째 객체를 만든다. 이때, 1번째 객체를 더블 클릭하여 속성 인스펙터 박스를 열고 아래와 같이 설정한다:

– 1번째 객체

(a) 속성 FontSize의 값을 16으로 설정

(b) 속성 Title의 값을 '미분방정식'으로 입력

(c) 속성 Tag의 값을 uipanel로 설정

표1

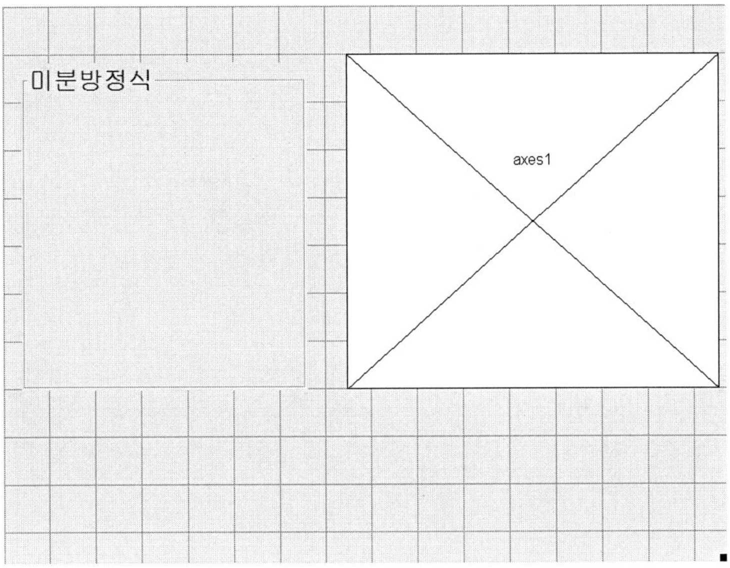

계속하여, 구성요소인 좌표축을 마우스로 선택한 상태에서 드래그하여 GUI figure panel 오른쪽에 생성하고 크기 조절하여 〈표1〉과 같이 2번째 객체를 만든다. 이때, 2번째 객체의 속성 인스펙터에서 속성 Tag의 값을 axes1으로 설정하고 그 이외의 것은 변경하지 않는다.

〈step 4〉

다음으로, 구성요소인 정적 텍스트를 마우스로 선택한 상태에서 드래그하여 1번째 객체(Tag: uipanel)인 패널 내부에 3번째 객체와 4번째 객체를 〈표2〉와 같이 각각 생성한다. 이때, 3번째와 4번째 객체를 각각 더블 클릭하여 속성 인스펙터를 열고 다음과

같은 내용으로 설정한다:

– 3번째 객체

(a) 속성 FontSize의 값을 16으로 설정

(b) 속성 String의 값을 〈표3〉에 주어진 내용으로 입력

(c) 속성 Tag의 값을 textOde로 설정

– 4번째 객체

(a) 속성 FontSize의 값을 16으로 설정

(b) 속성 String의 값을 〈표4〉와 같은 내용으로 입력

(c) 속성 Tag의 값을 textExact로 설정

표2

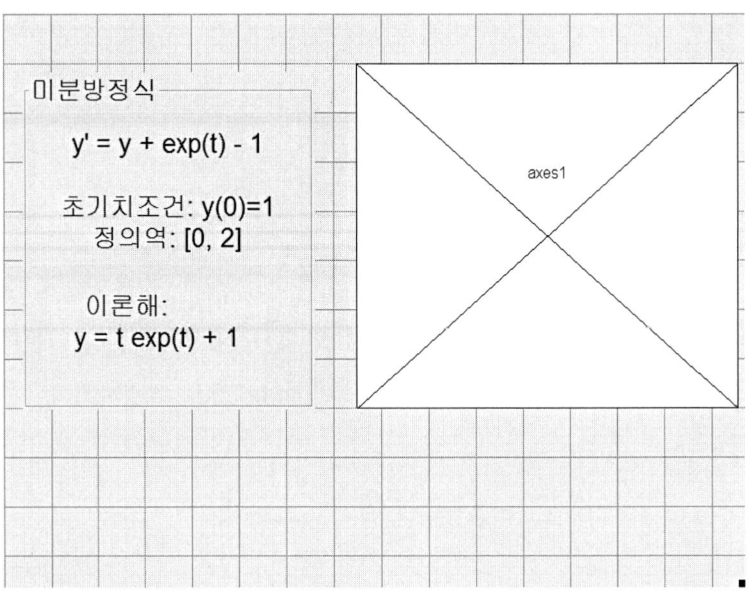

표3 **3번째 객체**

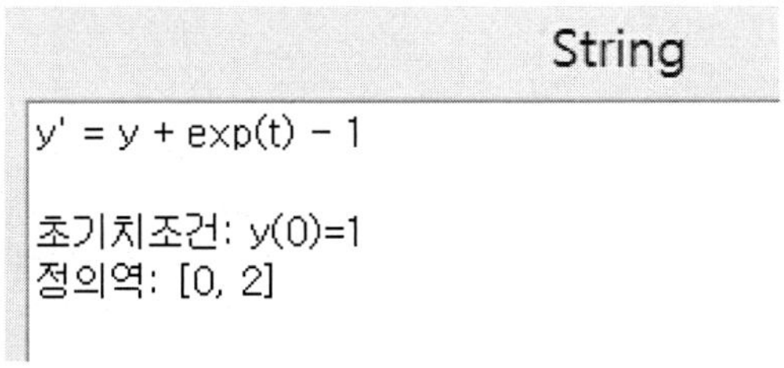

표4 **4번째 객체**

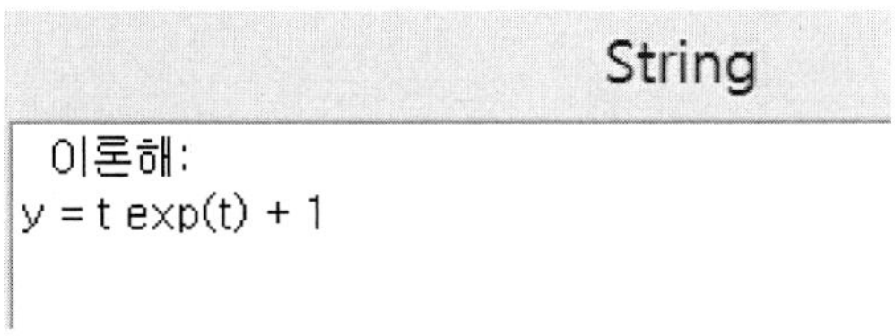

〈step 5〉

다음으로, 구성요소인 푸시 버튼을 마우스로 선택한 상태에서 드래그하여 5번째 객체를 〈표5〉와 같이 2번째 객체인 좌표축 아래에 생성한다. 이때, 5번째 객체인 푸시 버튼을 더블 클릭하여 속성 인스펙터를 열고 다음과 같이 설정한다:

– 5번째 객체

(a) 속성 FontSize의 값을 16으로 설정

(b) 속성 String의 값을 Do로 입력

(c) 속성 Tag의 값을 pushbuttonDo로 설정

표5

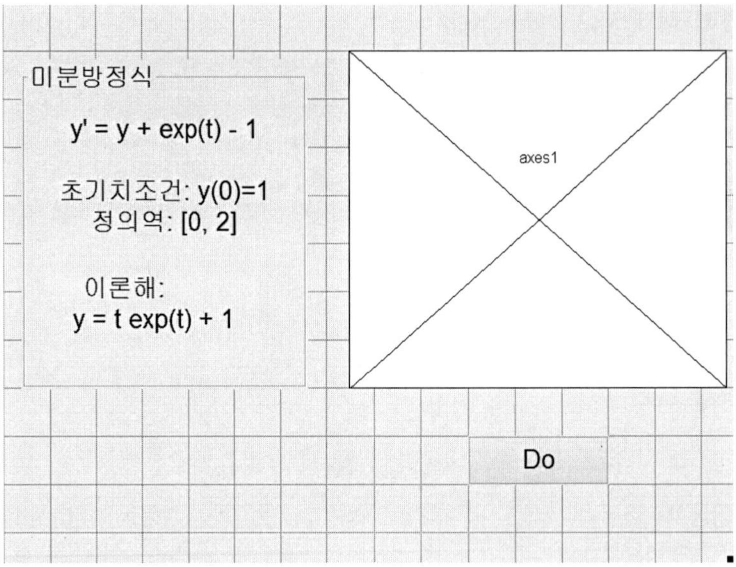
미분방정식
y' = y + exp(t) - 1
초기치조건: y(0)=1
정의역: [0, 2]
이론해:
y = t exp(t) + 1
axes1
Do

표6

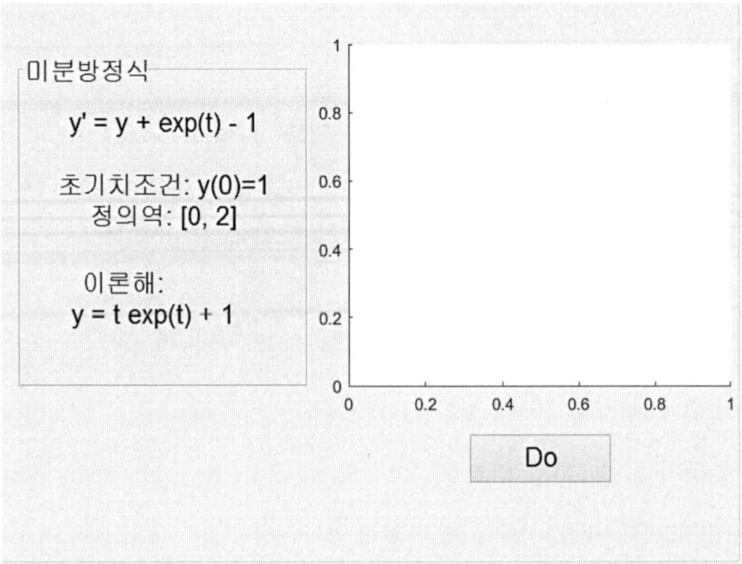
미분방정식
y' = y + exp(t) - 1
초기치조건: y(0)=1
정의역: [0, 2]
이론해:
y = t exp(t) + 1
Do

〈step 6〉

다음으로, 레이아웃 에디터 상단에 있는 실행 버튼을 클릭하면 〈표6〉과 같은 UI window가 화면에 출력된다. 실행 시, 레이아웃 에디터에 있는 파일을 GUIeuler.fig로 저장한다. 현재 폴더에서 M-파일 GUIeuler.m을 확인할 수 있다. 또한, M-파일 에디터에서 GUIeuler.m의 내용(파일 GUIeuler.fig 실행 시, 자동으로 생성된)을 보면 현재 〈표7〉에 주어진 함수로 구성되어 있다:

표7

```
------- GUIeuler.m ----------------------------------------
function varargout = GUIeuler(varargin)
function GUIeuler_OpeningFcn(hObject, eventdata, handles, varargin)
function varargout = GUIeuler_OutputFcn(hObject, eventdata, handles)
function pushbuttonDo_Callback(hObject, eventdata, handles)
-----------------------------------------------------------
```

현재 상황에서 〈표6〉과 같이 주어진 UI window의 5번째 객체(Tag: pushbuttonDo)인 푸시 버튼을 클릭하여도 어떤 내용이 진행되지 않는다. 객체에 대응하는 콜백 함수 내부에 어떤 내용도 추가하지 않았기 때문이다. 바로 전 2.3.1절의 내용에서 구했던 〈표16〉과 〈표17〉의 결과를 UI window를 이용하여 다시 출력할 것이고 이것과 관련된 과정은 다음 절에서 설명한다.

2.3.3 UI window로 수치해 출력

함수형 M-파일 eulerft.m을 이용하는 스크립트형 M-파일 MainEuler.m을 명령창에서 실행하면 테이블 형식의 수치값(2.3.1절의 〈표16〉 참고)이 명령창에 출력되고 이 수치값 중에서 이론해와 수치해에 대응하는 열(column) 데이터를 figure window(2.3.1절의 〈표17〉 참고)로 출력하여 준다. 이러한 결과를 앞 절에서 만든 UI window(구성 요소의 배치가 완성된)를 이용하여 구하여 보자.

파일 GUIeuler.m이 열려있는 M-파일 에디터의 상단에 위치한 메뉴 항목에서

편집기 > 이동 > pushbuttonDo_Callback

을 클릭하면 마우스 커서가 아래 〈표1〉에 주어진 코드를 가지는 함수 pushbuttonDo_Callback으로 이동할 것이다.

표1

```
----------------------------------------------------------
function pushbuttonDo_Callback(hObject, eventdata, handles)
% hObject    handle to pushbuttonDo (see GCBO)
% eventdata  reserved - to be defined in a future version of MATLAB
% handles    structure with handles and user data (see GUIDATA)
----------------------------------------------------------
```

5번째 객체(Tag: pushbuttonDo)인 푸시 버튼에 대응하는 콜백 함수 pushbuttonDo_Callback에 2.3.1절에서 설명한 MainEuler.m의 내용을 〈표2〉와 같이 M-파일 에디터에서 추가한다.

표2

```
----------------------------------------------------------
function pushbuttonDo_Callback(hObject, eventdata, handles)
% hObject    handle to pushbuttonDo (see GCBO)
% eventdata  reserved - to be defined in a future version of MATLAB
% handles    structure with handles and user data (see GUIDATA)

f = @(t, y) y+exp(t)-1;
leftend = 0;
rightend = 2;
initialvalue = 1;
stepsize = input('\n   Input the stepsize (= 0.2) =   ');
```

```
[t, y] = eulerft(f,[leftend,rightend],initialvalue,stepsize);
exactsol = t.*exp(t)+1;
err = abs(exactsol - y);
disp('      Nodes       Exact       Euler       Error');
disp([t,exactsol,y,err]);
plot(t,y,'k--');
hold on
exactgf = ezplot('t*exp(t)+1',[0 2]);
set(exactgf,'color','k','linestyle','-');
legend('Euler Method','Exact Solution','Location','northwest');
title('  y" = y+exp(t)-1   ');
-----------------------------------------------------------
```

이후로, 현재 폴더에 함수형 M-파일 eulerft.m이 있는지 확인(2.3.1절의 〈표2〉 참고)하고 GUIeuler.m 파일이 열려있는 M-파일 에디터의 상단에 있는 실행 버튼을 클릭하면 앞 2.3.2절의 〈표6〉과 동일한 UI window가 보일 것이다. UI window 안에 있는 5번째 객체인 푸시 버튼을 클릭하면 명령창에서 다음과 같이 stepesize의 값을 입력하기를 요청할 것이다:

```
Input the stepsize (= 0.2) =
```

아래와 같이 0.2를 입력하고 Enter키를 클릭한다:

```
Input the stepsize (= 0.2) =  0.2
```

실행의 결과로 〈표3〉의 내용이 명령창에 출력되고 〈표4〉와 같은 UI window가 화면에 출력될 것이다. 앞 2.3.2절의 〈표6〉과 비교하면 다른 실행 결과이다. 즉, UI window의 2번째 객체인 좌표축에서 그래프를 볼 수 있다. 이 그래프 결과와 〈표3〉에 있는 수치값들은 2.3.1절에서 본 결과와 동일하다.

표3

Nodes	Exact	Euler	Error
0	1.0000	1.0000	0
0.2000	1.2443	1.2000	0.0443
0.4000	1.5967	1.4843	0.1124
0.6000	2.0933	1.8795	0.2138
0.8000	2.7804	2.4198	0.3606
1.0000	3.7183	3.1489	0.5694
1.2000	4.9841	4.1223	0.8618
1.4000	6.6773	5.4108	1.2665
1.6000	8.9249	7.1040	1.8208
1.8000	11.8894	9.3154	2.5739
2.0000	15.7781	12.1885	3.5897

표4

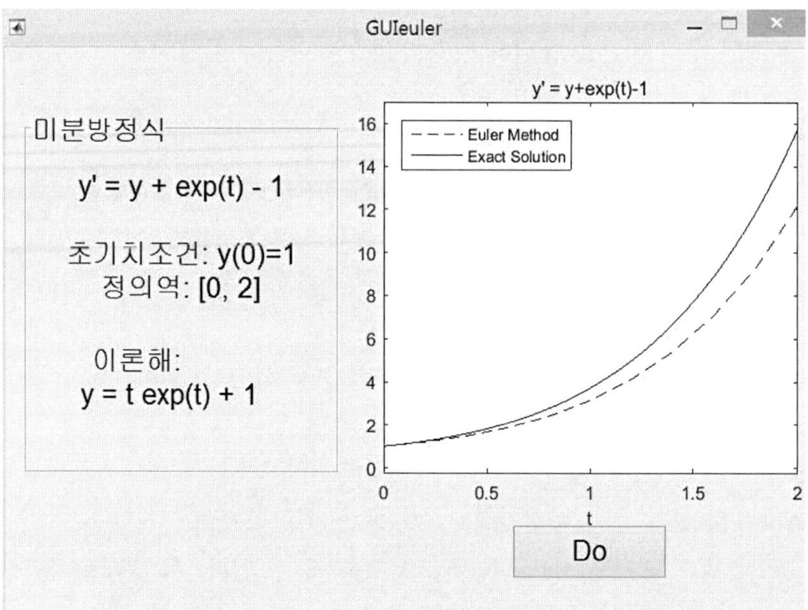

다음으로, 명령창에서 stepsize의 값을 입력했던 절차를 UI window 내부에서 진행하는 것으로 변경하여 보자. 파일 GUIeuler.fig가 열려있는 레이아웃 에디터에서 구성요소인 정적 텍스트와 편집 텍스트를 마우스로 각각 선택하고 드래그하여 6번째 객체와 7번째 객체를 〈표5〉와 같이 생성한다. 이때, 6번째와 7번째 객체를 더블 클릭하여 각각의 속성 인스펙터를 열고 다음과 같이 설정한다:

– 6번째 객체: 정적 텍스트

(a) 속성 FontSize의 값을 16으로 설정

(b) 속성 String의 값을 'Step Size:'로 입력

(c) 속성 Tag의 값을 textStepsize로 설정

– 7번째 객체: 편집 텍스트

(a) 속성 FontSize의 값을 16으로 설정

(b) 속성 String의 값을 0으로 입력

(c) 속성 Tag의 값을 editStepsize로 설정

표5

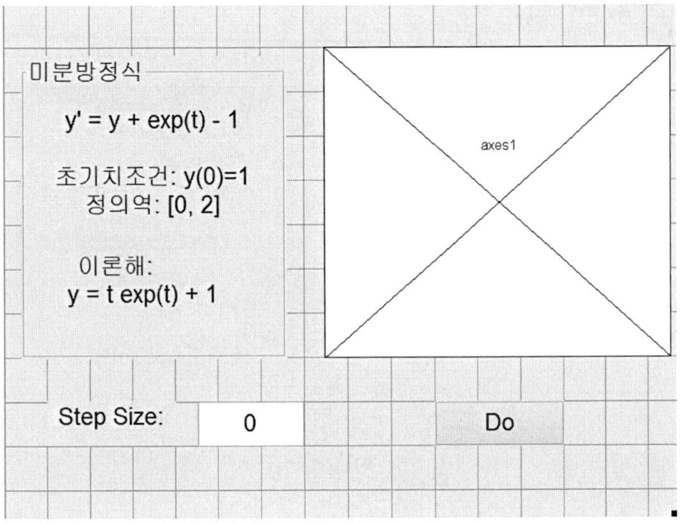

계속해서, 콜백 함수 pushbuttonDo_Callback의 내용 중 stepsize와 관련된 명령문

```
stepsize = input('\n  Input the stepsize (= 0.2) =  ');
```

을 아래와 같이 변경한다:

```
stepsize = str2double(get(handles.editStepsize,'string'));
```

위와 같이 콜백 함수 pushbuttonDo_Callback의 내용을 변경하고 저장한 뒤에 〈표5〉와 같은 구성요소의 배치를 가진 레이아웃 에디터에서 실행 버튼을 클릭한다. 클릭의 결과로 〈표6〉과 같은 UI window가 출력된다.

표6

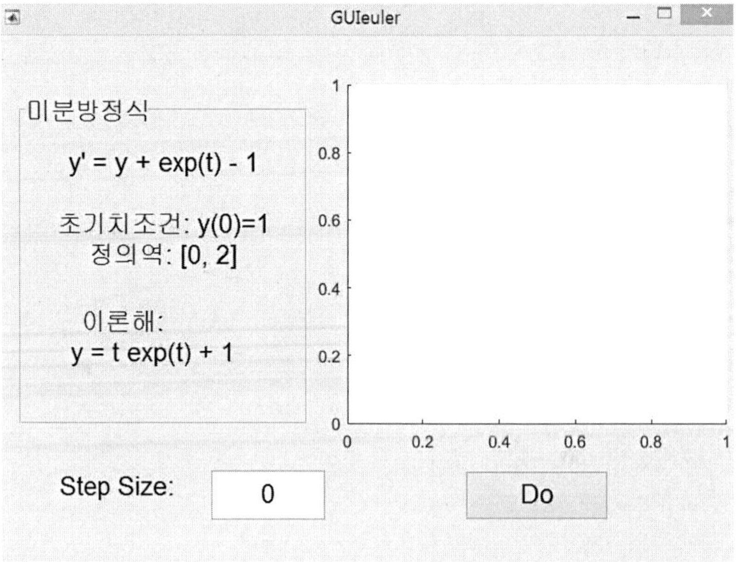

〈표6〉에서 Step Size를 아래와 같이 0에서 0.2로 변경한다:

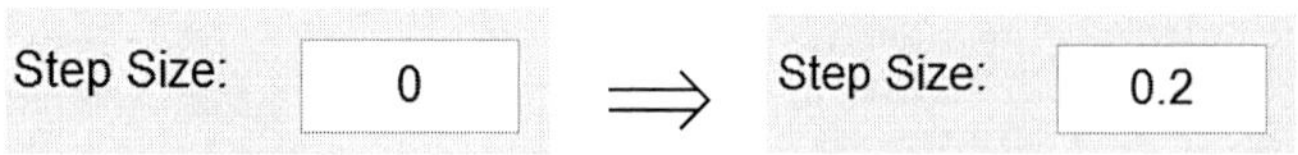

변경한 뒤에 5번째 객체인 푸시 버튼을 클릭하면 〈표7〉에 주어진 UI window가 출력되고 동시에 현재 절의 〈표3〉 내용과 동일한 결과(표 형식의 데이터)가 명령창에 출력된다.

표7

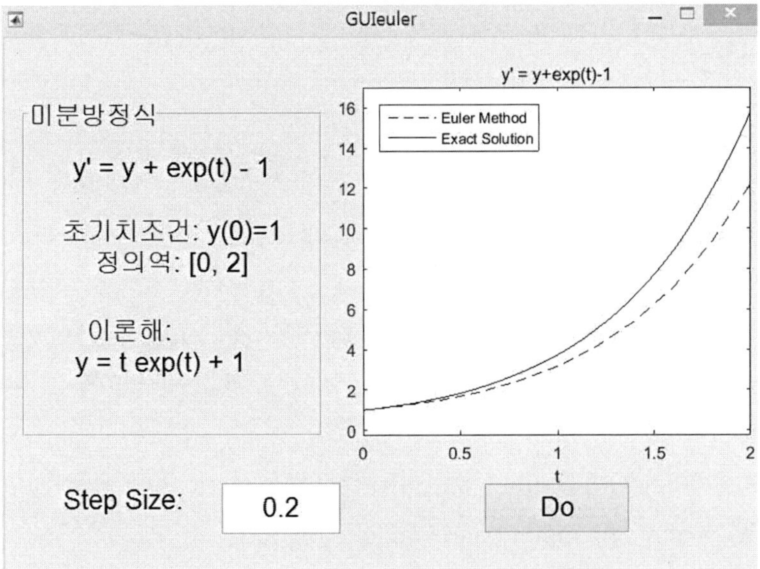

참고로, 〈표7〉에 주어진 UI window의 출력과 현재 절 〈표3〉의 내용을 명령창에 출력하여 주는 GUIeuler.m 파일이 〈표8〉에 제공된다.

표8

GUIeuler.m

```
function varargout = GUIeuler(varargin)
% GUIEULER MATLAB code for GUIeuler.fig
%      GUIEULER, by itself, creates a new GUIEULER or raises the
%      existing singleton*.
%
%      H = GUIEULER returns the handle to a new GUIEULER or the
%      handle to the existing singleton*.
%
```

```
%   GUIEULER('CALLBACK',hObject,eventData,handles,...) calls the
%   local function named CALLBACK in GUIEULER.M with the given
%   input arguments.
%
%   GUIEULER('Property','Value',...) creates a new GUIEULER or
%   raises the existing singleton*.  Starting from the left,
%   property value pairs are
%   applied to the GUI before GUIeuler_OpeningFcn gets called.  An
%   unrecognized property name or invalid value makes property
%   application
%   stop.  All inputs are passed to GUIeuler_OpeningFcn via
%   varargin.
%
%   *See GUI Options on GUIDE's Tools menu.  Choose "GUI allows
%   only one instance to run (singleton)".
%
% See also: GUIDE, GUIDATA, GUIHANDLES

% Edit the above text to modify the response to help GUIeuler

% Last Modified by GUIDE v2.5 22-Jun-2015 08:15:32

% Begin initialization code - DO NOT EDIT
gui_Singleton = 1;
gui_State = struct('gui_Name',       mfilename, ...
                   'gui_Singleton',  gui_Singleton, ...
                   'gui_OpeningFcn', @GUIeuler_OpeningFcn, ...
                   'gui_OutputFcn',  @GUIeuler_OutputFcn, ...
                   'gui_LayoutFcn',  [] , ...
```

```
                'gui_Callback',   []);
if nargin && ischar(varargin{1})
   gui_State.gui_Callback = str2func(varargin{1});
end

if nargout
   [varargout{1:nargout}] = gui_mainfcn(gui_State, varargin{:});
else
   gui_mainfcn(gui_State, varargin{:});
end
% End initialization code - DO NOT EDIT


% --- Executes just before GUIeuler is made visible.
function GUIeuler_OpeningFcn(hObject, eventdata, handles, varargin)
% This function has no output args, see OutputFcn.
% hObject    handle to figure
% eventdata  reserved - to be defined in a future version of MATLAB
% handles    structure with handles and user data (see GUIDATA)
% varargin   command line arguments to GUIeuler (see VARARGIN)

% Choose default command line output for GUIeuler
handles.output = hObject;

% Update handles structure
guidata(hObject, handles);

% UIWAIT makes GUIeuler wait for user response (see UIRESUME)
% uiwait(handles.figure1);
```

```
% --- Outputs from this function are returned to the command line.
function varargout = GUIeuler_OutputFcn(hObject, eventdata, handles)
% varargout  cell array for returning output args (see VARARGOUT);
% hObject    handle to figure
% eventdata  reserved - to be defined in a future version of MATLAB
% handles    structure with handles and user data (see GUIDATA)

% Get default command line output from handles structure
varargout{1} = handles.output;



% --- Executes on button press in pushbuttonDo.
function pushbuttonDo_Callback(hObject, eventdata, handles)
% hObject    handle to pushbuttonDo (see GCBO)
% eventdata  reserved - to be defined in a future version of MATLAB
% handles    structure with handles and user data (see GUIDATA)

f = @(t,y) y+exp(t)-1;
leftend = 0;
rightend = 2;
initialvalue = 1;
% stepsize = input('\n  Input the stepsize (= 0.2) =  ');
stepsize = str2double(get(handles.editStepsize,'string'));
[t, y] = eulerft(f,[leftend,rightend],initialvalue,stepsize);
exactsol = t.*exp(t)+1;
err = abs(exactsol - y);
disp('      Nodes       Exact       Euler       Error');
```

```
disp([t,exactsol,y,err]);
plot(t,y,'k--');
hold on
exactgf = ezplot('t*exp(t)+1',[0 2]);
set(exactgf,'color','k','linestyle','-');
legend('Euler Method','Exact Solution','Location','northwest');
title('  y" = y+exp(t)-1  ');
%
--------------------------------------------------------------


function editStepsize_Callback(hObject, eventdata, handles)
% hObject    handle to editStepsize (see GCBO)
% eventdata  reserved - to be defined in a future version of MATLAB
% handles    structure with handles and user data (see GUIDATA)

% Hints: get(hObject,'String') returns contents of editStepsize as text
%   str2double(get(hObject,'String')) returns contents of editStepsize
%   as a double


% --- Executes during object creation, after setting all properties.
function editStepsize_CreateFcn(hObject, eventdata, handles)
% hObject    handle to editStepsize (see GCBO)
% eventdata  reserved - to be defined in a future version of MATLAB
% handles    empty - handles not created until after all CreateFcns
% called

% Hint: edit controls usually have a white background on Windows.
```

```
%      See ISPC and COMPUTER.
if ispc && isequal(get(hObject,'BackgroundColor'),
get(0,'defaultUicontrolBackgroundColor'))
    set(hObject,'BackgroundColor','white');
end
-------------------------------------------------------------
```

다음 절에서는 명령창에 출력된 현재 절 〈표3〉의 내용을 UI window에 테이블 형식으로 출력하는 방법을 배우게 된다.

2.3.4 UI window에 Table 출력

앞 절에서 GUIeuler.fig 또는 GUIeuler.m 파일을 실행하면 실행 결과 중의 하나로 명령창에 표 형식의 데이터(수치값)가 출력된다. 이번 절에서는 이 데이터를 명령창이 아닌 UI window의 테이블 객체에 출력할 것이다. 먼저, 현재 폴더에 아래와 같은 세 개의 파일이 있는지 확인한다.

- GUIeuler.fig
- GUIeuler.m
- eulerft.m

확인이 되었으면 아래와 같이 진행한다.

〈step 1〉

명령창에서 guide 입력 후 Enter키를 클릭한다.

〈step 2〉

출력된 대화형 박스 'GUIDE 빠른 시작'에서 아래의 항목을 선택한다:

새 GUI 만들기 > Blank GUI (Default)

〈step 3〉

레이아웃 에디터 내부에 있는 GUI figure panel을 〈표1〉과 같이 디자인한다. 즉, 구성요소인 정적 텍스트를 마우스로 선택한 상태에서 드래그하여 GUI figure panel 상단에 생성하고 크기 조절하여 1번째 객체(〈표1〉에 주어진 에디터 상단에 위치한)를 만든다. 이때, 1번째 객체를 더블 클릭하여 속성 인스펙터를 열고 아래와 같이 설정한다:

– 1번째 객체

(a) 속성 FontSize의 값을 16으로 설정

(b) 속성 String의 값을 '이론해와 수치해(Euler) 비교'로 입력

(c) 속성 Tag의 값을 textTitle로 설정

〈step 4〉

다음으로, 구성요소인 테이블을 마우스로 선택한 상태에서 GUI figure panel로 드래그하여 1번째 객체인 정적 텍스트 바로 아래에 2번째 객체를 생성하고 크기 조절하여 〈표1〉과 같이 만든다. 또한, 2번째 객체를 더블 클릭하여 속성 인스펙터를 열고 다음과 같은 내용으로 설정한다.

– 2번째 객체

(a) 속성 FontSize의 값을 12로 설정

(b) 속성 Tag의 값을 uitableEuler로 설정

표1

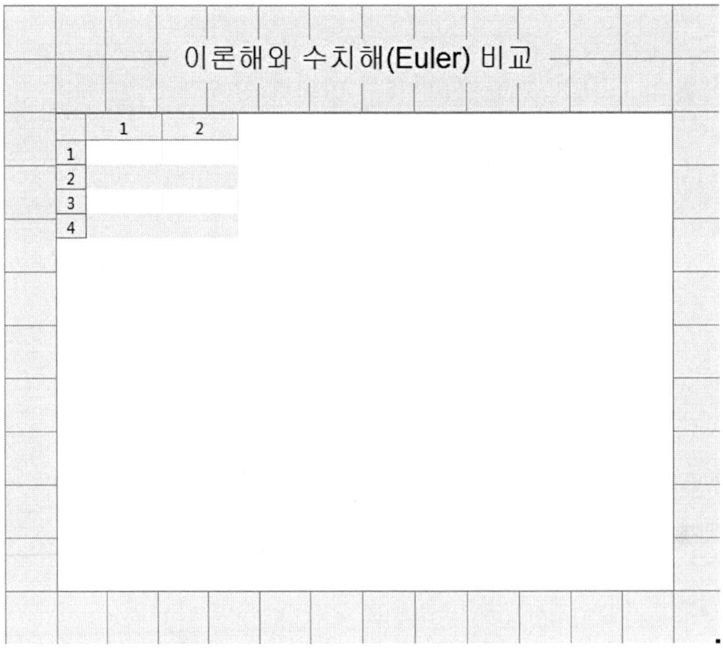

〈step 5〉

나중에 전달되는 데이터의 종류와 형식을 고려하여 2번째 객체인 테이블의 열 머리글을

Nodes, Exact, Euler, Error

로 입력하여 〈표2〉와 같이 열 머리글을 설정한다.

표2

	Nodes	Exact	Euler	Error
1				

2번째 객체인 테이블에서 열 머리글을 설정하는 방법이 아래에 주어진 〈step 5-1〉 - 〈step 5-4〉의 절차로 설명된다.

〈step 5-1〉

〈표1〉과 같은 상태로 있는 레이아웃 에디터에서 2번째 객체인 테이블을 더블 클릭하여 속성 인스펙터를 연다.

〈step 5-2〉

테이블의 속성 인스펙터 1번째 열에 있는 속성

'ColumnEditable', 'ColumnFormat', 'ColumnName', 'ColumnWidth'

중에 하나를 선택하면 테이블 속성 편집기가 〈표3〉과 같이 보일 것이다.

표3

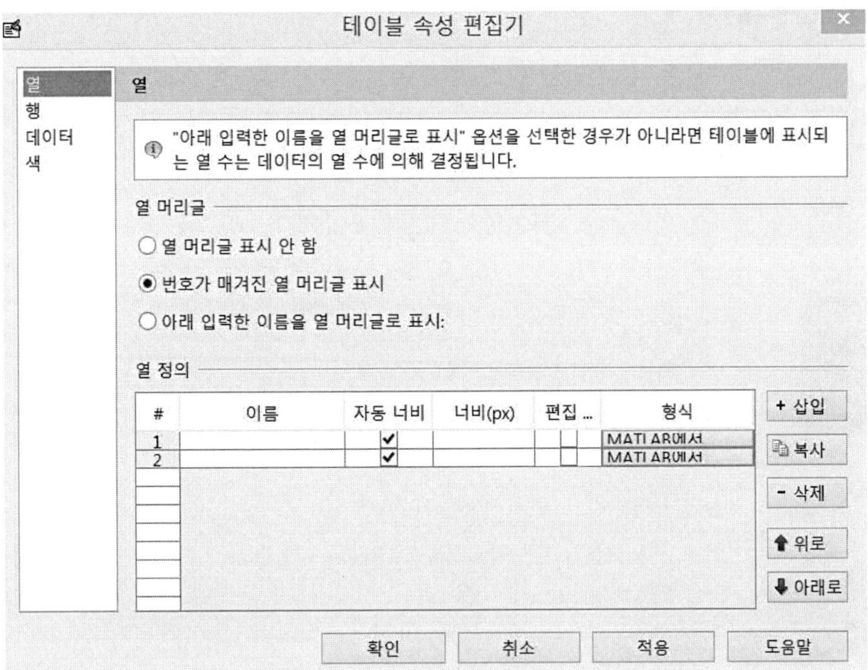

〈step 5-3〉

〈표3〉의 상태로 있는 테이블 속성 편집기의 내용에서 아래의 항목을 선택하여 〈표4〉와 같이 만든다.

열 머리글 > 아래 입력한 이름을 열 머리글로 표시

표4

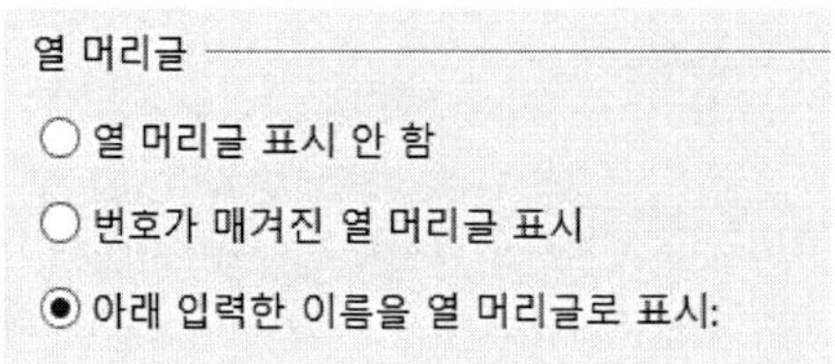

〈step 5-4〉

〈표5〉와 같이 이름 영역 아래에 주어진 네 가지 항목을 입력하고 편집기 하단에 위치한 확인 버튼을 클릭한다:

Nodes, Exact, Euler, Error

표5

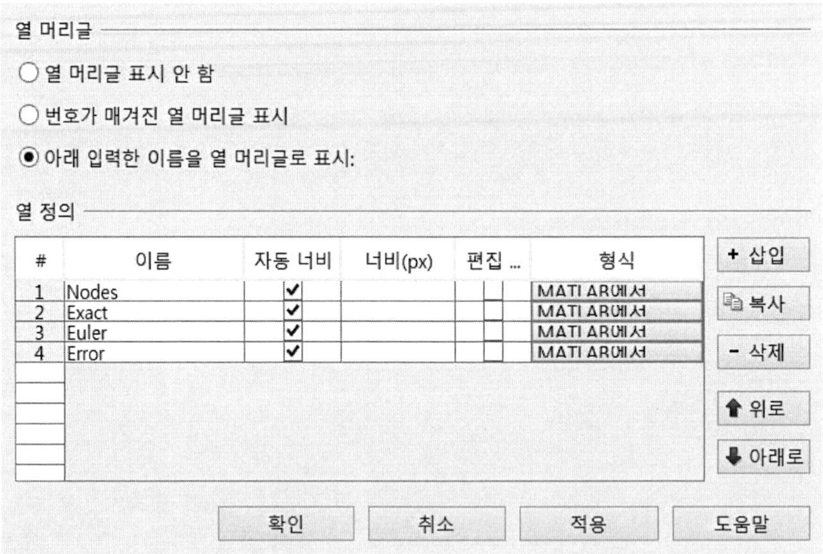

위에서 설명한 〈step 5-1〉-〈step 5-4〉까지의 내용을 끝내고 레이아웃 에디터에 있는 실행 버튼을 마우스로 클릭한다. 실행의 결과로 〈표6〉과 같은 UI window를 볼 수 있다. 이때, 파일 이름을 GUIeulertable.fig로 정하면 동시에 GUIeulertable.m이 생성될 것이다. 현재, GUIeulertable.m 파일은 〈표7〉에 주어진 함수로 구성되어 있다.

표6

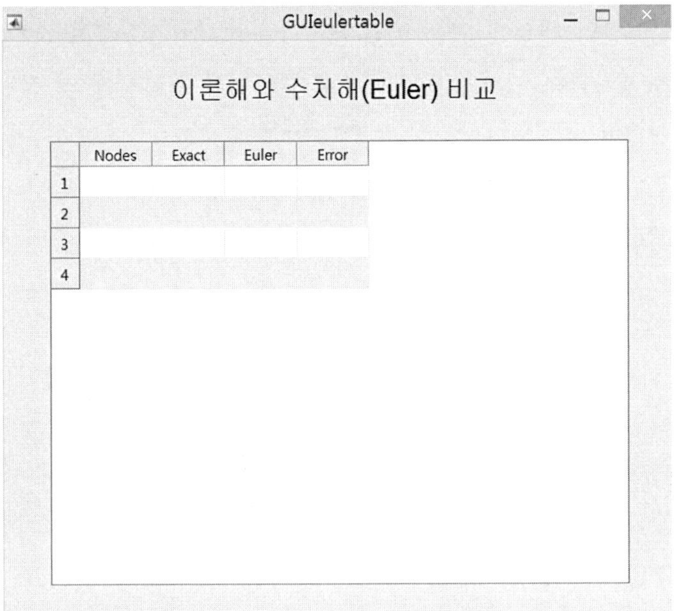

표7

```
--------- GUIeulertable.m ---------------------------------
function varargout = GUIeulertable(varargin)
function GUIeulertable_OpeningFcn(hObject, eventdata, handles, varargin)
function varargout = GUIeulertable_OutputFcn(hObject, eventdata, handles)
-----------------------------------------------------------
```

〈step 6〉

다음으로, 명령창에서 출력되었던 앞 2.3.3절의 〈표3〉 내용을 현재 절의 〈표6〉에 주어진 2번째 객체(Tag: uitableEuler)인 테이블에 출력하여 보자. 이런 목적을 위하여 GUIeuler.m과 GUIeulertable.m 파일의 내용을 수정할 것이다.

먼저, GUIeuler.m 파일의 내부에 있는 콜백 함수 pushbuttonDo_Callback에서 〈표8〉에 주어진 내용을 생략한다. 참고로, 이 내용이 실행되면 명령창에 앞 절인 2.3.3절의 〈표3〉과 같은 결과가 출력된다.

표8

```
disp('    Nodes    Exact    Euler    Error');
disp([t,exactsol,y,err]);
```

〈표8〉에 주어진 내용을 생략하기 때문에 이후로 명령창에서 앞 2.3.3절의 〈표3〉과 같은 결과를 볼 수 없다. 그 대신에 〈표9〉에 주어진 내용을 콜백 함수 pushbuttonDo_Callback(파일 GUIeuler.m의 내부에 있는)에 추가한다. 〈표9〉의 내용이 실행되면 앞 2.3.3절의 〈표3〉과 같은 데이터가 GUIeulertable.m 파일에 전달될 것이다.

표9

```
mytabledata = [t,exactsol,y,err];
GUIeulertable(mytabledata);
```

이 데이터가 GUIeulertable.m 파일에 전달되도록 〈표10〉에 주어진 내용을 지역 함수 GUIeulertable_OpeningFcn에 추가하고 저장한다.

표10

```
mytabledata = varargin{1};
set(handles.uitableEuler,'Data',mytabledata);
```

입력 인자 varargin의 사용 방법에 대해서는 2.1.5절의 내용을 참고한다.

〈step 7〉

위 〈step 6〉까지의 내용을 완료하고 M-파일 에디터 상단에 있는 실행 버튼을 클릭하여 GUIeuler.m 파일을 실행한다. 〈표11〉과 같은 UI window가 화면에 출력될 것이다.

표11

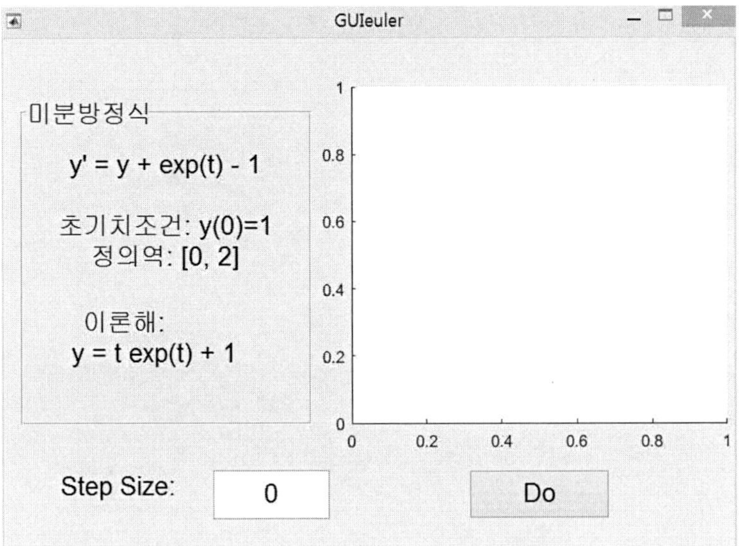

출력된 〈표11〉에서 왼쪽 아래에 위치한 Step Size의 값을 0.2로 입력하고 오른쪽 아래에 위치한 푸시 버튼 Do를 클릭한다. 〈표11〉에서는 비어있던 좌표축에 그래프가 출력(〈표12〉의 결과 참고)된다. 또한 〈표13〉과 같은 또 다른 UI window를 추가로 화면에서 볼 수 있을 것이다.

표12

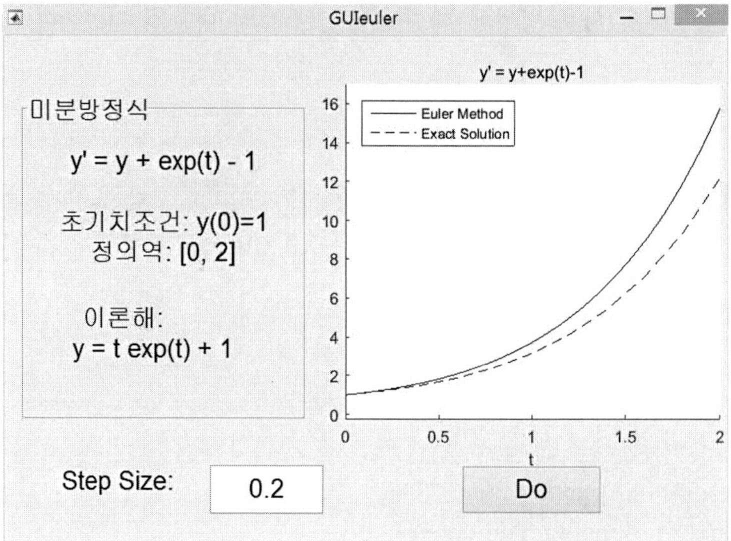

표13

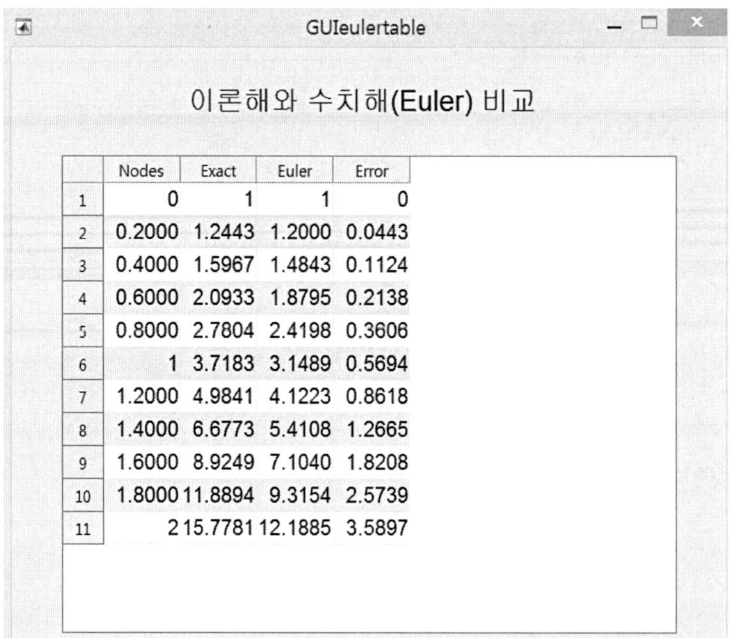

	Nodes	Exact	Euler	Error
1	0	1	1	0
2	0.2000	1.2443	1.2000	0.0443
3	0.4000	1.5967	1.4843	0.1124
4	0.6000	2.0933	1.8795	0.2138
5	0.8000	2.7804	2.4198	0.3606
6	1	3.7183	3.1489	0.5694
7	1.2000	4.9841	4.1223	0.8618
8	1.4000	6.6773	5.4108	1.2665
9	1.6000	8.9249	7.1040	1.8208
10	1.8000	11.8894	9.3154	2.5739
11	2	15.7781	12.1885	3.5897

〈step 8〉

〈표13〉에 주어진 UI window를 보면 테이블 내부에 있는 데이터가 너무 밀착되어있는 것같이 보인다. 테이블에서 각 열의 너비와 형식을 사용자가 적절히 선택할 수 있다. 예를 들어, 〈표13〉에 제공된 테이블의 각 열을 〈표14〉에 주어진 내용으로 지정하여 보자.

표14

<1번째 열> 형식: format bank

<2번째 열> 너비: 120, 형식: format short

<3번째 열> 너비: 120, 형식: format short

<4번째 열> 너비: 220, 형식: format long

주어진 〈표13〉에 대응하는 GUIeulertable.fig 파일이 열려있는 레이아웃 에디터에서 2번째 객체인 테이블을 더블 클릭하여 속성 인스펙터 박스를 연다. 인스펙터 박스에서 속성 ColumnFormat을 클릭하면 〈표14a〉와 같은 내용의 테이블 속성 편집기를 볼 수 있다.

표14a

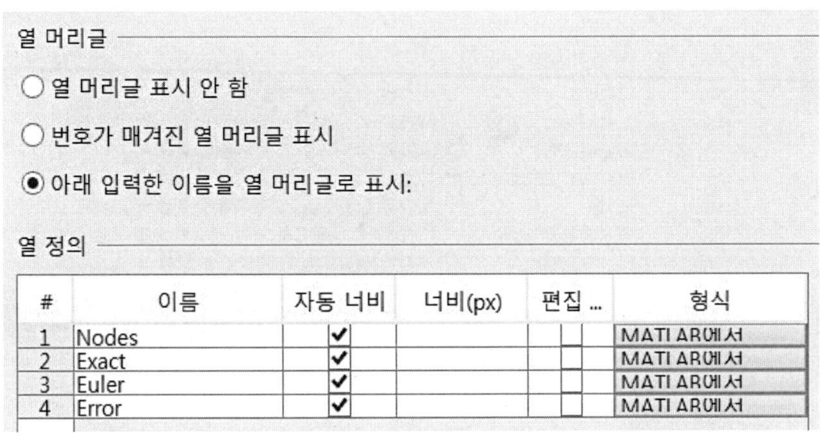

〈표14a〉와 같이 주어진 테이블 속성 편집기에서 이름 항목인 Nodes에 대응하는 '형식'을 클릭한다. 즉, 〈표14a〉에서 볼 수 있는 '열 정의' 영역의 일부분인 아래에서 가장 오른쪽에 위치한 '형식' 바로 아래에 'MATLAB에서'라는 문자열이 보이는 버튼을 클릭한다.

#	이름	자동 너비	너비(px)	편집 ...	형식
1	Nodes	✔		☐	MATLAB에서

클릭하면 박스가 팝업되는데 항목 중에서 '사용자 지정'을 클릭한다. 이 결과로 〈표14b〉와 같은 '사용자 지정 형식 편집기'를 화면에서 볼 수 있는데 항목 중에 bank를 선택하고 확인 버튼을 클릭한다. 〈표14a〉에서 Nodes 항목 다음에 위치한 Exact와 Euler에 대해서는 '너비'를 120으로 입력하고 '형식'은 사용자 지정 형식 편집기에서 short를 선택한다. 마지막 항목 Error에 대해서는 '너비'를 220으로 입력하고 '형식'은 사용자 지정 형식 편집기에서 long을 선택한다. 위와 같이 진행하여 테이블 속성 편집기를 〈표14c〉와 같이 만든 뒤에 확인 버튼을 클릭한다. 레이아웃 에디터에서 GUIeulertable.fig 파일을 저장하여 지금까지의 테이블 관련 작업을 완성한다. 〈표13〉과 같이 기존의 테이블을 가진 UI window가 화면에서 보이면 이 window를 닫는다.

표14b

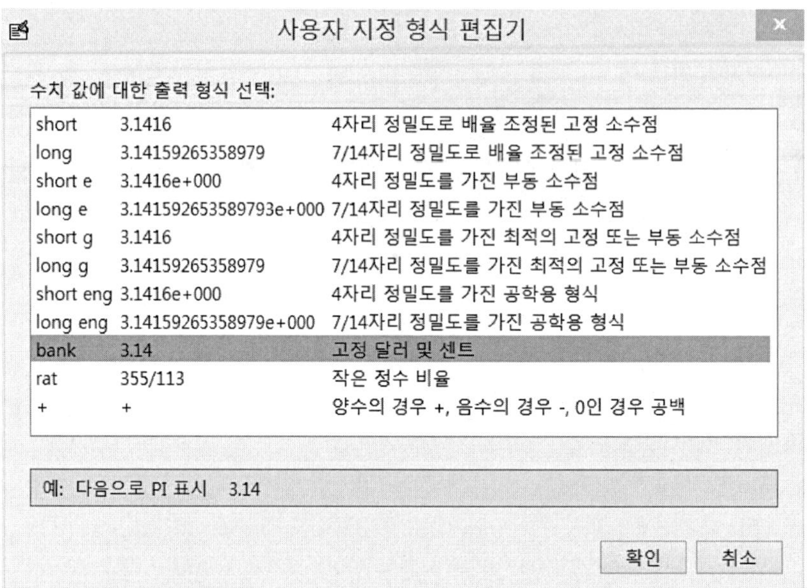

표14c

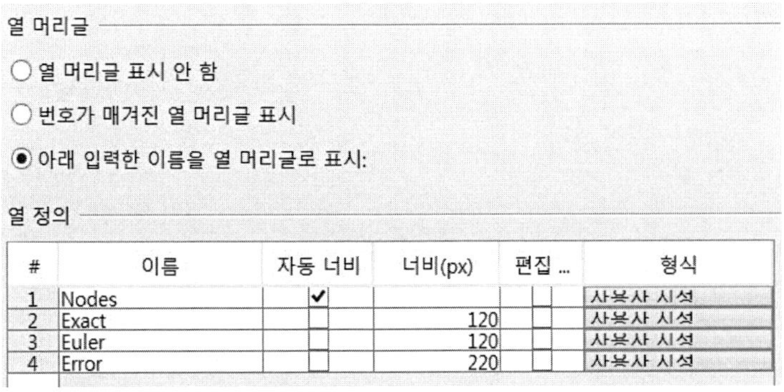

#	이름	자동 너비	너비(px)	편집 ...
1	Nodes	✔		
2	Exact		120	
3	Euler		120	
4	Error		220	

〈step 9〉

모든 편집을 끝내고 마지막 단계로 GUIeuler.m 파일을 M-파일 에디터에서 실행한다. 〈표11〉과 같이 출력된 UI window에서 Step Size의 값을 0.2로 입력한 뒤에 오른쪽 아래에 있는 푸시 버튼을 클릭하면 〈표12〉에 주어진 UI window가 다시 출력될 것이고 〈표13〉과 같은 형식을 가졌던 테이블(열 사이가 가까운)이 〈표14〉에 주어진 너비와 형식을 가진 테이블로 변경될 것이다. 즉, 〈표15〉에서 확인할 수 있듯이 각 열의 너비와 데이터의 표기 형식이 〈표14〉에서 설정한대로 변경되었다. 전의 형식보다 데이터의 구분이 좀 더 명확해졌다.

표15

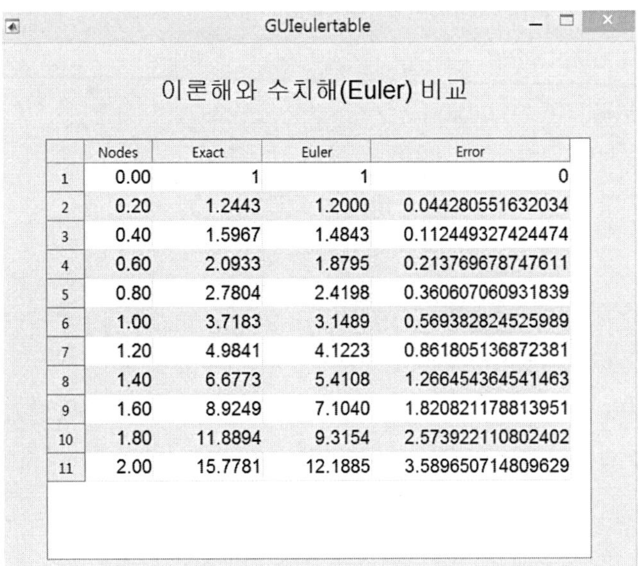

	Nodes	Exact	Euler	Error
1	0.00	1	1	0
2	0.20	1.2443	1.2000	0.044280551632034
3	0.40	1.5967	1.4843	0.112449327424474
4	0.60	2.0933	1.8795	0.213769678747611
5	0.80	2.7804	2.4198	0.360607060931839
6	1.00	3.7183	3.1489	0.569382824525989
7	1.20	4.9841	4.1223	0.861805136872381
8	1.40	6.6773	5.4108	1.266454364541463
9	1.60	8.9249	7.1040	1.820821178813951
10	1.80	11.8894	9.3154	2.573922110802402
11	2.00	15.7781	12.1885	3.589650714809629

참고로, 〈표16〉에는 GUIeuler.m 파일의 내부에 있는 콜백 함수인 pushbuttonDo_Callback과 〈표17〉에는 GUIeulertable.m 파일의 내부에 있는 지역 함수인 GUIeulertable_OpeningFcn의 내용이 주어진다.

표16 pushbuttonDo_Callback

```
-----------------------------------------------------------
function pushbuttonDo_Callback(hObject, eventdata, handles)
% hObject    handle to pushbuttonDo (see GCBO)
% eventdata  reserved - to be defined in a future version of MATLAB
% handles    structure with handles and user data (see GUIDATA)

f = @(t,y) y+exp(t)-1;
leftend = 0;
rightend = 2;
initialvalue = 1;

stepsize = str2double(get(handles.editStepsize,'string'));
[t, y] = eulerft(f,[leftend,rightend],initialvalue,stepsize);
exactsol = t.*exp(t)+1;
err = abs(exactsol - y);

plot(t,y,'k--');
hold on
exactgf = ezplot('t*exp(t)+1',[0 2]);
set(exactgf,'color','k','linestyle','-');
legend('Euler Method','Exact Solution','Location','northwest');
title('  y'' = y+exp(t)-1  ');

% 추가내용 : 명령창에 출력된 데이터를 UI window로 보내기 위하여
```

```
mytabledata = [t,exactsol,y,err];
GUIeulertable(mytabledata);
-----------------------------------------------------
```

표17 GUIeulertable_OpeningFcn

```
-----------------------------------------------------
function GUIeulertable_OpeningFcn(hObject, eventdata, handles, varargin)
% This function has no output args, see OutputFcn.
% hObject    handle to figure
% eventdata  reserved - to be defined in a future version of MATLAB
% handles    structure with handles and user data (see GUIDATA)
% varargin   command line arguments to GUIeulertable (see
% VARARGIN)

mytabledata = varargin{1};
set(handles.uitableEuler,'Data',mytabledata);

% Choose default command line output for GUIeulertable
handles.output = hObject;

% Update handles structure
guidata(hObject, handles);

% UIWAIT makes GUIeulertable wait for user response (see
% UIRESUME)
% uiwait(handles.figure1);
-----------------------------------------------------
```

2.3.5 Eventdata 활용

변수 eventdata를 입력 인자로 사용하는 콜백 함수 CellEditCallback에 대하여 알아보자. 팔레트에 있는 구성요소인 테이블을 객체로 가지는 UI window에서 콜백 함수 CellEditCallback을 사용할 수 있다. 이 콜백 함수가 어떻게 이용될 수 있는지 알기 위하여 〈표1〉에 주어진 UI window를 구성하는 테이블 객체(앞 2.3.4절 내용의 최종 결과로 구해진)에서 시작하여 보자.

표1

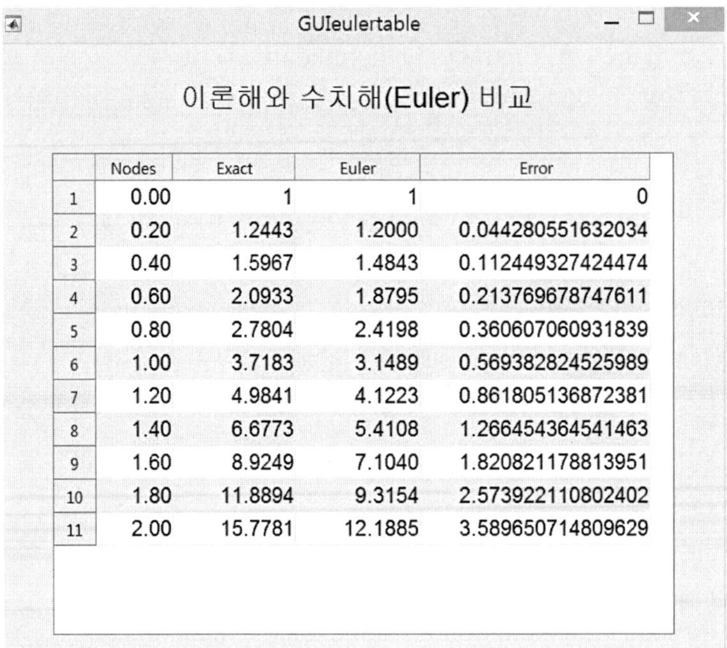

	Nodes	Exact	Euler	Error
1	0.00	1	1	0
2	0.20	1.2443	1.2000	0.044280551632034
3	0.40	1.5967	1.4843	0.112449327424474
4	0.60	2.0933	1.8795	0.213769678747611
5	0.80	2.7804	2.4198	0.360607060931839
6	1.00	3.7183	3.1489	0.569382824525989
7	1.20	4.9841	4.1223	0.861805136872381
8	1.40	6.6773	5.4108	1.266454364541463
9	1.60	8.9249	7.1040	1.820821178813951
10	1.80	11.8894	9.3154	2.573922110802402
11	2.00	15.7781	12.1885	3.589650714809629

앞 절인 2.3.4절의 내용에 따르면 〈표1〉과 같은 결과를 주는 GUIeulertable.m 파일은 〈표2〉에 주어진 함수들로 구성된다. 또한 대응하는 GUIeulertable.fig 파일이 〈표3〉과 같이 레이아웃 에디터에 주어졌다고 가정하자.

표2

```
-------------------------------------------------------------
function varargout = GUIeulertable(varargin)
function GUIeulertable_OpeningFcn(hObject, eventdata, handles, varargin)
function varargout = GUIeulertable_OutputFcn(hObject, eventdata, handles)
-------------------------------------------------------------
```

표3 GUIeulertable.fig

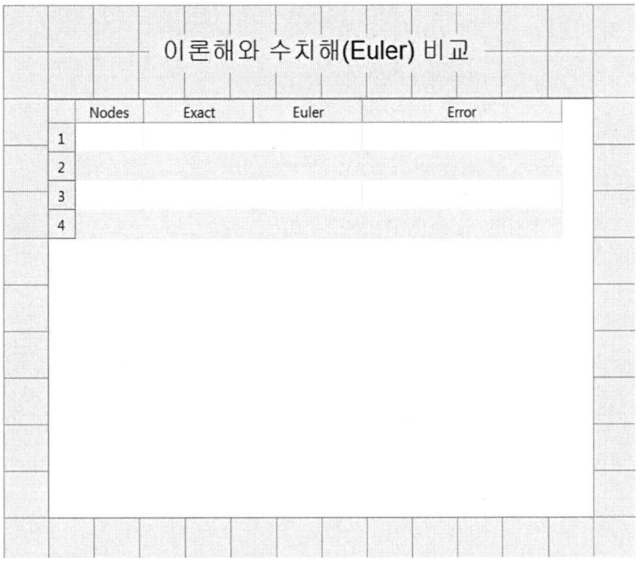

〈표3〉과 같이 GUIeulertable.fig 파일이 열려있는 레이아웃 에디터에서 두 번째 객체(Tag: uitableEuler)인 테이블을 마우스 오른쪽 버튼으로 클릭하여

콜백 보기 > CellEditCallback

항목을 선택한다. 선택의 결과로 GUIeulertable.m 파일 내부에 〈표4〉와 같은 함수 선언부를 가진 콜백 함수 uitableEuler_CellEditCallback가 추가된 것을 확인할 수 있다.

표4

```
function uitableEuler_CellEditCallback(hObject, eventdata, handles)
% hObject    handle to uitableEuler (see GCBO)
% eventdata  structure with the following fields
%            (see MATLAB.UI.CONTROL.TABLE)
%   Indices: row and column indices of the cell(s) edited
%   PreviousData: previous data for the cell(s) edited
%   EditData: string(s) entered by the user
%   NewData: EditData or its converted form set on the Data property.
%            Empty if Data was not changed
%   Error: error string when failed to convert EditData to
%          appropriate value for Data
% handles    structure with handles and user data (see GUIDATA)
```

〈표4〉에 주어진 내용을 살펴보면 입력 변수 eventdata의 구조에 대하여 비교적 상세히 설명되어 있다. 〈표1〉과 같이 출력된 테이블은 11×4 크기의 배열 구조로 되어있고 각각의 성분은 수치 데이터이다. 이렇게 출력된 테이블에서 마우스로 하나의 성분을 선택한 뒤에 그 성분값을 변경하면 명령창에 〈표5〉에서 나열한 항목이 출력되도록 만들어 볼 것이다.

표5

```
--------------------------------
- 선택한 위치의 행과 열
- 선택한 위치에 있었던 변경전의 기존값
- 선택한 위치에서 변경후의 최종값
--------------------------------
```

이런 목적을 실현하기 위하여 다음과 같은 순서로 진행한다.

〈step 1〉

〈표3〉과 같이 GUIeulertable.fig 파일이 열려있는 레이아웃 에디터에서 두 번째 객체인 테이블을 더블 클릭하면 속성 인스펙터 박스가 화면에 출력된다. 출력된 인스펙터에서 속성 Columneditable을 선택하면 테이블 속성 편집기가 화면 출력될 것이고 〈표6〉과 같은 내용으로 항목들이 설정(2.3.4절의 결과로)되어 있을 것이다.

표6

열 머리글

○ 열 머리글 표시 안 함

○ 번호가 매겨진 열 머리글 표시

◉ 아래 입력한 이름을 열 머리글로 표시:

열 정의

#	이름	자동 너비	너비(px)	편집 가능	형식
1	Nodes	✔		☐	사용자 지정
2	Exact	☐	120	☐	사용자 지정
3	Euler	☐	120	☐	사용자 지정
4	Error	☐	220	☐	사용자 지정

테이블 속성 편집기의 '편집 가능' 영역에 있는 네 개의 항목을 모두 선택하여 〈표7〉과 같이 설정한 뒤에 테이블 속성 편집기 아래에 위치한 확인 버튼을 클릭한다. 〈표7〉과 같이 수정된 내용을 최종적으로 저장하기 위하여 레이아웃 에디터에서 열려있는 GUIeulertable.fig 파일을 저장(업데이트)한다.

표7

열 머리글

○ 열 머리글 표시 안 함

○ 번호가 매겨진 열 머리글 표시

◉ 아래 입력한 이름을 열 머리글로 표시:

열 정의

#	이름	자동 너비	너비(px)	편집 가능	형식
1	Nodes	✔		✔	사용자 지정
2	Exact	☐	120	✔	사용자 지정
3	Euler	☐	120	✔	사용자 지정
4	Error	☐	220	✔	사용자 지정

〈step 2〉

다음으로 GUIeulertable.m 파일 내부에 있고 〈표4〉에 주어진 내용으로 생성되었던 콜백 함수 uitableEuler_CellEditCallback을 〈표8〉과 같은 내용으로 편집한 뒤에 저장(업데이트)한다.

표8

```
----------------------------------------------------------------
function uitableEuler_CellEditCallback(hObject, eventdata, handles)
% hObject    handle to uitableEuler (see GCBO)
% eventdata  structure with the following fields
%            (see MATLAB.UI.CONTROL.TABLE)
%  Indices: row and column indices of the cell(s) edited
%  PreviousData: previous data for the cell(s) edited
%  EditData: string(s) entered by the user
%  NewData: EditData or its converted form set on the Data property.
%            Empty if Data was not changed
%  Error: error string when failed to convert EditData to
%         appropriate value for Data
% handles    structure with handles and user data (see GUIDATA)

rowindex = eventdata.Indices(1);
colindex = eventdata.Indices(2);
dataP = eventdata.PreviousData;
dataN = eventdata.NewData;
s1 = [num2str(rowindex),'행, ', num2str(colindex),'열 '];
fprintf('\n 테이블 %s위치에 있던 성분값 %6.3f 이 %6.3f 로 변경됨.\n',...
      s1,dataP,dataN);
----------------------------------------------------------------
```

〈step 3〉

지금까지의 파일 편집을 완료하고 현재 폴더에 다음과 같은 5개의 파일이 있는지 확인한다:

GUIeuler.fig, GUIeuler.m, GUIeulertable.fig, GUIeulertable.m, eulerft.m

위에 주어진 파일의 구체적 내용은 2.3.4절의 내용을 참고한다. 확인이 되었으면 GUIeuler 파일을 실행하여, 아래에 주어지는 〈표9〉와 현재 절의 앞 부분에서 제공한 〈표1〉과 같이 두 개의 UI window를 출력한다.

표9

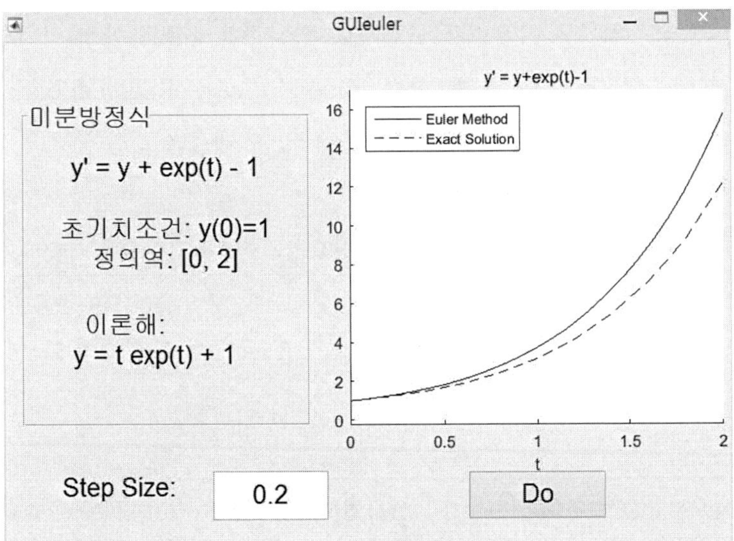

이번에는 특별히 현재 절 〈표1〉에 있는 UI window의 테이블에서 7행, 2열의 위치를 마우스로 클릭하여 성분값을 4.9841에서 임의의 수 5.25로 변경 입력한 뒤에 Enter키를 클릭한다. 명령창에 다음과 같은 〈표10〉의 내용(만약에 테이블의 다른 위치를 마우스로 선택하여 성분값을 변경하였다면 그 상황에 대응하는 내용)이 출력될 것이다:

표10

테이블 7행, 2열 위치에 있던 성분값 4.984이 5.250로 변경됨.

지금까지 설명한 〈step 1〉-〈step 3〉의 내용으로 아래의 내용이 실현되었다:

〈표1〉과 같이 출력된 테이블에서 마우스로 하나의 성분을 선택한 뒤에 그 성분값을 변경하면, 명령창에 〈표5〉에서 나열한 항목이 출력되도록 만들었다.

위에 주어진 〈표10〉의 결과가 출력된 이유를 설명하여 보자. 〈표1〉에서 볼 수 있는 테이블에서 7행, 2열의 위치를 마우스로 클릭하여 성분값을 4.9841에서 임의의 수 5.25로 변경하면 테이블에 대응하는 콜백 함수 uitableEuler_CellEditCallback가 실행된다. 즉, 이 콜백 함수의 첫 번째와 두 번째 줄에 있는 내용(〈표8〉 참고)인

```
rowindex = eventdata.Indices(1); colindex = eventdata.Indices(2);
```

에 의하여 변수 rowindex와 colindex에는 마우스로 선택한 위치의 행과 열에 대응하는 수인 7과 2가 각각 저장된다. 계속해서,

```
dataP = eventdata.PreviousData; dataN = eventdata.NewData;
```

에 의하여 변수 dataP와 dataN에는 변경전의 값과 변경후의 값인 4.984와 5.250가 각각 저장된다. 이렇게 저장된 변수값과 실행문

```
s1 = [num2str(rowindex),'행, ', num2str(colindex),'열 ']
```

에 의하여 s1에는 s1='7행, 2열'와 같은 문자열이 설정된다. 이 결과와 함께 사용된 fprintf 함수에 의하여 〈표10〉의 내용이 출력되었다. 참고로, 구조체 변수이면서 입력

변수인 eventdata의 서브필드 중에 하나인 EditData에는 변경후의 값인 5.250이 문자열로 저장되어 있다. 즉, 변수 event.EditData에는

event.EditData = '5.250'

와 같이 문자열이 저장되어 있다. 이와 같은 내용으로 알 수 있듯이 콜백 함수 uitableEuler_CellEditCallback의 입력 변수인 eventdata의 서브필드에 저장되어 있는 내용에는

선택한 테이블의 성분 위치와 변경전과 변경후의 성분값

이 저장되어 있다. 이번 절에서는 콜백 함수 CellEditCallback의 입력 인자인 eventdata의 구조와 사용법에 대하여 알아보았다. 테이블에 있는 많은 성분 중에 하나를 선택하여 그 성분값을 변경한 후에 이와 관련된 내용이 명령창에 출력되는 과정은 사실, 전체 프로그램에서 큰 의미를 갖고 있지는 않다. 단지, 입력 변수 eventdata의 구조와 사용법을 설명하기 위한 내용이었다. 그러나 이러한 eventdata 변수의 역할이 전체 프로그램에서 중요할 수 있다. 예를 들어, 출력된 테이블의 성분값을 변경했을 경우 그 변경된 값에 따라서 결과도 변경된다면 eventdata의 역할은 중요해진다. 2장 연습문제 2번에서 다음과 같은 내용을 해결하여 보자:

미분방정식의 초기값이 변경(테이블의 1행 2열의 위치에 있는)되면 그 변경된 내용에 따라 결과도 변하도록 GUIeuler.m과 GUIeulertable.m 파일을 편집한다.

이것으로 이번 절의 내용을 끝낸다. 참고로, 2장에서는 프로그램을 분석하고 이해하기 위하여 여러 가지 종류의 매틀랩 함수에 관한 설명이 주어졌다. 매틀랩 함수에 관하여 좀 더 포괄적으로 알고 싶다면 참고문헌 [GIL], [MAG], [PAL], [김1], [김2], [임3]의 내용을 참고한다. 특별히, 참고문헌 [GIL], [PAL], [김2]에서는 심볼릭 연산과 관련된 함수를 소개하고 있다.

연습문제 ㅁㄷ

01. 다음 (a), (b), (c)와 같이 주어진 순서대로 답하시오.

(a) 아래 주어진 〈step 1〉–〈step 4〉까지의 내용이 명령창에서 실행되도록 스크립트형 M-파일 Numthree.m을 작성하시오.

〈step 1〉

명령창에서 M-파일 Numthree.m을 실행하면 〈표1〉과 같은 내용이 출력된다. 다음으로 첫 번째 수를 알아내기 위하여 0과 9사이의 수를 입력한다. 예를 들면, 〈표2〉는 첫 번째 수로 1을 입력하고 Enter키를 클릭한 경우이다.

▌표1

```
>> Numthree

 Find three numbers betweeen 0 and 9!

 Input the first number    =
```

▌표2

```
 Find three numbers betweeen 0 and 9!

 Input the first number    =   1
 Input the second number   =
```

〈step 2〉

같은 방식으로 두 번째 수와 세 번째 수를 입력하고 Enter키를 각각 선택한다. 예를 들면, 〈표3〉은 2와 3을 입력하고 Enter키를 선택한 경우이다.

▌표3

```
Find three numbers betweeen 0 and 9!

Input the first number   =   1
Input the second number  =   2
Input the third number   =   3

 The hint for the first number: full moon + full moon

Find three numbers betweeen 0 and 9!

Input the first number   =
```

〈step 3〉

주어진 〈표3〉의 내용을 보면 첫 번째 수에 대한 힌트가 명령창에 화면 출력되었다. 시행착오 뒤에 첫 번째 수를 알아내면 〈표4〉와 같이 진행된다. 출력된 내용을 살펴보면 두 번째 수에 대한 힌트가 주어졌다. 두 번째 수를 알아내면 〈표5〉와 같이 세 번째 수에 대한 힌트가 주어진다.

▌표4

```
Find three numbers betweeen 0 and 9!

Input the first number   =   8
Input the second number  =   2
Input the third number   =   3

The first number is OK, but the second number is wrong.

The key for the second number: matlab.  Try again!!

Find three numbers betweeen 0 and 9!

Input the first number   =
```

▌표5

```
Find three numbers betweeen 0 and 9!

 Input the first number   =  8
 Input the second number  =  6
 Input the third number   =  3

The first and second numbers are OK, but last number is strange.

 The key for the last number: (full moon + full moon) - matlab


 Find three numbers betweeen 0 and 9!

 Input the first number   =
```

⟨step 4⟩

모든 수를 알아내면 ⟨표6⟩과 같이 축하한다는 메시지가 명령창에 출력되고 Numthree.m 파일이 종료된다.

▌표6

```
Find three numbers betweeen 0 and 9!

 Input the first number   =  8
 Input the second number  =  6
 Input the third number   =  2


  Congratulations! You will receive a phone call soon!
  Until then, you must study Matlab very hard.
  See you soon. Bye!
```

(b) 위의 (a)에서는 스크립트형 M-파일 Numthree.m을 작성하였다. 이번에는 (a)에서 보여준 내용(명령창에서의 입력과 출력)을 UI window에서 〈표7〉-〈표11〉과 같이 실행되도록 GuiNumthree.fig와 GuiNumthree.m 파일을 작성하시오. 각 〈표〉에 주어진 UI window가 의미하는 내용은 아래와 같다:

파일 GuiNumthree을 처음 실행하였을 때의 초기 UI window가 〈표7〉에 주어졌다. 〈표8〉에 주어진 UI window는 〈표7〉에서 세 수에 대한 추정으로 1, 2, 3을 차례로 편집 텍스트 박스에 입력하고 푸시 버튼인 Done! 을 클릭하여 출력된 결과이다. 첫 번째 수가 정답이 아니므로 첫 번째 수에 대한 힌트(〈표8〉에 주어진 UI window에서 Done! 버튼 바로 아래에 위치한 박스 안에)가 주어졌다. 〈표9〉에서는 첫 번째 수가 정답인 경우, 두 번째 수에 대한 힌트

The key for the 2nd number: matlab. Try again!!

가 주어졌다. 〈표10〉에서는 첫 번째 수와 두 번째 수가 정답인 경우 세 번째 수에 대한 힌트가 주어졌다. 마지막으로 〈표11〉에서는 입력한 세 수가 모두 정답인 경우 축하 메시지가 출력된다.

▌표7

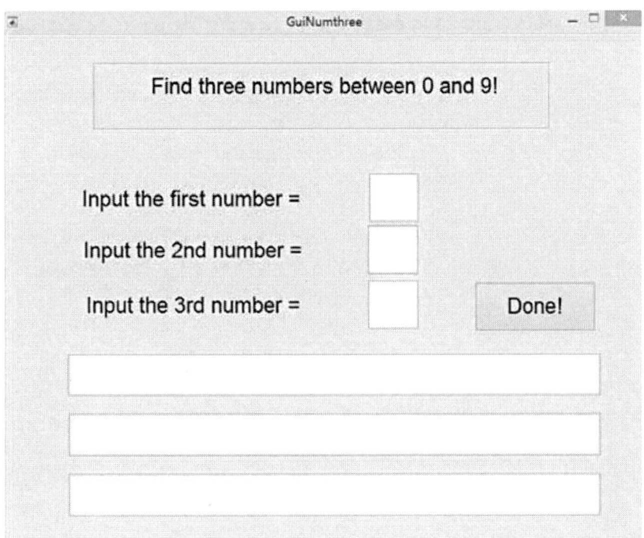

표8

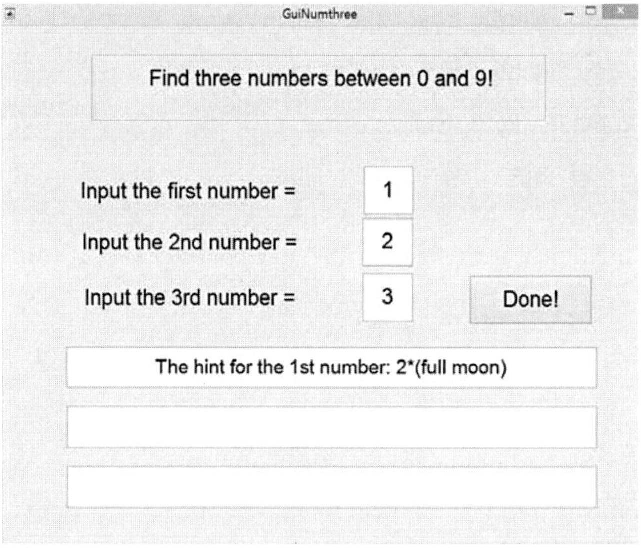
GuiNumthree
Find three numbers between 0 and 9!
Input the first number =
1
Input the 2nd number =
2
Input the 3rd number =
3
Done!
The hint for the 1st number: 2*(full moon)

표9

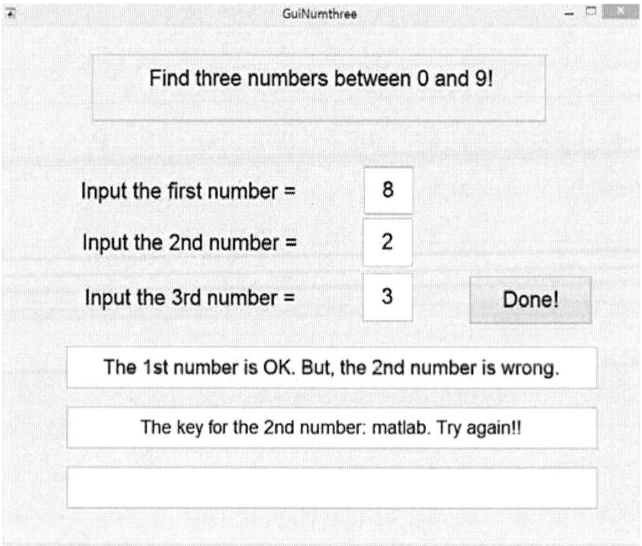
GuiNumthree
Find three numbers between 0 and 9!
Input the first number =
8
Input the 2nd number =
2
Input the 3rd number =
3
Done!
The 1st number is OK. But, the 2nd number is wrong.
The key for the 2nd number: matlab. Try again!!

▌표10

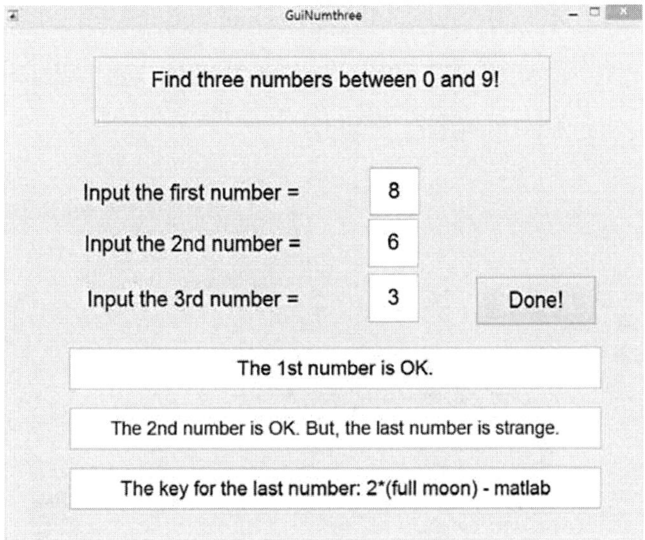

▌표11

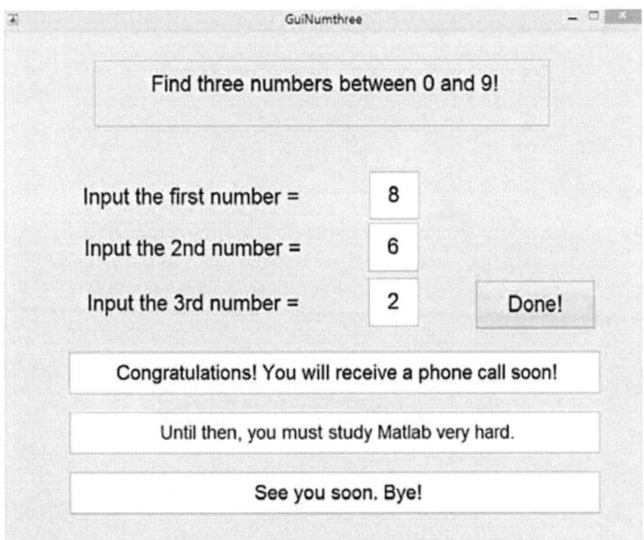

(c) 위 〈표7〉에 주어진 UI window에서 수(number)를 입력하지 않으면 수(number)를 입력하라는 메시지가 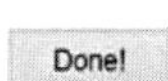

버튼 바로 아래에 위치한 박스 안에 출력되도록 GuiNumthree.m 파일을 편집하시오. 예를 들어, 위 〈표7〉에 주어진 UI window에서 수를 입력할 때 아래 〈표12〉와 같이 첫 번째와 세 번째 수만을 입력하고 두 번째 수를 입력하지 않고 Done! 버튼을 클릭하면 〈표13〉과 같이 수를 입력하라는 메시지가 출력되도록 GuiNumthree.m 파일을 편집한다.

▌표12

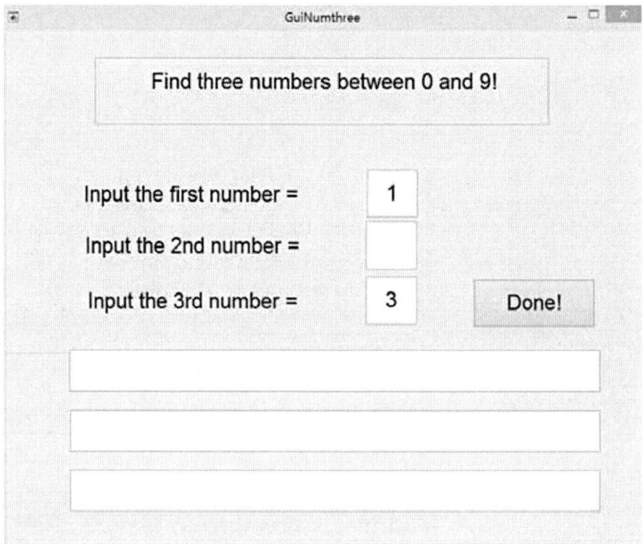

▌표13

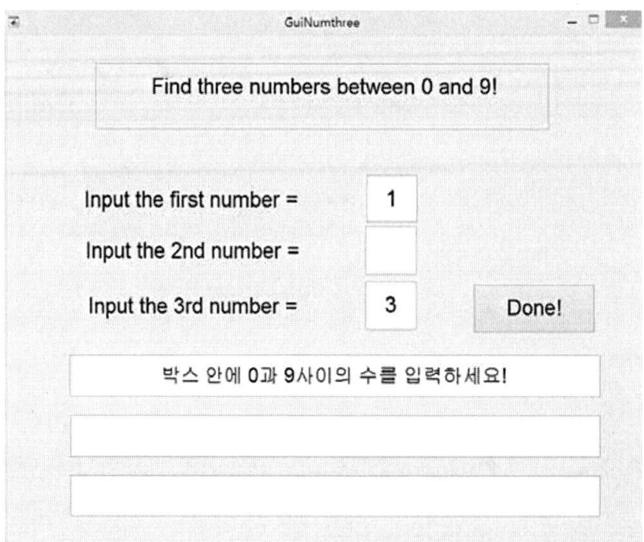

02. 본문 2.3.1절의 (*)에 주어진 미분방정식

$$y'(t) = y + e^t - 1,\ 0 \le t \le 2, y(0) = 1$$

에서 초기값은 $y(0)$에 대응하는 값인 1이다. 이 초기값을 변경하면 대응하는 이론해와 수치해가 변경된다. 아래 〈표3〉에 주어진 테이블의 1행 2열의 위치에 있는 값을 변경하는 작업만으로도 변경된 초기값을 가지는 이론해와 수치해가 구해지도록 GUIeuler.m과 GUIeulertable.m 파일(2.3.5절에서 완성한)을 편집하여 보자. 즉, 아래에 주어진 절차에 따라 진행하여 아래 〈표5〉와 〈표6〉에 주어진 결과를 구하시오:

먼저, 2.3.5절에서 완성한 아래의 파일

GUIeuler.fig, GUIeuler.m, GUIeulertable.fig, GUIeulertable.m, eulerft.m

들이 명령창 옆에 있는 현재 폴더에 있는지 확인하고 다음 〈step 1〉-〈step 3〉에서 설명하는 내용과 같이 진행한다.

〈step 1〉

아래와 같이 GUIeuler.m 파일을 명령창에서 실행하면 〈표1〉과 같은 UI window가 출력된다.

```
>> GUIeuler
```

▌표1

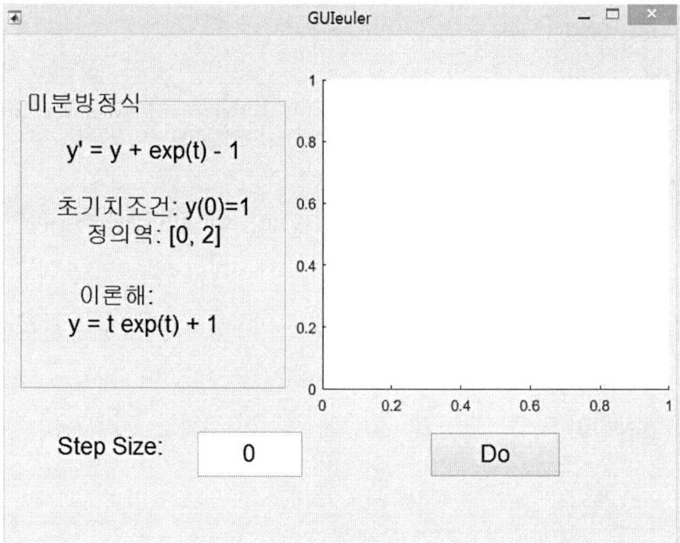

〈step 2〉

〈표1〉에 주어진 UI window에서 Step Size에 0.2를 입력한 뒤에 푸시 버튼인 Do를 클릭한다. 〈표2〉와 〈표3〉과 같은 결과가 출력된다.

▌표2

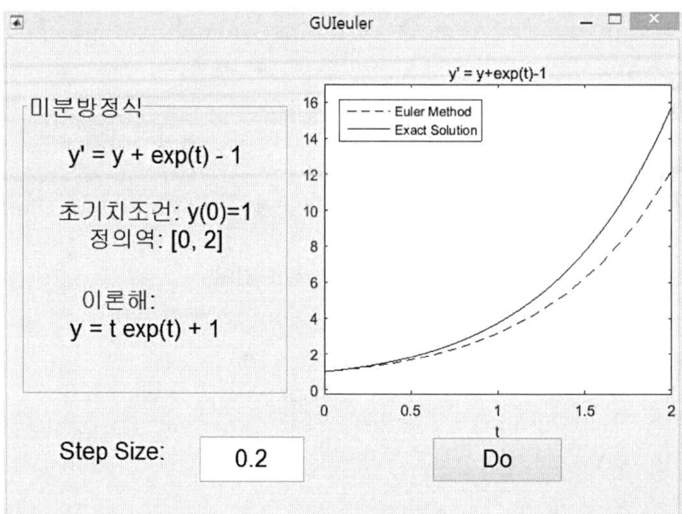

▌표3

GUIeulertable

이론해와 수치해(Euler) 비교

	Nodes	Exact	Euler	Error
1	0.00	1	1	0
2	0.20	1.2443	1.2000	0.044280551632034
3	0.40	1.5967	1.4843	0.112449327424474
4	0.60	2.0933	1.8795	0.213769678747611
5	0.80	2.7804	2.4198	0.360607060931839
6	1.00	3.7183	3.1489	0.569382824525989
7	1.20	4.9841	4.1223	0.861805136872381
8	1.40	6.6773	5.4108	1.266454364541463
9	1.60	8.9249	7.1040	1.820821178813951
10	1.80	11.8894	9.3154	2.573922110802402
11	2.00	15.7781	12.1885	3.589650714809629

〈표3〉에 주어진 테이블의 1행 2열 위치에 있는 미분 방정식의 초기값인 1을 2로 변경한 뒤에 Enter키를 클릭한다. Enter키를 클릭하면 〈표4〉와 같이 테이블의 1행 2열 위치에 있는 초기값이 2로 변경되어 있을 것이고 명령창에는 〈표4a〉에 주어진 박스 안의 메시지가 출력된다.

▌표4

GUIeulertable

이론해와 수치해(Euler) 비교

	Nodes	Exact	Euler	Error
1	0.00	2	1	0

▌표4a

테이블 1행, 2열 위치에 있던 성분값 1.00이 2.00로 변경됨.

지금까지의 결과는 2.3.5절의 본문 내용에 의하여 구할 수 있다.

〈step 3〉

〈표4〉와 같이 테이블의 1행 2열 위치에 있는 초기값이 2인 상황에서 〈표2〉에 주어진 UI window에서 푸시 버튼인 Do를 다시 클릭한다. 결과로, 〈표5〉와 〈표6〉과 같이 출력이 될 수 있도록 GUIeuler.m과 GUIeulertable.m 파일 내용을 각각 편집하여 보자. 〈표5〉에 주어진 UI window의 출력 내용에서 아래의 항목을 주목한다:

- UI window의 왼쪽에 위치한 패널 박스 안의 초기치 조건과 이론해가 변경되었다.
- UI window의 오른쪽에 위치한 좌표축에 초기치가 1인 경우와 2인 경우에 대한 이론해와 수치해가 각각 주어졌다.

〈표6〉에 주어진 테이블의 내용은 초기치 y(0)의 값이 2인 경우에 대응하는 이론해(Exact), 수치해(Euler), Error의 값들이 주어졌다.

▌표5

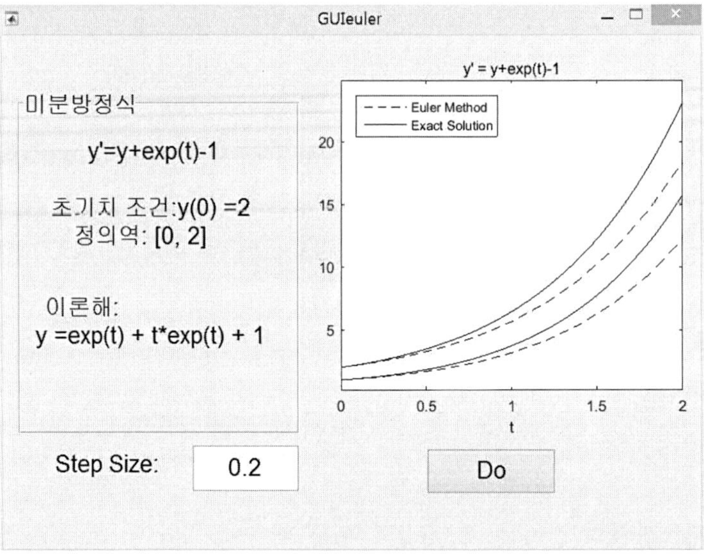

▌표6

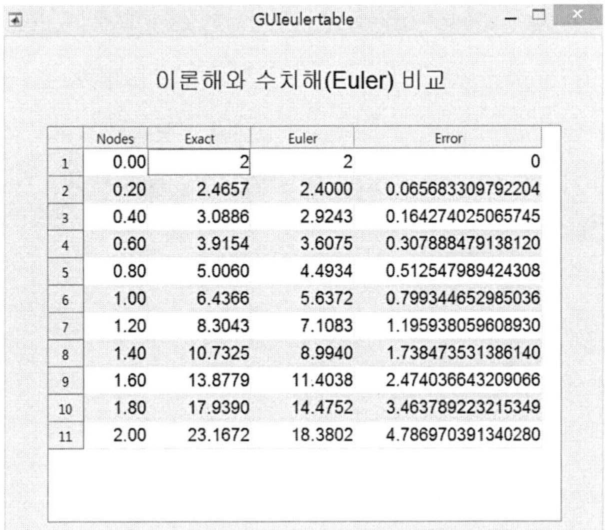

	Nodes	Exact	Euler	Error
1	0.00	2	2	0
2	0.20	2.4657	2.4000	0.065683309792204
3	0.40	3.0886	2.9243	0.164274025065745
4	0.60	3.9154	3.6075	0.307888479138120
5	0.80	5.0060	4.4934	0.512547989424308
6	1.00	6.4366	5.6372	0.799344652985036
7	1.20	8.3043	7.1083	1.195938059608930
8	1.40	10.7325	8.9940	1.738473531386140
9	1.60	13.8779	11.4038	2.474036643209066
10	1.80	17.9390	14.4752	3.463789223215349
11	2.00	23.1672	18.3802	4.786970391340280

03. 레이아웃 에디터에서 GUI figure panel에 구성요소를 배치하고 파일명을 abc.fig로 설정하였다. 레이아웃 에디터에서 abc.fig 파일을 실행하면 UI window가 출력되면서 abc.m 파일이 자동으로 생성된다. 이때, abc.m 파일 내부에는 세 개의 함수

(*) abc, abc_OpeningFcn, abc_OutputFcn

가 존재한다. 아래 주어진 질문에 답하시오:

(a) 위 (*)에 주어진 세 개의 함수들의 선언부(입력 인자와 출력 인자를 알려주는)를 각각 쓰시오.

(b) 위 (*)에 주어진 세 개의 함수 중에서 사용자가 편집할 수 있는 함수는?

(c) 파일 abc를 실행하여 UI window가 처음 화면에 출력될 때, 이 window에 존재하는 객체의 초기화 설정과 관련된 내용(매틀랩 코드)이 포함될 수 있는 함수(위 (*)에 주어진 세 개의 함수 중에서)는?

04. 레이아웃 에디터를 이용하여, 어떤 절차를 진행할 수 있는 UI window가 만들어진 상태이다. 또한 이 UI window에 있는 푸시버튼을 사용자가 마우스로 클릭하면 푸시버튼 객체와 연결된 콜백 함수가 실행되도록 프로그램이 만들어져 있다고 가정하자. 이때, 푸시버튼의 속성 Tag의 값이 mypush로 설정되었다면 푸시버튼과 연결되어 있는 콜백 함수의 선언부를 쓰시오.

05. 명령창에서 어떤 함수 f를 포함하는 실행문이

```
>> [out1, out2, ..., outN] = f(in1, in2, ..., inM)
```

와 같은 형식을 취하고 있을 경우에, 위와 같은 실행문을 구성하는 입력 인자의 개수와 출력 인자의 개수를 함수 f 내부에서 알 수 있는 방법은 무엇인가?

06. 명령창에서 아래와 같이 실행하였을 때, 변수 Msort, Mmin, Mminsum에 저장되는 내용은?

```
>> M = [ 3 5 8 6; 2 6 7 5; 1 8 5 2; 7 4 9 3]
>> Msort = sort(M)
>> Mmin = min(M)
>> Mminsum = sum(Mmin)
```

07. 아래 내용을 명령창에서 실행하면 화면에 출력되는 내용을 쓰시오.

```
>> M = [ 1 10 13 ; 2  5 17 ; 1 2 3 ];
>> K = sort(M(:,3))
>> fprintf('%5.1f',K)
```

08. 아래 (*)에 주어진 피적분 함수 $f(x) = e^{\sin(x)}$ 를 두 가지 방법(아래 (i)과 (ii)에서)으로 접근하여 생성한 뒤에 함수 quad를 사용하여 정적분

$$(*) \qquad \int_0^2 e^{\sin(x)}\,dx$$

의 근삿값을 구하시오. 함수 quad의 사용법은 doc를 이용(즉, >> doc quad)하여 알아본다.

(i) 피적분 함수 $f(x) = e^{\sin(x)}$ 에 대응하는 함수형 M-파일을 만든다. 이때 파일명은 f.m으로 설정한다.

(ii) 피적분 함수 $f(x) = e^{\sin(x)}$ 을 익명 함수(anonymous function)로 정의한다.

09. 아래 〈보기1〉에 주어진 내용이 ft.m 파일로 저장되어 있다고 가정하자. 파일 ft.m이 저장되어 있는 폴더에서 〈보기2〉에 주어진 내용을 실행하면 변수 xval의 값이 명령창에 출력되질 못한다. 변수 xval의 값이 명령창에 출력되도록 그 해결 방안(전역 변수 이용)을 알아내고 그 결과로 얻어지는 변수 myresult와 xval의 값을 쓰시오.

▌보기1

```
function valout = ft(nval)
   xval =  sin(nval);
   valout = 2*xval;
end
```

▌보기2

```
>> a = pi/2;
>> myresult = ft(a)
>> xval
```

10. 다음과 같이 ⟨step 1⟩–⟨step 3⟩의 내용이 진행되도록 스크립트형 M–파일 myline.m을 작성하시오.

⟨step 1⟩

파일 myline.m을 실행하면 아래 ⟨표1⟩과 같이 메뉴 박스가 화면에 출력된다.

⟨step 2⟩

다음으로, ⟨표1⟩과 같이 출력된 메뉴 박스에서 네 개의 선 종류 중에 하나를 마우스로 선택하면 곡선이 ⟨표2⟩와 같이 그려진다. ⟨표2⟩에서 볼 수 있는 결과는 ⟨표1⟩에서 실선을 선택한 경우이다. 이때, ⟨표2⟩에서 그려진 곡선위의 점 좌표 (x, y)는 다음과 같다:

$$x = t + \sin t, \quad y = 2\cos(t), \quad 0 \le t \le 3\pi$$

⟨step 3⟩

위의 과정을 반복적으로 계속 진행(⟨표1⟩에 주어진 메뉴 박스가 다시 화면 출력되도록)할 것인지 또는 중단할지를 ⟨표3⟩과 같은 대화형 박스를 화면에 출력하여 선택할 수 있다.

함수 menu, plot, questdlg를 사용하여 myline.m 파일을 작성한다. 참고로, 〈표2〉에서 정의역은 아래와 같이 설정한다:

```
t = 0: stepsize: 3*pi;  % stepsize = 0.5
```

단, myline.m 파일을 작성할 때에 break 함수를 사용하지 않는다.

▌ 표1

▌ 표2

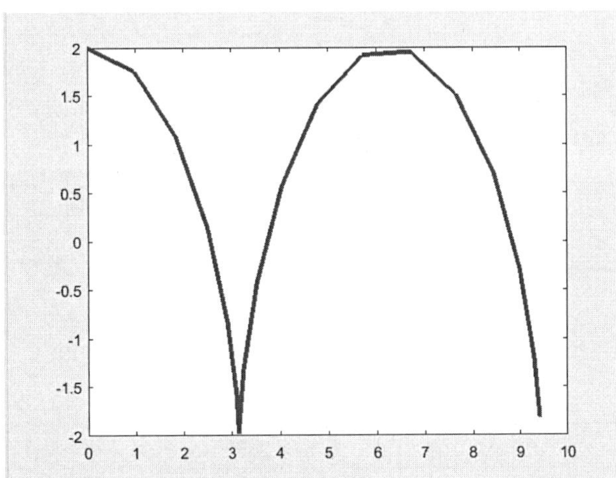

▌ 표3

11. 익명 함수 정의법을 이용하여 명령창에서

$$g(x,y) = \tan^{-1}(x)\,\sqrt{y}\,(e^{3/2} + (\ln(x))^2)$$

을 정의하고 $g(1,2)$의 값을 구해 변수 fval에 저장하시오.

12. 아래와 같이 명령창에서 실행한다. 변수 y에 저장되는 내용을 쓰고 아래에 주어진 〈출력〉의 결과가 얻어지도록 빈 칸을 완성하시오:

```
>> x = 1:2:8;
>> y = [x ; sin(x)];
>> fprintf('\n      x     sin(x)\n'); fprintf(                    );
```

▌출력

\---

			x						sin(x)			
	1	.	0	0				0	.	8	4	1
	3	.	0	0				0	.	1	4	1
	5	.	0	0			−	0	.	9	5	9
	7	.	0	0				0	.	6	5	7

13. 다음과 같이 박스 내부에 주어진 실행문을 명령창에서 실행한다. 출력된 결과에서 잘못된 점을 찾고 그 이유를 설명하시오.

```
x = -pi:pi/20:pi;
plot(x,cos(x),'-r',x,sin(x),'-.b')
xlabel('\bf{x axis}','fontsize',12);
ylabel('\bf{y axis}','fontsize',12);
title('\bf{ How to use  the Legend }','fontsize',12)
legend('sin(x)','cos(x)','Location','Best');
```

14. 함수 h(u)가 아래와 같이 주어진다:

$$h(u) = \int_0^3 3x^2 + 2u^2x - u\,dx$$

h(2)에 대응하는 근삿값을 구해 변수 hval에 저장하기 위하여 아래와 같이 명령창에서 실행하였다. 익명 함수 정의법과 함수 quad를 사용하여 박스 안의 내용을 완성하시오. 함수 quad의 사용법은 doc를 이용하여 알아낸다.

```
>> h = @(u) [                    ]
>> hval = h(2)
```

03

UI window 구성 객체

3.1 정적 텍스트
3.2 푸시 버튼
3.3 테이블
3.4 좌표축
3.5 편집 텍스트
3.6 팝업 메뉴
3.7 목록 상자
3.8 확인란
3.9 라디오 버튼과 토글 버튼
3.10 버튼 그룹
3.11 슬라이더
3.12 패널
3.13 메뉴 모음
3.14 상황별 메뉴
3.15 도구 모음과 툴

이번 장에서는 UI window를 만드는 객체 각각에 대하여 자세히 알아볼 것이다. 객체의 대상은 팔레트에 있는 구성요소(3.1절–3.12절 내용)와 메뉴 모음, 상황별 메뉴, 도구 모음(푸시툴, 토글툴)이 될 것이다. 특히, 팔레트에 있는 구성요소는 다음과 같은 순서로 각각의 사용법에 대한 설명이 주어진다:

정적 텍스트, 푸시 버튼, 테이블, 좌표축, 편집 텍스트, 팝업 메뉴,
목록 상자, 확인란, 라디오 버튼과 토글 버튼, 버튼 그룹, 슬라이더, 패널

어떤 객체의 사용법을 설명하기 위하여 해당되는 객체만을 단지 설명하는 것이 아니고 이미 앞에서 설명했던 객체도 새로운 객체 설명에 포함될 것이다. 이와 같은 설명 방법은 객체 사이에 어떤 상호 작용이 있고 서로 어떻게 연결될 수 있는지 좀 더 넓은 해석력을 독자에게 제공할 것이다.

3.1 정적 텍스트

UI window에 어떤 제목을 쓰고 싶은 경우 이 구성요소를 사용할 수 있다. 예를 들어, 〈표1〉과 같이 '그래프 결과'라는 문자열을 UI window에 만들어 보자.

표1

〈표1〉에 주어진 결과를 얻기 위하여 아래의 절차를 진행한다:

- 레이아웃 에디터의 팔레트에서 정적 텍스트를 드래그하여 GUI figure panel 상단에 놓는다.
- 마우스를 이용하여 정적 텍스트 박스를 크게 만든다.
- 정적 텍스트를 마우스로 더블 클릭한다.
- 화면에 출력된 속성 인스펙터에서 〈표2〉와 같이 속성 FontSize, String, Tag의 값을 설정한다.
- 나중에 UI window가 〈표1〉과 같이 출력되도록 레이아웃 에디터에서 GUI figure panel 크기를 적절히 조정한다.

표2

속성	속성값
FontSize	20
String	그래프 결과
Tag	text1

- 레이아웃 에디터 상단에 있는 실행 버튼(녹색 버튼)을 클릭하면 〈표1〉과 같은 결과를 보게 될 것이다. 이때, 파일명은 mytext.fig로 저장한다.

다른 내용을 UI window에 출력하고 싶으면 위의 절차대로 진행하면서 속성 String의 내용을 '그래프 결과'에서 원하는 내용으로 변경하면 된다. 정적 텍스트의 주요 기능은 어떤 내용을 화면에 보여주는 것이다. 또한, 속성 인스펙터에서 속성 FontAngle, FontWeight의 값을 조정하여 출력의 모양을 조절할 수 있다. 속성값을 조정할 때 〈표3〉의 내용을 참고한다.

표3

속성	속성값
FontAngle FontWeight	normal, italic normal, bold

만약에, 어떤 프로그램의 최종 결과를 정적 텍스트에 출력하려면 속성 Tag에 설정된 값을 이용하면 된다. 예를 들어, 어떤 최종 결과가 123이고 이 수가 myresult에 저장되어 있다고 가정하자. 또한 〈표2〉와 같이 정적 텍스트의 속성 Tag의 값이 text1인 경우, set 함수를

```
set(handles.text1, 'String', num2str(myresult))
```

와 같이 이용하면 123이란 수를 문자열로 변경(함수 num2str에 의하여)하여 정적 텍스트에 출력할 수 있다. 참고로, mytext.fig 파일과 함께 만들어진 M-파일 mytext.m은 〈표4〉에 주어진 함수로 구성되어 있다. 〈표4〉에서 알 수 있듯이 정적 텍스트의 경우 자동으로 콜백 함수가 mytext.m 파일에 생성되지 않는다.

표4

```
function varargout = mytext(varargin)
function mytext_OpeningFcn(hObject, eventdata, handles, varargin)
function varargout = mytext_OutputFcn(hObject, eventdata, handles)
```

3.2 푸시 버튼

UI window에서 푸시 버튼을 선택하면 사용자가 계획했던 내용을 수행하게 만들 수 있다. 푸시 버튼을 만들기 위하여 아래의 절차를 진행한다:

표1

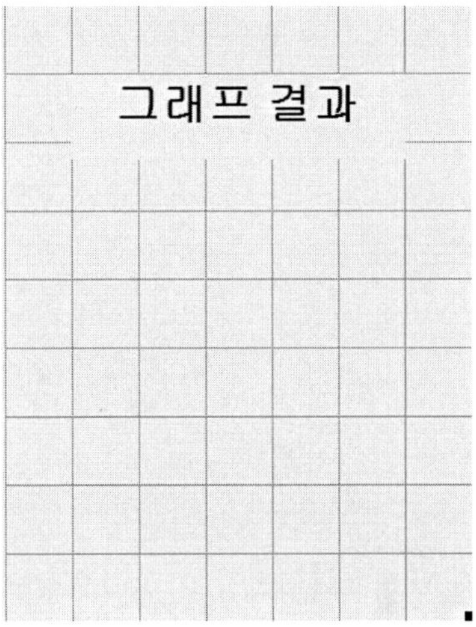

표2

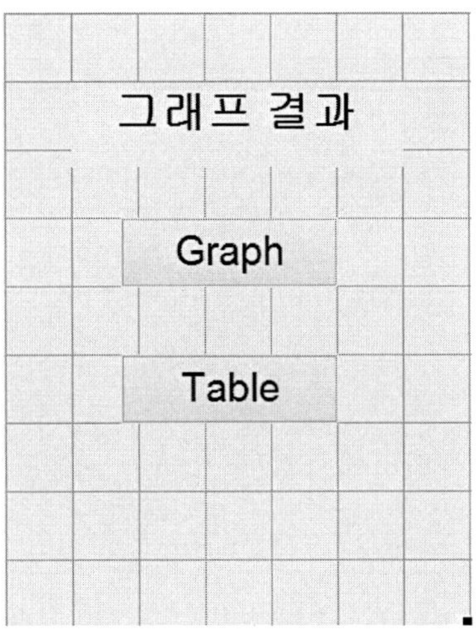

- 레이아웃 에디터에서 〈표1〉과 같이 앞 절에서 작성한 mytext.fig 파일을 연다.
- 팔레트에 있는 푸시 버튼을 드래그하여 〈표1〉에 주어진 정적 텍스트(String: 그래프 결과) 바로 아래에 놓는다.
- 마우스를 이용하여 푸시 버튼 박스를 크게 만든다.
- 푸시 버튼을 마우스로 더블 클릭한다.
- 화면 출력된 속성 인스펙터에서 〈표3〉과 같이 속성 FontSize, String, Tag의 값을 설정한다:

표3

속성	속성값
FontSize	18
String	Graph
Tag	pushbutton1

- 레이아웃 에디터에서 지금 만든 첫 번째 푸시 버튼과 같은 방식으로 또 다른 푸시 버튼을 첫 번째 푸시 버튼 아래에 생성한다. 이때, 두 번째 푸시 버튼의 속성은 〈표4〉와 같은 내용으로 설정한다.

표4

속성	속성값
FontSize	18
String	Table
Tag	pushbutton2

- 지금까지의 내용을 완료하면 레이아웃 에디터에서 GUI figure panel은 〈표2〉와 같이 보일 것이다.

- 다음으로, 레이아웃 에디터 상단에 있는 실행 버튼(녹색 버튼)을 클릭하면 〈표5〉와 같은 UI window 결과를 보게 될 것이다. 이때, 파일명은 mypush.fig로 저장한다.

표5

- 〈표5〉와 같이 주어진 UI window에서 Graph 또는 Table 버튼을 마우스로 클릭하여 본다. 어떤 변화도 현재 상황에서는 없다. 지금부터 〈표5〉와 같은 UI window에서 마우스로 Graph를 선택하면 가장 위에 위치한 정적 텍스트 박스에 '그래프 결과'라는 문자열이 보이게 하고 Table을 선택하면 정적 텍스트 박스에 '테이블 결과'라는 문자열이 보이게 만들어 보자. 먼저, mypush.fig 파일로 저장할 때 동시에 생성되었던 mypush.m 파일을 M-파일 에디터에서 살펴보자.

```
----------------------------------------------------------------
function varargout = mypush(varargin)
function mypush_OpeningFcn(hObject, eventdata, handles, varargin)
function varargout = mypush_OutputFcn(hObject, eventdata, handles)
function pushbutton1_Callback(hObject, eventdata, handles)
function pushbutton2_Callback(hObject, eventdata, handles)
----------------------------------------------------------------
```

위와 같은 함수들로 mypush.m 파일은 구성되어 있다. 레이아웃 에디터에서 푸시 버튼을 만들면 이 푸시 버튼에 대응하는 콜백 함수가 자동적으로 mypush.m 파일 안에 생성된다. 콜백 함수명은 속성 Tag의 값과 콜백 함수 종류를 고려하여 정해진다. 예를 들어, 〈표3〉에서 보았듯이 첫 번째 푸시 버튼의 속성 Tag의 값이 pushbutton1으로 설정되었고 콜백 함수의 종류가 Callback이므로 UI window(〈표5〉에 주어진)에서 첫 번째 푸시 버튼을 선택하였을 때, 작동하는 콜백 함수 명칭은 pushbutton1_Callback으로 정해진다. 마찬가지로, 〈표4〉를 참고하면 두 번째 푸시 버튼의 속성 Tag의 값이 pushbutton2이고 콜백 함수의 종류가 Callback이므로 UI window(〈표5〉에 주어진)에서 두 번째 푸시 버튼을 선택하였을 때, 작동하는 콜백 함수 명칭이 pushbutton2_Callback로 설정되었다.

〈표5〉에서 첫 번째 푸시 버튼(String: Graph)를 선택하여 정적 텍스트 박스에 '그래프 결과'라는 문자열을 보이게 하려면 콜백 함수 pushbutton1_Callback을 아래 〈표6〉과 같이 편집한다. 〈표6〉에 주어진 set 실행문으로 UI window의 가장 위에 위치한 정적 텍스트의 속성 String의 값을 변경할 수 있다. 이 결과로 정적 텍스트 박스의 내용이 변경된다.

표6

```
function pushbutton1_Callback(hObject, eventdata, handles)
%
set(handles.text1,'String','그래프 결과');
```

〈표5〉에서 두 번째 푸시 버튼(String: Table)를 선택하여 정적 텍스트 박스에 '테이블 결과'라는 문자열을 보이게 하려면 콜백 함수 pushbutton2_Callback을 아래 〈표7〉과 같은 내용으로 편집한다.

표7

```
function pushbutton2_Callback(hObject, eventdata, handles)
%
set(handles.text1,'String','테이블 결과');
```

〈표6〉과 〈표7〉의 내용으로 콜백 함수 pushbutton1_Callback, pushbutton2_Callback을 순서대로 수정한 뒤에 M-파일 에디터에서 mypush.m파일을 저장하고 실행버튼을 클릭하면 〈표5〉와 같은 UI window가 다시 화면에 출력될 것이다. 〈표5〉와 같은 UI window에서 Table을 선택하면 〈표8〉과 같이 정적 테스트 박스안의 내용이 '테이블 결과'로 변경된 것을 보게 될 것이다. 〈표8〉의 UI window에서 이번에는 Graph를 선택하면 다시 〈표5〉에서와 같이 정적 테스트 박스안의 내용이 '그래프 결과'인 UI window를 보여준다.

표8

3.3 테이블

수 또는 문자열을 성분으로 하는 2차원 배열 형식의 테이블을 UI window에 만들려면 팔레트에 있는 구성요소인 테이블을 사용할 수 있다. 예를 들어, 〈표1〉과 같은 테이블을 가지는 UI window를 만들어 보자.

표1

mytable

	노드점	이론해	근사값	에러
1	0	1	1	0
2	0.2000	1.2443	1.2000	0.0443
3	0.4000	1.5967	1.4843	0.1124
4	0.6000	2.0933	1.8795	0.2138
5	0.8000	2.7804	2.4198	0.3606
6	1	3.7183	3.1489	0.5694
7	1.2000	4.9841	4.1223	0.8618
8	1.4000	6.6773	5.4108	1.2665
9	1.6000	8.9249	7.1040	1.8208
10	1.8000	11.8894	9.3154	2.5739
11	2	15.7781	12.1885	3.5897

〈표1〉에 주어진 UI window를 만들기 위하여 아래의 절차를 진행한다:

- 나중에 UI window가 〈표1〉과 같이 출력되도록 레이아웃 에디터에서 GUI figure panel 크기를 적절히 조정한다.
- 팔레트에서 테이블을 드래그하여 GUI figure panel에 놓는다.
- 마우스를 이용하여 테이블 박스를 크게 만든다.
- GUI figure panel에 있는 테이블 객체를 마우스로 더블 클릭하여 속성 인스펙터를 연다.

- 화면에 출력된 속성 인스펙터에서 〈표2〉에 주어진 내용으로 테이블의 속성 FontSize와 Tag의 값을 설정한다:

표2

속성	속성값
FontSize	14
Tag	uitable1

- 데이터의 종류와 형식을 고려하여 테이블의 열 머리글에 네 개의 문자열

노드점, 이론해, 근사값, 에러

를 입력하여 〈표3〉과 같이 열 머리글을 설정할 것이다.

표3

	노드점	이론해	근사값	에러
1				
2				

열 머리글을 설정하는 방법은 다음과 같다.

〈step 1〉

레이아웃 에디터의 GUI figure panel에 만들어진 테이블 객체를 더블 클릭하여 속성 인스펙터를 연다. 열린 속성 인스펙터 박스에서 1번째 열에 있는 속성

ColumnEditable, ColumnFormat, ColumnName, ColumnWidth

중에 하나를 선택하면 테이블 속성 편집기 박스가 화면에 출력될 것이다.

〈step 2〉

테이블 속성 편집기에 있는 열 머리글의 항목 중에

번호가 매겨진 열 머리글 표시

가 선택되어 있으면 항목

아래 입력한 이름을 열 머리글로 표시

을 선택한다.

〈step 3〉

테이블 속성 편집기에 있는 열 정의의 이름 항목을 선택하여 다음과 같은 항목을 입력하고 확인 버튼을 클릭한다:

노드점, 이론해, 근사값, 에러

위에서 설명한 〈step 1〉–〈step 3〉까지의 내용을 끝내고 레이아웃 에디터에 있는 실행 버튼을 마우스로 클릭한다. 아래 〈표4〉와 같은 UI window를 볼 수 있다. 참고로, 〈표4〉에서 보이는 테이블 형식을 가지도록 만드는 테이블 속성 편집기의 내용이 〈표5〉에 주어졌다.

표4

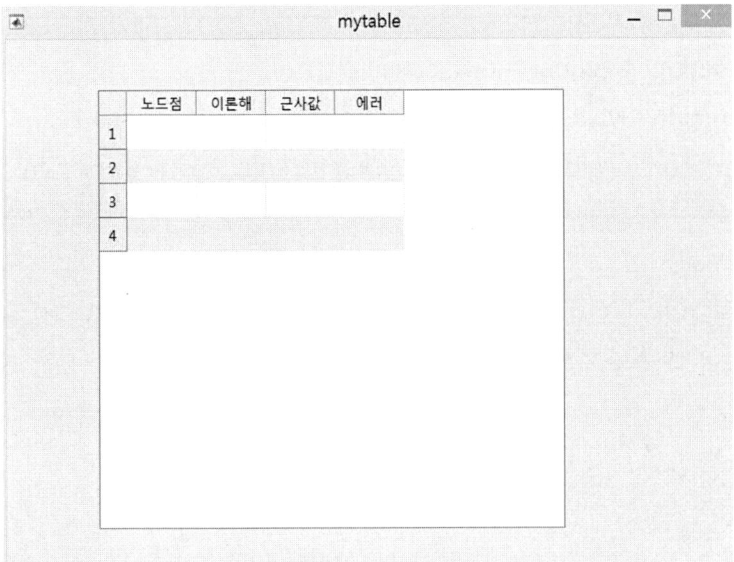

표5

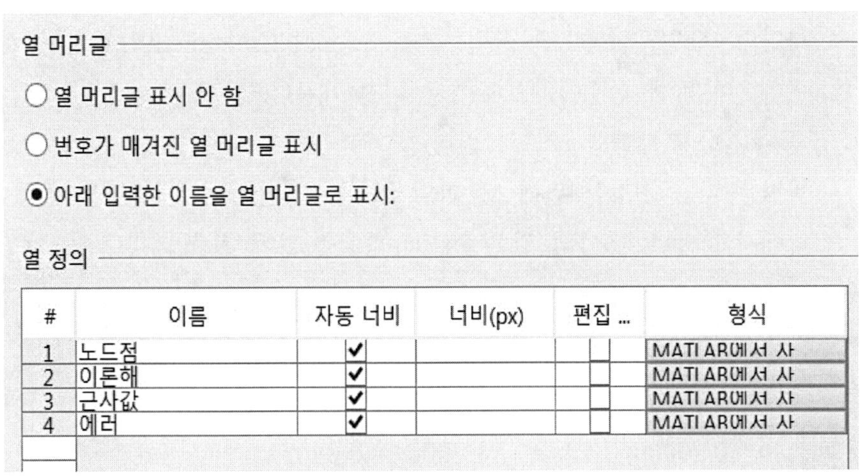

레이아웃 에디터에서 실행할 때, 파일 이름을 mytable.fig로 정하면 동시에 mytable.m 파일이 생성될 것이다. 현재, mytable.m 파일은 〈표6〉과 같이 주어진 함수로 구성되어 있다.

표6

```
--- mytable.m ----------------------------------------
function varargout = mytable(varargin)
function mytable_OpeningFcn(hObject, eventdata, handles, varargin)
function varargout = mytable_OutputFcn(hObject, eventdata, handles)
------------------------------------------------------
```

- 다음으로, 〈표7〉의 내용을 〈표4〉에 주어진 테이블에 출력하여 보자. 이런 목적을 위하여 테이블 객체와 관련되는 콜백 함수 CreateFcn을 이용할 것이다. 먼저, 콜백 함수 CreateFcn을 생성하기 위하여 레이아웃 에디터에 있는 테이블 객체를 오른쪽 마우스 버튼으로 클릭하여

콜백 보기 > CreateFcn

항목을 마우스로 선택한다. M-파일 에디터로 이동하여 열려있는 mytable.m 파일의 내용을 살펴보면 콜백 함수 uitable1_CreateFcn이 추가된 것을 볼 수 있다. 이 콜백 함수에 〈표8〉에 주어진 내용(〈표7〉에 주어진 데이터에 실행문을 추가하여 매틀랩 코드로 변경)을 추가하고 M-파일 에디터에서 mytable.m 파일을 다시 저장한 뒤에 M-파일 에디터 상단에 있는 실행 버튼을 클릭하면 앞에서 보았던 〈표1〉과 같은 UI window를 보게 될 것이다.

표7

```
------------------------------------
        0    1.0000    1.0000         0
   0.2000    1.2443    1.2000    0.0443
   0.4000    1.5967    1.4843    0.1124
   0.6000    2.0933    1.8795    0.2138
   0.8000    2.7804    2.4198    0.3606
   1.0000    3.7183    3.1489    0.5694
   1.2000    4.9841    4.1223    0.8618
   1.4000    6.6773    5.4108    1.2665
```

```
    1.6000    8.9249    7.1040    1.8208
    1.8000   11.8894    9.3154    2.5739
    2.0000   15.7781   12.1885    3.5897
------------------------------------
```

참고로, 테이블에서 각 열의 너비를 다음과 같이 두 가지 방법으로 조절할 수 있다:

- 첫 번째: UI window에 출력된 테이블에서 마우스를 이용하여 직접 각 열의 너비를 조정한다. 예를 들어, 〈표1〉에 주어진 테이블에서 열 머리글 항목인 노드점과 이론해 사이에 분리선을 마우스로 움직이면 된다.
- 두 번째: 〈표5〉와 같이 주어진 테이블 속성 편집기에서 열 정의의 항목 중에 '너비'를 선택하여 열의 너비를 조정(자동 너비에서 체크를 해제한 뒤에)할 수 있다.

또한, 테이블에 있는 수(number)의 출력 형식을 지정할 수도 있다. 〈표5〉와 같이 주어진 테이블 속성 편집기에서 '형식'을 클릭하면 팝업 창이 나타난다. 이 팝업 창에서 항목을 'MATLAB에서 자동 지정' 대신에 항목 '사용자 지정'을 선택한다. 선택하면 사용자 지정 형식 편집기를 화면에서 볼 수 있는데 이 편집기 박스에서 원하는 수의 출력 형식을 선택하면 된다. 테이블 속성 편집기의 열 정의에서 항목 '너비'와 '형식' 사이에 있는 항목 '편집'을 체크하면 UI window에 출력된 테이블에서 데이터를 직접 편집할 수 있다. 만약에 테이블에 있는 데이터의 값을 변경한 뒤에, 변경된 값을 프로그램에 반영하려면 콜백 함수 CellEditCallback와 입력 인자 eventdata를 사용할 수 있다. 이것과 관련하여 자세한 내용은 2.3.5절을 참고한다.

표8

```
------------------------------------------------
mydata = [ ...
        0    1.0000    1.0000         0; ...
   0.2000    1.2443    1.2000    0.0443; ...
   0.4000    1.5967    1.4843    0.1124; ...
```

```
  0.6000   2.0933   1.8795   0.2138; ...
  0.8000   2.7804   2.4198   0.3606; ...
  1.0000   3.7183   3.1489   0.5694; ...
  1.2000   4.9841   4.1223   0.8618; ...
  1.4000   6.6773   5.4108   1.2665; ...
  1.6000   8.9249   7.1040   1.8208; ...
  1.8000  11.8894   9.3154   2.5739; ...
  2.0000  15.7781  12.1885   3.5897];
set(hObject,'Data',mydata);
-------------------------------------------------------
```

참고로, 〈표1〉과 같은 UI window를 생성하는 mytable.m 파일이 〈표9〉에 주어진다.

표9

```
----------- mytable.m ---------------------------------
function varargout = mytable(varargin)
% MYTABLE MATLAB code for mytable.fig
%    MYTABLE, by itself, creates a new MYTABLE or raises the
%    existing singleton*.
%
%    H = MYTABLE returns the handle to a new MYTABLE or the
%    handle to the existing singleton*.
%
%    MYTABLE('CALLBACK',hObject,eventData,handles,...) calls the
%    local function named CALLBACK in MYTABLE.M
%    with the given input arguments.
%
%    MYTABLE('Property','Value',...) creates a new MYTABLE or raises the
% existing singleton*.  Starting from the left, property value pairs are
%      applied to the GUI before mytable_OpeningFcn gets called.  An
```

```
%    unrecognized property name or invalid value makes property
%    application stop.
%    All inputs are passed to mytable_OpeningFcn via varargin.
%
%    *See GUI Options on GUIDE's Tools menu.  Choose "GUI allows
%    only one instance to run (singleton)".
%
% See also: GUIDE, GUIDATA, GUIHANDLES

% Edit the above text to modify the response to help mytable

% Last Modified by GUIDE v2.5 11-Jul-2015 21:48:14

% Begin initialization code - DO NOT EDIT
gui_Singleton = 1;
gui_State = struct('gui_Name',       mfilename, ...
                   'gui_Singleton',  gui_Singleton, ...
                   'gui_OpeningFcn', @mytable_OpeningFcn, ...
                   'gui_OutputFcn',  @mytable_OutputFcn, ...
                   'gui_LayoutFcn',  [] , ...
                   'gui_Callback',   []);
if nargin && ischar(varargin{1})
   gui_State.gui_Callback = str2func(varargin{1});
end

if nargout
   [varargout{1:nargout}] = gui_mainfcn(gui_State, varargin{:});
else
   gui_mainfcn(gui_State, varargin{:});
```

```
end
% End initialization code - DO NOT EDIT


% --- Executes just before mytable is made visible.
function mytable_OpeningFcn(hObject, eventdata, handles, varargin)
% This function has no output args, see OutputFcn.
% hObject    handle to figure
% eventdata  reserved - to be defined in a future version of MATLAB
% handles    structure with handles and user data (see GUIDATA)
% varargin   command line arguments to mytable (see VARARGIN)

% Choose default command line output for mytable
handles.output = hObject;

% Update handles structure
guidata(hObject, handles);

% UIWAIT makes mytable wait for user response (see UIRESUME)
% uiwait(handles.figure1);


% --- Outputs from this function are returned to the command line.
function varargout = mytable_OutputFcn(hObject, eventdata, handles)
% varargout  cell array for returning output args (see VARARGOUT);
% hObject    handle to figure
% eventdata  reserved - to be defined in a future version of MATLAB
% handles    structure with handles and user data (see GUIDATA)

% Get default command line output from handles structure
```

```
varargout{1} = handles.output;


% --- Executes during object creation, after setting all properties.
function uitable1_CreateFcn(hObject, eventdata, handles)
% hObject    handle to uitable1 (see GCBO)
% eventdata  reserved - to be defined in a future version of MATLAB
% handles    empty - handles not created until after all CreateFcns
% called
mydata = [ ...
        0    1.0000    1.0000         0; ...
   0.2000    1.2443    1.2000    0.0443; ...
   0.4000    1.5967    1.4843    0.1124; ...
   0.6000    2.0933    1.8795    0.2138; ...
   0.8000    2.7804    2.4198    0.3606; ...
   1.0000    3.7183    3.1489    0.5694; ...
   1.2000    4.9841    4.1223    0.8618; ...
   1.4000    6.6773    5.4108    1.2665; ...
   1.6000    8.9249    7.1040    1.8208; ...
   1.8000   11.8894    9.3154    2.5739; ...
   2.0000   15.7781   12.1885    3.5897];
set(hObject,'Data',mydata);
-------------------------------------------------------
```

이것으로 테이블에 관한 내용을 끝낸다. 다음 절에서는 좌표축에 관하여 알아본다.

3.4 좌표축

3.4.1 좌표축이 한 개인 경우

UI window에서는 그래프 출력을 위하여 팔레트에 있는 구성요소인 좌표축을 사용한다. 좌표축에 그래프를 출력하기 위하여 이용하는 함수에는 plot, plot3, mesh, surf를 포함해 여러 종류가 있다. 이때, 좌표축에 그래프를 출력하는 세 가지 방법에 대하여 알아보자. 즉, OpeningFcn, CreateFcn, ButtonDownFcn을 이용하여 좌표축에 그래프를 출력할 것이다.

3.4.1.1 OpeningFcn 이용

가장 먼저 OpeningFcn 지역 함수를 이용하는 방법에 대하여 알아보자. 레이아웃 에디터에서 아래와 같이 차례대로 내용을 수행한다:

- 팔레트에 있는 좌표축을 드래그하여 GUI figure panel로 이동시키고 그 크기를 〈표1〉과 같이 조정한다.

표1

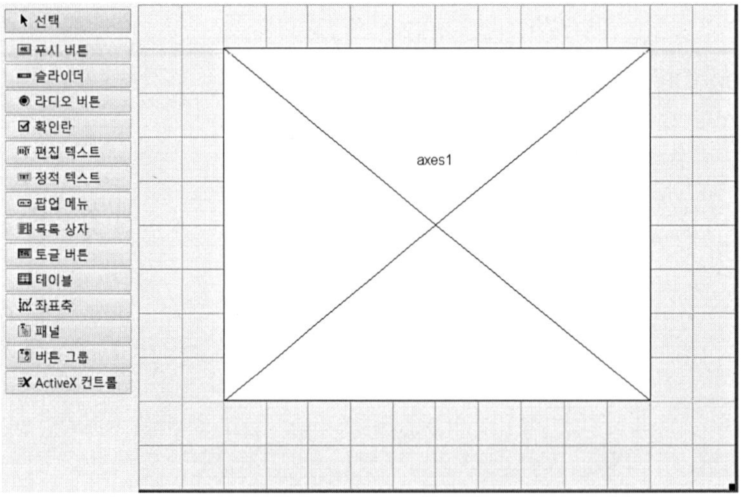

• 레이아웃 에디터 상단에 있는 실행 버튼(녹색 버튼)을 클릭하면 〈표2〉와 같은 결과를 보게 될 것이다. 이때, 파일명은 myaxes.fig로 저장한다.

표2

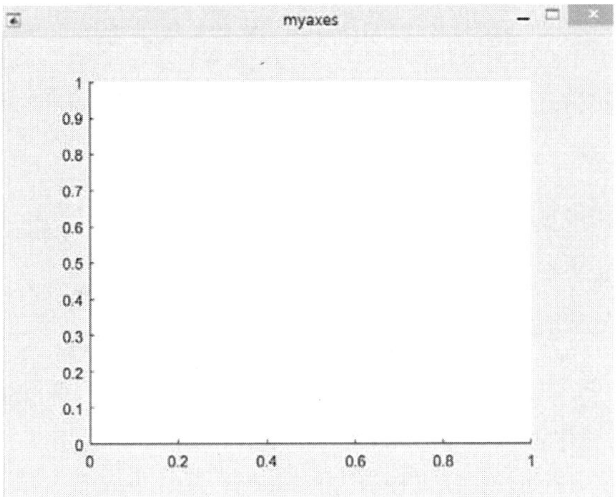

파일 myaxes.fig가 저장될 때, 함께 만들어진 myaxes.m 파일은 〈표3〉에 주어진 함수로 구성되어 있다. 〈표3〉에 의하여 알 수 있듯이 좌표축을 UI window에 생성하였다고 해서, 좌표축과 관련된 콜백 함수를 myaxes.m 파일 내부에 자동으로 생성하지 않는다.

표3

```
-------- myaxes.m -----------------------------------------
function varargout = myaxes(varargin)
function myaxes_OpeningFcn(hObject, eventdata, handles, varargin)
function varargout = myaxes_OutputFcn(hObject, eventdata, handles)
-----------------------------------------------------------
```

파일 myaxes.m의 내부에 있는 지역 함수 myaxes_OpeningFcn에서 〈표4〉에 주어진 내용을 추가하여 〈표5〉와 같이 myaxes_OpeningFcn을 편집하고 M-파일 에디터 상단에 있는 실행버튼을 클릭한다. 그 결과로 〈표6〉과 같이 아래에 주어진 함수

$$z = \sin(x) + \sin(y),\ 0 \le x \le 8, 0 \le y \le 8$$

에 대응하는 그래프가 그려진 UI window를 보게 될 것이다.

표4

```
------------------------------------------------------
[X1,Y1] = meshgrid(0:.2:8);
Z1 = sin(X1)+sin(Y1);
surf(X1,Y1,Z1);
xlabel('\bf{x}','fontsize',15)
ylabel('\bf{y}','fontsize',15)
zb = zlabel('\bf{z}','fontsize',15)
set(zb,'rotation',0);
text(-1.5,1,-0.8,'$\bf{ z = \sin(x) + \sin(y)}$', ...
   'Interpreter','latex','fontsize',18);
------------------------------------------------------
```

표5

```
------------------------------------------------------
function myaxes_OpeningFcn(hObject, eventdata, handles, varargin)
% This function has no output args, see OutputFcn.
% hObject    handle to figure
% eventdata  reserved - to be defined in a future version of MATLAB
% handles    structure with handles and user data (see GUIDATA)
% varargin   command line arguments to myaxes (see VARARGIN)
%
[X1,Y1] = meshgrid(0:.2:8);
Z1 = sin(X1)+sin(Y1);
surf(X1,Y1,Z1);
xlabel('\bf{x}','fontsize',15)
ylabel('\bf{y}','fontsize',15)
zb = zlabel('\bf{z}','fontsize',15)
set(zb,'rotation',0);
```

```
text(-1.5,1,-0.8,'$\bf{ z = \sin(x) + \sin(y)}$', ...
    'Interpreter','latex','fontsize',18);

% Choose default command line output for myaxes
handles.output = hObject;

% Update handles structure
guidata(hObject, handles);
-----------------------------------------------------------
```

표6

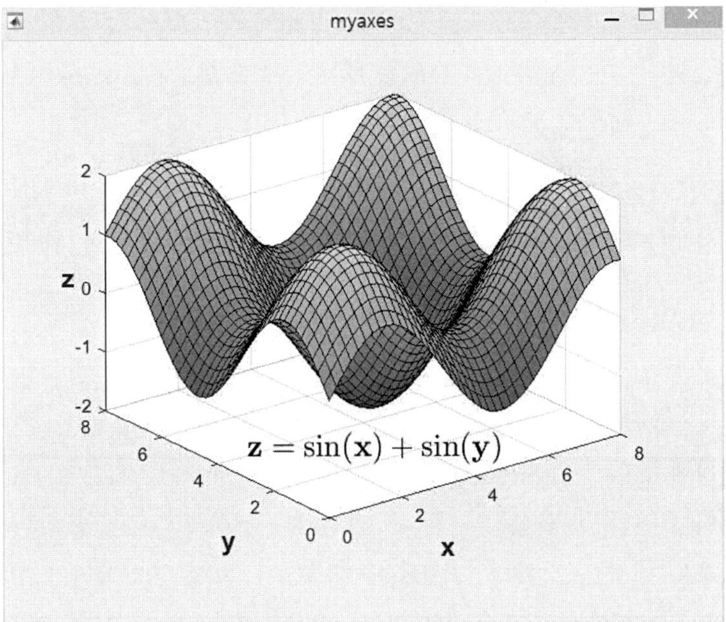

지금까지 OpeningFcn 지역 함수를 이용하여 좌표축에 그래프를 출력하는 방법에 대하여 알아보았고 다음 절에서는 CreateFcn을 이용하는 방법에 대하여 설명할 것이다.

3.4.1.2 CreateFcn 이용

앞 3.4.1.1절의 〈표6〉에 주어진 결과와 동일한 출력을 얻는 다른 방법으로 CreateFcn 콜백 함수를 이용할 수 있다. 즉, 아래와 같이 순서대로 진행하여 CreateFcn 콜백 함수의 사용법을 알아보자.

- 앞 절의 〈표2〉와 같은 출력 결과를 주는 myaxes.fig와 myaxes.m 파일에서 시작한다.
- 이번에는 앞 절의 내용과 달리, myaxes.m 파일 내부에 있는 지역 함수 myaxes_OpeningFcn을 편집하지 않고 원래대로 둔다. 즉, 앞 3.4.1.1절의 〈표4〉에 주어진 내용을 지역 함수 myaxes_OpeningFcn에 추가하지 않고 앞 3.4.1.1절의 〈표2〉와 같이 빈 UI window가 출력될 때 자동으로 생성된 myaxes_OpeningFcn 지역 함수의 상태를 유지한다.
- 레이아웃 에디터에서 GUI figure panel에 있는 좌표축 객체를 마우스 오른쪽 버튼으로 선택한 뒤에 아래와 같이 콜백 함수 CreateFcn 항목을 선택한다.

  콜백 보기 〉 CreateFcn

  결과로, myaxes.m 파일은 아래 〈표1〉과 같은 함수로 구성된다. 현재, 레이아웃 에디터에서 GUI figure panel에 있는 좌표축의 속성 Tag의 값이 axes1으로 설정되어 있다. 이와 같은 내용을 확인하기 위하여 GUI figure panel에 있는 좌표축을 더블 클릭한다. 좌표축에 대응하는 속성 인스펙터가 열릴 것이고 속성 Tag에 저장된 속성값을 확인한다. 속성값이 axes1이 아닌 경우 사용자가 직접 axes1을 입력하면 된다.

- 계속해서, M-파일 에디터에서 myaxes.m 파일 내부에 있는 axes1_CreateFcn 콜백 함수을 〈표2〉과 같이 편집한다.

표1

```
-----------------------------------------------------------
function varargout = myaxes(varargin)
function myaxes_OpeningFcn(hObject, eventdata, handles, varargin)
function varargout = myaxes_OutputFcn(hObject, eventdata, handles)
function axes1_CreateFcn(hObject, eventdata, handles)
-----------------------------------------------------------
```

표2

```
-----------------------------------------------------------
function axes1_CreateFcn(hObject, eventdata, handles)
% hObject    handle to axes1 (see GCBO)
% eventdata  reserved - to be defined in a future version of MATLAB
% handles    empty - handles not created until after all CreateFcns
% called
%
[X1,Y1] = meshgrid(0:.2:8);
Z1 = sin(X1)+sin(Y1);
surf(X1,Y1,Z1);
xlabel('\bf{x}','fontsize',15)
ylabel('\bf{y}','fontsize',15)
zb = zlabel('\bf{z}','fontsize',15)
set(zb,'rotation',0);
text(-1.5,1,-0.8,'$\bf{ z = \sin(x) + \sin(y)}$', ...
    'Interpreter','latex','fontsize',18);

% Hint: place code in OpeningFcn to populate axes1
-----------------------------------------------------------
```

〈표2〉에 주어진 내용과 같이 axes1_CreateFcn 콜백 함수의 편집을 완료하고 M-파일 에디터 상단에 있는 실행버튼을 클릭하면 앞 3.4.1.1절 〈표6〉에서 보았던 결과와 동일한 UI window를 다시 보게 될 것이다.

3.4.1.3 ButtonDownFcn 이용

이번에는, 앞 3.4.1.1절의 〈표2〉와 같은 빈 UI window를 화면 출력한 상태에서 마우스로 UI window 내부에 있는 좌표축 객체를 클릭하면 앞 3.4.1.1절의 〈표6〉과 같은 결과가 나오도록 만들어 보자. 이런 목적을 위하여 ButtonDownFcn 콜백 함수을 사용하게 될 것이고 아래의 내용과 절차를 진행하면서 ButtonDownFcn 콜백 함수의 사용법을 알아보자.

- 파일 myaxes.m을 M-파일 에디터에서 실행하여 앞 3.4.1.1절의 〈표2〉와 같은 빈 UI window가 화면 출력되는 상황이라고 가정하자. 즉, 현재는 UI window의 좌표축 객체에 어떤 내용도 출력되지 않는 상태이다.
- 레이아웃 에디터에서 GUI figure panel에 있는 좌표축 객체를 마우스 오른쪽 버튼으로 선택한 뒤에 아래와 같이 콜백 함수 ButtonDownFcn 항목을 선택한다.

  콜백 보기 > ButtonDownFcn

  그 결과로, myaxes.m 파일은 〈표1〉에 주어진 함수로 구성된다.
- M-파일 에디터에서 myaxes.m 파일 내부에 있는 axes1_ButtonDownFcn 콜백 함수를 〈표2〉와 같이 편집한다. 즉, axes1_ButtonDownFcn 콜백 함수의 내부에 앞 3.4.1.1절의 〈표4〉에서 제공한 내용을 추가한다.

표1

```
---------------------------------------------------------------
function varargout = myaxes(varargin)
function myaxes_OpeningFcn(hObject, eventdata, handles, varargin)
function varargout = myaxes_OutputFcn(hObject, eventdata, handles)
function axes1_ButtonDownFcn(hObject, eventdata, handles)
---------------------------------------------------------------
```

표2

```
----------------------------------------------------------------
function axes1_ButtonDownFcn(hObject, eventdata, handles)
% hObject    handle to axes1 (see GCBO)
% eventdata  reserved - to be defined in a future version of MATLAB
% handles    structure with handles and user data (see GUIDATA)
%
[X1,Y1] = meshgrid(0:.2:8);
Z1 = sin(X1)+sin(Y1);
surf(X1,Y1,Z1);
xlabel('\bf{x}','fontsize',15)
ylabel('\bf{y}','fontsize',15)
zb = zlabel('\bf{z}','fontsize',15)
set(zb,'rotation',0);
text(-1.5,1,-0.8,'$\bf{ z = \sin(x) + \sin(y)}$', ...
    'Interpreter','latex','fontsize',18);
----------------------------------------------------------------
```

콜백 함수 axes1_ButtonDownFcn을 위와 같이 편집한 뒤에 M-파일 에디터 상단에 있는 실행버튼을 클릭하면 여전히 앞 3.4.1.1절의 〈표2〉와 같이 그래프 결과가 없는 UI window가 화면 출력될 것이다. 그러나 다음으로 UI window 내부에 있는 좌표축 객체를 마우스로 선택하여 본다. 앞 3.4.1.1절의 〈표6〉에서 제공된 것과 동일한 결과를 가진 UI window(그래프가 그려진)를 보게 될 것이다.

3.4.1절의 내용에서는 좌표축이 하나인 경우에 세 가지 방법으로 그래프를 출력하여 보았다. 다음 절에서는 좌표축이 두 개일 경우에 어떤 방식으로 그래프를 출력할 수 있는지 설명된다.

3.4.2 좌표축이 두 개인 경우

UI window에서 두 개의 좌표축을 만들고 각각의 좌표축에 그래프를 출력하는 방법에 대하여 알아보자. 좌표축이 한 개인 경우에서 진행한 내용 전개 방식과 동일하게 OpeningFcn, CreateFcn, ButtonDownFcn 함수를 이용하여 좌표축에 그래프를 출력할 것이다.

3.4.2.1 OpeningFcn 이용

첫 번째로 OpeningFcn 지역 함수를 이용하는 방법에 대하여 알아보기 위하여 레이아웃 에디터에서 아래의 내용을 수행한다:

- 팔레트에 있는 좌표축을 두 번 드래그하여 GUI figure panel로 각각 이동시키고 그 크기를 〈표1〉과 같이 조정한다.
- 레이아웃 에디터 상단에 있는 실행 버튼(녹색 버튼)을 클릭하면 어떤 그래프도 없는 빈 좌표축 두 개가 있는 UI window 출력을 보게 될 것이다. 이때, 파일명은 myaxestwo.fig로 저장한다.

표1

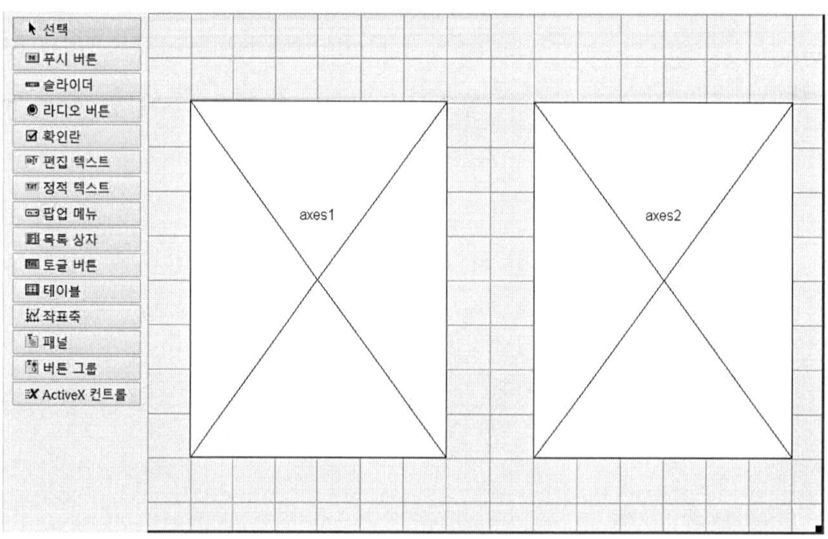

파일 myaxestwo.fig와 함께 만들어진 myaxestwo.m 파일은 〈표2〉에 주어진 함수로 구성되어 있다.

표2

```
--------- myaxestwo.m ---------------------------------
function varargout = myaxestwo(varargin)
function myaxestwo_OpeningFcn(hObject, eventdata, handles, varargin)
function varargout = myaxestwo_OutputFcn(hObject, eventdata, handles)
------------------------------------------------------
```

지역 함수 myaxestwo_OpeningFcn을 〈표3〉과 같이 편집하고 M-파일 에디터 상단에 있는 실행버튼을 클릭하면 〈표4〉와 같은 UI window를 보게 될 것이다. 〈표3〉의 내용에서 알 수 있듯이 surf, xlabel, ylabel, zlabel, title 함수를 사용할 때에 첫 번째 입력 인자 위치에 출력되기를 원하는 좌표축을 지정할 수 있다. 예를 들어, 아래의 명령문을 이해하여 보자:

```
surf(handles.axes1,X1,Y1,Z1);
```

첫 번째 입력 인자 위치에 handles.axes1을 지정하여 surf 함수의 결과가 〈표1〉에서 왼쪽 좌표축에 실행되도록 하였다. 〈표1〉에는 두 개의 좌표축이 있고 각각의 좌표축은 〈표5〉와 같이 Tag의 값이 설정되어 있다고 가정한다.

표3

```
------------------------------------------------------
function myaxestwo_OpeningFcn(hObject, eventdata, handles, varargin)
% This function has no output args, see OutputFcn.
% hObject    handle to figure
% eventdata  reserved - to be defined in a future version of MATLAB
% handles    structure with handles and user data (see GUIDATA)
% varargin   command line arguments to myaxestwo (see VARARGIN)
```

```
[X1,Y1] = meshgrid(0:.2:8);
Z1 = sin(X1)+sin(Y1);
surf(handles.axes1,X1,Y1,Z1);
xlabel(handles.axes1,'\bf{x}','fontsize',15);
ylabel(handles.axes1,'\bf{y}','fontsize',15);
zb1 = zlabel(handles.axes1,'\bf{z}','fontsize',15);
set(zb1,'rotation',0);
title(handles.axes1,'\bf{ z = sin(x) + sin(y)}','fontsize',15)
%
[X2,Y2] = meshgrid(-2:.1:2);
Z2 = (1-X2.^2).*(1-Y2.^2);
surf(handles.axes2,X2,Y2,Z2);
xlabel(handles.axes2,'\bf{x}','fontsize',15);
ylabel(handles.axes2,'\bf{y}','fontsize',15);
zb2 = zlabel(handles.axes2,'\bf{z}','fontsize',15);
set(zb2,'rotation',0);
title(handles.axes2,'\bf{ z = (1-x^2)(1-y^2)}','fontsize',15)

% Choose default command line output for myaxes2
handles.output = hObject;

% Update handles structure
guidata(hObject, handles);

% UIWAIT makes myaxes2 wait for user response (see UIRESUME)
% uiwait(handles.figure1);
-----------------------------------------------------------
```

표4

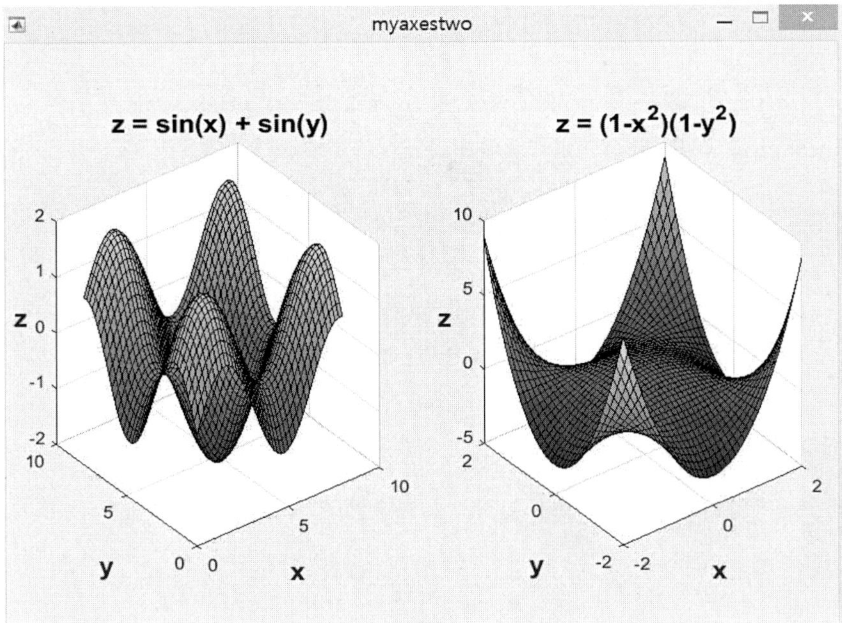

표5

〈표1〉에서 왼쪽에 있는 좌표축의 속성 Tag 값	axes1
〈표1〉에서 오른쪽에 있는 좌표축의 속성 Tag 값	axes2

좌표축이 두 개인 경우 그래프 출력을 위하여 OpeningFcn 지역 함수를 이용하는 방법에 대하여 알아보았다. UI window에 좌표축이 두 개 이상 존재할지라도, 현재 절에서 설명한 객체의 속성 Tag의 값을 이용하여 좌표축을 선택할 수 있기 때문에 원하는 위치의 좌표축에 그래프를 출력할 수 있다.

3.4.2.2 CreateFcn 이용

앞 3.4.2.1절의 〈표4〉에 주어진 결과와 동일한 출력을 얻는 다른 방법으로 콜백 함수 CreateFcn을 이용할 수 있는데 아래와 같이 진행한다.

- 앞 절인 3.4.2.1절의 〈표1〉에 주어진 myaxestwo.fig 파일을 실행하여 어떤 그래프도 출력되지 않은 UI window(아래의 〈표1〉과 같이 생성된)와 동시에 자동 생성된 myaxestwo.m 파일에서 시작한다.

표1

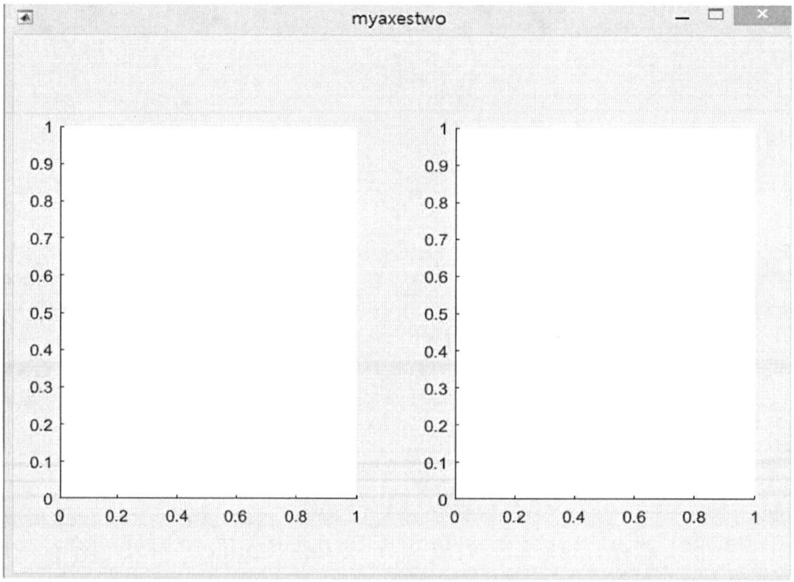

- 앞 3.4.2.1절에서는 myaxestwo_OpeningFcn 지역 함수를 편집하였으나, 지금은 myaxestwo.m 파일 내부에 있는 myaxestwo_OpeningFcn 지역 함수를 편집하지 않고 원래대로 둔다. 즉, 현재 절의 〈표1〉과 같이 출력될 때, 자동으로 생성된 상태의 myaxestwo_OpeningFcn 지역 함수로 유지한다.
- 레이아웃 에디터에서 GUI figure panel에 있는 두 개의 좌표축 중에, 왼쪽에 위치한 좌표축을 마우스 오른쪽 버튼으로 선택한 뒤에 아래와 같이 콜백 함수 CreateFcn 항목을 선택한다.

콜백 보기 > CreateFcn

- 계속해서 레이아웃 에디터의 GUI figure panel에 있는 오른쪽 좌표축에 대해서도 바로 위의 절차를 진행하여 오른쪽 좌표축에 대응하는 콜백 함수 CreateFcn 항목을 선택한다.

  지금까지의 진행 결과로, myaxestwo.m 파일은 〈표2〉과 같은 함수로 구성된다. 현재, 레이아웃 에디터에서 GUI figure panel에 있는 왼쪽 좌표축의 속성 Tag의 값이 axes1으로 설정되어 있다. 또한, 오른쪽 좌표축의 속성 Tag의 값이 axes2로 설정되어 있다. 이와 같은 내용을 확인하기 위하여 GUI figure panel에 있는 각각의 좌표축을 더블 클릭한다. 좌표축에 대응하는 속성 인스펙터가 열릴 것이고 속성 Tag에 저장된 속성 값을 확인한다. 다른 속성 값이 설정되어 있으면 axes1과 axes2로 사용자가 직접 입력하면 된다.

- M-파일 에디터에서 myaxestwo.m 파일 내부에 있는 axes1_CreateFcn 콜백 함수를 〈표3〉과 같은 내용으로 편집하고 axes2_CreateFcn 콜백 함수를 〈표4〉에 주어진 내용으로 편집한다.

표2

```
------------ myaxestwo.m--------------------------------
function varargout = myaxestwo(varargin)
function myaxestwo_OpeningFcn(hObject, eventdata, handles, varargin)
function varargout = myaxestwo_OutputFcn(hObject, eventdata, handles)
function axes1_CreateFcn(hObject, eventdata, handles)
function axes2_CreateFcn(hObject, eventdata, handles)
--------------------------------------------------------
```

표3

```
--------------------------------------------------------
function axes1_CreateFcn(hObject, eventdata, handles)
% hObject    handle to axes1 (see GCBO)
% eventdata  reserved - to be defined in a future version of MATLAB
% handles    empty - handles not created until after all CreateFcns called
```

```
[X1,Y1] = meshgrid(0:.2:8);
Z1 = sin(X1)+sin(Y1);
surf(X1,Y1,Z1);
xlabel('\bf{x}','fontsize',15);
ylabel('\bf{y}','fontsize',15);
zb1 = zlabel('\bf{z}','fontsize',15);
set(zb1,'rotation',0);
title('\bf{ z = sin(x) + sin(y)}','fontsize',15)

% Hint: place code in OpeningFcn to populate axes1
-----------------------------------------------------
```

표4

```
-----------------------------------------------------
function axes2_CreateFcn(hObject, eventdata, handles)
% hObject    handle to axes2 (see GCBO)
% eventdata  reserved - to be defined in a future version of MATLAB
% handles    empty - handles not created until after all CreateFcns called

[X2,Y2] = meshgrid(-2:.1:2);
Z2 = (1-X2.^2).*(1-Y2.^2);
surf(X2,Y2,Z2);
xlabel('\bf{x}','fontsize',15);
ylabel('\bf{y}','fontsize',15);
zb2 = zlabel('\bf{z}','fontsize',15);
set(zb2,'rotation',0);
title('\bf{ z = (1-x^2)(1-y^2)}','fontsize',15)

% Hint: place code in OpeningFcn to populate axes2
-----------------------------------------------------
```

지금까지의 내용을 모두 완성하고 myaxestwo.m 파일을 실행하기 위하여 M-파일 에디터 상단에 있는 실행버튼을 클릭하면 바로 앞 절인 3.4.2.1절의 〈표4〉에서 보았던 동일한 결과를 가진 UI window를 다시 보게 될 것이다. 이것으로 두 개의 좌표축이 있는 경우 CreateFcn 콜백 함수 사용법에 관한 설명을 끝낸다. 다음 절은 두 개의 좌표축에서 ButtonDownFcn 콜백 함수를 사용하는 방법에 대하여 알아본다.

3.4.2.3 ButtonDownFcn 이용

이번에는 아래 〈표1〉과 같은 UI window를 화면 출력한 상태에서 마우스로 UI window 내부에 있는 두 개의 좌표축 객체를 마우스로 각각 클릭하면 〈표2〉와 같은 결과(앞 절에서 구했던 UI window 출력과 동일한)가 나오도록 만들어 보자. 이런 목적을 위하여 ButtonDownFcn 콜백 함수를 사용할 것이다. 아래의 내용과 절차를 진행하여 본다.

표1

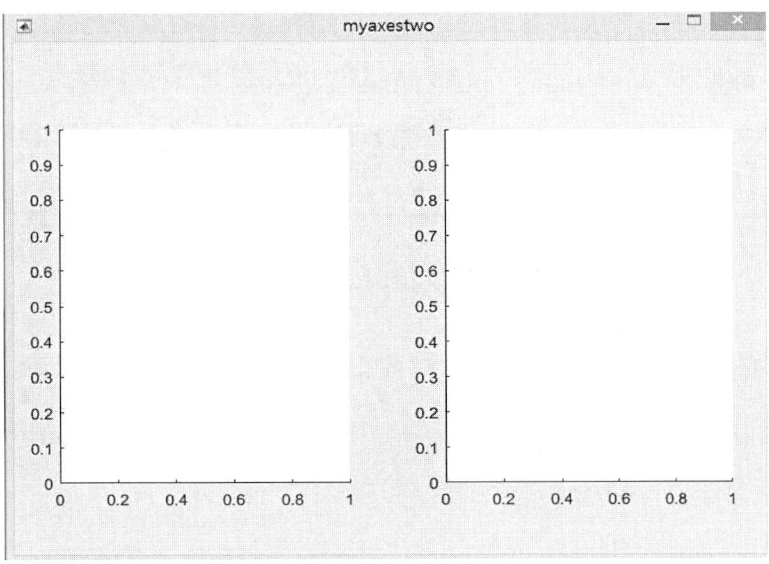

표2

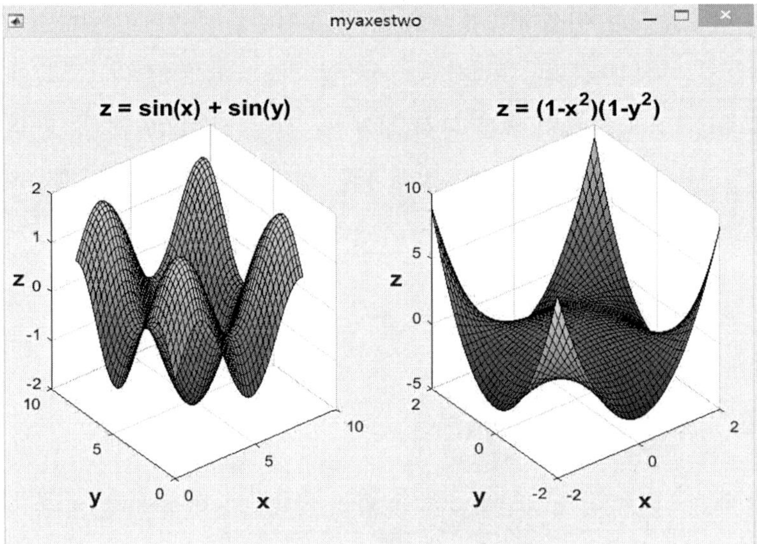

- 파일 myaxestwo.m을 M-파일 에디터에서 실행하면 〈표1〉과 같은 UI window가 화면에 출력되는 상황이라고 가정하자. 즉, UI window에 존재하는 두 개의 좌표축 객체에 어떤 내용 또는 그래프도 출력되지 않는 상태이다.
- 레이아웃 에디터에서 GUI figure panel에 있는 두 개의 좌표축을 마우스 오른쪽 버튼으로 각각 하나씩 선택한 뒤에 아래와 같이 콜백 함수 ButtonDownFcn 항목을 선택한다.

콜백 보기 > ButtonDownFcn

이 과정의 결과로, myaxestwo.m 파일은 〈표3〉과 같은 함수로 구성된다.

- M-파일 에디터에서 myaxestwo.m 파일 내부에 있는 axes1_ButtonDownFcn 콜백 함수를 〈표4〉에 주어진 내용으로 편집한다.

표3

```
----------- myaxestwo.m ---------------------------------
function varargout = myaxestwo(varargin)
function myaxestwo_OpeningFcn(hObject, eventdata, handles, varargin)
```

```
function varargout = myaxestwo_OutputFcn(hObject, eventdata, handles)
function axes1_ButtonDownFcn(hObject, eventdata, handles)
function axes2_ButtonDownFcn(hObject, eventdata, handles)
-----------------------------------------------------------
```

표4

```
-----------------------------------------------------------
function axes1_ButtonDownFcn(hObject, eventdata, handles)
% hObject    handle to axes1 (see GCBO)
% eventdata  reserved - to be defined in a future version of MATLAB
% handles    structure with handles and user data (see GUIDATA)

[X1,Y1] = meshgrid(0:.2:8);
Z1 = sin(X1)+sin(Y1);
surf(handles.axes1,X1,Y1,Z1);
xlabel(handles.axes1,'\bf{x}','fontsize',15);
ylabel(handles.axes1,'\bf{y}','fontsize',15);
zb1 = zlabel(handles.axes1,'\bf{z}','fontsize',15);
set(zb1,'rotation',0);
title(handles.axes1,'\bf{ z = sin(x) + sin(y)}','fontsize',15)
-----------------------------------------------------------
```

콜백 함수 axes1_ButtonDownFcn을 〈표4〉와 같이 편집한 뒤에 M-파일 에디터 상단에 있는 실행버튼을 클릭하면, 여전히 현재 절의 〈표1〉와 같이 그래프 결과가 없는 UI window가 다시 화면 출력될 것이다. 그러나 출력된 UI window 내부에 있는 왼쪽 좌표축 객체를 마우스로 선택하여 보면 〈표5〉와 같은 UI window를 보게 될 것이다. 〈표5〉에서 볼 수 있는 지금의 상태에서 오른쪽 좌표축 객체를 마우스로 선택하여 본다. 어떤 변화도 없고 〈표5〉와 같은 UI window의 상태가 유지된다. 다음으로, 〈표5〉와 같은 UI window에서 오른쪽 좌표축 객체를 마우스로 선택하면 그래프가 출력되도록 만들어 보자.

표5

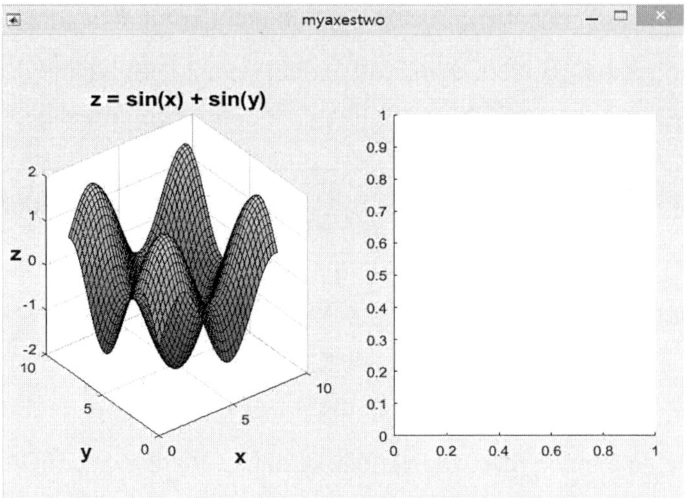

- M-파일 에디터에서 myaxestwo.m 파일 내부에 있는 axes2_ButtonDownFcn 콜백 함수를 〈표6〉과 같은 내용으로 편집한다.

표6

```
-------------------------------------------------------
function axes2_ButtonDownFcn(hObject, eventdata, handles)
% hObject    handle to axes2 (see GCBO)
% eventdata  reserved - to be defined in a future version of MATLAB
% handles    structure with handles and user data (see GUIDATA)

[X2,Y2] = meshgrid(-2:.1:2);
Z2 = (1-X2.^2).*(1-Y2.^2);
surf(handles.axes2,X2,Y2,Z2);
xlabel(handles.axes2,'\bf{x}','fontsize',15);
ylabel(handles.axes2,'\bf{y}','fontsize',15);
zb2 = zlabel(handles.axes2,'\bf{z}','fontsize',15);
set(zb2,'rotation',0);
title(handles.axes2,'\bf{ z = (1-x^2)(1-y^2)}','fontsize',15)
-------------------------------------------------------
```

〈표6〉의 내용으로 편집한 뒤에 M-파일 에디터 상단에 있는 실행버튼을 클릭하면 다시 현재 절의 〈표1〉과 같이 그래프 결과가 없는 UI window가 화면 출력될 것이다. 그러나 이번에는 왼쪽 좌표축 객체와 오른쪽 좌표축 객체를 마우스로 각각 선택하면, 왼쪽 좌표축에만 그래프가 출력되었던 〈표5〉의 결과와 다르게 현재 절의 〈표2〉에서 제공된 것과 동일한 결과를 가진 UI window(양쪽 좌표축에 그래프가 모두 그려진) 박스를 보게 될 것이다.

3.4.2절에서는 좌표축이 두 개일 경우에 좌표축을 선택하여 그래프를 출력하는 방법에 대하여 알아보았다. 다음 절에서는 좌표축에 수식을 어떻게 출력할 수 있는지 알아본다.

3.4.3 좌표축에 수식 표현하기

3.4.3.1 좌표축 한 개의 경우

좌표축 내부 공간에 어떤 위치를 좌표로 설정하고 〈표1〉에서 볼 수 있듯이 문자열 또는 수식을 표시할 수 있다.

표1

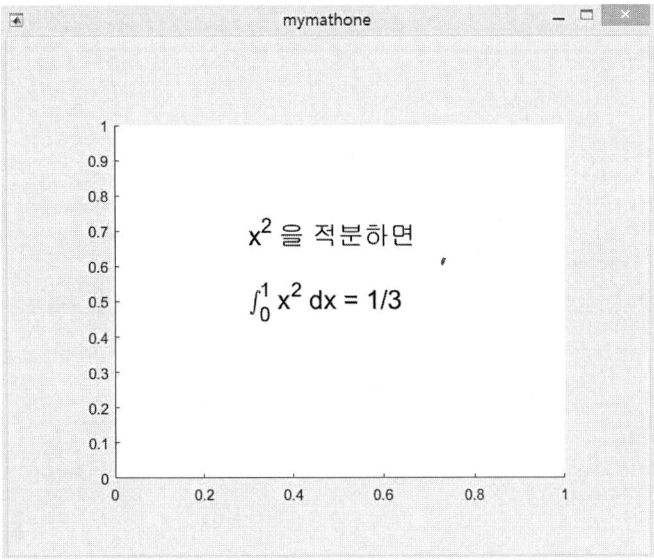

지금부터 〈표1〉에서와 같이 UI window에 수식을 표현할 수 있는 방법에 대하여 알아보자. 레이아웃 에디터에서 아래의 내용을 수행한다.

- 팔레트에 있는 구성요소인 좌표축을 드래그하여 GUI figure panel로 이동시키고 그 크기를 조정한다. 계속해서 레이아웃 에디터 상단에 있는 실행 버튼(녹색 버튼)을 클릭하여 〈표2〉와 같이 어떤 결과도 없는 빈 UI window를 생성한다. 이때, 파일명은 mymathone.fig로 입력한 뒤에 저장한다. 파일 mymathone.fig와 함께 만들어진 mymathone.m 파일은 〈표3〉에 주어진 함수로 구성되어 있다.

표2

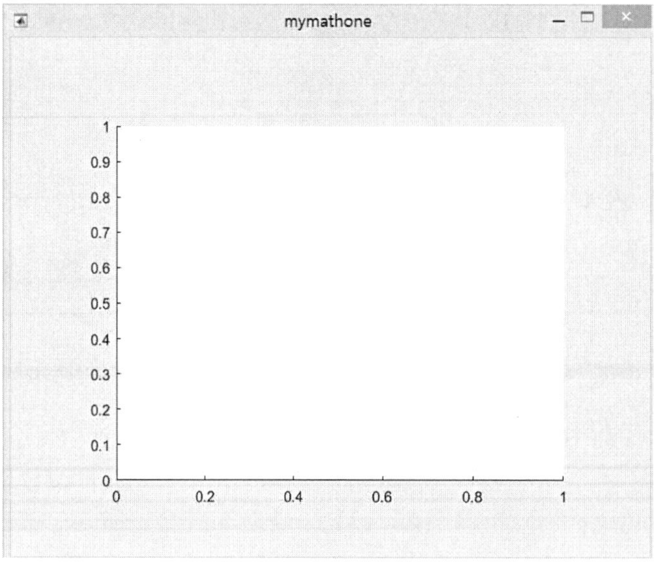

표3

```
-----------------------------------------------------------
function varargout = mymathone(varargin)
function mymathone_OpeningFcn(hObject, eventdata, handles, varargin)
function varargout = mymathone_OutputFcn(hObject, eventdata, handles)
-----------------------------------------------------------
```

지역 함수 mymathone_OpeningFcn을 〈표4〉와 같은 내용으로 편집하고 M-파일 에디터 상단에 있는 실행버튼을 클릭하면 앞에서 이미 보았던 현재 절의 〈표1〉에 주어진 UI window가 화면에 출력될 것이다. 즉, 좌표축에서 (0.3, 0.7)와 (0.3, 0.5)의 위치에 문자와 수식을 각각 출력한다. x축과 y축을 출력하지 않고 문자와 수식만을 출력하려면 〈표4〉에 주어진 내용을 가진 mymathone_OpeningFcn 지역 함수에서 수식을 출력하는 실행문인 text(0.3,0.5,str2,'FontSize',18) 다음 줄에 명령문

```
axis off
```

을 추가한 뒤에 다시 실행하면 된다. 실행의 결과로 〈표5〉와 같은 UI window가 될 것이다.

표4

```
-----------------------------------------------------------------
function mymathone_OpeningFcn(hObject, eventdata, handles, varargin)
% This function has no output args, see OutputFcn.
% hObject    handle to figure
% eventdata  reserved - to be defined in a future version of MATLAB
% handles    structure with handles and user data (see GUIDATA)
% varargin   command line arguments to mymathone (see VARARGIN)

axis([0 1 0 1])
str1 = 'x^2 을 적분하면';
str2 = '\int_{0}^{1} x^2 dx = 1/3 ';
text(0.3,0.7,str1,'FontSize',18);
text(0.3,0.5,str2,'FontSize',18);

% Choose default command line output for mymathone
handles.output = hObject;

% Update handles structure
```

```
guidata(hObject, handles);

% UIWAIT makes mymathone wait for user response (see UIRESUME)
% uiwait(handles.figure1);
```

표5

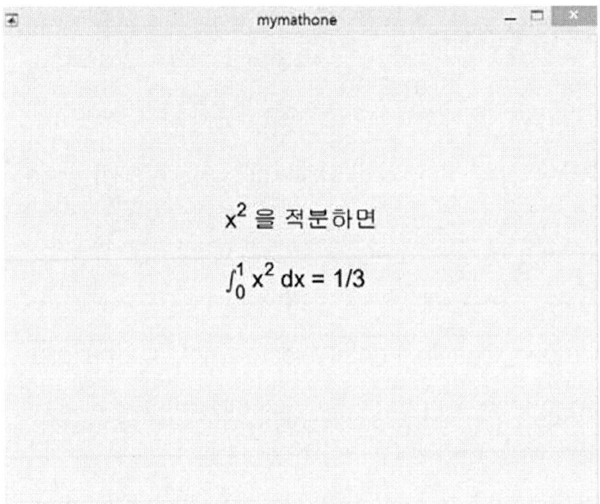

〈표4〉에 주어진 mymathone_OpeningFcn 지역 함수의 내용에서, 좌표축 내부 공간에 문자와 수식을 출력하는 두 개의 실행문

```
text(0.3,0.7,str1,'FontSize',18);
text(0.3,0.5,str2,'FontSize',18);
```

대신에 〈표6〉 또는 〈표7〉에 주어진 실행문으로 사용하여도 현재 절의 〈표1〉에 주어진 UI window의 결과와 동일한 내용을 가진 window를 볼 수 있다. 바로 위 박스 안에 주어진 두 개의 실행문에서는 속성 FontSize의 값 설정을 text 함수의 입력 인자로 조정하였다. 참고로, 〈표6〉의 내용을 보면 속성 FontSize의 값 설정을 set 함수를 이용하여 정하고 있다. 또한 〈표7〉에서는 점 기호(dot notation)와 함께 속성 명칭을 객체

핸들(text의 출력 변수 hd1 또는 hd2)의 서브 필드명으로 이용하고 있다. 〈표7〉에 주어진 방식을 사용할 경우 서브 필드명에서 대문자와 소문자를 정확히 구분하여야 한다. 즉, 〈표7〉에 주어진 실행문 hd1.FontSize = 18 대신에

hd1.fontSize = 18　또는　hd1.fontsize = 18

을 사용할 경우, 명령창에서 에러 메시지를 보게 될 것이다.

표6

```
hd1 = text(0.3,0.7,str1);
set(hd1,'FontSize',18);
hd2 = text(0.3,0.5,str2);
set(hd2,'FontSize',18);
```

표7

```
hd1 = text(0.3,0.7,str1);
hd1.FontSize = 18;
hd2 = text(0.3,0.5,str2);
hd2.FontSize = 18;
```

표8

```
-----------------------------------------------------------
function mymathone_OpeningFcn(hObject, eventdata, handles, varargin)
%
axis([0 1 0 1])
str1 = 'x^2 을 적분하면';
str2 = '\int_{0}^{1} x^2 dx = 1/3 ';

global hd1;
hd1 = text(0.3,0.7,str1);
hd1.FontSize = 18;
```

```
hd2 = text(0.3,0.5,str2);
hd2.FontSize = 18;

% Choose default command line output for mymathone
handles.output = hObject;

% Update handles structure
guidata(hObject, handles);
--------------------------------------------------------------
```

객체 핸들과 관련된 속성명을 알아보기 위하여 전역 변수(global)를 이용할 수 있다. 예를 들어, mymathone_OpeningFcn 지역 함수의 내용을 〈표4〉에서 〈표8〉의 내용으로 수정하고 저장한 뒤에 실행하면 〈표1〉에 주어진 결과를 다시 보게 된다. 이때, 명령창에서 다음과 같이 진행하여 보자. 〈표8〉의 내용에서 변수 hd1(text 함수의 출력 변수인)을 전역 변수로 선언(global hd1)을 하였기 때문에 명령창에서 아래와 같이 hd1에 접근할 수 있다.

```
>> global hd1
>> hd1
```

위와 같은 실행으로 〈표9〉에 주어진 내용을 명령창에서 볼 수 있다.

표9

```
-------- 명령창 출력 내용 ----------------------
hd1 =
  Text (x^2 을 적분하면) - 속성 있음:

          String: 'x^2 을 적분하면'
        FontSize: 18
      FontWeight: 'normal'
```

```
        FontName: 'Helvetica'
           Color: [0 0 0]
HorizontalAlignment: 'left'
        Position: [0.3000 0.7000 0]
           Units: 'data'

모든 속성 표시
---------------------------------------------
```

〈표9〉에서 주어진 속성 명칭과 속성 값을 포함한 다른 속성에 대해서도 보려면 명령창에 출력된 〈표9〉의 내용에서 마지막 줄에 있는 '**모든 속성**'을 마우스로 클릭하면 된다.

함수 text을 이용하여 문자 또는 수식을 출력할 때 이용할 수 있는 명령어는 다음과 같다.

□ 명령어1

명령어	설명
^{ }	{ } 안의 내용을 위 첨자 위치에 출력
_{ }	{ } 안의 내용을 아래 첨자 위치에 출력
₩bf	bold 폰트
₩it	italic 폰트
₩rm	normal 폰트

□ 명령어2

명령어	기호
₩alpha	α
₩beta	β
₩gamma	γ
₩delta	δ
₩epsilon	ϵ
₩zeta	ζ
₩eta	η
₩theta	θ
₩vartheta	ϑ
₩iota	ι
₩kappa	κ
₩lambda	λ

명령어	기호
₩mu	μ
₩nu	ν
₩xi	ξ
₩pi	π
₩rho	ρ
₩sigma	σ
₩varsigma	ς
₩tau	τ
₩upsilon	υ
₩phi	ϕ
₩chi	χ
₩psi	ψ
₩omega	ω

명령어	기호
₩Gamma	$\varGamma$
₩Delta	$\varDelta$
₩Theta	$\varTheta$
₩Lambda	$\varLambda$
₩Xi	$\varXi$
₩Pi	$\varPi$
₩Sigma	$\varSigma$
₩Phi	$\varPhi$
₩Psi	$\varPsi$
₩Omega	$\varOmega$

□ 명령어3

명령어	기호
₩angle	$\angle$
₩ast	$\ast$
₩rfloor	$\rfloor$
₩lfloor	$\lfloor$
₩perp	$\perp$
₩wedge	$\wedge$
₩rceil	$\rceil$
₩lceil	$\lceil$
₩exists	$\exists$
₩ni	$\ni$

명령어	기호
₩cap	$\cap$
₩cup	$\cup$
₩Re	$\Re$
₩vee	$\vee$
₩cdot	$\cdot$
₩forall	$\forall$
₩int	$\int$
₩in	$\in$
₩partial	∂
₩div	$\div$

명령어	기호
₩infty	∞
₩times	$\times$
₩surd	$\surd$
₩varpi	ϖ
₩pm	$\pm$
₩leftarrow	$\leftarrow$
₩rightarrow	$\rightarrow$
₩uparrow	$\uparrow$
₩downarrow	$\downarrow$
₩leftrightarrow	$\leftrightarrow$

□ 명령어4

명령어	기호
₩rangle	$\rangle$
₩langle	$\langle$
₩clubsuit	$\clubsuit$
₩diamondsuit	♦
₩heartsuit	♥
₩spadesuit	$\spadesuit$
₩sim	$\sim$
₩equiv	$\equiv$
₩cong	$\cong$
₩approx	$\approx$

명령어	기호
₩neq	$\neq$
₩sim	$\sim$
₩supset	$\supset$
₩supseteq	$\supseteq$
₩subset	$\subset$
₩subseteq	$\subseteq$
₩leq	$\leq$
₩geq	$\geq$
₩oplus	$\oplus$
₩otimes	$\otimes$

명령어	기호
₩Leftarrow	$\Leftarrow$
₩Rightarrow	$\Rightarrow$
₩circ	$\circ$
₩propto	$\propto$
₩wp	$\wp$
₩oslash	$\oslash$
₩o	$\varnothing$
₩nabla	∇
₩ldots	$\ldots$
₩prime	$\prime$

명령어	기호
₩aleph	$\aleph$
₩mid	$\mid$
₩copyright	©
₩bullet	$\bullet$

함수 text 사용 시 명령어를 어떻게 활용할 수 있는지 알아보기 위하여 제공된 〈명령어1〉-〈명령어4〉에서 몇 가지 명령어를 선택하여 직접 사용하여 보자. 예를 들어, 〈표4〉에 주어진 mymathone_OpeningFcn 지역 함수의 내용에 〈표10〉에 주어진 내용을 추가하고 실행하면 〈표11〉과 같은 결과를 볼 수 있을 것이다. 이와 같은 방식으로 필요한 명령어를 〈명령어1〉-〈명령어4〉에서 선택하여 사용하면 된다.

표10

```
str3 = '\int \perp \Re \surd  \clubsuit \sim \circ \o \mid ';
text(0.3,0.3,str3,'FontSize',18);
```

표11

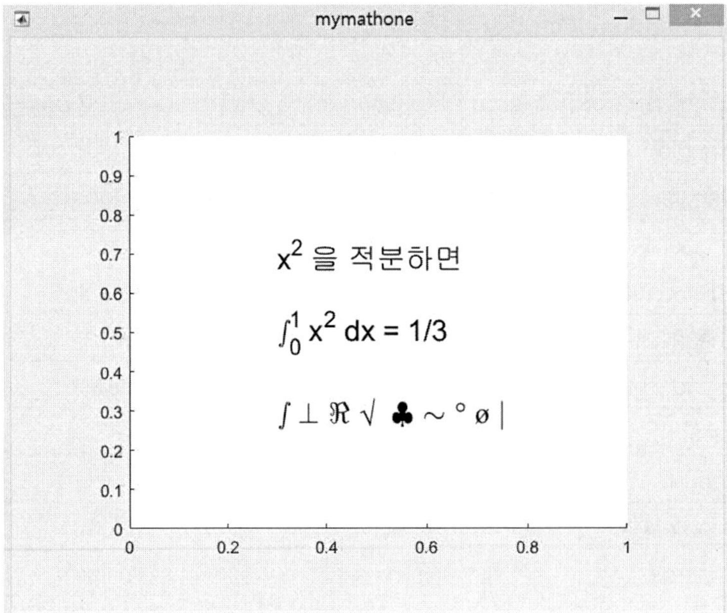

이번 절에서는 좌표축이 한 개일 때, 매틀랩이 제공하는 명령어(현재 절의 〈명령어1〉 – 〈명령어4〉 참고)와 text 함수를 이용하여 좌표축 내부에 문자열 또는 수식을 출력하는 방법에 대하여 알아보았다.

3.4.3.2 Latex 이용

Latex을 이용하여 문서를 작성해 본 사용자는, 함수 text에서 수식 출력을 위해 Latex 명령어를 사용할 수 있다. 아래 〈표1〉에서 볼 수 있는 수식은 Latex 명령어를 사용하여 출력하였다.

표1

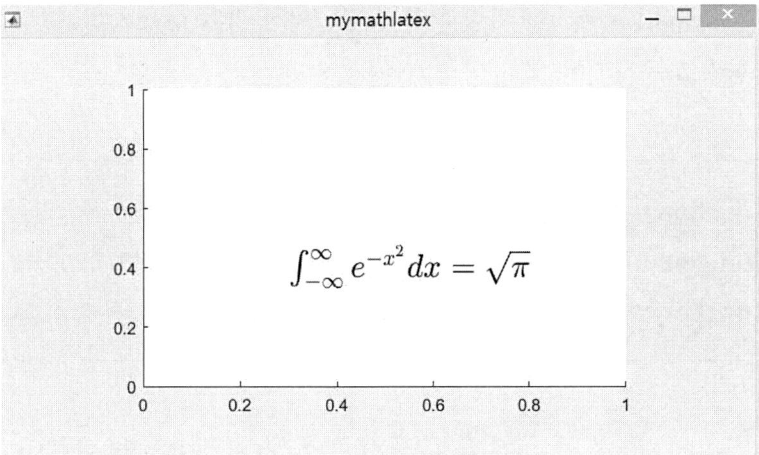

지금부터 〈표1〉에서와 같이 Latex을 이용하여 UI window에 수식을 표현할 수 있는 방법에 대하여 알아보자. 레이아웃 에디터에서 아래의 내용을 수행한다:

- 팔레트에 있는 구성요소인 좌표축을 드래그하여 GUI figure panel로 이동시키고 그 크기를 조정한다. 계속해서 레이아웃 에디터 상단에 있는 실행 버튼(녹색 버튼)을 클릭하면 〈표2〉와 같이 좌표축 내부가 비어있는 UI window가 화면에 출력될 것이다. 이때, 파일명은 mymathlatex.fig로 저장한다.

표2

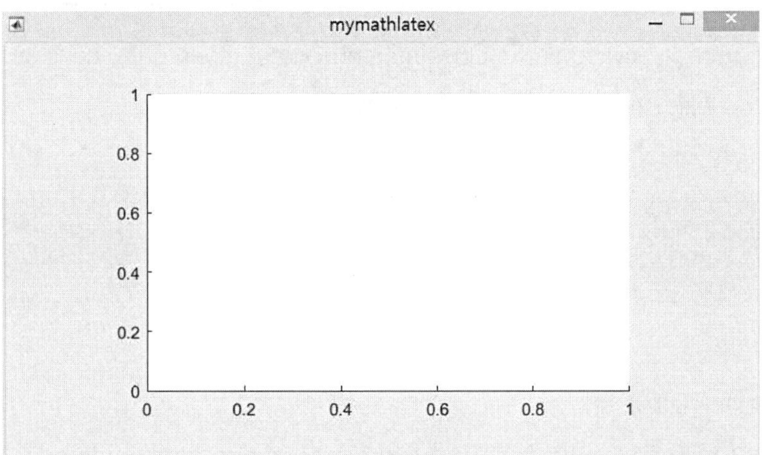

저장할 때에 mymathlatex.fig 파일과 함께 만들어진 파일 mymathlatex.m은 〈표3〉에 주어진 함수로 구성되어 있다.

표3

```
------------------------------------------------------------
function varargout = mymathlatex(varargin)
function mymathlatex_OpeningFcn(hObject, eventdata, handles, varargin)
function varargout = mymathlatex_OutputFcn(hObject, eventdata, handles)
------------------------------------------------------------
```

지역 함수 mymathlatex_OpeningFcn을 〈표4〉와 같은 내용으로 편집하고 M-파일 에디터 상단에 있는 실행버튼을 클릭하면 현재 절의 〈표1〉과 같은 UI window를 보게 될 것이다. 즉, 좌표축에서 (0.3, 0.4)의 위치에 적분 기호를 포함한 수식을 출력한다. 좌표축을 출력하지 않고 수식만을 출력(앞 절에서도 시도하였던)하려면 〈표4〉에 주어진 mymathlatex_OpeningFcn 지역 함수에서 text 실행문 다음 줄에 실행문

```
axis off
```

을 추가한 뒤에 다시 실행하면 된다.

표4

```
------------------------------------------------------------
function mymathlatex_OpeningFcn(hObject, eventdata, handles, varargin)
% This function has no output args, see OutputFcn.
% hObject    handle to figure
% eventdata  reserved - to be defined in a future version of MATLAB
% handles    structure with handles and user data (see GUIDATA)
% varargin   command line arguments to mymathlatex (see VARARGIN)

axis([0 1 0 1])
str = '$ \int_{-\infty}^{\infty} e^{-x^2} dx = \sqrt{\pi}$';
text(0.3,0.4, str, 'Interpreter','latex','fontsize',20);
```

```
% Choose default command line output for mymathlatex
handles.output = hObject;

% Update handles structure
guidata(hObject, handles);

% UIWAIT makes mymathlatex wait for user response (see UIRESUME)
% uiwait(handles.figure1);
------------------------------------------------------------
```

지역 함수 mymathlatex_OpeningFcn의 내용을 살펴보자. Latex에서 제공하는 명령어를 사용하는 방법은 의외로 간단한 것을 볼 수 있다. 〈표4〉에서와 같이 text 함수 사용 시, 속성 Interpreter의 값을 아래와 같이 latex으로 지정해야 한다:

```
text(0.3,0.4, str, 'Interpreter','latex','fontsize',20);
```

이때, 문자열 str은

```
str = '$ \int_{-\infty}^{\infty} e^{-x^2} dx = \sqrt{\pi}$'
```

와 같이 Latex 명령어에 의하여 수식을 표현하고 있다. 다양한 수식을 표현하는 Latex 명령어에 대한 설명은 관련된 서적을 참고하길 바란다. 이번 절에서는 Latex에서 제공하는 명령어를 이용하여 좌표축에 수식을 출력하는 방법에 대하여 알아보았다.

3.4.3.3 좌표축 두 개의 경우

이번에는 하나의 UI window에 두 개의 좌표축이 있고 그 각각의 좌표축에 수식을 입력하여 보자. 레이아웃 에디터에서 아래의 내용을 수행한다:

- 팔레트에 있는 좌표축을 두 번 드래그하여 GUI figure panel로 각각 이동시키고 그 크기를 아래에 주어진 〈표1〉과 같이 조정한다. 〈표1〉에는 두 개의 좌표축이 있고 각각의 좌표축은 〈표2〉와 같이 속성 Tag의 값이 설정되어 있다고 가정한다.
- 레이아웃 에디터 상단에 있는 실행 버튼(녹색 버튼)을 클릭하면 어떤 결과도 없는 두 개의 좌표축을 보게 될 것이다. 이때, 파일명은 mymathtwo.fig로 저장한다. 파일 mymathtwo.fig와 함께 만들어진 mymathtwo.m 파일은 〈표3〉에 주어진 함수로 구성되어 있다.

표1

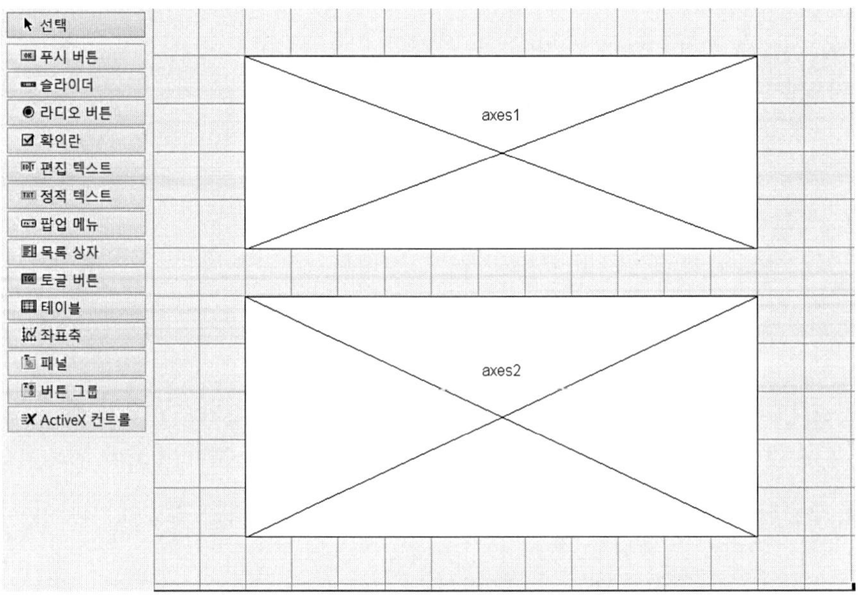

표2

위쪽에 있는 좌표축의 Tag 값	axes1
아래쪽에 있는 좌표축의 Tag 값	axes2

표3

```
--------------------------------------------------------------
function varargout = mymathtwo(varargin)
function mymathtwo_OpeningFcn(hObject, eventdata, handles, varargin)
function varargout = mymathtwo_OutputFcn(hObject, eventdata, handles)
--------------------------------------------------------------
```

- 지역 함수 mymathtwo_OpeningFcn을 〈표4〉의 내용으로 편집하고 M-파일 에디터 상단에 있는 실행버튼을 클릭하면 〈표5〉와 같은 UI window를 보게 될 것이다. 〈표4〉에 주어진 mymathtwo_OpeningFcn 지역 함수의 내용을 보면 text 함수 사용 시, set 함수를 이용하여 원하는 좌표축으로 출력을 지정하고 있다.

표4

```
--------------------------------------------------------------
function mymathtwo_OpeningFcn(hObject, eventdata, handles, varargin)
% This function has no output args, see OutputFcn.
% hObject    handle to figure
% eventdata  reserved - to be defined in a future version of MATLAB
% handles    structure with handles and user data (see GUIDATA)
% varargin   command line arguments to mymathtwo (see VARARGIN)

axis(handles.axes1, [0 1 0 1]);
str1 = '$ \int_{-\infty}^{\infty} e^{-x^2} dx = \sqrt{\pi}$';
hd1 = text(0.3,0.4, str1, 'Interpreter','latex','fontsize',20);
set(hd1,'parent', handles.axes1);
%
syms x
a = ezplot(abs(x), [-2 2]);
axis(handles.axes2, [-2 2 0 2]);
set(a,'parent', handles.axes2);
set(a,'linestyle','--');
```

```
p1 = '$ |x| = \left\{ \begin{array}{ll}';
p2 = '  x   & \mbox{if $x \ge 0$} \\';
p3 = '  -x  & \mbox{otherwise}';
p4 = '  \end{array} \right. $';
str2 =[p1 p2 p3 p4];
hd2 = text(-1,1.4, str2 ,'Interpreter','latex','fontsize',16);
set(hd2,'parent',handles.axes2);
title(handles.axes2,'$ y = |x| $','Interpreter','latex','fontsize',20);
xlabel(handles.axes2,'$x$','Interpreter','latex', 'fontsize',16);
ylab = ylabel(handles.axes2,'$y$','Interpreter','latex','fontsize',16);
set(ylab,'rotation',0);

% Choose default command line output for mymathtwo
handles.output = hObject;

% Update handles structure
guidata(hObject, handles);

% UIWAIT makes mymathtwo wait for user response (see UIRESUME)
% uiwait(handles.figure1);
---------------------------------------------------------
```

표5

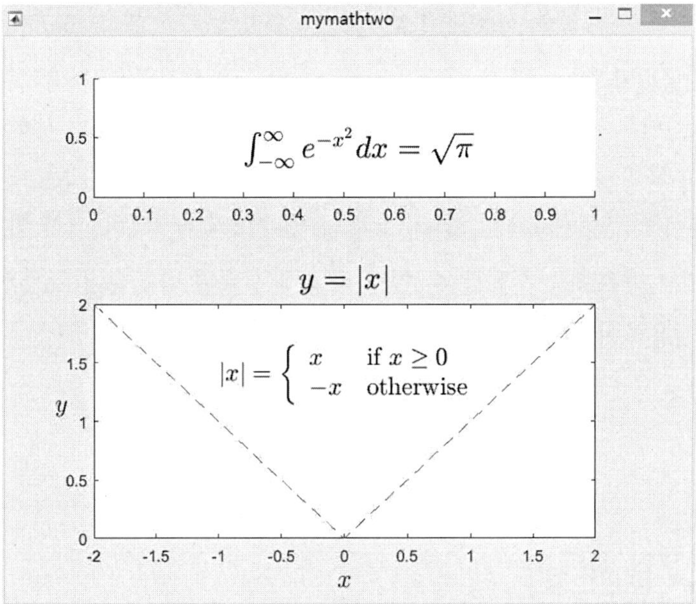

예를 들어, 〈표4〉에 주어진 mymathtwo_OpeningFcn 지역 함수의 내용 중에 있는 〈표6〉에 주어진 실행문을 이해하여 보자. (A)에 의하여 변수 hd1이 생성되었다. (B)에서 함수 set을 이용하여 hd1의 속성 parent의 값을 handles.axes1으로 설정하여 (A)에 의한 text 명령문의 결과가 UI window에서 위쪽에 있는 좌표축(Tag: axes1)에 출력되도록 하였다.

표6

(A)	hd1 = text(0.3,0.4, str1, 'Interpreter','latex','fontsize',20);
(B)	set(hd1,'parent', handles.axes1);

〈표4〉의 내용을 보면 title, xlabel, ylabel 함수를 사용하고 있는데, 첫 번째 입력 인자 위치에 좌표축 핸들을 지정하여 실행문의 결과를 사용자가 원하는 위치에 출력되도록 하고 있다. 아래의 실행문으로 y축에 출력하는 내용의 회전을 조정할 수 있다:

```
set(ylab,'rotation',0);
```

즉, 〈표4〉에서 위의 실행문을 실행하면 ylab이 지정하는 문자열 'y'를 y축에 출력할 때에 사용자가 읽기 쉽도록 방향을 조정하였다. 위의 명령문을 실행할 때와 실행하지 않을 때의 출력을 비교하면 그 차이를 쉽게 이해할 수 있다. 이번 절의 내용은 좌표축이 두 개일 때, 수식을 출력하는 방법에 대한 설명이다. 현재 절에서 배운 내용은 좌표축이 두 개 이상인 UI window에도 확대 적용될 수 있다. 즉, 여러 개의 좌표축을 가진 UI window에서 좌표축을 선택할 수 있고 이렇게 선택된 좌표축에 Latex에서 지원하는 명령어를 사용하여 다양한 수식을 출력할 수 있다.

3.5 편집 텍스트

어떤 내용을 보여주기만 하는 정적 텍스트와는 달리 편집 텍스트의 경우, 박스 안에 사용자가 내용을 직접 입력할 수 있다. 편집 텍스트의 사용법을 설명하기 위하여 다른 구성요소인 정적 텍스트와 푸시 버튼을 함께 이용할 것이다. 먼저, 레이아웃 에디터에서 GUI figure panel 크기를 적절히 조정한 뒤에 〈표1〉과 같이 구성요소를 배치한다. 이때, 각각의 구성요소 종류는 〈표2〉에 주어진다.

표1

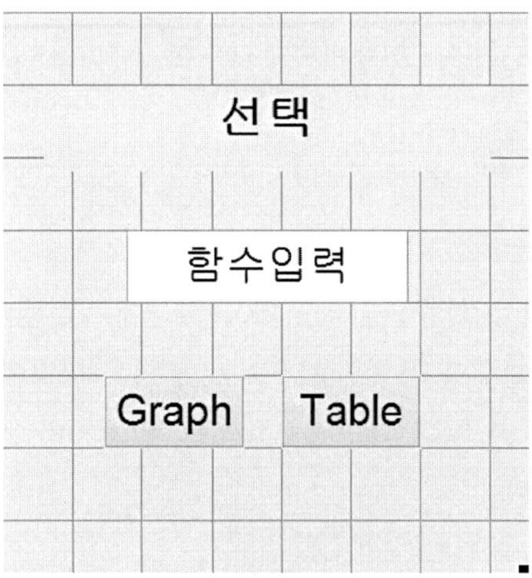

설명을 쉽게 진행하기 위하여 〈표1〉에 있는 구성요소를 〈표2〉와 같이 순서화한다.

표2

	대상	구성요소 종류
첫 번째 객체	선 택	정적 텍스트
두 번째 객체	함수입력	편집 텍스트
세 번째 객체	Graph	푸시 버튼
네 번째 객체	Table	푸시 버튼

위 〈표1〉에 주어진 구성요소 각각을 더블 클릭하여 속성 인스펙터를 열고 속성 FontSize, String, Tag의 값을 〈표3〉과 같이 설정한다.

표3

	FontSize	String	Tag
첫 번째 객체	20	선택	text1
두 번째 객체	18	함수입력	edit1
세 번째 객체	18	Graph	pushbutton1
네 번째 객체	18	Table	pushbutton2

위의 설정을 끝내고 레이아웃 에디터 상단에 있는 실행 버튼(녹색 버튼)을 클릭하면 〈표4〉와 같은 초기 UI window를 보게 될 것이다. 이때, 파일명은 myedit.fig로 저장한다.

표4

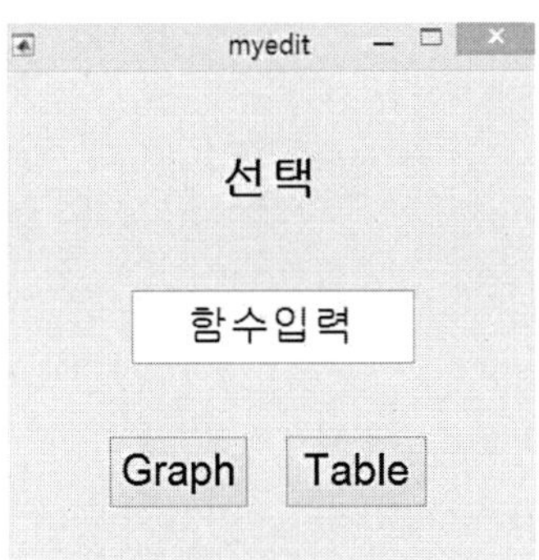

표5

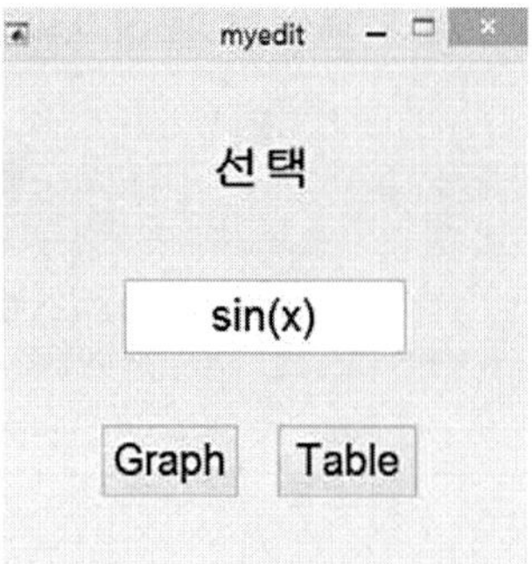

〈표4〉와 같은 UI window가 화면에 출력되면 〈표5〉에서와 같이 두 번째 객체의 박스 안에 수학 함수인 sin(x)를 입력(사용자가 임의로 선택한 수학 함수)하고 세 번째 객체를(또는 네 번째 객체를) 마우스로 클릭하면 〈표6〉과(또는 〈표7〉과) 같이 첫 번째 객체 박스 안의 내용이 '선택'에서 'sin(x)의 그래프'로(또는 'sin(x)의 테이블'로) 변경되는 결과가 나오도록 myedit.m 파일을 편집하여 보자.

표6

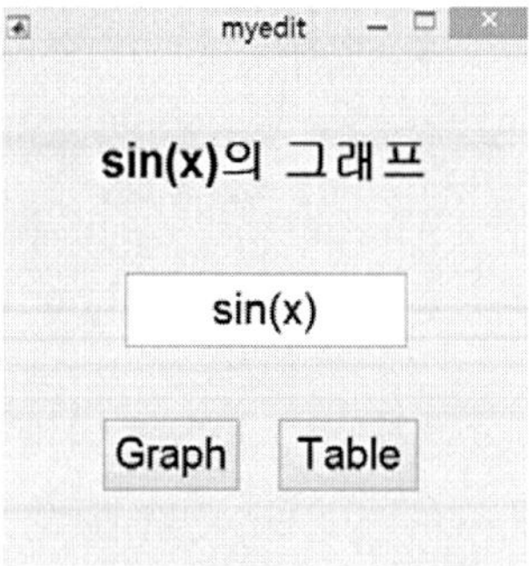

표7

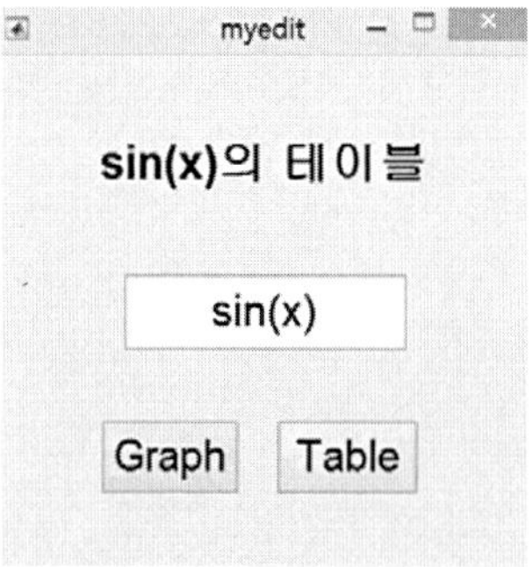

M-파일 에디터에 열려있는 myedit.m 파일의 내용을 살펴보면 〈표8〉과 같은 함수들로 구성되어 있는 것을 볼 수 있다. 이 중에서 콜백 함수 pushbutton1_Callback과 pushbutton2_Callback을 〈표9〉에 주어진 내용으로 수정, 저장한 뒤에 다시 myedit.m 파일을 실행하여 위의 내용을 진행하면 〈표6〉과 〈표7〉의 결과를 보게 될 것이다.

표8

```
----------- myedit.m ------------------------------------
function varargout = myedit(varargin)
function myedit_OpeningFcn(hObject, eventdata, handles, varargin)
function varargout = myedit_OutputFcn(hObject, eventdata, handles)
function edit1_Callback(hObject, eventdata, handles)
function edit1_CreateFcn(hObject, eventdata, handles)
function pushbutton1_Callback(hObject, eventdata, handles)
function pushbutton2_Callback(hObject, eventdata, handles)
---------------------------------------------------------
```

표9

```
---------------------------------------------------------
function pushbutton1_Callback(hObject, eventdata, handles)
% hObject    handle to pushbutton1 (see GCBO)
% eventdata  reserved - to be defined in a future version of MATLAB
% handles    structure with handles and user data (see GUIDATA)
%
a = get(handles.edit1,'String');
str = [a '의 그래프'];
set(handles.text1,'String',str);

function pushbutton2_Callback(hObject, eventdata, handles)
% hObject    handle to pushbutton2 (see GCBO)
% eventdata  reserved - to be defined in a future version of MATLAB
% handles    structure with handles and user data (see GUIDATA)
%
```

```
a = get(handles.edit1,'String');
str = [a '의 테이블'];
set(handles.text1,'String', str);
```

〈표5〉와 같은 내용을 가진 UI window에서 사용자가 Graph 를 마우스로 선택하면 〈표9〉에 주어진 pushbutton1_Callback 콜백 함수의 내용이 실행된다. 즉, get 실행문

```
a = get(handles.edit1,'String');
```

을 이용하여 편집 텍스트 박스 안에 사용자가 입력한 수학 함수 sin(x)를 변수 a에 저장한다. 실행문

```
str = [a '의 테이블']
```

에 의하여 변수 str에는 다음과 같은 문자열이 저장된다:

'sin(x)의 테이블'

계속해서 아래에 주어진 set 실행문

```
set(handles.text1,'String',str);
```

이 실행되면서 〈표6〉과 같이 첫 번째 객체인 정적 텍스트 박스안의 내용이 변수 str에 저장된 문자열로 변경되어 출력된다. 한편, 〈표5〉의 UI window에서 사용자가 네 번째 객체인 Table 버튼을 마우스로 선택하면 〈표9〉에 주어진 콜백 함수 pushbutton2_Callback의 내용이 바로 위에서 설명한 방식과 비슷하게 실행되어 〈표7〉과 같은 UI window 출력을 얻게 된다.

현재 절에서는 편집 텍스트가 다른 구성요소와 어떻게 연결되어 활용될 수 있는지 알아보았다. 다음 절은 팝업 메뉴에 관한 설명이 주어진다.

3.6 팝업 메뉴

여러 개의 항목이 동등하게 나열되고 그 중에서 하나의 항목을 사용자가 선택해야 하는 경우 팔레트에 있는 팝업 메뉴를 이용할 수 있다. 아래 〈표1〉에는 이미 앞의 내용에서 생성해 보았던 UI window와 이 UI window를 생성하는데 필요한 파일들에 대한 정보가 주어졌다. 이 파일들을 이용하여 팝업 메뉴의 사용법을 설명할 것이다.

표1

세 개의 UI window	관련 파일
3.3절 〈표1〉	mytable.fig와 mytable.m
3.4.1.1절 〈표6〉	myaxes.fig와 myaxes.m
3.4.3.2절 〈표1〉	mymathlatex.fig와 mymathlatex.m

먼저, 레이아웃 에디터에서 GUI figure panel 크기를 적절히 조정한 뒤에 〈표2〉와 같이 구성요소를 배치한다. 이때, 각각의 구성요소 종류는 〈표3〉의 내용으로 주어진다.

표2

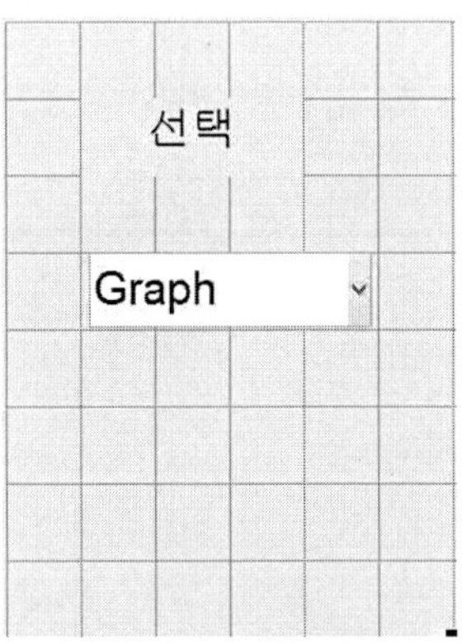

표3

	대상	구성요소 종류
첫 번째 객체	선택	정적 텍스트
두 번째 객체	Graph	팝업 메뉴

위 〈표2〉와 같이 주어진 레이아웃 에디터에 있는 구성요소 각각을 더블 클릭하여 속성 인스펙터를 열고 속성 FontSize, String, Tag의 값을 〈표4〉와 같이 설정한다. 두 번째 객체인 팝업 메뉴의 속성 String의 내용을 입력할 때, 〈표5〉와 같이 한 줄에 문자열 하나씩 입력하고 Enter키를 클릭하여 다음 줄로 이동한다.

표4

	FontSize	String	Tag
첫 번째 객체	18	선택	text1
두 번째 객체	18	Graph Math Table	popupmenu1

표5

레이아웃 에디터 상단에 있는 실행 버튼(녹색 버튼)을 클릭하면 〈표6〉와 같은 초기 UI window를 보게 될 것이다. 이때, 파일명은 mypopup.fig로 저장한다.

표6

〈표6〉과 같이 주어진 UI window에서 팝업 메뉴의 첫 번째 항목 Graph, 두 번째 항목 Math, 세 번째 항목 Table을 차례대로 마우스를 이용하여 선택하면 〈표7-1〉-〈표7-3〉에 주어진 내용과 같이 대응하는 그래프(현재 절의 〈표1〉에서 설명한 UI window)가 나오도록 mypopup.m 파일을 편집하여 보자.

표7-1

팝업 메뉴 선택 항목	출력
Graph	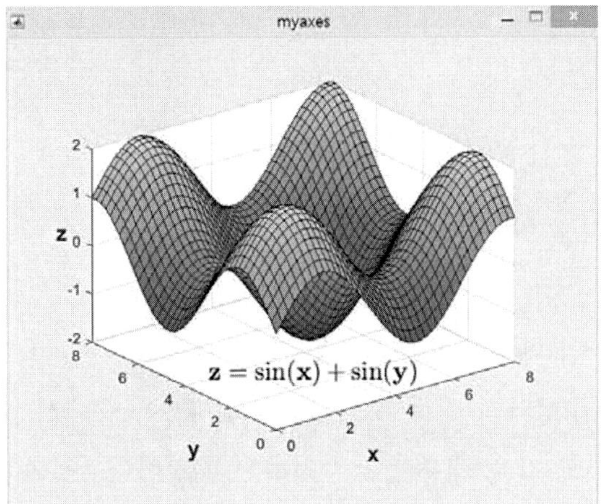

표7-2

팝업 메뉴 선택 항목	출력
Math	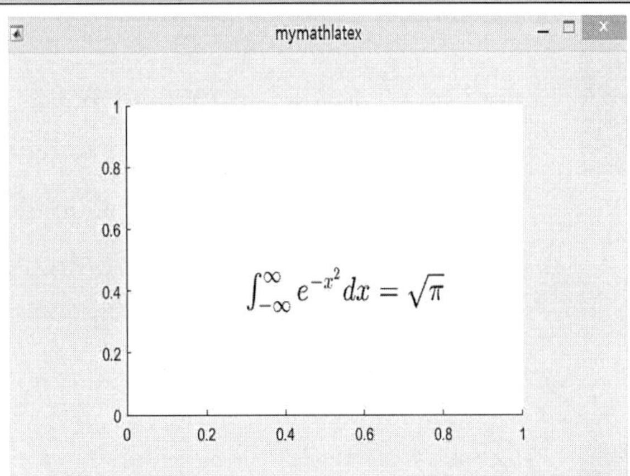

표7-3

<table>
<tr><th>팝업 메뉴 선택 항목</th><th>출력</th></tr>
<tr><td>Table</td><td>
mytable
<table>
<tr><th></th><th>노드점</th><th>이론해</th><th>근사값</th><th>에러</th></tr>
<tr><td>1</td><td>0</td><td>1</td><td>1</td><td>0</td></tr>
<tr><td>2</td><td>0.2000</td><td>1.2443</td><td>1.2000</td><td>0.0443</td></tr>
<tr><td>3</td><td>0.4000</td><td>1.5967</td><td>1.4843</td><td>0.1124</td></tr>
<tr><td>4</td><td>0.6000</td><td>2.0933</td><td>1.8795</td><td>0.2138</td></tr>
<tr><td>5</td><td>0.8000</td><td>2.7804</td><td>2.4198</td><td>0.3606</td></tr>
<tr><td>6</td><td>1</td><td>3.7183</td><td>3.1489</td><td>0.5694</td></tr>
<tr><td>7</td><td>1.2000</td><td>4.9841</td><td>4.1223</td><td>0.8618</td></tr>
<tr><td>8</td><td>1.4000</td><td>6.6773</td><td>5.4108</td><td>1.2665</td></tr>
<tr><td>9</td><td>1.6000</td><td>8.9249</td><td>7.1040</td><td>1.8208</td></tr>
<tr><td>10</td><td>1.8000</td><td>11.8894</td><td>9.3154</td><td>2.5739</td></tr>
<tr><td>11</td><td>2</td><td>15.7781</td><td>12.1885</td><td>3.5897</td></tr>
</table>
</td></tr>
</table>

M-파일 에디터에 열려있는 mypopup.m 파일의 내용을 살펴보면 〈표8〉과 같은 함수들로 구성되어 있는 것을 볼 수 있다. 이 중에서 popupmenu1_Callback 콜백 함수를 〈표9〉와 같은 내용으로 수정하고 저장한다. 업데이트된 mypopup.m 파일을 M-파일 에디터에서 다시 실행하여 UI window(현재 절의 〈표6〉에 제공된)를 출력하고 팝업 메뉴의 항목을 차례대로 마우스로 선택한다. 위에서 소개하였던 〈표7-1〉-〈표7-3〉에서 설명하는 대응관계를 보게 될 것이다.

표8

```
----------- mypopup.m ---------------------------------
function varargout = mypopup(varargin)
function mypopup_OpeningFcn(hObject, eventdata, handles, varargin)
function varargout = mypopup_OutputFcn(hObject, eventdata, handles)
function popupmenu1_Callback(hObject, eventdata, handles)
function popupmenu1_CreateFcn(hObject, eventdata, handles)
-------------------------------------------------------
```

표9

```
-------------------------------------------------------
function popupmenu1_Callback(hObject, eventdata, handles)
% hObject    handle to popupmenu1 (see GCBO)
```

```
% eventdata  reserved - to be defined in a future version of MATLAB
% handles    structure with handles and user data (see GUIDATA)

% Hints: contents = cellstr(get(hObject,'String'))
%        returns popupmenu1 contents as cell array
%        contents{get(hObject,'Value')} returns selected item from
%        popupmenu1

chstr = cellstr(get(hObject, 'String'));
ind = get(hObject,'Value');
switch chstr{ind};
case 'Graph'
  myaxes
case 'Math'
  mymathlatex
case 'Table'
  mytable
end
```

현재 절의 〈표6〉에 주어진 UI window에서 사용자가 팝업 메뉴의 첫 번째 항목인 Graph를 마우스로 선택하면 〈표9〉에 주어진 popupmenu1_Callback 콜백 함수의 내용이 실행된다. 실행문

```
chstr = cellstr(get(hObject, 'String'));
```

에 의하여 3×1 크기의 셀 배열 chstr이 다음과 같은 내용(셀 배열 chstr의 각 성분은 문자열)으로 생성된다:

chstr{1} = 'Graph', chstr{2} = 'Math', chstr{3} = 'Table'

계속해서 다음 실행문

ind = get(hObject,'Value');

에 의하여 사용자가 팝업 메뉴에서 몇 번째 항목을 선택하였는지를 변수 ind에 저장한다. 지금 상황은 첫 번째 항목인 Graph를 선택한 경우이므로

ind = 1

와 같은 결과이다. 다음으로 switch–end 실행문에 의하여 myaxes.m 파일이 실행(ind = 1 이므로)되어 〈표7–1〉과 같은 결과가 출력된다. 만약에 〈표6〉에 주어진 UI window에서 사용자가 팝업 메뉴의 두 번째 항목 Math를(또는 세 번째 항목 Table을) 마우스로 선택하면, 위에서 설명한 비슷한 절차에 의하여 ind=2가(또는 ind=3이) 되므로 mymathlatex.m 파일이(또는 mytable.m 파일이) 실행되어 〈표7–2〉와(또는 〈표7–3〉과) 같은 결과가 출력된다. 이와 같이 실행되도록 〈표1〉에서 소개한 파일(*.fig와 *.m) 모두를 포함하여 mypopup.fig와 mypopup.m 파일을 모든 같은 폴더로 이동시킨다.

참고로, 〈표7–1〉–〈표7–3〉에서 볼 수 있는 UI window들은 현재 절의 〈표1〉에서 제시하였듯이

- 첫 번째 항목을 선택하면 실행되는 myaxes 파일은 3.4.1.1절
- 두 번째 항목을 선택하면 실행되는 mymathlatex 파일은 3.4.3.2절
- 세 번째 항목을 선택하면 실행되는 mytable 파일은 3.3절

에서 이미 실행해 보았던 대상들이다. 이것으로 팝업 메뉴에 대한 설명을 마치고 다음 절에서는 팝업 메뉴와 비슷한 유형의 목록 상자에 대하여 알아보자.

3.7 목록 상자

여러 개의 항목에서 한 개의 항목 또는 한 개 이상의 항목을 사용자가 선택해야 하는 경우 목록 상자를 이용할 수 있다. 팝업 메뉴의 경우 여러 항목에서 단지 한 개의 항목을 선택할 때 사용할 수 있다. 그러나 한 개 이상의 항목을 선택하고자 할 때에는 목록 상자를 이용하면 된다. 목록 상자의 사용법을 알아내기 위하여 아래와 같이 진행한다.

레이아웃 에디터에서 GUI figure panel 크기를 적절히 조정한 뒤에 〈표1〉과 같이 구성요소를 배치한다. 이때, 각각의 구성요소에 대한 내용은 〈표2〉에 주어진다.

표1

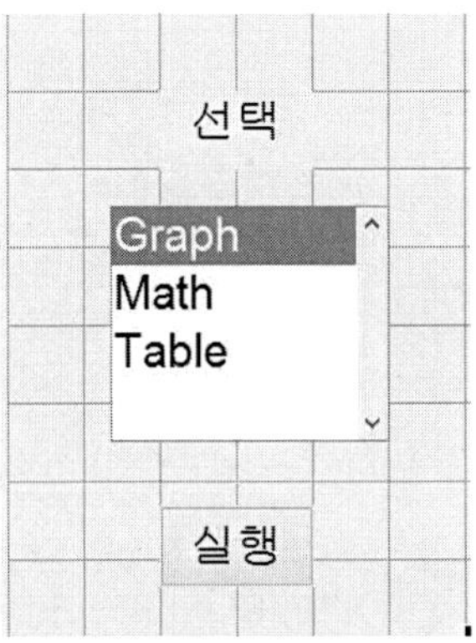

표2

	대상	구성요소 종류
첫 번째 객체	선택	정적 텍스트
두 번째 객체	Graph Math Table	목록 상자
세 번째 객체	실행	푸시 버튼

위 〈표1〉과 같이 레이아웃 에디터에 주어진 구성요소 각각을 더블 클릭하여 속성 인스펙터를 열고 속성 FontSize, String, Tag의 값을 〈표3〉과 같이 설정한다.

표3

	FontSize	String	Tag
첫 번째 객체	18	선택	text1
두 번째 객체	18	Graph Math Table	listbox1
세 번째 객체	18	실행	pushbutton1

레이아웃 에디터 상단에 있는 실행 버튼(녹색 버튼)을 클릭하면 〈표4〉와 같은 초기 UI window를 보게 될 것이다. 이때, 파일명은 mylist.fig로 저장한다.

표4

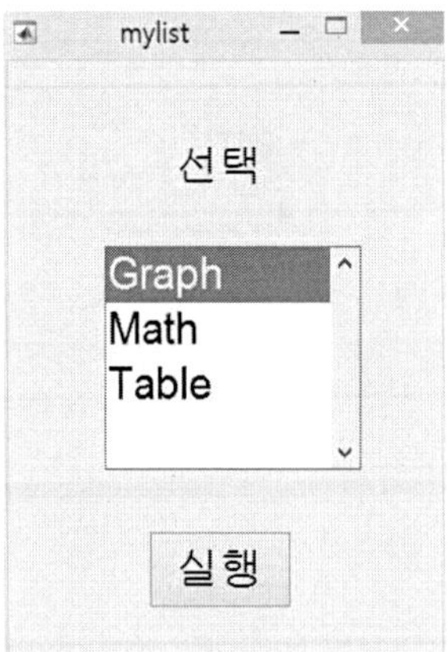

레이아웃 에디터에서 두 번째 객체인 목록 상자를 더블 클릭하여 속성 인스펙터를 열고 속성 Min와 Max의 값은 체크하면 아래와 같이 설정되어 있을 것이다:

Min: 0, Max: 1

위와 같은 초기값 상태를 그대로 두고 목록 상자를 이용하면 앞 절에서 설명한 팝업 메뉴와 동일한 방식으로 사용할 수 있다. 즉, 〈표4〉와 같이 주어진 목록 상자에서 마우스로 하나의 항목을 선택할 수 있다. 그러나, 목록 상자의 속성 Min와 Max의 값이 아래와 같이 설정되었다고 가정하자:

Min: 0, Max: 2

위의 설정으로 사용자는 목록 상자의 세 개의 항목 중에 최대 두 개를 선택할 수 있다. 만약에 Max의 값을 3으로 설정하였다면 최대 세 개까지 선택할 수 있다. 두 개 이상의 항목을 선택할 경우 키 조합

Ctrl + (왼쪽 마우스 버튼)

의 방법을 이용한다. 즉, Ctrl키를 누른 상태에서 원하는 항목 위에 마우스 왼쪽 버튼을 클릭한다. 위의 Ctrl키 조합 방법으로 항목을 설정 또는 해제할 수 있다. 예를 들어, 〈표4〉에서 첫 번째 항목을 선택하고 위의 Ctrl키 조합을 이용하여 세 번째 항목을 선택하면 〈표5〉와 같이 두 개의 항목이 동시에 선택될 것이다.

표5

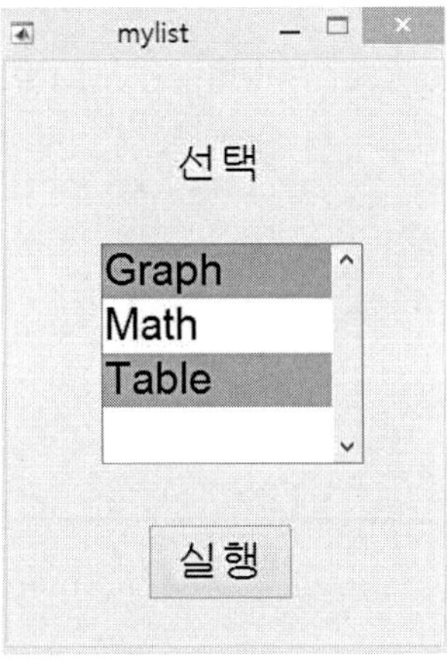

위 〈표5〉와 같은 UI window에서 가장 아래 있는 푸시 버튼을 클릭하여 본다. 현재, 어떤 결과도 화면에 출력되지 않는다. 〈표5〉와 같이 항목 2개를 선택하고 푸시 버튼을 클릭하면 각 항목에 연결된 내용이 동시에 실행되도록 mylist.m 파일을 편집하여 보자. M-파일 에디터에 열려있는 mylist.m 파일의 내용을 살펴보면 〈표6〉과 같은 함수들로 구성되어 있는 것을 볼 수 있다. 이 중에서 콜백 함수 pushbutton1_Callback을 〈표7〉의 내용으로 수정한다.

표6

```
--------------- mylist.m ---------------------------------
function varargout = mylist(varargin)
function mylist_OpeningFcn(hObject, eventdata, handles, varargin)
function varargout = mylist_OutputFcn(hObject, eventdata, handles)
function listbox1_Callback(hObject, eventdata, handles)
function listbox1_CreateFcn(hObject, eventdata, handles)
function pushbutton1_Callback(hObject, eventdata, handles)
----------------------------------------------------------
```

표7

```
----------------------------------------------------------
function pushbutton1_Callback(hObject, eventdata, handles)
% hObject    handle to pushbutton1 (see GCBO)
% eventdata  reserved - to be defined in a future version of MATLAB
% handles    structure with handles and user data (see GUIDATA)

chstr = cellstr(get(handles.listbox1, 'String'));
valvec = get(handles.listbox1,'Value');
n = length(valvec);
for ind = 1:n
   switch chstr{valvec(ind)}
      case 'Graph'
        myaxes
      case 'Math'
        mymathlatex
      case 'Table'
        mytable
   end
end
----------------------------------------------------------
```

〈표7〉에 주어진 pushbutton1_Callback 콜백 함수의 내용을 보면 3.6절(팝업 메뉴에 관한 내용인)의 〈표1〉에서 설명한 세 개의 UI window를 출력하도록 구성되어 있다. 그러나, 팝업 메뉴와 목록 상자에서 항목을 선택한 후, 실행되는 과정에서 서로 차이점이 발생한다. 팝업 메뉴의 경우, 한 개의 항목을 선택하고 그 항목에 대응하는 그래프를 출력한다. 반면에, 목록 상자의 경우, 속성 Max의 값이 현재 2로 설정되어 있는 상태이므로 두 개의 항목을 한 번에 선택할 수 있고 그 두 개의 항목에 대응하는 결과가 동시에 출력되도록 만들 수 있다. 좀 더 자세히 설명하여 보자. 현재 절의 〈표5〉에 주어진 UI window와 같이 목록 상자에서 첫 번째 항목인 Graph와 세 번째 항목인 Table이 함께 선택되면 〈표7〉에 주어진 콜백 함수 pushbutton1_Callback의 내용 중에 실행문

```
valvec = get(handles.listbox1,'Value');
```

에 의하여 변수 valvec는

```
valvec = [1 3]
```

와 같은 내용을 갖게 된다. 이때, valvec은 선택한 항목의 순서를 성분으로 하는 1×2 크기의 double형 배열이다. 따라서 다음 줄에 있는 실행문

```
n = length(valvec);
```

에 의하여 변수 n에 2가 저장된다. 이런 이유로 계속해서 다음 줄에 있는 for-end문에 의하여 두 번의 반복이 진행되어 myaxes와 mytable 파일이 실행된다. 참고로, 앞 3.6절 〈표1〉의 내용에 따르면 myaxes, mymathlatex, mytable 파일은 차례로 〈표8〉-〈표10〉의 결과를 출력하여 준다.

표8

선택	출력
Graph	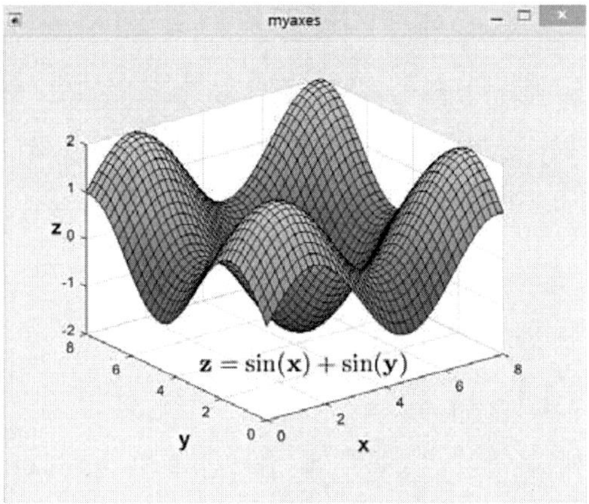

표9

선택	출력
Math	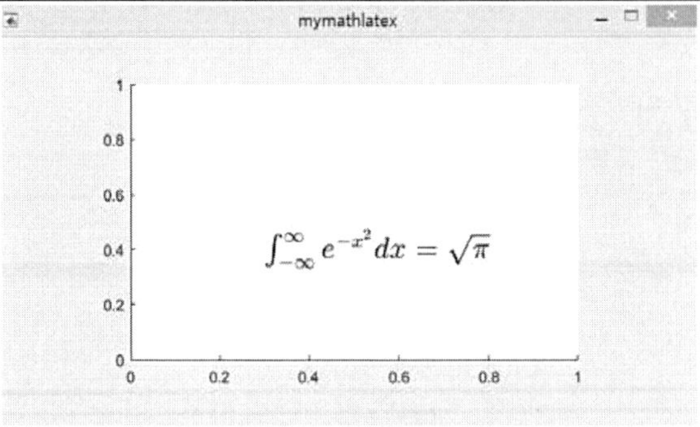

표10

선택	출력
Table	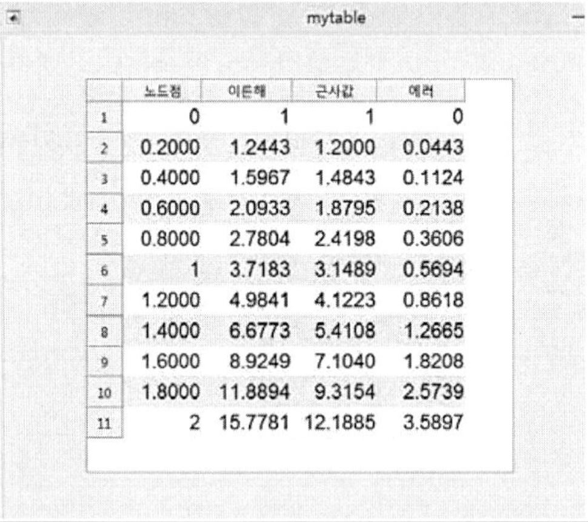

mytable

	노드점	이론해	근사값	에러
1	0	1	1	0
2	0.2000	1.2443	1.2000	0.0443
3	0.4000	1.5967	1.4843	0.1124
4	0.6000	2.0933	1.8795	0.2138
5	0.8000	2.7804	2.4198	0.3606
6	1	3.7183	3.1489	0.5694
7	1.2000	4.9841	4.1223	0.8618
8	1.4000	6.6773	5.4108	1.2665
9	1.6000	8.9249	7.1040	1.8208
10	1.8000	11.8894	9.3154	2.5739
11	2	15.7781	12.1885	3.5897

목록 상자를 이용하는 경우, 〈표7〉에 주어진 pushbutton1_Callback 콜백 함수의 내용에서 알 수 있듯이 만약에 목록 상자에서 사용자가 첫 번째 항목인 Graph와 두 번째 항목인 Math를 선택하면 두 개의 좌표축이 동시에 화면에 출력되어야 한다. 그러므로, 그래프와 수식을 어떤 좌표축에 출력할 것인지를 매틀랩에게 알려 주어야 한다. 이런 목적을 위하여 myaxes.m 파일의 지역 함수 myaxes_OpeningFcn의 내용을 〈표11〉과 같이 편집하고 mylatexmath.m 파일의 지역 함수 mymathlatex_OpeningFcn의 내용을 〈표12〉와 같이 편집한다. 단, myaxes.fig와 mymathlatex.fig 파일에서 각 좌표축의 속성 Tag 값은 다음과 같이 설정된 것으로 가정한다:

- myaxes.fig 파일에서 좌표축의 속성 Tag의 값 : axis1
- mymathlatex.fig 파일에서 좌표축의 속성 Tag의 값 : axis2

〈표11〉과 〈표12〉의 내용에서 보듯이 각각의 좌표축 객체 핸들을 알아내기 위하여 findobj 실행문

```
ah = findobj('Tag','axes1') 또는 ah = findobj('Tag','axes2');
```

을 사용하고 있다. 함수 findobj의 사용법과 관련하여 2.1.3절의 내용을 참고한다.

표11

```
--------------------------------------------------------
function myaxes_OpeningFcn(hObject, eventdata, handles, varargin)
% This function has no output args, see OutputFcn.
% hObject    handle to figure
% eventdata  reserved - to be defined in a future version of MATLAB
% handles    structure with handles and user data (see GUIDATA)
% varargin   command line arguments to myaxes (see VARARGIN)

ah = findobj('Tag','axes1');
```

```
[X1,Y1] = meshgrid(0:.2:8);
Z1 = sin(X1)+sin(Y1);
surf(ah,X1,Y1,Z1);
xlabel(ah,'\bf{x}','fontsize',15)
ylabel(ah,'\bf{y}','fontsize',15)
zb = zlabel(ah,'\bf{z}','fontsize',15);
set(zb,'rotation',0);
th = text(-1.5,1,-0.8,'$\bf{ z = \sin(x) + \sin(y)}$', ...
    'Interpreter','latex','fontsize',18);
set(th,'parent',ah);

% Choose default command line output for myaxes
handles.output = hObject;

% Update handles structure
guidata(hObject, handles);

% UIWAIT makes myaxes wait for user response (see UIRESUME)
% uiwait(handles.figure1);
---------------------------------------------------------------------
```

표12

```
---------------------------------------------------------------------
function mymathlatex_OpeningFcn(hObject, eventdata, handles, varargin)
% This function has no output args, see OutputFcn.
% hObject    handle to figure
% eventdata  reserved - to be defined in a future version of MATLAB
% handles    structure with handles and user data (see GUIDATA)
% varargin   command line arguments to mymathlatex (see
% VARARGIN)
```

```
ah = findobj('Tag','axes2');
axis(ah,[0 1 0 1]);
str = '$ \int_{-\infty}^{\infty} e^{-x^2} dx = \sqrt{\pi}$';
th = text(0.3,0.4, str, 'Interpreter','latex','fontsize',20);
set(th,'parent',ah);

% Choose default command line output for mymathlatex
handles.output = hObject;

% Update handles structure
guidata(hObject, handles);

% UIWAIT makes mymathlatex wait for user response (see UIRESUME)
% uiwait(handles.figure2);
-----------------------------------------------------------
```

이와 같이, mylist.m, myaxes.m, mymathlatex.m 파일을 편집 완료하고 저장한 뒤에 관련된 파일

- mylist.m과 mylist.fig
- myaxes.m과 myaxes.fig
- mymathlatex.m과 mymathlatex.fig
- mytable.m과 mytable.fig

모두를 하나의 폴더로 이동시키고 mylist 파일을 실행하여 〈표5〉와 같은 UI window를 생성한다. 계속해서 목록 상자에 있는 Graph와 Table 항목을 선택하고 UI window의 가장 아래에 위치한 푸시 버튼인 '실행'을 클릭하면 현재 절의 〈표8〉과 〈표10〉에 주어진 결과가 동시에 화면에 출력될 것이다. 〈표5〉에 주어진 초기 UI window

에서 다른 두 개의 항목을 선택하여도 대응하는 두 개의 결과가 동시에 화면 출력될 것이다. 만약에, 목록 상자의 속성 Max의 값을 2에서 3으로 변경하고 〈표5〉에 주어진 초기 UI window에서 세 항목 모두를 선택(목록 상자에서)한 뒤에 푸시 버튼인 '실행'을 클릭하면 대응하는 세 가지 결과(현재 절의 〈표8〉-〈표10〉에 주어진 UI window)가 동시에 출력될 것이다.

팝업 메뉴와 비교 시 목록 상자는 속성 Max의 값을 조정하여 다양한 조합의 선택이 가능하다. 그러나 목록 상자의 경우 항목을 모두 보여 주어야하기 때문에 그 만큼 UI window에서 공간을 많이 차지하게 된다. 그러므로 UI window의 특성에 맞게 각 객체의 장점을 최대한 이용할 필요가 있다. 다음은 확인란에 관하여 알아보자.

3.8 확인란

확인란 객체를 UI window에서 선택하면 확인란의 속성 Value의 값이 1로 설정되고 다시 확인란을 클릭하여 선택을 해제하면 확인란의 속성 Value의 값이 0으로 변경된다. 이런 구조와 성질을 가지는 확인란에 대한 설명을 위하여 앞에서 다루었던 좌표축 객체를 다시 이용할 것이다. 먼저 레이아웃 에디터에서 아래의 내용을 수행한다.

팔레트에 있는 확인란과 좌표축을 드래그하여 GUI figure panel로 이동시키고 그 크기를 〈표1〉과 같이 조정한다. 이때, 각각의 객체에 대한 대응 관계와 종류는 〈표2〉에 주어진다.

표1

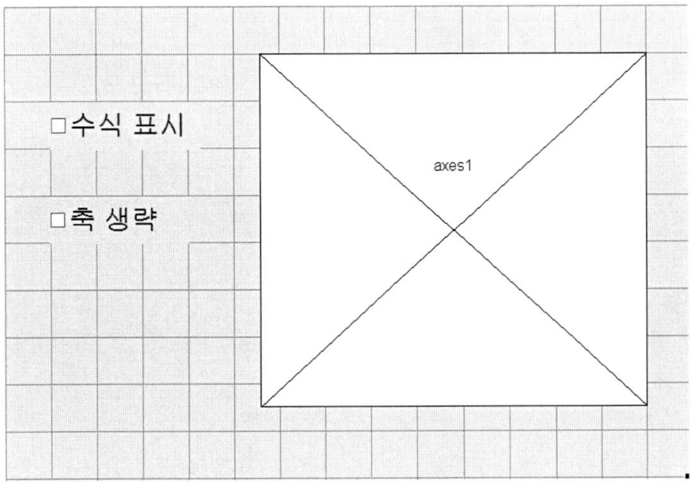

표2

	대상	구성요소 종류
첫 번째 객체	□수식 표시	확인란
두 번째 객체	□축 생략	확인란
세 번째 객체	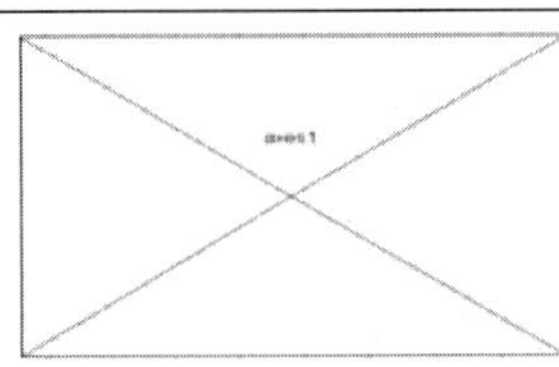	좌표축

〈표1〉에 주어진 구성요소 각각을 더블 클릭하여 속성 인스펙터를 열고 속성 FontSize, String, Tag의 값을 〈표3〉과 같이 설정한다.

표3

	FontSize	String	Tag
첫 번째 객체	18	수식 표시	checkbox1
두 번째 객체	18	축 생략	checkbox2
세 번째 객체	10	해당 없음	axes1

레이아웃 에디터 상단에 있는 실행 버튼(녹색 버튼)을 클릭하면 〈표4〉와 같은 초기 UI window를 보게 될 것이다. 이때, 파일명은 mycheck.fig로 저장한다.

표4

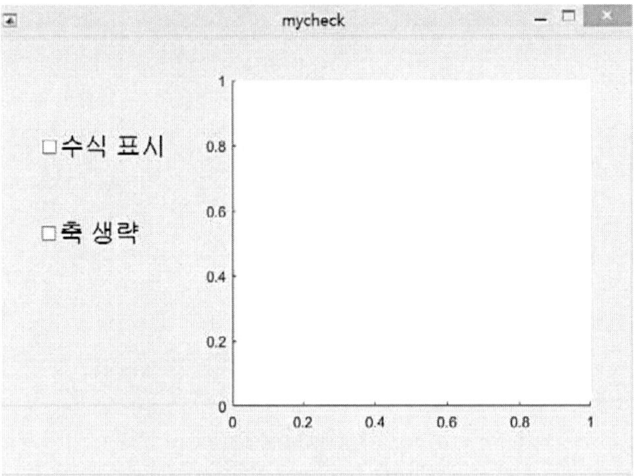

파일 mycheck.fig와 함께 만들어진 mycheck.m 파일은 〈표5〉에 주어진 함수로 구성되어 있다.

표5

```
------------------------------------------------------------
function varargout = mycheck(varargin)
function mycheck_OpeningFcn(hObject, eventdata, handles, varargin)
function varargout = mycheck_OutputFcn(hObject, eventdata, handles)
function checkbox1_Callback(hObject, eventdata, handles)
function checkbox2_Callback(hObject, eventdata, handles)
------------------------------------------------------------
```

파일 mycheck.m 내부에 있는 mycheck_OpeningFcn 지역 함수를 〈표6〉의 내용으로 편집하고 M-파일 에디터 상단에 있는 실행버튼을 클릭하면 〈표7〉와 같은 UI window를 보게 될 것이다.

표6

```
---------------------------------------------------------------
function mycheck_OpeningFcn(hObject, eventdata, handles, varargin)
% This function has no output args, see OutputFcn.
% hObject    handle to figure
% eventdata  reserved - to be defined in a future version of MATLAB
% handles    structure with handles and user data (see GUIDATA)
% varargin   command line arguments to mycheck (see VARARGIN)

[X1,Y1] = meshgrid(0:.2:8);
Z1 = sin(X1)+sin(Y1);
surf(X1,Y1,Z1);
xlabel('\bf{x}','fontsize',15)
ylabel('\bf{y}','fontsize',15)
zb = zlabel('\bf{z}','fontsize',15);
set(zb,'rotation',0);

% Choose default command line output for mycheck
handles.output = hObject;

% Update handles structure
guidata(hObject, handles);

% UIWAIT makes mycheck wait for user response (see UIRESUME)
% uiwait(handles.figure1);
---------------------------------------------------------------
```

표7

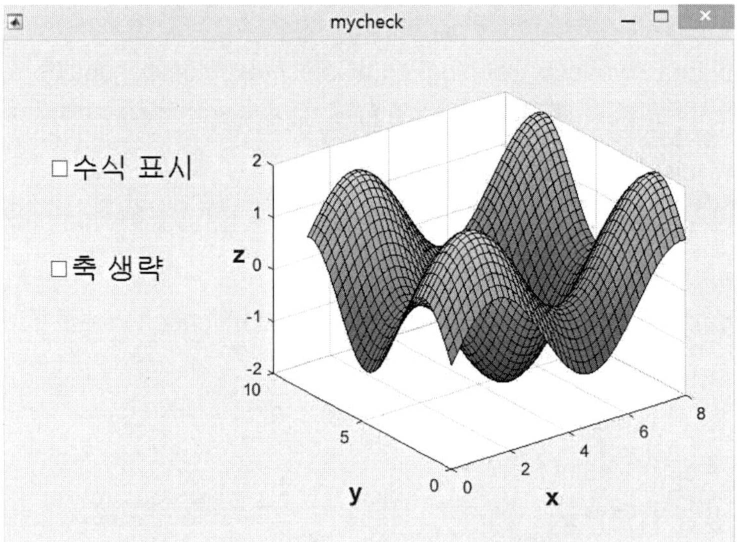

<표7>에 주어진 UI window에서 첫 번째 객체이자 확인란인 '수식 표시'를 선택하면 그래프에 대응하는 함수를 좌표축에 출력하기 위하여 checkbox1_Callback 콜백 함수를 <표8>의 내용으로 수정한 뒤에 저장한다.

표8

```
------------------------------------------------------------
function checkbox1_Callback(hObject, eventdata, handles)
% hObject    handle to checkbox1 (see GCBO)
% eventdata  reserved - to be defined in a future version of MATLAB
% handles    structure with handles and user data (see GUIDATA)

ch1val = get(hObject,'Value');
if ch1val
   str = '$\bf{ z = \sin(x) + \sin(y)}$';
   handles.th = text(-1.8,1,-0.7, str, ...
        'Interpreter','latex','fontsize',16);
   set(handles.th,'parent', handles.axes1);
```

```
else
   delete(handles.th);
end
guidata(hObject, handles);

% Hint: get(hObject,'Value') returns toggle state of checkbox1
-------------------------------------------------------
```

만약에 〈표7〉에 주어진 UI window에서 첫 번째 객체인 '수식 표시' 버튼을 선택하면, 〈표8〉에 주어진 checkbox1_Callback 콜백 함수의 첫 번째 get 실행문인

```
ch1val = get(hObject,'Value');
```

로부터 변수 ch1val에는 double형인 1이 저장된다. 만약에 선택된 '수식 표시'를 마우스로 다시 클릭하여 해제하면 변수 ch1val에는 double형인 0(zero)이 저장된다. 이 결과(변수 ch1val에 저장된 값)에 따라 계속 이어지는 if-end문이 다음과 같은 내용으로 실행된다:

(a) ch1val = 1 의 경우: 그래프에 대응하는 수식이 좌표축에 출력

(b) ch1val = 0 의 경우: 좌표축에 출력된 수식을 삭제

다음으로 〈표7〉에 주어진 UI window에서 두 번째 객체이자 확인란인 '축 생략' 버튼을 선택하면, 이변수 함수의 그래프가 그려진 세 번째 객체인 좌표축에서 x, y, z축을 보이지 않게 만들기 위하여 mycheck.m 파일 내부에 있는 콜백 함수 checkbox2_Callback을 〈표9〉에 주어진 내용으로 수정하고 저장한다.

표9

```
----------------------------------------------------------------------
function checkbox2_Callback(hObject, eventdata, handles)
% hObject    handle to checkbox2 (see GCBO)
% eventdata  reserved - to be defined in a future version of MATLAB
% handles    structure with handles and user data (see GUIDATA)

ch2val = get(hObject,'Value');
if ch2val
   axis(handles.axes1,'off')
else
   axis(handles.axes1,'on')
end

% Hint: get(hObject,'Value') returns toggle state of checkbox2
----------------------------------------------------------------------
```

지금까지의 파일관련 수정 작업을 모두 마치고 mycheck.m 파일을 M-파일 에디터에서 다시 실행한다. 실행의 결과로 다시 출력된 〈표7〉의 초기 UI window에서 '수식 표시' 버튼과 '축 생략' 버튼을 순서대로 선택하면 〈표10〉에 주어진 UI window 같이 그래프와 수식만 출력된 결과(x, y, z축들이 사라진)를 보게 될 것이다. 이후로 〈표10〉과 같이 출력된 UI window에서, 선택된 항목(두 개의 확인란)을 다시 선택하여 선택을 해제하면 그것에 대응하는 결과를 오른쪽 좌표축에서 보게 된다. 예를 들어, 〈표10〉의 상태에서 '수식 표시' 항목을 다시 선택하여 해제하면 〈표11〉과 같은 출력(좌표축에서 수식이 사라진다)을 보게 된다.

표10

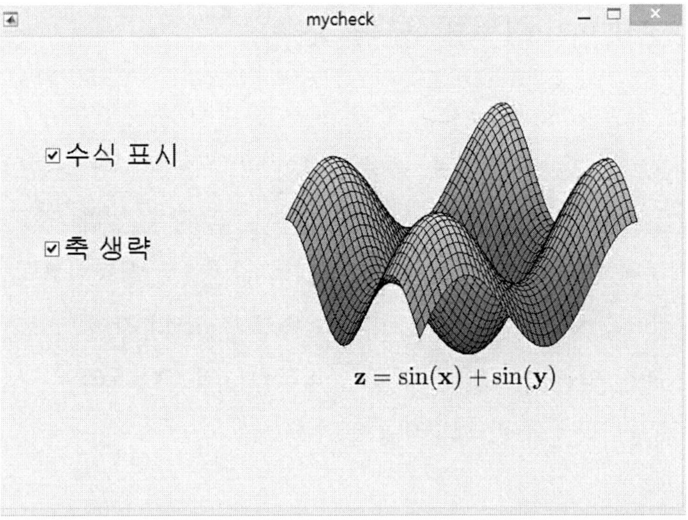

표11

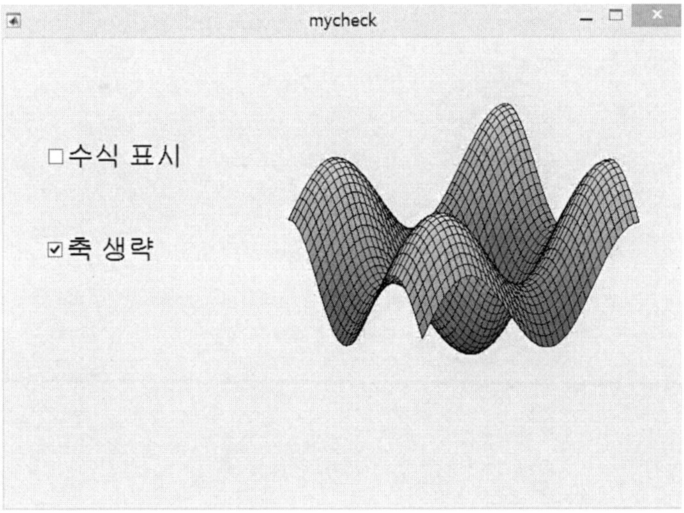

지금까지 구성요소인 확인란의 사용 방법에 관하여 알아보았고 다음 절에서는 라디오 버튼과 토글 버튼에 대하여 알아본다.

3.9 라디오 버튼과 토글 버튼

라디오 버튼을 팔레트에 있는 구성요소 중의 하나인 버튼 그룹과 관련 없이 개별적으로 사용하면 앞 3.8절에서 설명한 확인란의 기능과 같다. 즉, 라디오 버튼을 UI window에서 선택하면 라디오 버튼의 속성 Value의 값이 1로 설정되고 다시 라디오 버튼을 선택하여 선택을 해제하면 라디오 버튼의 속성 Value의 값이 0으로 변경된다. 따라서, 확인란에 관한 앞 절의 내용을 라디오 버튼을 이용하여 똑같이 구현할 수 있다. 먼저 레이아웃 에디터에서 아래의 내용을 수행한다:

팔레트에 있는 라디오 버튼과 좌표축을 드래그하여 GUI figure panel로 이동시키고 그 크기를 〈표1〉과 같이 조정한다. 이때, 각각의 구성요소에 대한 대응관계와 종류는 〈표2〉에 주어진다.

표1

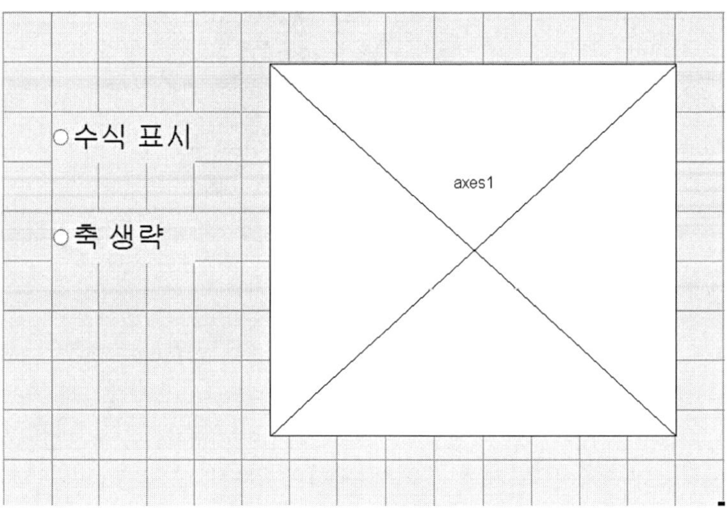

표2

	대상	구성요소 종류
첫 번째 객체	○수식 표시	라디오 버튼
두 번째 객체	○축 생략	라디오 버튼
세 번째 객체	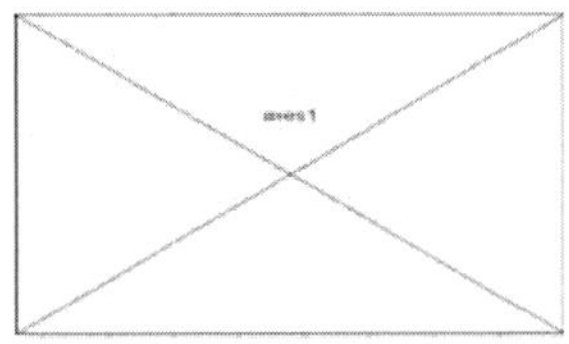	좌표축

위 〈표1〉과 같이 레이아웃 에디터에 있는 구성요소 각각을 더블 클릭하여 속성 인스펙터를 열고 속성 FontSize, String, Tag의 값을 〈표3〉과 같이 설정한다.

표3

	FontSize	String	Tag
첫 번째 객체	18	수식 표시	radiobutton1
두 번째 객체	18	축 생략	radiobutton2
세 번째 객체	10	해당 없음	axes1

〈표3〉의 내용으로 설정을 끝내고 레이아웃 에디터 상단에 있는 실행 버튼(녹색 버튼)을 클릭(파일명은 myradio.fig로 저장)한다. 이때, 동시에 만들어진 myradio.m 파일은 〈표4〉와 같은 함수로 구성된다.

표4

```
----------------------------------------------------
function varargout = myradio(varargin)
function myradio_OpeningFcn(hObject, eventdata, handles, varargin)
function varargout = myradio_OutputFcn(hObject, eventdata, handles)
function radiobutton1_Callback(hObject, eventdata, handles)
function radiobutton2_Callback(hObject, eventdata, handles)
----------------------------------------------------
```

〈표4〉에 주어진 함수 중,

(a) 지역 함수 myradio_OpeningFcn을 〈표5〉

(b) 콜백 함수 radiobutton1_Callback을 〈표6〉

(c) 콜백 함수 radiobutton2_Callback을 〈표7〉

의 내용으로 편집하고 M-파일 에디터 상단에 있는 실행버튼을 클릭하면 〈표8〉과 같은 UI window를 보게 될 것이다.

표5

```
----------------------------------------------------------------
function myradio_OpeningFcn(hObject, eventdata, handles, varargin)
% This function has no output args, see OutputFcn.
% hObject    handle to figure
% eventdata  reserved - to be defined in a future version of MATLAB
% handles    structure with handles and user data (see GUIDATA)
% varargin   command line arguments to myradio (see VARARGIN)

[X1,Y1] = meshgrid(0:.2:8);
Z1 = sin(X1)+sin(Y1);
surf(X1,Y1,Z1);
xlabel('\bf{x}','fontsize',15)
ylabel('\bf{y}','fontsize',15)
zb = zlabel('\bf{z}','fontsize',15);
set(zb,'rotation',0);

% Choose default command line output for myradio
handles.output = hObject;

% Update handles structure
guidata(hObject, handles);
```

```
% UIWAIT makes myradio wait for user response (see UIRESUME)
% uiwait(handles.figure1);
-------------------------------------------------
```

표6

```
-------------------------------------------------
function radiobutton1_Callback(hObject, eventdata, handles)
% hObject    handle to radiobutton1 (see GCBO)
% eventdata  reserved - to be defined in a future version of MATLAB
% handles    structure with handles and user data (see GUIDATA)

% Hint: get(hObject,'Value') returns toggle state of radiobutton1

ch1val = get(hObject,'Value');
if ch1val
   str = '$\bf{ z = \sin(x) + \sin(y)}$';
   handles.th = text(-1.8,1,-0.7, str, ...
       'Interpreter','latex','fontsize',16);
   set(handles.th,'parent', handles.axes1);
else
    delete(handles.th);
end
guidata(hObject, handles);
-------------------------------------------------
```

표7

```
------------------------------------------------------------
function radiobutton2_Callback(hObject, eventdata, handles)
% hObject    handle to radiobutton2 (see GCBO)
% eventdata  reserved - to be defined in a future version of MATLAB
% handles    structure with handles and user data (see GUIDATA)

% Hint: get(hObject,'Value') returns toggle state of radiobutton2

ch2val = get(hObject,'Value');
if ch2val
   axis(handles.axes1,'off')
else
   axis(handles.axes1,'on')
end
------------------------------------------------------------
```

표8

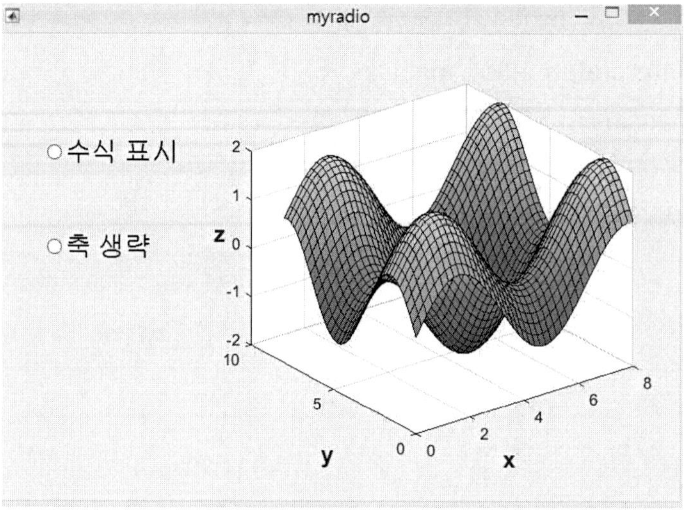

〈표8〉에 주어진 UI window에서 첫 번째 객체인 '수식 표시' 버튼과 두 번째 객체인 '축 생략' 버튼을 선택하면, 〈표9〉와 같이 앞 절 내용인 확인란을 이용하여 출력했던 결과를 다시 보게 될 것이다. 〈표6〉과 〈표7〉에 주어진 콜백 함수 radiobutton1_Callback와 radiobutton2_Callback의 세부 내용은 앞 절의 설명을 참고하길 바란다.

표9

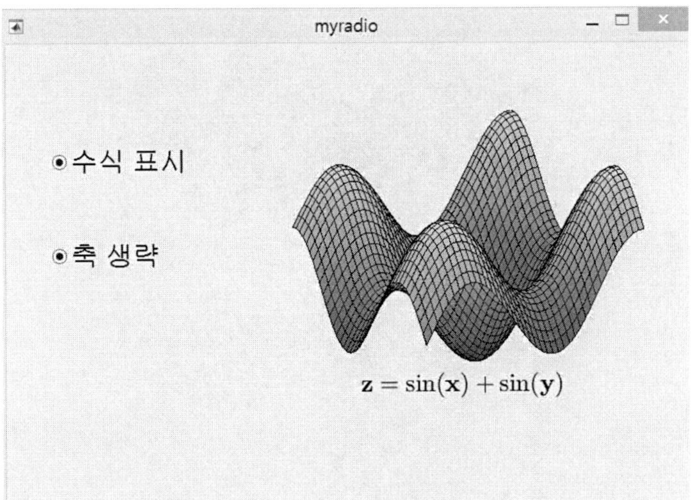

이번 절에서 설명한 두 개의 라디오 버튼 대신에 두 개의 토글 버튼을 사용하여도 〈표9〉의 결과를 얻어낼 수 있다. 라디오 버튼을 이용하여 myradio.fig와 myradio.m 파일을 생성하였듯이 토글 버튼을 사용하여 mytoggle.fig와 mytoggle.m 파일을 만들었다고 가정하면 mytoggle.m은 〈표10〉과 같은 함수로 구성될 것이다.

표10

```
-------------- mytoggle.m ------------------------------
function varargout = mytoggle(varargin)
function mytoggle_OpeningFcn(hObject, eventdata, handles, varargin)
function varargout = mytoggle_OutputFcn(hObject, eventdata, handles)
function togglebutton1_Callback(hObject, eventdata, handles)
function togglebutton2_Callback(hObject, eventdata, handles)
-------------------------------------------------------
```

이때, mytoggle.m 파일을 실행하여 출력된 UI window에서 첫 번째 객체인 '수식 표시'와 두 번째 객체인 '축 생략'을 선택하면, 〈표11〉과 같은 결과를 보게 될 것이다.

표11

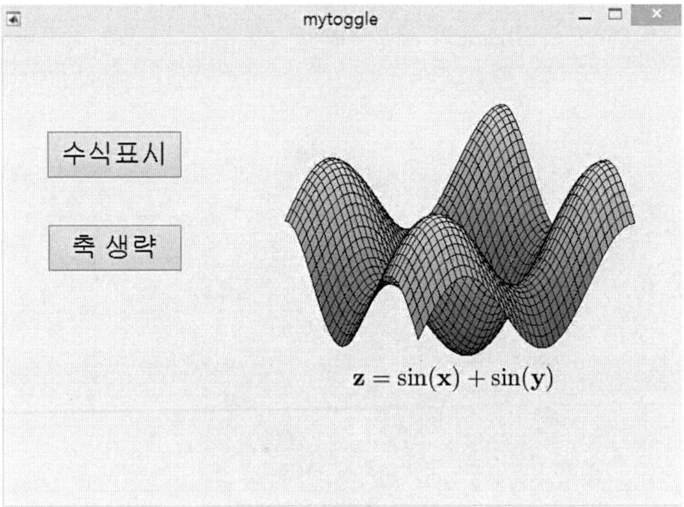

3.8절과 3.9절의 내용을 살펴보면 세 개의 구성요소인

확인란, 라디오 버튼, 토글 버튼

에 관한 각각의 사용법에는 차이가 없어 보인다. 차이가 있다면 출력된 UI window에서 각 구성요소의 모양이 다르다는 점이다. 그러나, 라디오 버튼과 토글 버튼은 구성요소인 버튼 그룹을 활용할 수 있다. 이것과 관련된 내용은 다음 절에서 알아보자.

3.10 버튼 그룹

라디오 버튼과 토글 버튼은 팔레트에 있는 구성 요소인 버튼 그룹과 함께 사용될 수 있다. 버튼 그룹 박스 안에 놓이는 버튼이 두 개 이상일 경우, 사용자는 그 버튼 중에 단지 한 개만 선택할 수 있다. 버튼 그룹과 관련된 내용을 설명하기 위하여 먼저 레이아웃 에디터에서 아래의 내용을 순서대로 수행한다.

팔레트에 있는 버튼 그룹과 좌표축을 드래그하여 GUI figure panel로 이동시키고 그 크기를 〈표1〉과 같이 조정한다. 이때, 버튼 그룹과 좌표축에 대한 속성은 〈표2〉와 같이 설정한다.

표1

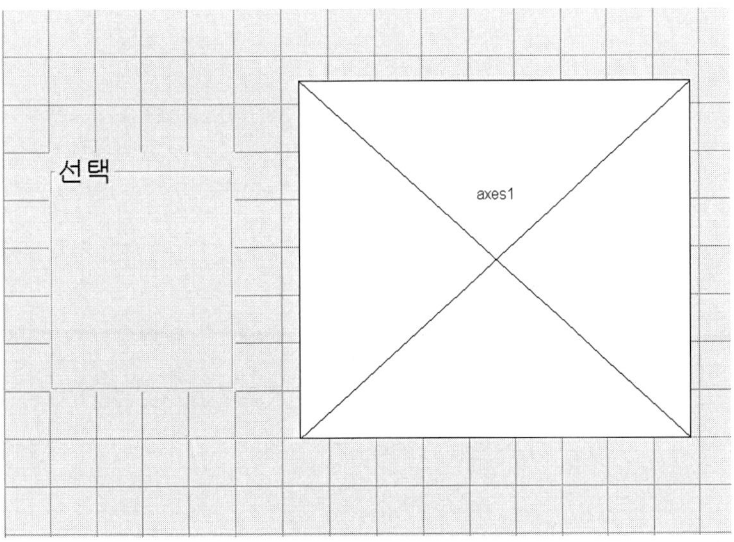

표2

	구성 요소	FontSize	String	Tag
첫 번째 객체	버튼 그룹	18	선택	uibuttongroup1
두 번째 객체	좌표축	10	해당 없음	axes1

다음으로, 버튼 그룹 박스 안에 〈표3〉과 같이 두 개의 라디오 버튼을 만든다. 즉, 팔레트에 있는 라디오 버튼을 버튼 그룹 박스 안으로 두 번 드래그하여 각각 이동시키고 〈표4〉와 같이 라디오 버튼의 속성을 각각 설정한다.

표3

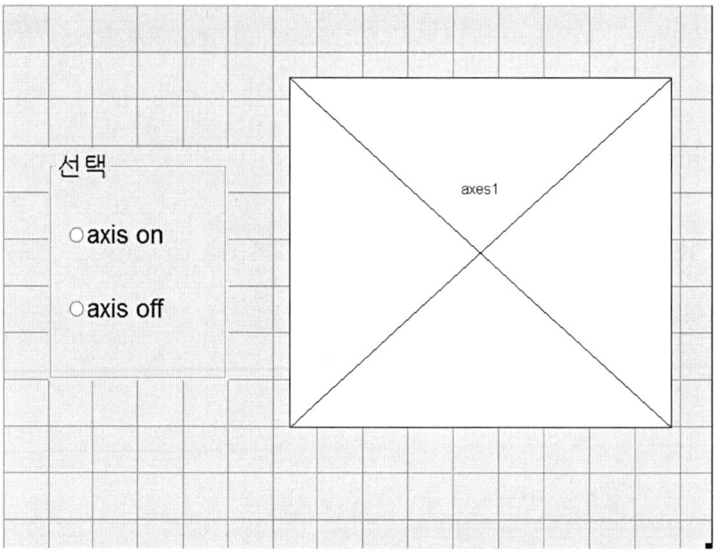

표4

	구성 요소	FontSize	String	Tag
세 번째 객체: ○axis on	라디오 버튼	16	axis on	radiobutton1
네 번째 객체: ○axis off	라디오 버튼	16	axis off	radiobutton2

모든 설정을 끝내고 레이아웃 에디터 상단에 있는 실행 버튼(녹색 버튼)을 클릭(파일명은 mygroup.fig로 저장)하면 〈표5〉와 같은 빈 UI window를 보게 될 것이다. 이때, 동시에 만들어진 mygroup.m 파일은 〈표6〉에 주어진 함수로 구성된다. 〈표6〉의 내용에서 보듯이 라디오 버튼이 버튼 그룹 박스 안에 있는 경우(〈표5〉에 주어진 UI window에서 볼 수 있듯이)에는 콜백 함수를 mygroup.m 파일 내부에 자동으로 생성하지 않는다. 버튼 그룹과 관련 없이 라디오 버튼을 독립적으로 생성하는 경우, 라디오 버튼에 대응하는 콜백 함수가 자동 생성(3.9절 내용 참고)된다.

표5

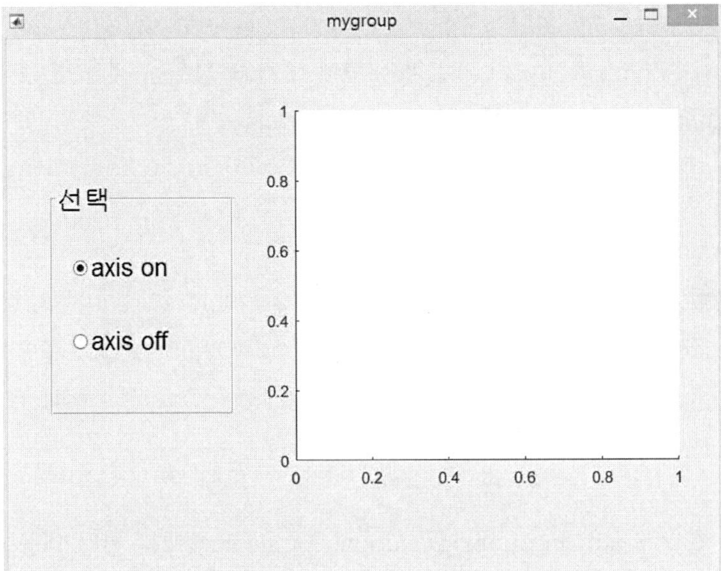

표6

```
---------- mygroup.m ------------------------------
function varargout = mygroup(varargin)
function mygroup_OpeningFcn(hObject, eventdata, handles, varargin)
function varargout = mygroup_OutputFcn(hObject, eventdata, handles)
--------------------------------------------------
```

버튼 그룹의 박스 안에 항목이 두 개 이상 있을 경우, 사용자는 한 개의 선택만을 할 수 있다. 이러한 버튼 그룹의 기능을 효율적으로 이용하기 위해서는 버튼 그룹에 대한 SelectionChangedFcn 콜백 함수를 사용한다. 〈표3〉에 주어진 레이아웃 에디터에서 버튼 그룹을 마우스로 선택한다. 선택 후, 레이아웃 에디터 상단에 위치한 메뉴바에서

보기 > 콜백 보기 > SelectionchangedFcn

항목을 선택한다. 위의 항목을 선택한 후에 mygroup.m 파일을 M-파일 에디터에서 다시 체크하면

function uibuttongroup1_SelectionChangedFcn(hObject, eventdata, handles)

와 같은 콜백 함수가 mygroup.m 파일의 내부에 추가로 생성된 것을 볼 수 있다. 즉, mygroup.m 파일은 〈표7〉에 주어진 함수로 구성된다.

표7

```
------------ mygroup.m --------------------------------
function varargout = mygroup(varargin)
function mygroup_OpeningFcn(hObject, eventdata, handles, varargin)
function varargout = mygroup_OutputFcn(hObject, eventdata, handles)
function uibuttongroup1_SelectionChangedFcn(hObject, eventdata, handles)
-------------------------------------------------------
```

현재, 이 콜백 함수 uibuttongroup1_SelectionChangedFcn에는 어떤 내용도 없는 비어있는 상태이다. 지금부터, mygroup.m 파일 내부에 있는 두 개의 함수

mygroup_OpeningFcn, uibuttongroup1_SelectionChangedFcn

을 〈표8〉과 〈표9〉에 주어진 내용으로 각각 편집한다.

표8

```
-------------------------------------------------------
function mygroup_OpeningFcn(hObject, eventdata, handles, varargin)
% This function has no output args, see OutputFcn.
% hObject    handle to figure
% eventdata  reserved - to be defined in a future version of MATLAB
% handles    structure with handles and user data (see GUIDATA)
% varargin   command line arguments to mygroup (see VARARGIN)

[X1,Y1] = meshgrid(0:.2:8);
Z1 = sin(X1)+sin(Y1);
```

```
surf(X1,Y1,Z1);
xlabel('\bf{x}','fontsize',15)
ylabel('\bf{y}','fontsize',15)
zb = zlabel('\bf{z}','fontsize',15);
set(zb,'rotation',0);

% Choose default command line output for mygroup
handles.output = hObject;

% Update handles structure
guidata(hObject, handles);

% UIWAIT makes mygroup wait for user response (see UIRESUME)
% uiwait(handles.figure1);
--------------------------------------------------------------
```

표9

```
--------------------------------------------------------------
function uibuttongroup1_SelectionChangedFcn(hObject, eventdata, handles)
% hObject    handle to the selected object in uibuttongroup1
% eventdata  reserved - to be defined in a future version of MATLAB
% handles    structure with handles and user data (see GUIDATA)

bgpH = get(handles.uibuttongroup1,'SelectedObject');
myTag = get(bgpH,'Tag');
switch myTag
   case 'radiobutton1'
        axis(handles.axes1,'on')
   case 'radiobutton2'
        axis(handles.axes1,'off')
end
--------------------------------------------------------------
```

〈표8〉과 〈표9〉와 같이 두 함수의 모든 편집을 완성하고 M-파일 에디터에서 mygroup.m 파일을 실행(상단에 있는 실행버튼을 클릭)한다. 지역 함수 mygroup_OpeningFcn가 〈표8〉의 내용을 가지고 있기 때문에 〈표10〉과 같은 초기 UI window를 보게 될 것이다. 계속해서 UI window의 버튼 그룹 박스 안에 있는 두 개의 라디오 버튼 중에서 두 번째 라디오 버튼 ○axis off 을 선택하면 〈표9〉에 주어진 uibuttongroup1_SelectionChangedFcn 콜백 함수의 내용이 실행되어 x, y, z축이 모두 사라지고 그래프만 보이게 될 것이다. 이 과정을 좀 더 자세히 설명하여 보자. 〈표9〉에 주어진 내용에서, 버튼 그룹의 속성 SelectedObject을 이용하는 get 실행문인

```
bgpH = get(handles.uibuttongroup1,'SelectedObject')
```

에 의하여 사용자가 선택한 라디오 버튼에 대한 객체 핸들을 변수 bgpH에 저장한다. 다음 실행문

```
myTag = get(bgpH,'Tag')
```

에 의하여 사용자가 선택한 객체의 속성 Tag의 값을 변수 myTag에 저장한다. 〈표4〉에 주어진 내용에 따르면 첫 번째와 두 번째 라디오 버튼의 속성 Tag 값이 순서대로

```
radiobutton1, radiobutton2
```

이다. 그러므로 현재 두 번째 라디오 버튼 ○axis off 을 선택하였기 때문에 변수 myTag에는 문자열 radiobutton2가 저장되어 있다. 이렇게 생성된 변수 myTag를 가지고 계속해서 이어지는 switch-end문을 진행하면 조건 판단의 결과로 axis 실행문

```
axis(handles.axes1,'off')
```

가 실행된다. 이런 이유로 〈표11〉과 같이 UI window의 좌표축 객체에서 세 개의 x, y, z축이 모두 사라지고 그래프만 남게 되었다. 이와 같이 버튼 그룹 박스 안에 라디오 버튼을 이용하여 여러 가지 항목을 생성하고 그 항목들을 사용자가 선택할 수 있게 만

들 수 있다. 이러한 과정에서 중요한 역할을 하는 콜백 함수 SelectionChangedFcn와 객체의 속성 SelectedObject을 적절히 활용해야 한다.

표10

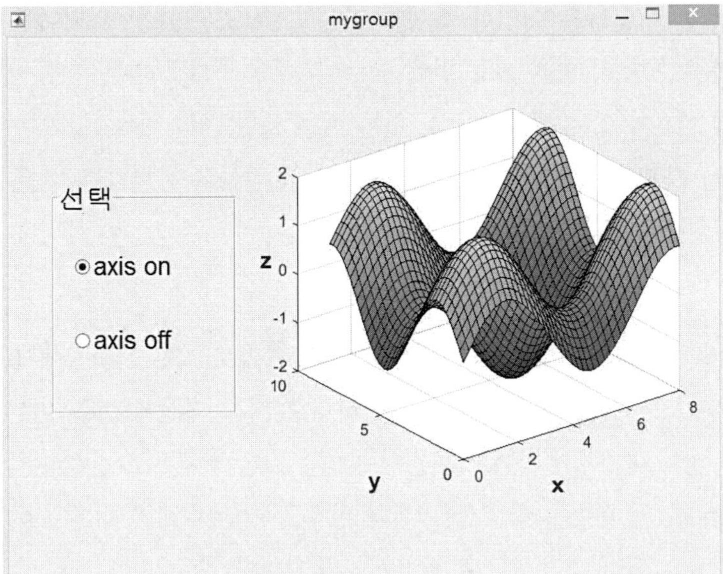

표11

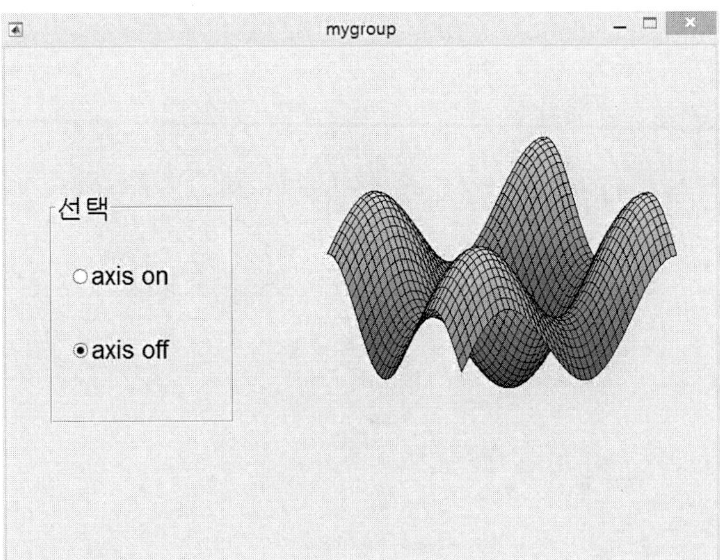

〈표10〉에 주어진 UI window에서 버튼 그룹 안에 있는 두 개의 라디오 버튼을 동시에 모두 선택할 수 없다. 두 개 이상의 라디오 버튼이 존재하여도 버튼 그룹 박스 안에서 선택은 단지 하나만 할 수 있다. 이와 같은 기능을 버튼 그룹이 제공하고 있으니 버튼 그룹 안에 놓이는 항목들은 이러한 특성을 이용할 수 있는 대상이 되어야 한다. 즉, 〈표10〉에서 볼 수 있듯이 버튼 그룹 안에 있는 두 개의 라디오 버튼은 두 개의 항목을 동시에 선택할 이유가 없는 대상들이다. 다른 예를 들면, 어떤 선을 그리는데 선의 종류나 선의 색을 사용자가 선택하도록 UI window를 만들고자 한다면 버튼 그룹을 이용하여 그 목적을 이룰 수 있을 것이다.

이번 절에서 버튼 그룹을 어떻게 사용할 수 있는지 알아보았고 그 과정에서 버튼 그룹의 항목으로 라디오 버튼을 이용하였다. 이 라디오 버튼 대신에 토글 버튼을 이용할 수 있다. 이번 절의 내용에서 라디오 버튼의 자리를 토글 버튼으로 변경하면, 〈표10〉에 주어진 UI window와 비슷하게 토글 버튼의 항목을 가진 〈표12〉와 같은 UI window를 만들 수 있을 것이다. 3장 연습문제 2번을 참고한다.

표12

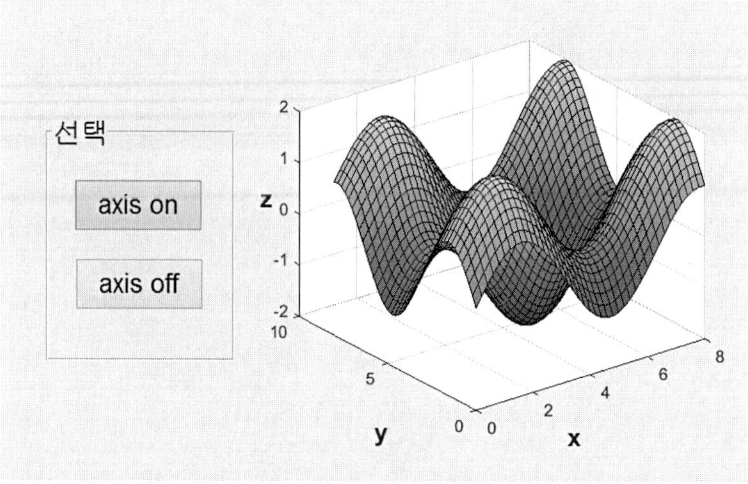

3.11 슬라이더

슬라이더에 대한 설명을 위하여 앞에서 다루었던 정적 텍스트와 편집 텍스트를 다시 이용할 것이다. 먼저 레이아웃 에디터에서 아래의 내용을 수행한다.

팔레트에 있는 슬라이더, 정적 텍스트, 편집 텍스트를 드래그하여 GUI figure panel로 이동시키고 그 크기를 〈표1〉과 같이 조정한다. 이때, 각각의 구성요소에 대한 대응관계와 종류는 〈표2〉에 주어진다.

표1

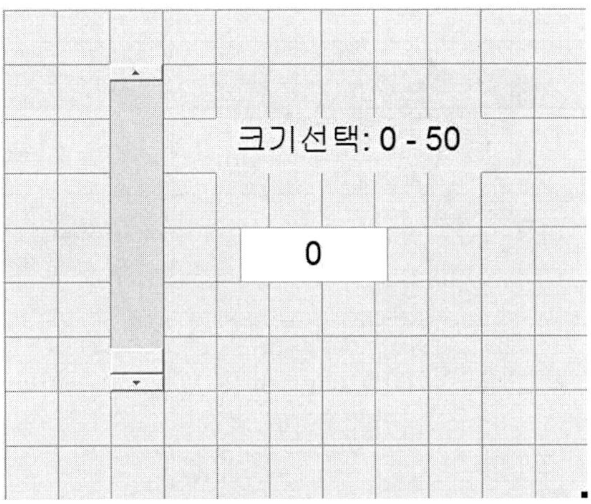

표2

	첫 번째 객체	두 번째 객체	세 번째 객체
대상		크기선택: 0 - 50	0
구성요소 종류	슬라이더	정적 텍스트	편집 텍스트

위 〈표1〉에 주어진 구성요소 각각을 더블 클릭하여 속성 인스펙터를 열고 속성의 값을 〈표3a〉-〈표3c〉와 같은 내용으로 설정한다.

표3a

	Min	Max	Tag
첫 번째 객체	0	50	slider1

표3b

	Fontsize	String	Tag
두 번째 객체	18	크기선택: 0 – 50	text1

표3c

	Fontsize	String	Tag
세 번째 객체	18	0	edit1

각각의 구성요소 속성값의 설정이 끝났으면 레이아웃 에디터 상단에 있는 실행 버튼(녹색 버튼)을 클릭한다. 〈표4〉와 같은 초기 UI window를 보게 될 것이다. 이때, 파일명은 myslider.fig로 저장한다.

표4

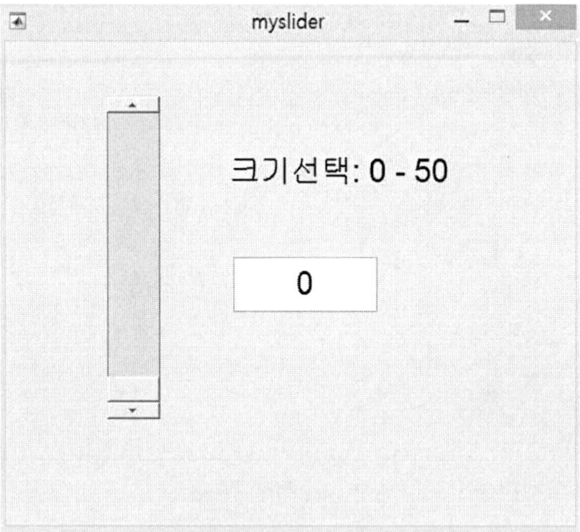

〈표4〉에 주어진 UI window에서 첫 번째 객체인 슬라이더를 보면 마우스를 이용하여 움직일 수 있는 직사각형 모양의 버튼이 있는데 이 버튼을 편의상 '슬라이더 바'로 부를 것이다. 지금부터 이 슬라이더 바를 마우스로 이동시키면 0과 50사이의 수가 세 번째 객체인 편집 텍스트 박스 안에 출력되도록 만들 것이다. 사실, 슬라이더 바의 위치가 0과 50사이의 수로 대응되는 이유는 〈표3a〉에 주어진 내용과 같이 슬라이더의 속성 Min와 Max의 값을 각각 0과 50으로 정했기 때문이다. 즉, 속성 Min과 Max의 값을 변경하여 슬라이더 바의 범위를 조정할 수 있다. 또한 0과 50사이의 수를 세 번째 객체인 편집 텍스트 박스 안에 직접 입력하면, 슬라이더 바가 입력한 수에 해당하는 위치로 이동되도록 만들어 보자. 예를 들어, 〈표5〉와 같이 편집 텍스트 박스 안에 30을 입력하면 슬라이더 바가 30에 해당하는 위치로 이동될 것이다. 반대로, 〈표5〉에서 슬라이더 바를 이동시키면 편집 텍스트 박스 안의 수가 30에서 다른 수로 변경될 것이다. 이런 내용이 실행되도록 myslider.m 파일을 편집하여 보자.

표5

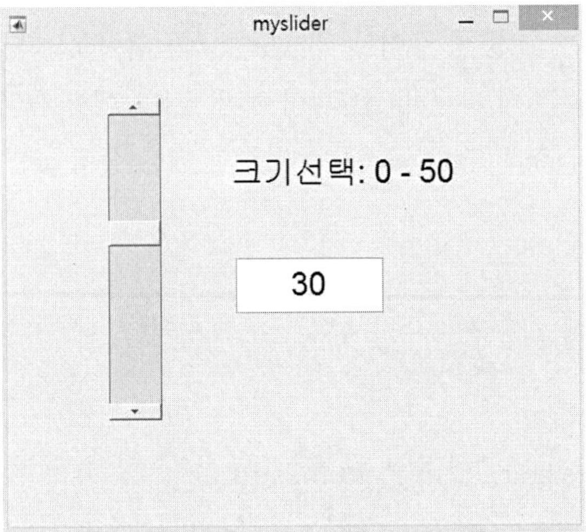

먼저, myslider.fig 파일을 실행할 때에 함께 만들어진 myslider.m 파일은 〈표6〉에 주어진 함수로 구성되어 있는 것을 확인한다.

표6

```
------------------------------------------------------------
function varargout = myslider(varargin)
function myslider_OpeningFcn(hObject, eventdata, handles, varargin)
function varargout = myslider_OutputFcn(hObject, eventdata, handles)
function slider1_Callback(hObject, eventdata, handles)
function slider1_CreateFcn(hObject, eventdata, handles)
function edit1_Callback(hObject, eventdata, handles)
function edit1_CreateFcn(hObject, eventdata, handles)
------------------------------------------------------------
```

콜백 함수 slider1_Callback을 〈표7〉과 같은 내용으로 편집한 뒤에 콜백 함수 edit1_Callback을 〈표8〉과 같은 내용으로 편집한다. 편집을 완성하고 M-파일 에디터 상단에 있는 실행버튼을 클릭하면 앞에서 보았던 〈표4〉와 같은 초기 UI window를 다시 보게 될 것이다. 이후, 앞에서 설명하였던 슬라이드 바의 위치와 편집 텍스트 박스 안의 값에 관한 내용을 실행하면 〈표5〉에 주어진 UI window와 같이 실행되는 결과를 볼 수 있을 것이다. 이 과정을 좀 더 자세히 설명하여 보자. 〈표4〉에서 슬라이더 바를 이동시키면 〈표7〉에 주어진 slider1_Callback 콜백 함수의 내용 중에 get 실행문인

```
a = get(hObject,'Value')
```

에 의하여 슬라이더 바 위치에 대응하는 수가 변수 a에 저장된다. 계속되는 명령문

```
ra = round(a)
set(handles.edit1,'String', num2str(ra))
```

에 의하여 a를 반올림(함수 round에 의하여)하여 변수 ra에 저장하고 문자열로 변환(함수 num2str에 의하여)한 뒤에 이 문자열을 세 번째 객체인 편집 텍스트의 박스 안에 출력한다. 이러한 이유로, 〈표5〉에서 슬라이더 바를 이동시킨 경우 그 슬라이더 바의 최종 위치에 해당하는 수가 편집 텍스트 박스 안에 출력되었던 것이다.

한편, 현재 절의 〈표4〉에 주어진 UI window의 세 번째 객체인 편집 텍스트의 박스 안에 0과 50사이의 수를 입력하면 〈표8〉에 주어진 edit1_Callback 콜백 함수의 내용인

```
b = str2double(get(hObject,'String'));
```

에 의하여 입력된 수가 변수 b에 저장된다. 다음으로 set 실행문인

```
set(handles.slider1,'Value',b);
```

에 의하여 슬라이더 바가 입력된 수(편집 텍스트 박스 안에 있는)에 해당하는 위치로 이동된다.

표7

```
------------------------------------------------------------
function slider1_Callback(hObject, eventdata, handles)
% hObject    handle to slider1 (see GCBO)
% eventdata  reserved - to be defined in a future version of MATLAB
% handles    structure with handles and user data (see GUIDATA)

% Hints: get(hObject,'Value') returns position of slider
% get(hObject,'Min') and get(hObject,'Max') to determine range of slider

a = get(hObject,'Value');
ra = round(a);
set(handles.edit1,'String', num2str(ra));
------------------------------------------------------------
```

표8

```
----------------------------------------------------
function edit1_Callback(hObject, eventdata, handles)
% hObject    handle to edit1 (see GCBO)
% eventdata  reserved - to be defined in a future version of MATLAB
% handles    structure with handles and user data (see GUIDATA)

% Hints: get(hObject,'String') returns contents of edit1 as text
% str2double(get(hObject,'String')) returns contents of edit1 as a double

b = str2double(get(hObject,'String'));
set(handles.slider1,'Value',b);
----------------------------------------------------
```

이것으로 슬라이더에 관한 내용을 마치고 다음 절은 패널의 사용법에 관하여 알아본다.

3.12 패널

UI window에서 서로 관련되는 객체들을 하나의 그룹으로 묶을 수 있다. 이런 기능을 가진 구성 요소는 팔레트에 있는 패널이다. 앞 3.11절의 〈표5〉에 주어진 UI window에는 세 개의 객체가 있고 서로 관련이 있다. 이런 경우 이 세 개의 객체를 하나의 그룹으로 만들기 위하여 구성 요소인 패널을 이용할 수 있다.

먼저, 팔레트에 있는 구성 요소인 패널을 드래그하여 레이아웃 에디터의 GUI figure panel로 이동시키고 그 크기를 〈표1〉과 같이 조정한다. 이때, 패널 객체에 대한 속성은 〈표2〉와 같이 설정한다.

표1

표2

구성 요소	FontSize	String	Tag
패널	18	소리	uipanel1

다음으로, 앞 절에서 만든 세 개의 객체

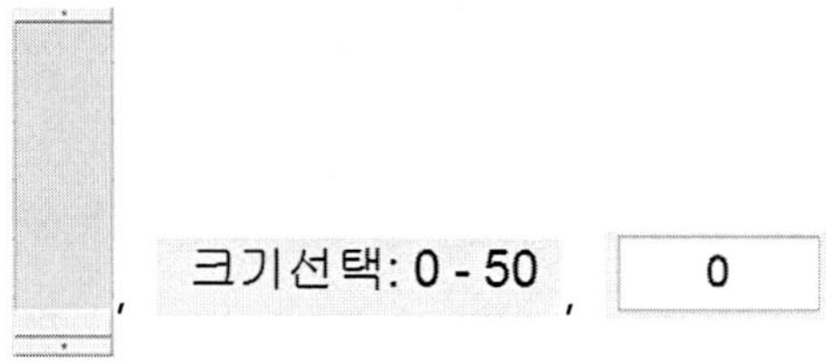

를 아래 주어진 〈표3〉과 같이 패널 박스 안에 모두 배치한다. 즉, 팔레트에 있는 슬라이더, 정적 텍스트, 편집 텍스트를 패널 안으로 드래그하여 이동시키고 바로 전 절의 〈표3a〉–〈표3c〉에서 주어진 내용으로 객체의 속성을 각각 설정한다.

표3

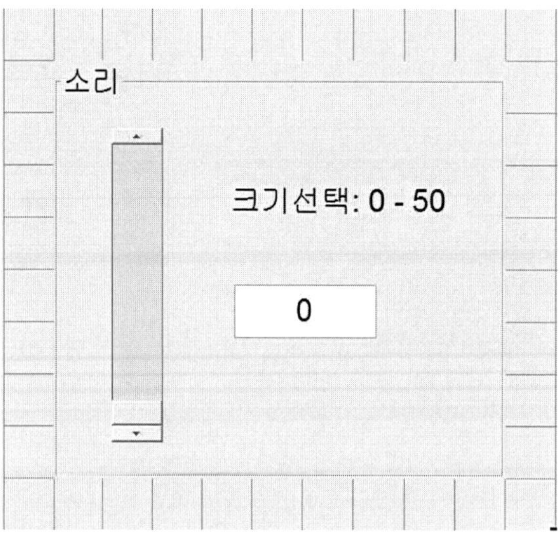

모든 설정을 끝내고 레이아웃 에디터 상단에 있는 실행 버튼을 클릭(파일명은 mypanel.fig로 저장)하면 〈표4〉와 같은 초기 UI window를 보게 될 것이다.

표4

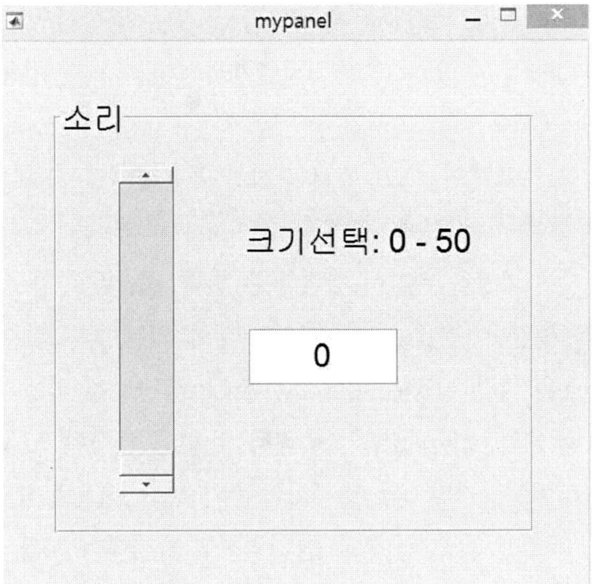

이때, 동시에 만들어진 mypanel.m 파일은 〈표5〉에 주어진 함수로 구성된다. 〈표5〉의 내용에서 보듯이 구성요소인 패널에 대한 콜백 함수는 존재하지 않는다. 즉, 〈표4〉와 같이 패널을 만들었을지라도 이 패널에 대한 콜백 함수가 mypanel.m 파일 내부에 자동으로 생성되지 않는다.

표5

```
-------- mypanel.m ------------------------------------
function varargout = mypanel(varargin)
function mypanel_OpeningFcn(hObject, eventdata, handles, varargin)
function varargout = mypanel_OutputFcn(hObject, eventdata, handles)
function slider1_Callback(hObject, eventdata, handles)
function slider1_CreateFcn(hObject, eventdata, handles)
function edit1_Callback(hObject, eventdata, handles)
function edit1_CreateFcn(hObject, eventdata, handles)
-------------------------------------------------------
```

현재의 상태에서 〈표4〉에 주어진 UI window(제목: mypanel)는 정상적으로 작동하지 않는다. 콜백 함수 내부에 실행할 수 있는 명령문이 존재하지 않기 때문이다. 〈표4〉에서 패널 안에 있는 세 개의 객체에 대한 속성값들이 앞 절 〈표3a〉-〈표3c〉의 내용으로 설정되어 있기 때문에, 앞 절 〈표7〉과 〈표8〉에서 작성한 콜백 함수 slider1_Callback와 edit1_Callback을 복사하여 이번 절에서 만든 mypanel.m 파일을 구성하는 콜백 함수로 이용하면 앞 절의 실행 과정을 똑같이 재현할 수 있다. 즉, 바로 앞 절의 〈표7〉과 〈표8〉에 주어진 내용과 똑같이 mypanel.m 파일 내부에 있는 콜백 함수 slider1_Callback와 edit1_Callback을 각각 편집한 뒤에 mypanel.m 파일을 실행하면 〈표4〉에 주어진 초기 UI window(제목: mypanel)가 출력될 것이다. 출력된 UI window에서 슬라이더 바를 마우스로 이동시키면 0과 50사이의 수가 편집 텍스트 박스 안에 출력될 것이고 반대로, 편집 텍스트 박스 안에 수를 입력하면 슬라이더 바가 해당 위치로 이동할 것이다.

UI window에 여러 개의 객체들이 산만하게 분포되어 있다면, 이번 절에서 설명한 패널을 이용하여 그 객체들을 그룹별로 구분할 수 있다. 이런 그룹별 구분으로 UI window가 단순화되어지면 사용자 입장에서 사용하기 쉬운 환경이 될 수 있다. 다음 절은 메뉴 모음에 관한 내용을 설명한다. 지금까지의 객체들과는 달리 UI window의 상단에 위치한 메뉴바에 생성되는 객체이다.

3.13 메뉴 모음

3.13.1 메뉴 모음 생성

UI window를 구성하는 좌표축에 그래프를 출력하기 위하여 '메뉴 모음'을 이용하는 방법에 대하여 알아보자. 메뉴 모음에 의하여 사용자가 마우스로 선택할 수 있는 사용자 정의 메뉴 항목(UI window 메뉴바 위치에)을 만들 수 있다. 구체적인 내용을 알아보기 위하여 레이아웃 에디터에서 아래의 내용을 수행한다.

팔레트에 있는 구성요소인 좌표축을 드래그하여 GUI figure panel로 이동시키고 그 크기를 〈표1〉과 같이 조정한다. 이때 좌표축의 속성 Tag의 값을 axes1으로 설정한다.

표1

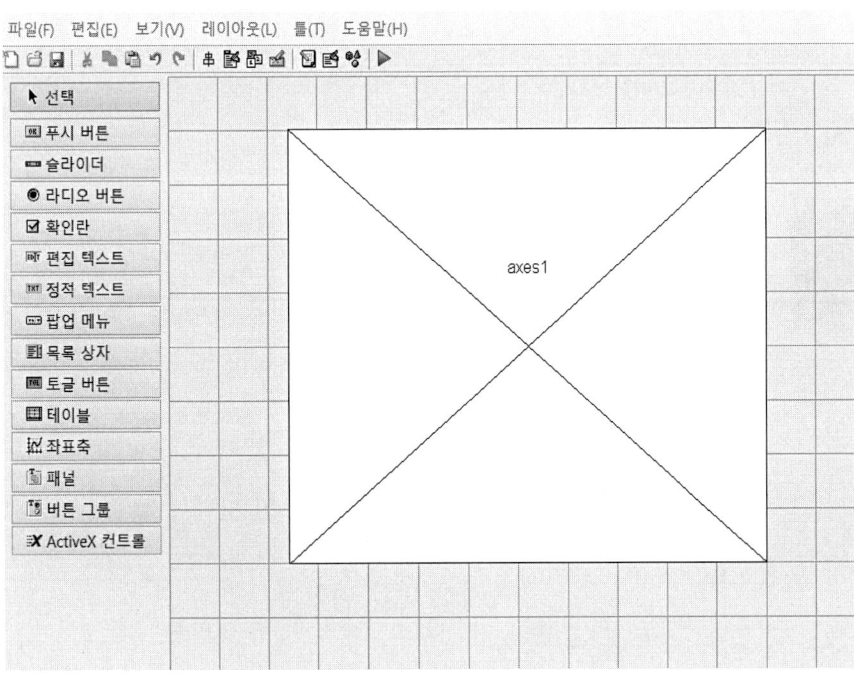

레이아웃 에디터 상단에 있는 실행 버튼(녹색 버튼)을 클릭하면 〈표2〉와 같이 어떤 그래프도 출력되지 않은 빈 UI window를 보게 될 것이다. 이때, 파일명은 mymenu.fig로 저장한다. 파일 mymenu.fig와 함께 만들어진 mymenu.m 파일은 〈표3〉에 주어진 함수로 구성된다.

표2

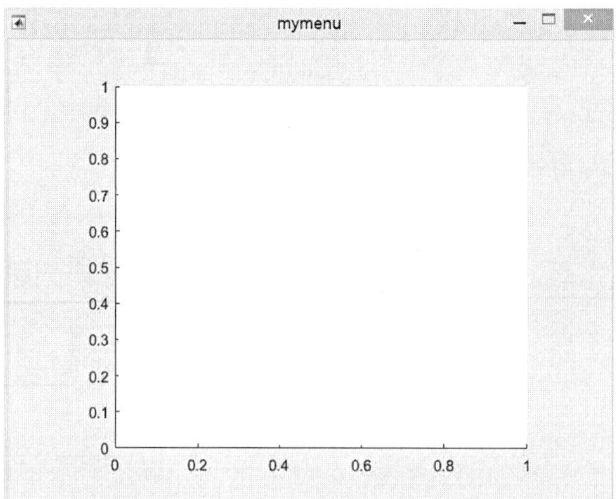

표3

```
-------------- mymenu.m ----------------------------
function varargout = mymenu(varargin)
function mymenu_OpeningFcn(hObject, eventdata, handles, varargin)
function varargout = mymenu_OutputFcn(hObject, eventdata, handles)
----------------------------------------------------
```

다음으로 〈표1〉에 주어진 레이아웃 에디터 상단에 있는 메뉴바에서

툴 > 메뉴 편집기

항목을 선택하면 〈표4〉와 같이 메뉴 편집기가 화면에 출력될 것이다. 메뉴 편집기 상단에 있는 메뉴 편집 도구를 확대하면 〈표5〉와 같다.

표4

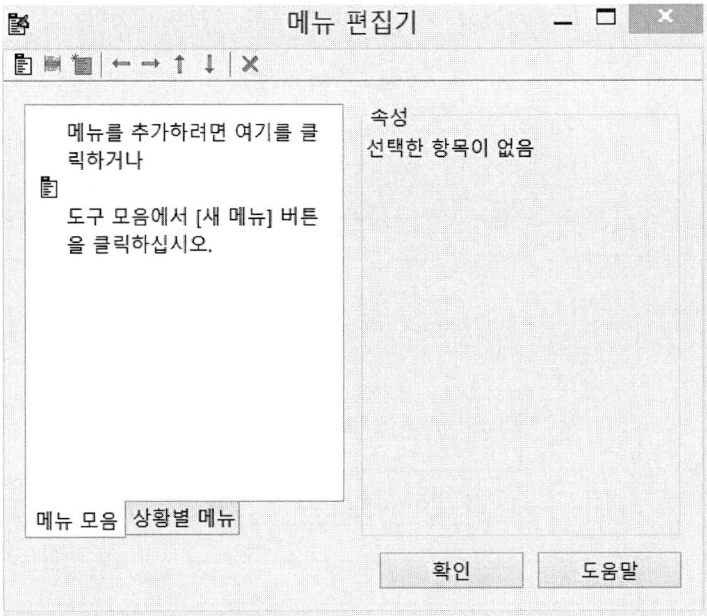

표5

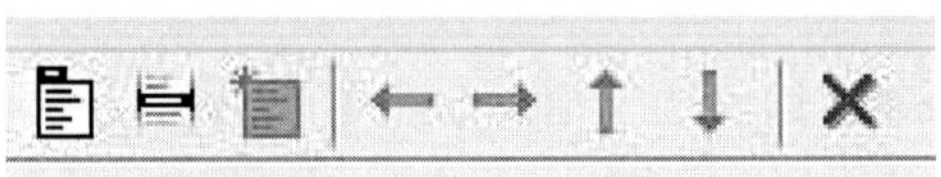

표6

〈표4〉에 주어진 메뉴 편집기의 왼쪽 하단을 보면 두 개의 항목

메뉴 모음과 상황별 메뉴

가 있는데 이 중에서 메뉴 모음이 선택(〈표6〉과 같이)되어 있을 것을 확인한다.

이 메뉴 모음을 이용하여 UI window의 상단에 메뉴 항목를 사용자가 직접 생성할 수 있다. UI window의 상단에 만들어질 사용자 정의 메뉴 항목은 〈표7〉과 같은 구조를 갖게 될 것이다.

표7

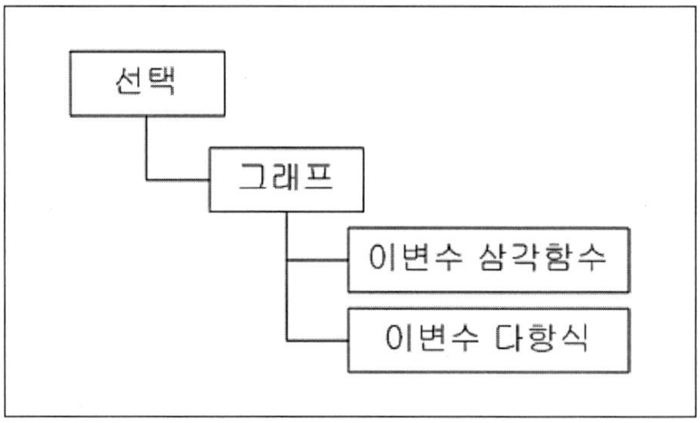

〈표7〉과 같은 구조의 사용자 정의 메뉴 항목을 만들기 위하여 〈표5〉에 주어진 메뉴 편집 도구에서 첫 번째 도구인 을 클릭한 뒤에, 메뉴 편집기 오른쪽 위치에 있는 속성 레이블과 속성 Tag(태그)의 값을 아래와 같이 입력한다.

속성	속성값
레이블	선택
태그	mainmenu

위와 같이 입력하면 〈표8〉과 같이 메뉴 편집기가 구성될 것이다.

표8

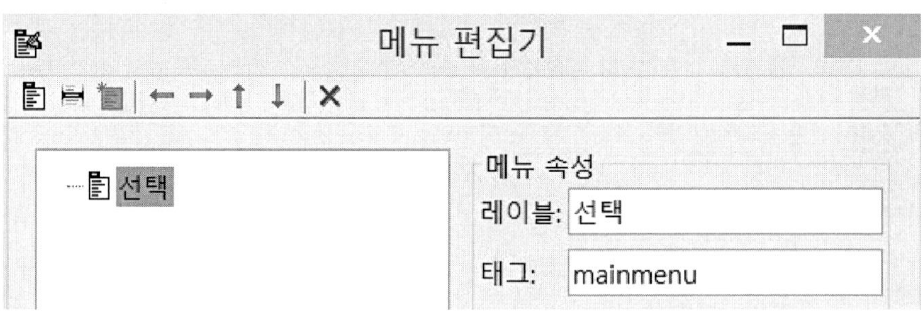

〈표8〉과 같은 메뉴 편집기의 왼쪽에 있는 '선택' 항목이 마우스로 클릭된 상태에서, 이 메뉴 편집기 상단에 있는 두 번째 도구인 를 클릭하여 하위 메뉴 항목인 그래프를 〈표9〉와 같이 생성한다. 즉, 그래프 항목의 속성 레이블과 속성 Tag(태그)의 값을 아래와 같이 입력한다:

속성	속성값
레이블	그래프
태그	submenu1

표9

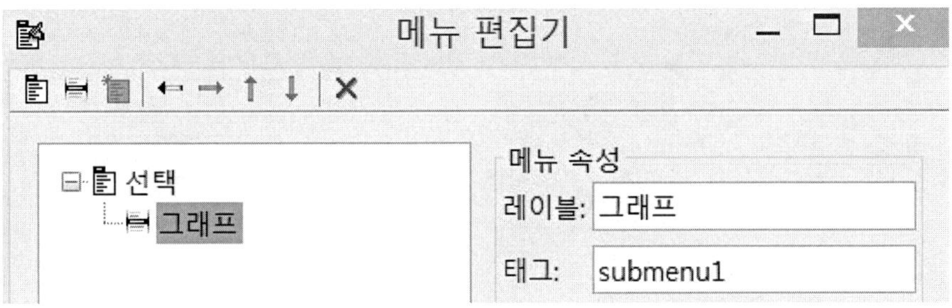

계속해서, 항목 '그래프' 아래로 두 개의 하위 메뉴 '이변수 삼각함수'와 '이변수 다항식'를 〈표10a〉와 〈표10b〉에 주어진 내용으로 생성하고 설정한다. 즉, 첫 번째 하위 메뉴 항목인 '이변수 삼각함수'에 대한 속성 레이블과 속성 태그의 값을 아래와 같이 입력한다:

속성	속성값
레이블	이변수 삼각함수
태그	submenu1first

항목 '그래프' 아래의 두 번째 하위 메뉴 항목인 '이변수 다항식'에 대한 속성 레이블과 속성 태그의 값을 아래와 같이 입력한다:

속성	속성값
레이블	이변수 다항식
태그	submenu1second

표10a

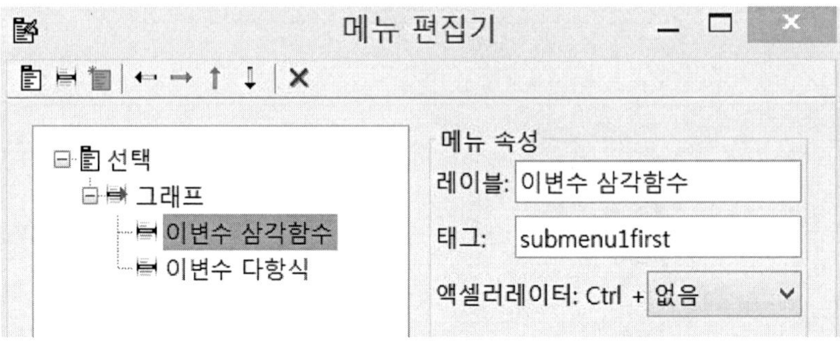

표10b

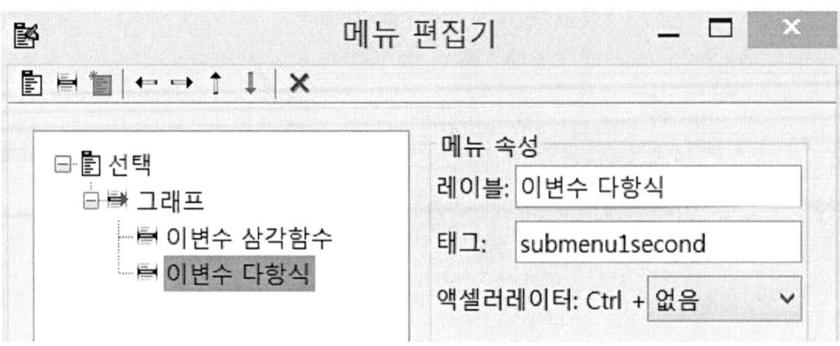

지금까지의 내용을 완료하고 레이아웃 에디터에서 실행버튼을 클릭하면 〈표2〉에서 보았던 UI window를 다시 보게 될 것이다. 그러나 이번에 출력된 UI window의 왼쪽 상단을 보면 사용자가 만든 〈표7〉의 구조를 가진 메뉴 항목 선택 을 새롭게 볼 수 있다(다음 절 〈표1〉에 주어진 UI window 참고). 마우스로 메뉴 항목 선택 을 클릭하면

〈표7〉과 같은 메뉴 구조를 확인할 수 있으나 현재 상태에서 실행까지는 되지 않는다. 다음 절에서 그래프 아래 항목인 '이변수 삼각함수' 또는 '이변수 다항식'을 선택하면 대응하는 그래프가 좌표축에 출력되도록 mymenu.m 파일 내부에 있는 콜백 함수를 편집할 것이다.

3.13.2 메뉴 모음 실행

앞 절의 내용을 완료하고 mymenu.fig 파일을 레이아웃 에디터에서 실행하면 〈표1〉과 같은 상태의 초기 UI window를 볼 수 있다. 좌표축 내부에 그래프 출력은 현재 없는 상태지만 왼쪽 상단의 메뉴바 위치에 사용자 정의 메뉴 항목이자 메뉴 모음인 선택 이 만들어져 있는 것을 확인한다.

표1

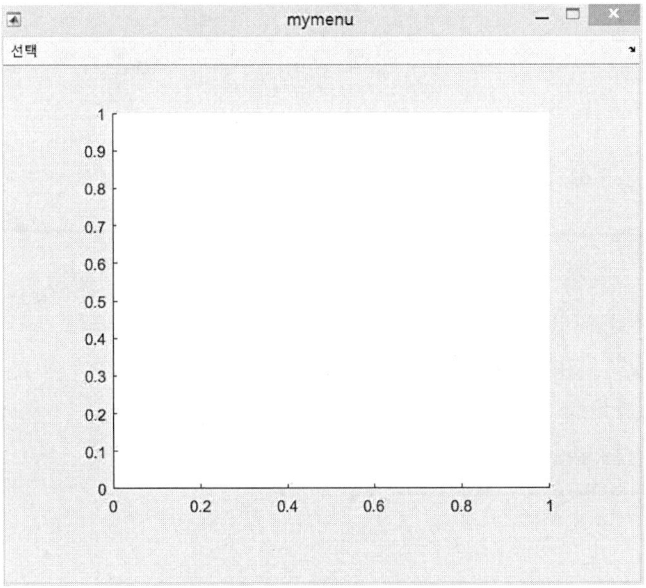

이때, 〈표1〉과 같은 UI window가 출력되면서 함께 자동 생성된 mymenu.m 파일은 〈표2〉와 같은 함수로 구성된다. 바로 앞 절인 3.13.1절의 〈표3〉에 주어진 함수(3.13.1 절에서 〈표2〉의 UI window가 출력되면서 생성된)와 비교 시 몇 개의 함수가 추가된 것을 볼 수 있다.

표2

```
-------------- mymenu.m ---------------------------
function varargout = mymenu(varargin)
function mymenu_OpeningFcn(hObject, eventdata, handles, varargin)
function varargout = mymenu_OutputFcn(hObject, eventdata, handles)
function mainmenu_Callback(hObject, eventdata, handles)
function submenu1_Callback(hObject, eventdata, handles)
function submenu1first_Callback(hObject, eventdata, handles)
function submenu1second_Callback(hObject, eventdata, handles)
-------------------------------------------------------
```

아래 〈표3〉과 같이 새로 추가된 네 개의 콜백 함수는 메뉴 모음인 선택 과 관련된다. 참고로, 앞 절인 3.13.1절에서 메뉴 편집기를 이용하여 메뉴 모음인 선택 과 그 하위 항목을 생성할 때, 각 항목에 대응하였던 속성 Tag의 값을 〈표4〉와 같이 정리하였다.

표3

```
mainmenu_Callback,
submenu1_Callback,
submenu1first_Callback,
submenu1second_Callback
```

표4 메뉴 모음 선택 과 Tag

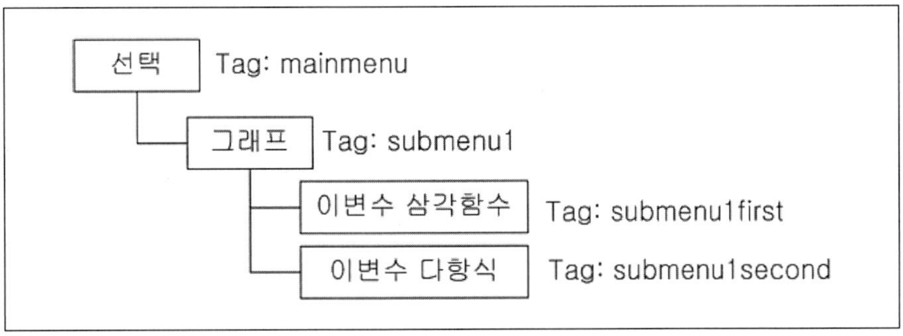

〈표3〉에 주어진 네 개의 콜백 함수 중에 다음과 같은 두 개의 콜백 함수

submenu1first_Callback, submenu1second_Callback

을 〈표5〉와 〈표6〉의 내용으로 각각 편집한다.

표5

```
-----------------------------------------------------------
function submenu1first_Callback(hObject, eventdata, handles)
% hObject    handle to submenu1first (see GCBO)
% eventdata  reserved - to be defined in a future version of MATLAB
% handles    structure with handles and user data (see GUIDATA)

[X1,Y1] = meshgrid(0:.2:8);
Z1 = sin(X1)+sin(Y1);
surf(handles.axes1,X1,Y1,Z1);
xlabel(handles.axes1,'\bf{x}','fontsize',15);
ylabel(handles.axes1,'\bf{y}','fontsize',15);
zb1 = zlabel(handles.axes1,'\bf{z}','fontsize',15);
set(zb1,'rotation',0);
title(handles.axes1,'\bf{ z = sin(x) + sin(y)}','fontsize',15
-----------------------------------------------------------
```

표6

```
-----------------------------------------------------------------------
function submenu1second_Callback(hObject, eventdata, handles)
% hObject    handle to submenu1second (see GCBO)
% eventdata  reserved - to be defined in a future version of MATLAB
% handles    structure with handles and user data (see GUIDATA)

[X2,Y2] = meshgrid(-2:.1:2);
Z2 = (1-X2.^2).*(1-Y2.^2);
surf(handles.axes1,X2,Y2,Z2);
xlabel(handles.axes1,'\bf{x}','fontsize',15);
ylabel(handles.axes1,'\bf{y}','fontsize',15);
zb2 = zlabel(handles.axes1,'\bf{z}','fontsize',15);
set(zb2,'rotation',0);
title(handles.axes1,'\bf{ z = (1-x^2)(1-y^2)}','fontsize',15)
-----------------------------------------------------------------------
```

〈표5〉와 〈표6〉의 내용으로 두 개의 콜백 함수 편집을 끝내고 M-파일 에디터에서 mymenu.m 파일을 실행한다. 현재 절의 앞 부분에 있는 〈표1〉과 같은 UI window를 다시 화면에서 볼 수 있고 이 window의 왼쪽 상단에 있는 메뉴 모음인 선택 을 마우스로 클릭한다. 〈표4〉의 구조를 가지는 선택 에서 가장 아래에 위치한 항목 중에

(i) '이변수 삼각함수' 항목을 선택하면 〈표7〉과 같은 그래프 출력

(ii) '이변수 다항식' 항목을 선택하면 〈표8〉과 같은 그래프 출력

을 각각 볼 수 있다. 〈표5〉와 〈표6〉의 내용은 앞에서 이미 다룬 내용이므로 구체적인 설명은 구성요소인 좌표축과 관련된 3.4절을 참고한다.

표7

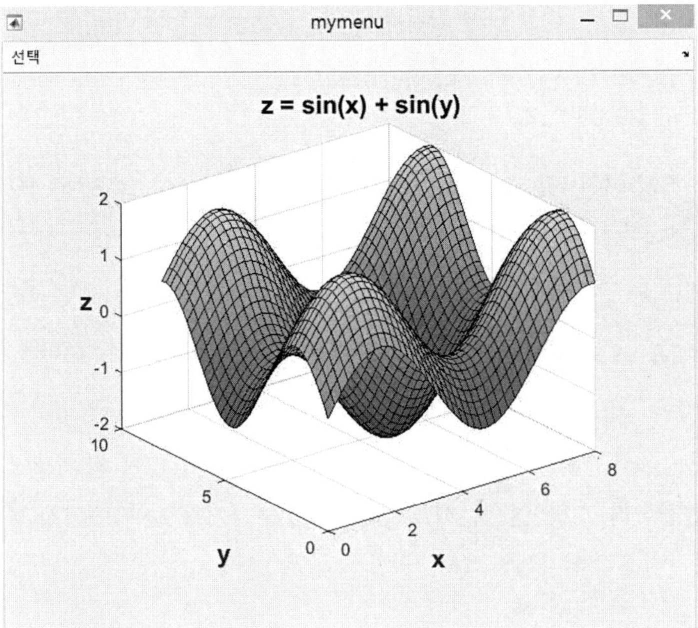
mymenu
선택
z = sin(x) + sin(y)
2
1
z 0
-1
-2
10
5
y
0
0
2
4
6
8
x

표8

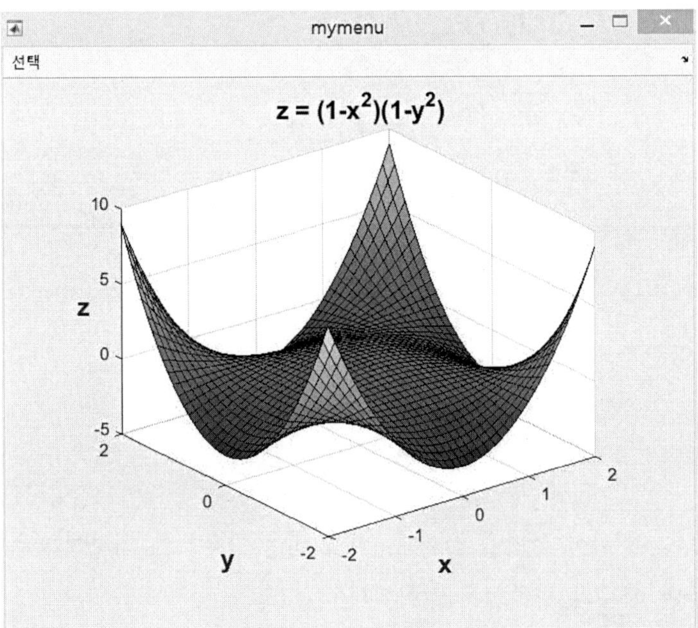
mymenu
선택
z = (1-x^2)(1-y^2)
10
5
z
0
-5
2
0
y
-2
-2
-1
0
1
2
x

메뉴 모음에 의하여 〈표7〉, 〈표8〉과 같은 결과를 구한 후에 3장 연습문제 3번을 해결하여 보자. 이 문제에서는 다음의 내용을 수행한다:

현재 절의 〈표1〉에 주어진 UI window에서 마우스로 메뉴 모음 선택 을 클릭한다. 클릭하여 팝업된 항목에서 '이변수 삼각함수'를 선택하면 UI window의 오른쪽 영역에는 그래프가 출력되고 왼쪽 영역에는 〈표9〉와 같이 '이변수 삼각함수' 항목이 선택된 박스가 출력되도록 UI window를 만든다. 또한, 메뉴 모음 선택 에서 '이변수 다항식'을 선택하면 대응하는 그래프 출력이 UI window의 오른쪽 영역에 출력되고 UI window의 왼쪽 영역에는 〈표10〉과 같이 '이변수 다항식' 항목이 선택된 박스가 출력되도록 UI window를 편집한다. 3장 연습문제 3번에서 〈표4〉와 〈표5〉에 주어진 UI window를 참고한다.

표9

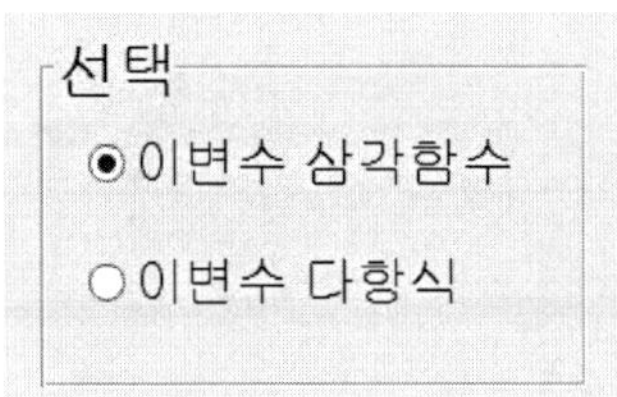

표10

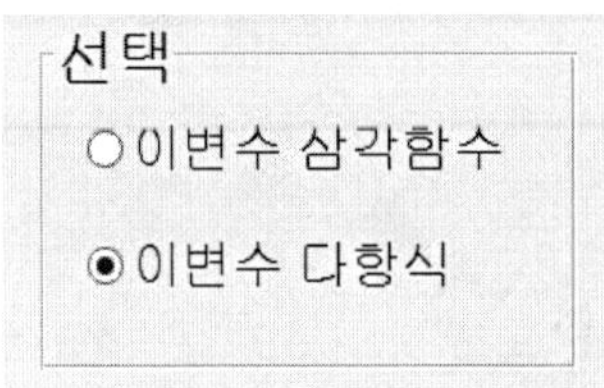

이것으로 메뉴 모음에 관한 설명을 끝낸다. 다음 절은 마우스에 의하여 메뉴를 화면에 팝업시키는 상황별 메뉴의 사용법을 알아본다.

3.14 상황별 메뉴

UI window를 구성하는 좌표축에 그래프를 출력하기 위하여 '상황별 메뉴'를 이용하는 방법에 대하여 알아보자. 좌표축 내부에서 마우스의 오른쪽 버튼을 클릭하면 사용자 정의 메뉴 구조를 가지는 상황별 메뉴가 팝업될 것이다. 이렇게 팝업된 메뉴에서 항목을 선택하여 프로그램을 진행할 수 있다.

3.14.1 상황별 메뉴 항목 생성

이번 절에서는 상황별 메뉴의 항목을 생성할 것이다. 먼저 레이아웃 에디터에서 아래의 내용을 수행한다:

팔레트에 있는 구성요소인 좌표축을 드래그하여 GUI figure panel로 이동시키고 그 크기를 〈표1〉과 같이 조정한다. 이때 좌표축의 Tag 값을 axes1으로 설정한다.

표1

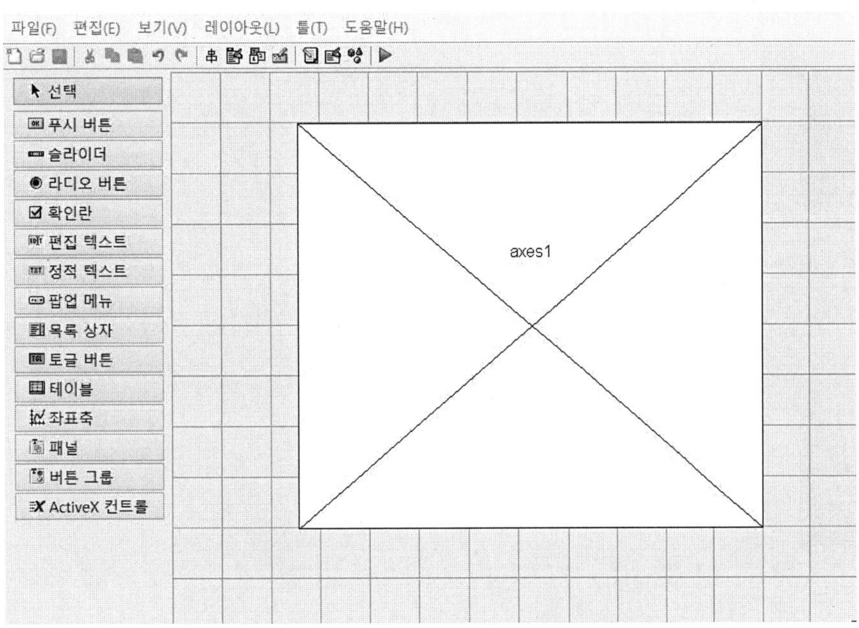

레이아웃 에디터 상단에 있는 실행 버튼을 클릭하면 어떤 그래프도 출력되지 않은 빈 UI window를 보게 될 것이다. 이때, 파일명은 mycontext.fig로 저장한다. 파일 mycontext.fig와 함께 만들어진 mycontext.m 파일은 〈표2〉에 주어진 함수로 구성된다.

표2

```
----------------------------------------------------------------
function varargout = mycontext(varargin)
function mycontext_OpeningFcn(hObject, eventdata, handles, varargin)
function varargout = mycontext_OutputFcn(hObject, eventdata, handles)
----------------------------------------------------------------
```

다음으로 〈표1〉에 주어진 레이아웃 에디터에서 상단에 위치한 메뉴 중

툴 > 메뉴 편집기

항목을 선택하면 메뉴 편집기가 화면에 출력될 것이다. 메뉴 편집기의 왼쪽 하단을 보면 두 개의 항목이 있는데 그 중에 〈표3〉과 같이 '상황별 메뉴' 항목을 선택한다.

표3

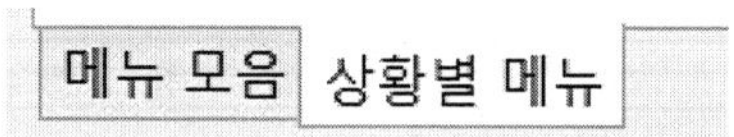

계속해서, 메뉴 편집기 상단을 보면 도구 모음 영역이 있고 이 영역을 확대하면 〈표4〉와 같다. 이 영역에서 첫 번째와 두 번째의 도구가 비활성화 되어있는 것을 볼 수 있다.

표4

〈표4〉에서 세 번째 도구인 을 클릭한 뒤에 〈표5〉와 같은 내용으로 메뉴 편집기를 설정한다. 즉, 상황별 메뉴에서 첫 번째 항목의 Tag 값을 CHOICE로 입력한다.

표5

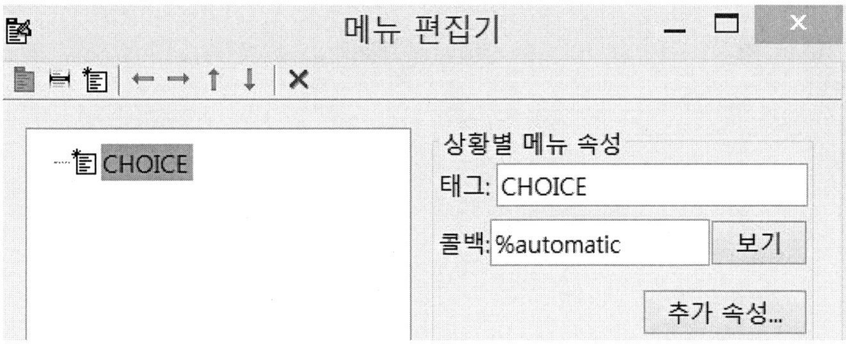

계속해서, 메뉴 편집기의 상단에 있는 도구 모음 영역을 보면 두 번째 도구가 활성화되어 있는 것을 볼 수 있고 이 두 번째 도구인 를 마우스로 클릭(CHOICE가 선택된 상태에서)하여 〈표6〉과 같이 메뉴 편집기를 설정한다. 즉, '그래프' 항목의 레이블과 태그를 아래와 같이 입력한다:

속성	속성값
레이블	그래프
태그	submenu1

표6

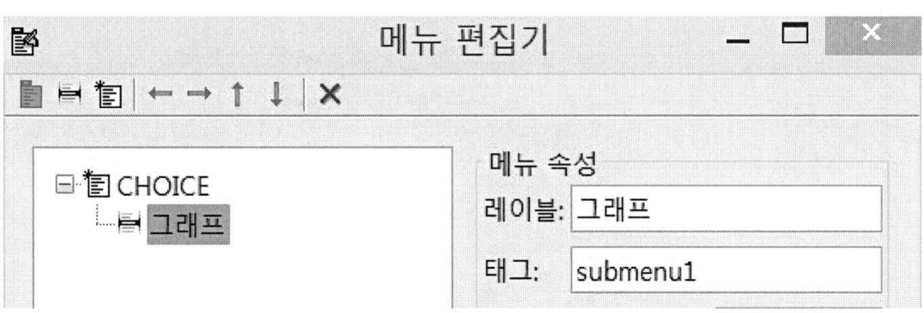

다음으로, 앞 절의 메뉴 모음에서 진행했던 내용과 동일하게 '그래프' 항목 아래에 두 개의 항목 '이변수 삼각함수'와 '이변수 다항식'을 〈표7〉와 〈표8〉과 같은 내용으로 생성한다.

표7

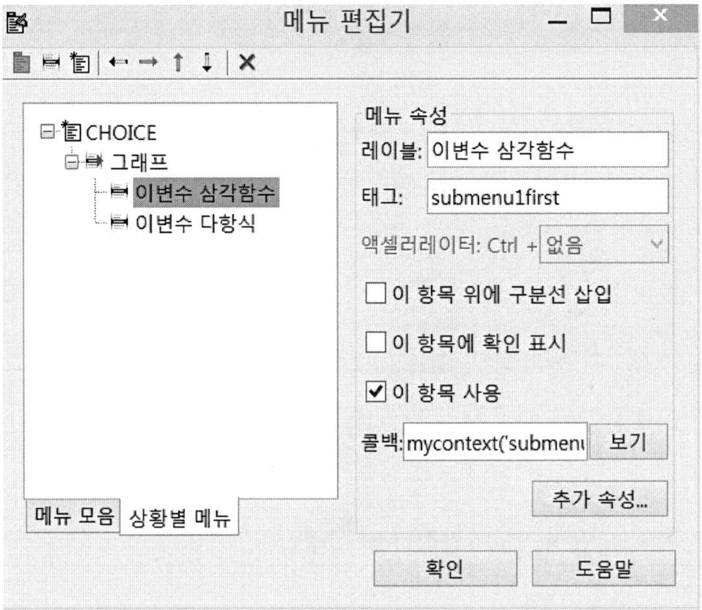

표8

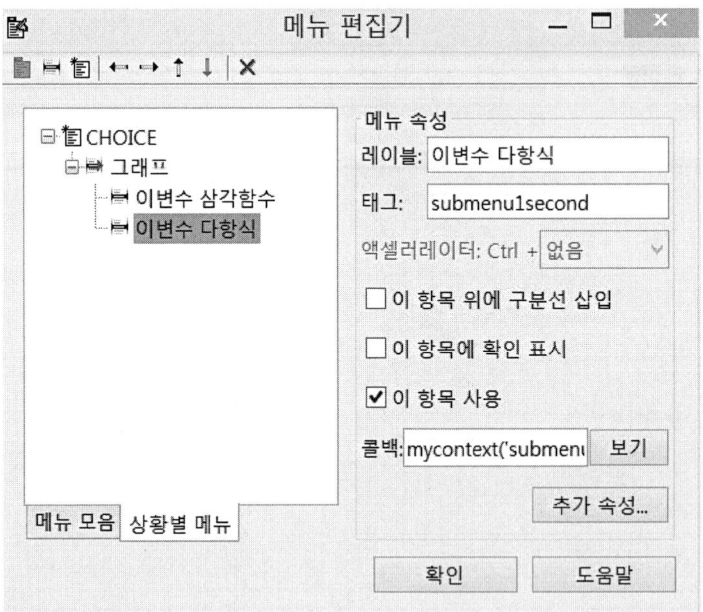

지금까지의 내용을 완료하고 메뉴 편집기 하단 오른쪽에 있는 확인 버튼을 클릭한 뒤에 레이아웃 에디터에서 mycontext.m 파일을 실행한다. 여전히 어떤 그래프도 출력되지 않은 빈 UI window를 〈표9〉와 같이 보게 되지만 갱신된 mycontext.m 파일은 〈표10〉과 같은 함수로 구성되어 진다.

표9

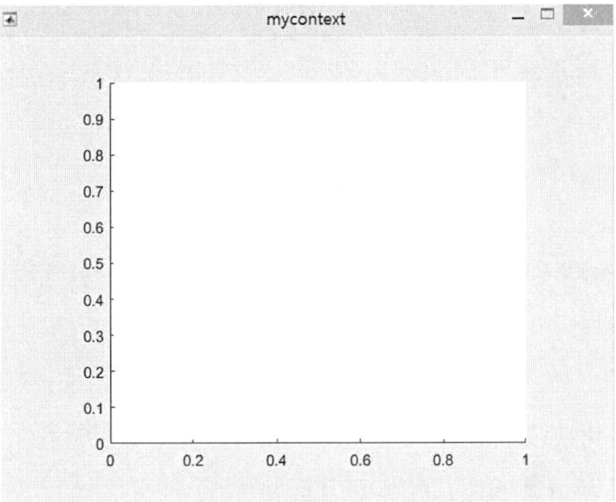

표10

```
------------- mycontext.m -----------------------------
function varargout = mycontext(varargin)
function mycontext_OpeningFcn(hObject, eventdata, handles, varargin)
function varargout = mycontext_OutputFcn(hObject, eventdata, handles)
function submenu1_Callback(hObject, eventdata, handles)
function submenu1first_Callback(hObject, eventdata, handles)
function submenu1second_Callback(hObject, eventdata, handles)
function CHOICE_Callback(hObject, eventdata, handles)
--------------------------------------------------------
```

지금까지 메뉴 편집기를 이용하여 상황별 메뉴를 만들었고 그 메뉴의 항목들은 〈표11〉에서 주어진 구조를 가지고 있다. 계속해서 mycontext.fig 파일이 열려있는 레이아웃 에디터에서 좌표축 객체를 더블 클릭하여 좌표축에 대한 속성 인스펙터 박스를 연다.

이 박스에서 속성 UIContextMenu를 보면 아래와 같이 그 값이 〈None〉로 되어 있을 것이다.

UIContextMenu <None>

위에서 〈None〉을 마우스로 클릭하면 팝업 메뉴가 보일 것이고 나열된 항목에서 CHOICE를 선택한다. 그 결과로 위의 내용이 아래와 같이 설정된다.

UIContextMenu CHOICE

지금까지의 내용을 완료하고 레이아웃 에디터에서 mycontext.fig 파일을 실행한다. 실행의 결과로 〈표9〉와 같은 좌표축에 어떤 출력도 없는 UI window를 다시 보게 되지만, 이번에는 마우스 오른쪽 버튼이 작용을 한다. 즉, 마우스 커서를 〈표9〉에 주어진 UI window의 좌표축 내부로 이동한 뒤에 내부 임의의 지점에서 마우스 오른쪽 버튼을 클릭하면, 〈표11〉에 주어진 배치도에서 CHOICE 항목 아래의 메뉴 구조를 가지는 항목들이 팝업 형식의 박스로 나타날 것이다. 박스 안에 있는 두 개의 항목인 '이변수 삼각함수'와 '이변수 다항식' 중에 하나를 선택하면, 현재의 상태에서는 어떤 그래프 출력도 되질 않는다. 그래프가 출력될 수 있도록 다음 절에서 그 방법을 알아볼 것이다.

표11

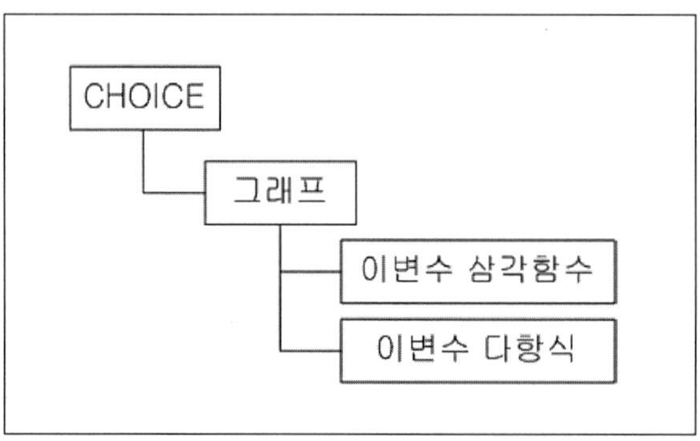

3.14.2 상황별 메뉴 실행

앞 절에서 메뉴 편집기를 이용하여 상황별 메뉴 항목을 만들었지만 항목을 선택하여도 그 실행이 되지 않는 상태였다. 좀 더 자세히 설명하여 보자. 앞 3.14.1절의 내용을 완료하고 mycontext.fig 파일을 레이아웃 에디터에서 실행하면 어떤 그래프의 출력도 없는 빈 좌표축을 아래 〈표1〉과 같이 보게 된다. 〈표1〉에 주어진 UI window의 좌표축 내부에서 마우스 오른쪽 버튼을 클릭하면 〈표2〉와 같은 구조와 항목을 보여주는 상황별 메뉴가 팝업 된다. 이때, 마우스로 항목 '이변수 삼각함수' 또는 '이변수 다항식'을 각각 선택하여도 더 이상 실행이 되지 않는다. 그러나, 항목을 선택하면 선택한 항목에 대응하는 그래프가 좌표축에 출력되도록 지금부터 만들어 보자.

표1

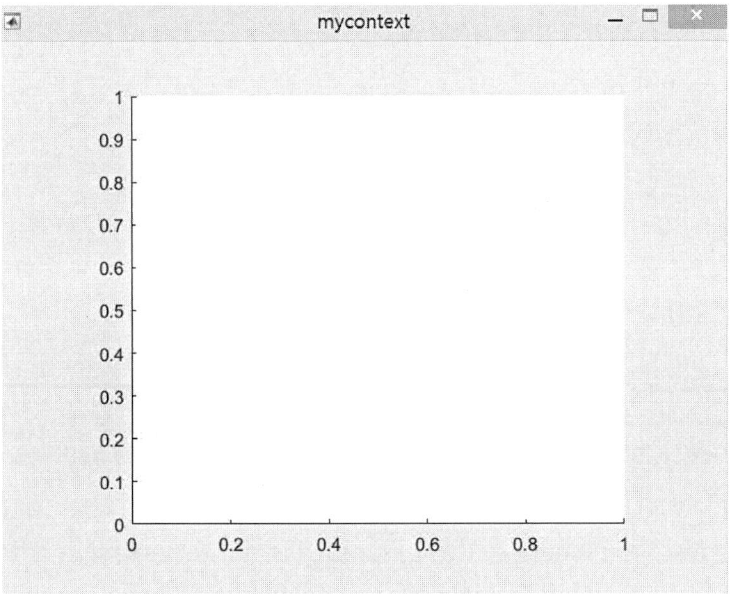

표2

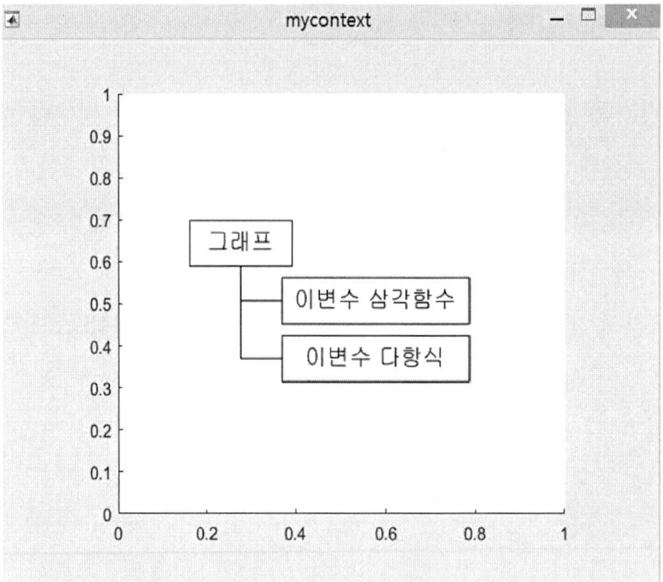

앞 3.14.1절의 〈표10〉에 주어진 함수 중에서 두 개의 콜백 함수

submenu1first_Callback와 submenu1second_Callback

을 〈표3〉과 〈표4〉와 같은 내용으로 각각 편집한 뒤에 저장한다.

표3

```
-------- 이변수 삼각함수 -----------------------------
function submenu1first_Callback(hObject, eventdata, handles)
% hObject    handle to submenu1first (see GCBO)
% eventdata  reserved - to be defined in a future version of MATLAB
% handles    structure with handles and user data (see GUIDATA)

[X1,Y1] = meshgrid(0:.2:8);
Z1 = sin(X1)+sin(Y1);
surf(handles.axes1,X1,Y1,Z1);
xlabel(handles.axes1,'\bf{x}','fontsize',15);
```

```
ylabel(handles.axes1,'\bf{y}','fontsize',15);
zb1 = zlabel(handles.axes1,'\bf{z}','fontsize',15);
set(zb1,'rotation',0);
title(handles.axes1,'\bf{ z = sin(x) + sin(y)}','fontsize',15)
--------------------------------------------------
```

표4

```
--------------- 이변수 다항식 --------------------------
function submenu1second_Callback(hObject, eventdata, handles)
% hObject    handle to submenu1second (see GCBO)
% eventdata  reserved - to be defined in a future version of MATLAB
% handles    structure with handles and user data (see GUIDATA)

[X2,Y2] = meshgrid(-2:.1:2);
Z2 = (1-X2.^2).*(1-Y2.^2);
surf(handles.axes1,X2,Y2,Z2);
xlabel(handles.axes1,'\bf{x}','fontsize',15);
ylabel(handles.axes1,'\bf{y}','fontsize',15);
zb2 = zlabel(handles.axes1,'\bf{z}','fontsize',15);
set(zb2,'rotation',0);
title(handles.axes1,'\bf{ z = (1-x^2)(1-y^2)}','fontsize',15)
--------------------------------------------------
```

〈표3〉과 〈표4〉에서 주어진 내용은 앞에서 이미 다룬 내용이므로 구체적인 설명은 구성요소인 좌표축과 관련된 3.4절을 참고한다. 〈표3〉과 〈표4〉의 내용을 가진 콜백 함수 편집을 끝내고 업데이트 된 mycontext.m 파일을 실행하여 현재 절의 〈표1〉과 같은 UI window를 다시 출력한다. 계속해서 좌표축 내부로 마우스 커서를 이동한 뒤에 오른쪽 버튼을 클릭하면 〈표2〉에서와 같은 구조를 가지는 상황별 메뉴가 팝업될 것이다. 팝업된 메뉴에서 첫 번째 항목인 '이변수 삼각함수'를 선택하면 〈표5〉와 같은 출력을 보게 될 것이다. 〈표5〉와 같이 그래프가 출력된 좌표축 내부에서 다시 오른쪽 마우

스를 클릭하면 현재 절의 〈표2〉에서 제공했던 상황별 메뉴가 다시 팝업된다. 이번에는 두 번째 항목인 '이변수 다항식'을 선택한다. 〈표6〉에 주어진 결과를 보게 될 것이다. 이와 같은 방식으로 상황별 메뉴를 이용하여 마우스로 프로그램 내용을 진행할 수 있다.

표5

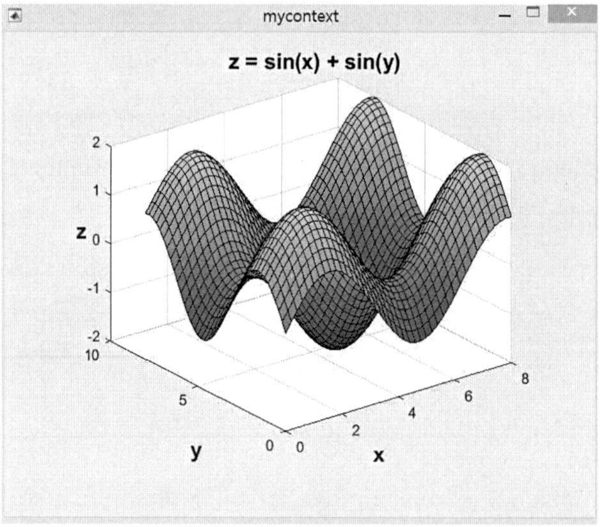

표6

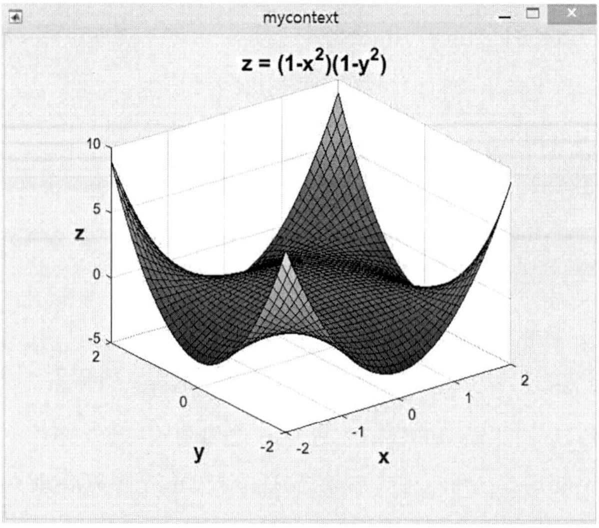

이번 절에서는 상황별 메뉴의 실행 방법에 대하여 알아보았다. 다음 절에서는 상황별 메뉴가 두 개인 경우를 설명한다.

3.14.3 두 개의 상황별 메뉴

앞 절에서 생성한 상황별 메뉴 CHOICE는 메뉴 편집기에서 아래 〈표1〉과 같은 구조와 내용으로 설정되었다. 이 상황에서 또 하나의 상황별 메뉴 AxisOnOff을 〈표2〉와 같은 구조와 내용으로 추가하여 보자.

표1

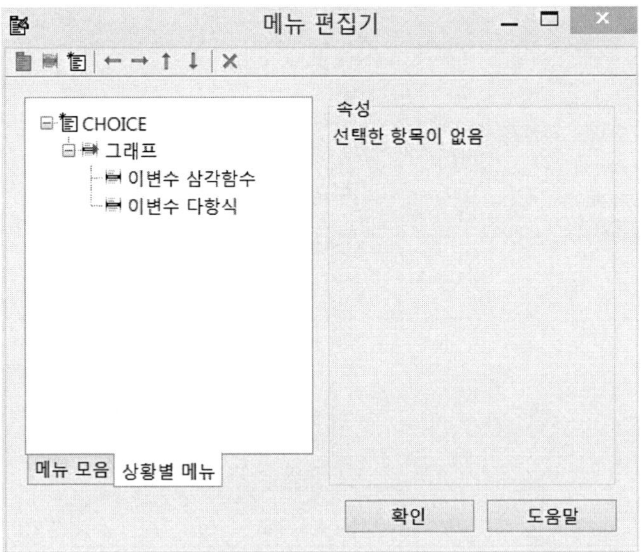

표2

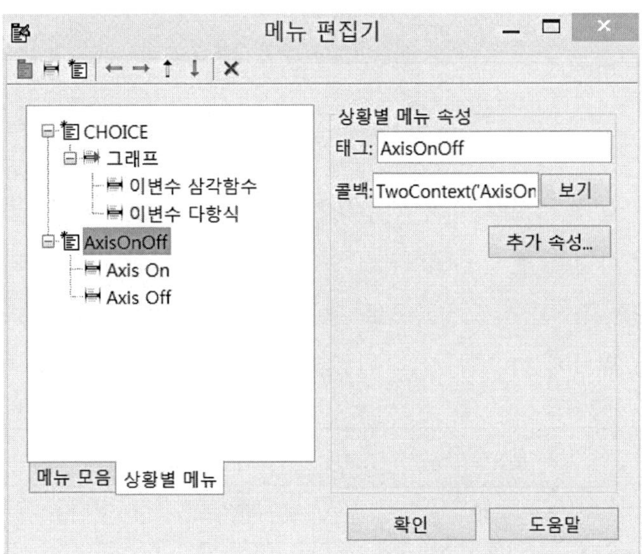

이때, 항목 AxisOnOff 아래에 위치한 두 개의 항목인 'Axis On'과 'Axis Off'에 대한 레이블과 태그는 〈표3〉과 〈표4〉와 같은 내용으로 각각 입력한다. 입력을 끝내고 메뉴 편집기의 오른쪽 하단에 있는 확인 버튼을 클릭하여 메뉴 편집기 작업을 끝낸다.

표3

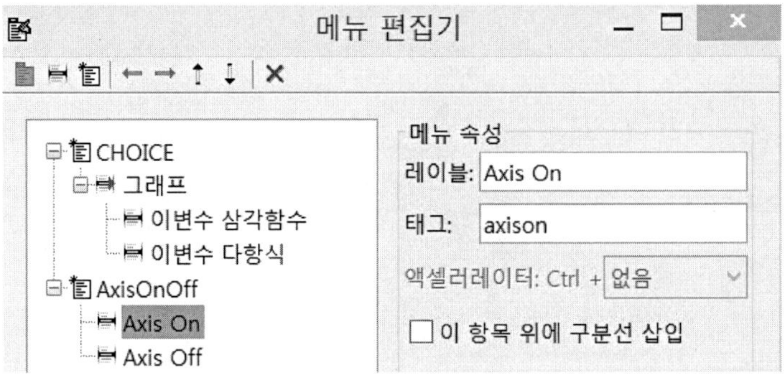

표4

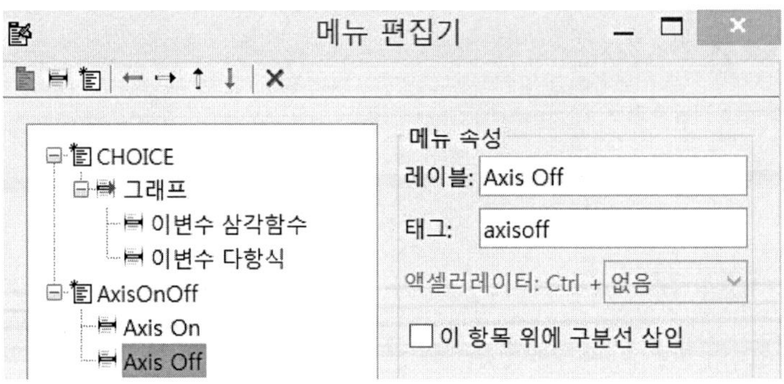

레이아웃 에디터에서 앞 3.14.2절 내용이 실행되는(앞 절에서 설명한 내용과 구조를 가진) mycontext.fig 파일을 열고 〈표5〉와 같이 편집한다. 즉, 이미 생성되어 있었던 좌표축의 크기를 약간 축소하여 오른쪽으로 이동시키고 추가로 정적 텍스트를 GUI figure panel의 왼쪽 위치에 다음과 같은 내용으로 추가한다.

구성 요소 종류	FontSize	String	Tag
정적 텍스트	18	축선택	text1

표5

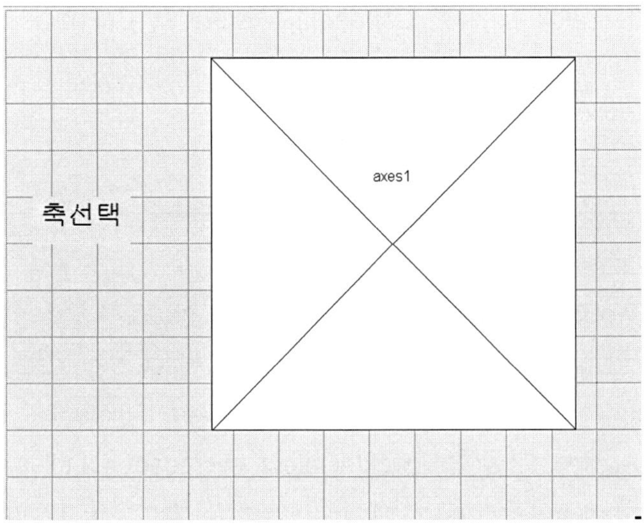

〈표5〉에서 정적 텍스트를 더블 클릭하여 속성 인스펙터를 열고 속성 UIContextMenu의 값을 체크하면 〈표6〉과 같이 〈None〉으로 설정되어 있을 것이다. 〈None〉이 있는 위치를 클릭하여 팝업되는 두 개의 상황별 메뉴 항목 중에서 AxisOnOff 항목을 선택하여 〈표7〉과 같이 설정한다.

표6

표7

지금까지의 편집과 설정을 완료하고 레이아웃 에디터에서 실행버튼을 클릭한다. 이때 파일명은 TwoContext.fig로 저장한다. 앞 절에서 완성한 mycontext.m 파일은 하나의 상황별 메뉴와 관련되고 현재 절에서는 〈표2〉에서와 같이 두 번째 상황별 메뉴인 AxisOnOff가 추가된 TwoContext.m 파일이 생성되었다. 이런 이유 때문에 mycontext.m과 비교 시, 파일 TwoContext.m은 세 개의 콜백 함수

axison_Callback, axisoff_Callback, AxisOnOff_Callback

가 추가된 〈표8〉과 같은 함수들로 구성된다.

표8

```
------------- TwoContext.m -----------------------------
function varargout = TwoContext(varargin)
function TwoContext_OpeningFcn(hObject, eventdata, handles, varargin)
function varargout = TwoContext_OutputFcn(hObject, eventdata, handles)
function submenu1_Callback(hObject, eventdata, handles)
function submenu1first_Callback(hObject, eventdata, handles)
function submenu1second_Callback(hObject, eventdata, handles)
function CHOICE_Callback(hObject, eventdata, handles)
function axison_Callback(hObject, eventdata, handles)
function axisoff_Callback(hObject, eventdata, handles)
function AxisOnOff_Callback(hObject, eventdata, handles)
--------------------------------------------------------
```

〈표8〉에 주어진 콜백 함수 중에서 두 개의 콜백 함수인

axison_Callback, axisoff_Callback

을 〈표9〉와 〈표10〉의 내용으로 편집하고 저장한다. 콜백 함수 axison_Callback에는 한 줄의 실행문

```
axis on          %  x, y, z 축이 나타남
```

이 추가되고 콜백 함수 axisoff_Callback에는 또 다른 한 줄의 실행문

```
axis off         %  x, y, z 축이 사라짐
```

가 추가되었다.

표9

```
--------------------------------------------------------------------------------
function axison_Callback(hObject, eventdata, handles)
% hObject    handle to axison (see GCBO)
% eventdata  reserved - to be defined in a future version of MATLAB
% handles    structure with handles and user data (see GUIDATA)

axis on
--------------------------------------------------------------------------------
```

표10

```
--------------------------------------------------------------------------------
function axisoff_Callback(hObject, eventdata, handles)
% hObject    handle to axisoff (see GCBO)
% eventdata  reserved - to be defined in a future version of MATLAB
% handles    structure with handles and user data (see GUIDATA)

axis off
--------------------------------------------------------------------------------
```

〈표9〉와 〈표10〉의 내용으로 편집을 끝내고 M-파일 에디터에서 TwoContext.m 파일을 실행한다. 이 결과로, 〈표11〉과 같은 UI window의 출력을 보게 될 것이다. 좌표축 내부에서 마우스 오른쪽 버튼을 클릭하면 상황별 메뉴가 팝업될 것이다. 팝업된 항목 중에 '이변수 다항식' 항목을 선택하면 대응하는 그래프가 출력(앞 3.14.2절의 〈표6〉 참고)될 것이다. 계속해서 UI window 왼쪽에 있는 정적 텍스트 객체인 축선택을 마우스 오른쪽 버튼으로 클릭하면 두 개의 항목 'Axis On'과 'Axis Off'가 팝업된다. 두 번째 항목인 'Axis Off'를 선택하면 〈표12〉와 같은 UI window 출력을 보게 된다. 〈표12〉에 주어진 UI window에서 다시 '축선택'을 마우스 오른쪽 버튼으로 클릭하여 팝업된 메뉴에서 첫 번째 항목인 'Axis On'을 선택하면 그래프의 배경에 x, y, z축 모두 다시 나타날 것이다. 좌표축 내부에서 팝업된 항목 중 '이변수 다항식' 대신에 '이변수 삼각함수'를 선택하여도 위와 비슷한 과정을 진행할 수 있다.

표11

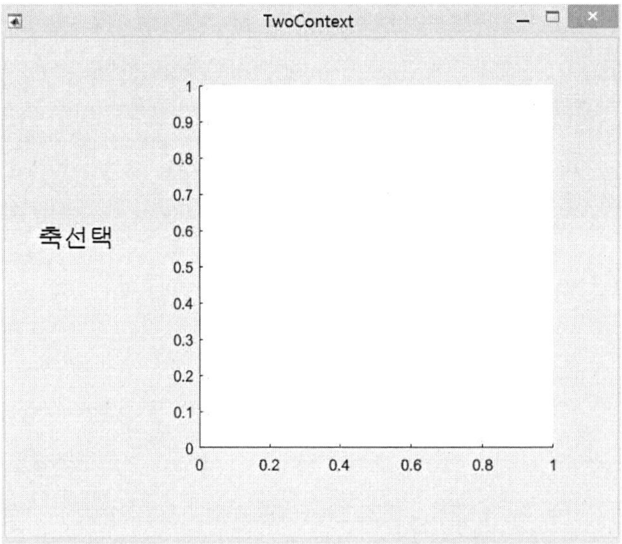

표12

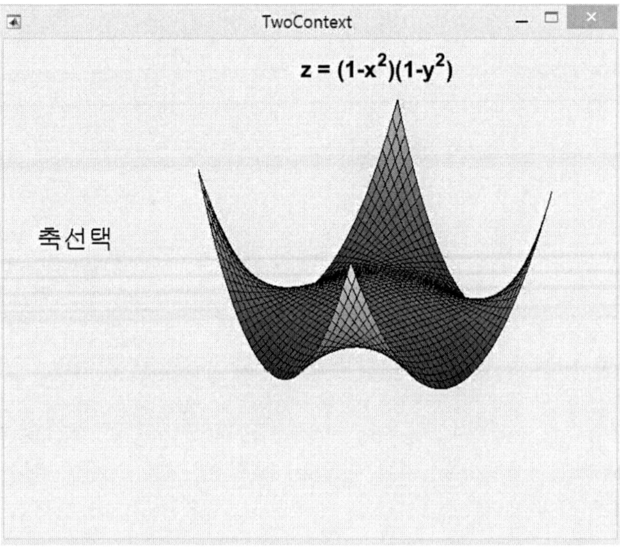

상황별 메뉴와 관련된 설명은 이것으로 끝낸다.

3.15 도구 모음과 툴

레이아웃 에디터의 상단에서 아이콘 을 마우스로 클릭하거나 또는 상단의 메뉴바에서

툴 > 도구 모음 편집기

항목을 선택하면 '도구 모음 편집기' 박스가 화면에 출력된다. 도구 모음 편집기에는 다음과 같은 세 개의 주요 부분이 있다:

도구 모음 레이아웃, 툴 팔레트, 두 개의 속성 패널

위에 주어진 각각의 부분에 대한 설명은 아래와 같다:

- **도구 모음 레이아웃**: 도구 모음 편집기의 상단에 있고 툴 팔레트에 있는 툴(도구)을 드래그하여 갖다 놓는 영역이다.
- **툴 팔레트**: 도구 모음 편집기의 내부에서 왼쪽에 '툴 팔레트' 박스가 있고 이 박스 내부에는 두 가지 종류의 툴 영역이 있는데 하나는 '사용자 지정 툴' 영역이고 또 다른 하나는 '미리 정의된 툴' 영역이 있다. 세부적으로 첫 번째 영역인 '사용자 지정 툴'에는 '푸시툴'과 '토글툴'있고 두 번째 영역인 '미리 정의된 툴'에는 매틀랩이 미리 생성한 〈표1〉과 같이 주어진 매틀랩 표준 툴이 존재한다.
- **두 개의 속성 패널**: 여기에는 '툴 속성'과 '도구 모음 속성'이 속한다.

표1

툴 팔레트에서 '미리 정의된 툴' 영역에 있는 매틀랩 표준 툴은 마우스로 드래그하여 도구 모음 레이아웃 박스에 갖다 놓으면, 나중에 fig-파일 실행 후 출력된 UI window에서 바로 그 기능을 이용할 수 있다. 단, 매틀랩 표준 툴의 기능을 이용하기 위하여 그 대상이 되는 객체가 UI window에 존재해야 한다. 예를 들어, '패닝' 또는 '확대' 같은 툴의 기능을 이용하기 위해서는 구성요소인 좌표축이 UI window에 생성되어 있어야 한다. 한편, '사용자 지정 툴' 영역에 있는 '푸시툴' 또는 '토글툴'을 이용하려면 다음과 같은 절차를 진행한다.

〈step 1〉

'푸시툴' 또는 '토글툴' 아이콘을 마우스로 드래그하여 도구 모음 레이아웃 박스에 갖다 놓는다.

〈step 2〉

'푸시툴' 또는 '토글툴'을 UI window에서 선택하여 사용자가 어떤 절차를 진행하려면, 이 툴에 대응하는 콜백 함수를 M-파일 에디터에서 편집(매틀랩 코드 추가)해야 한다. 이와 관련된 자세한 내용은 앞에서 설명한 2.2.3절을 참고한다.

도구 모음 편집기 상단에 있는 도구 모음 레이아웃 박스 내부에 여러 가지의 툴이 이미 자리를 잡고 있는 상황에서 툴의 위치를 변경하고 싶은 경우, 도구 모음 편집기의 오른쪽 위에 있는 다음과 같은 이동 아이콘을 이용(도구 모음 레이아웃 박스 내부에 있는 툴을 선택한 후에)하면 된다.

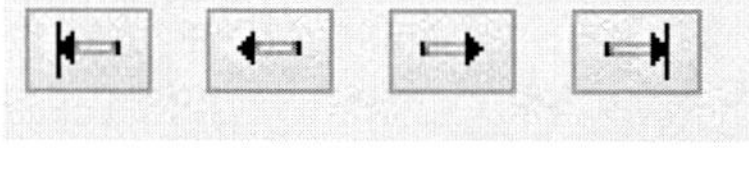

도구 모음 편집기에서 오른쪽에 위치한 두 개의 속성 패널 중에 '툴 속성' 패널에서 제공하는 항목에 대하여 알아보자. 예를 들어, 아래 〈표2〉에 주어진 것은 도구 모음 레이아웃 박스 안에 있는 '토글툴'에 대한 툴 속성 패널이고 패널 내부에 있는 항목에 대

한 설명은 다음과 같다:

- **CData(아이콘)**: 대응하는 아이콘을 사용자가 직접 만들 수 있다. 오른쪽에 있는 '편집' 버튼을 마우스로 클릭하면 〈표3〉과 같은 iconeditor가 화면 출력된다. 출력된 iconeditor의 '색 팔레트'에서 색을 하나 선택한 뒤에 있는 왼쪽에 있는 아이콘 편집 창에서 글자 또는 기호를 입력한다. 예를 들어, '색 팔레트'에서 회색(R: 0.5, G: 0.5, B: 0.5)을 선택(1행의 6번째 색)하고 마우스를 이용하여 아이콘 편집창에서 문자 KJ를 만든 내용이 〈표4〉에 주어졌다. 입력하는 방법은 마우스로 하나씩 사각형(아이콘 편집 창에 있는)을 선택하거나 또는 펜으로 글씨를 쓰듯이 왼쪽 마우스 버튼을 누른 상태에서 입력하면 된다. 기존에 만들어 놓은 파일이 있는 경우, iconeditor 오른쪽 상단에 있는 '가져오기' 버튼을 클릭하여 파일을 선택하면 된다. 〈표4〉와 같은 상황에서 수정하고 싶은 경우에는 색 팔레트에서 두 번째에 있는 흰색(검정색의 오른쪽에 있는)을 선택하고 왼쪽 마우스 버튼을 누른 상태에서 지우개를 사용하듯이 움직이면 된다.
- **태그**: 선택한 툴의 속성 Tag 값인 문자열을 입력한다.
- **툴팁 문자열**: 출력된 UI window에서 도구 모음에 존재하는 툴 항목에 마우스 커서를 갖다 놓으면 여기에 입력한 문자열이 팝업된다. 예를 들어, 〈표5〉와 같이 툴팁 문자열에 '내가 만든 아이콘'을 입력한다. 나중에 출력된 UI window에서 도구 모음에 있는 툴 항목 KJ에 마우스 커서가 도착하면 문자열 '내가 만든 아이콘'이 화면에 팝업된다.
- **이 툴 활성화**: 사용자가 툴 KJ을 클릭할 수 있거나 또는 클릭할 수 없게 설정할 수 있다.
- **왼쪽에 구분선**: 툴 KJ의 왼쪽에 다음과 같이 구분선을 입력할 수 있다. 다른 아이콘과 차등성이 필요한 경우 이용한다: P | KJ
- **클릭 때 콜백**: 사용자가 툴 KJ을 클릭하였을 때 대응하는 함수를 설정한다.
- **끌 때 콜백**: '토글툴'에만 이용된다. 토글툴의 선택 해제 시 대응하는 함수를 설정한다.

- **켤 때 콜백**: '토글툴'에만 이용된다. 토글툴의 선택 시 대응하는 함수를 설정한다.

위의 항목 중, 마지막 세 개 항목인

클릭 때 콜백, 끌 때 콜백, 켤 때 콜백

의 기능을 이용할 때, 각 항목의 오른쪽 끝에 있는 '보기' 버튼을 선택하여 콜백 함수 내용을 입력한다. 또한, 툴 항목과 관련하여 다른 종류의 속성과 속성값에 대한 정보를 알고 싶은 경우 〈표2〉에서 볼 수 있듯이, 툴 속성 패널에서 아래에 위치한 '추가 속성'을 클릭하여 속성 인스펙터를 열어 참고하면 된다.

표2

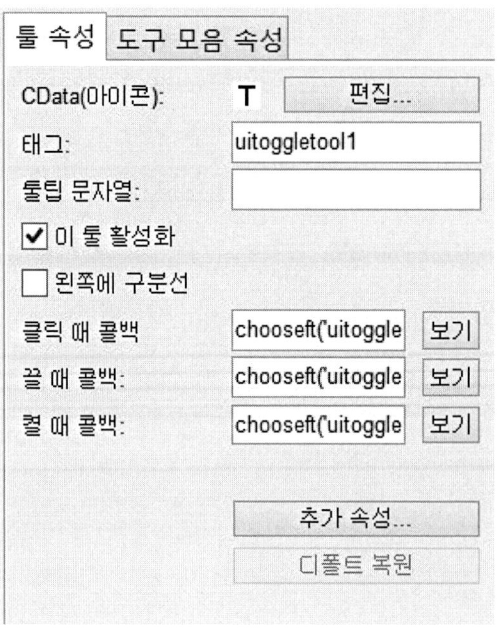

표3

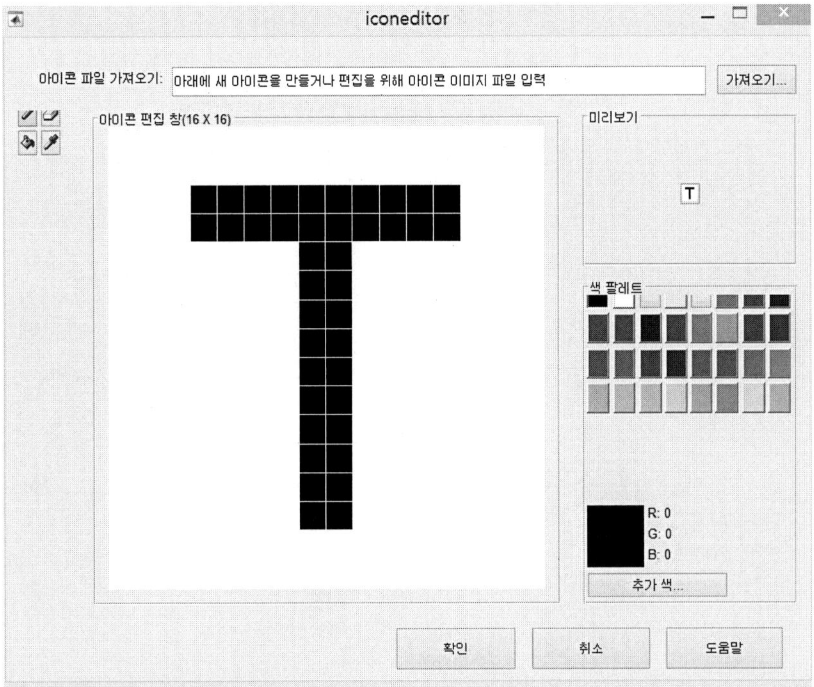
iconeditor
아이콘 파일 가져오기:
아래에 새 아이콘을 만들거나 편집을 위해 아이콘 이미지 파일 입력
가져오기...
아이콘 편집 창(16 X 16)
미리보기
T
색 팔레트
R: 0
G: 0
B: 0
추가 색...
확인
취소
도움말

표4

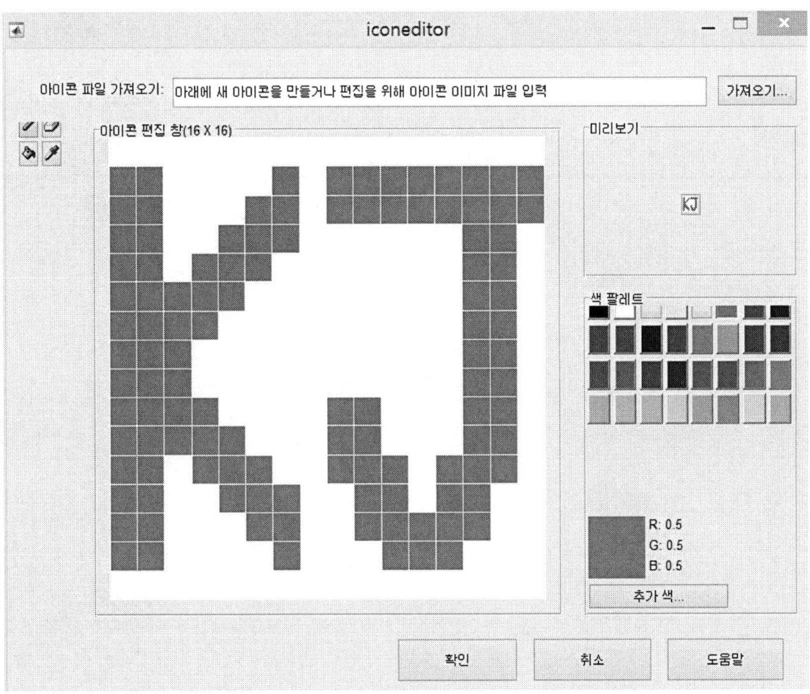
iconeditor
아이콘 파일 가져오기:
아래에 새 아이콘을 만들거나 편집을 위해 아이콘 이미지 파일 입력
가져오기...
아이콘 편집 창(16 X 16)
미리보기
KJ
색 팔레트
R: 0.5
G: 0.5
B: 0.5
추가 색...
확인
취소
도움말

표5

이것으로 도구 모음과 관련된 설명을 마친다. UI window를 구성하는 객체에 관하여 좀 더 많은 내용을 알고 싶다면 참고문헌 [LEN], [여], [임1], [임2]을 참고하길 바란다.

연습문제 03

01. 본문 3.10절에서 mygroup.fig와 mygroup.m 파일을 작성하였다. 이 중에서 mygroup.m 파일은 아래 〈표1〉에 주어진 함수로 구성된다.

▌표1

```
-------- mygroup.m -----------------------------------------------------------
function varargout = mygroup(varargin)
function mygroup_OpeningFcn(hObject, eventdata, handles, varargin)
function varargout = mygroup_OutputFcn(hObject, eventdata, handles)
function uibuttongroup1_SelectionChangedFcn(hObject, eventdata, handles)
-------------------------------------------------------------------------------
```

파일 mygroup를 실행하여 구해지는 초기 UI window는 아래 〈표2〉와 같다:

▌표2

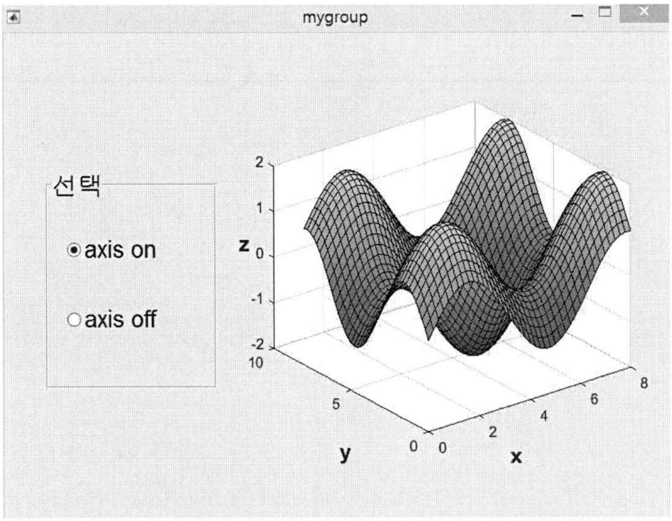

즉, 버튼 그룹 박스 안에 있는 첫 번째 radiobutton이 자동으로 선택되어 출력된다. 만약에 출력되는 초기 UI window에서 첫 번째와 두 번째 항목 모두 선택되어 있지 않도록 만들기 위해서 (즉, 〈표3〉에 주어진 것같이 '선택' 버튼 그룹 박스 안에 어떤 항목도 선택되지 않은 초기 UI window를 얻기 위하여) 〈표1〉에 주어진 함수 중에 어떤 함수를 편집해야 하는지 결정하고 그 내용을 쓰시오.

▌표3

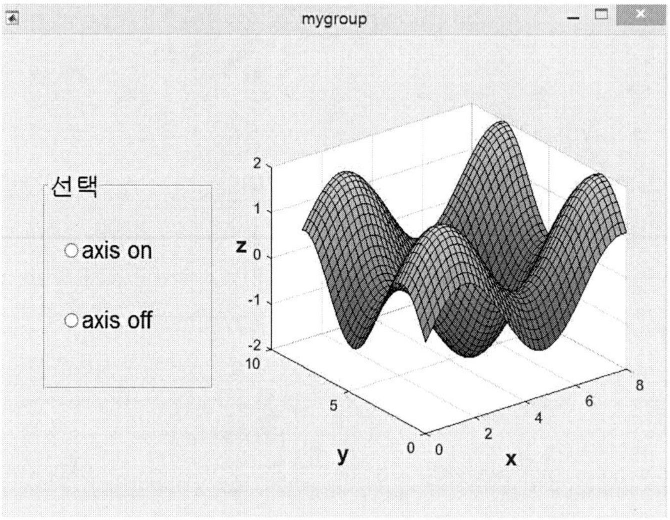

02. 바로 앞 1번 문제에서 제공한 〈표2〉의 UI window에서 버튼 그룹의 박스 안에 있는 라디오 버튼의 자리를 토글 버튼으로 변경하여 토글 버튼의 항목을 가진 아래와 같은 UI window를 출력하시오. 또한, 'axis off'(또는 'axis on') 항목을 선택하면 좌표축에서 격자선이 사라져야(또는 생성되어야)한다. 이때, 관련 파일명은 mygrouptoggle.fig 또는 mygrouptoggle.m으로 설정한다.

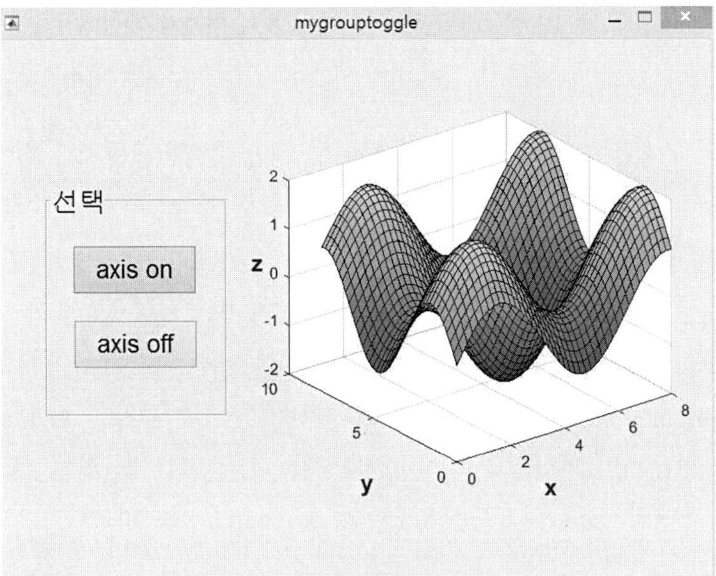

03. 본문 내용 중 3.13절에서 mymenu.fig와 mymenu.m 파일을 작성하였다. 3.13절의 내용에 따르면 이 파일들에 의하여 출력될 수 있는 결과는 아래 〈표1〉 또는 〈표2〉에 주어진 UI window 중의 하나이다. 〈표1〉 또는 〈표2〉에 주어진 UI window의 왼쪽 상단을 보면 메뉴 모음 선택 을 볼 수 있고 이것을 선택하면 〈표3〉과 같은 구조를 볼 수 있다. 마우스로 선택 을 클릭하여 팝업된 항목에서 '이변수 삼각함수'를 선택하면 〈표1〉과 같은 결과가 출력되고 '이변수 다항식'을 선택하면 〈표2〉의 결과가 출력된다. 여기까지의 과정은 3.13절에서 이미 설명되었다. 이런 상황에서 독자가 해결해야할 문제는 아래와 같다:

〈표4〉와 〈표5〉에 주어진 UI window가 화면 출력되도록 3.13절에서 완성한 mymenu.fig와 mymenu.m 파일을 편집하는 것이다. 즉, 마우스로 메뉴 모음 선택 을 클릭하여 팝업된 항목에서 '이변수 삼각함수'를 선택하면 〈표4〉과 같은 내용으로 출력되고 또는 '이변수 다항식'을 선택하면 〈표5〉의 내용으로 출력되도록 mymenu.fig와 mymenu.m 파일을 각각 편집한다. 이때, 두 개의 파일 mymenu.fig와 mymenu.m을 편집 후 순서대로 mymenubg.fig와 mymenubg.m의 파일명으로 저장한다. 참고로, 〈표1〉에 (또는 〈표2〉에) 있는 UI window와 〈표4〉의 (또는 〈표5〉의) UI window를 비교하여 그 차이를 알아보자:

- 〈표4〉에 주어진 UI window의 경우, 〈표1〉의 UI window와 비교하면 두 개의 radiobutton으로 구성된 버튼 그룹이 왼쪽에 추가되었고 오른쪽 좌표축에 있는 그래프에 대응하는 항목인 '이변수 삼각함수'가 버튼 그룹 박스 내부에서 선택되었다.
- 〈표5〉에 주어진 UI window의 경우, 〈표2〉의 UI window와 비교하면 두 개의 radiobutton으로 구성된 버튼 그룹이 왼쪽에 추가되었고 오른쪽 좌표축에 있는 그래프에 대응하는 항목인 '이변수 다항식'이 버튼 그룹 박스 내부에서 선택되었다.

▌표1

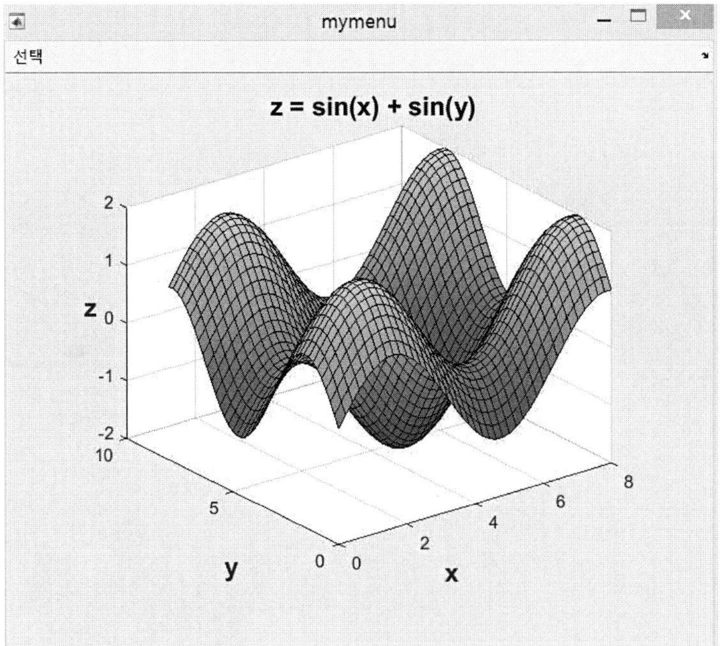
mymenu
선택
z = sin(x) + sin(y)
z
y
x
2
1
0
-1
-2
10
5
0
0
2
4
6
8

▌표2

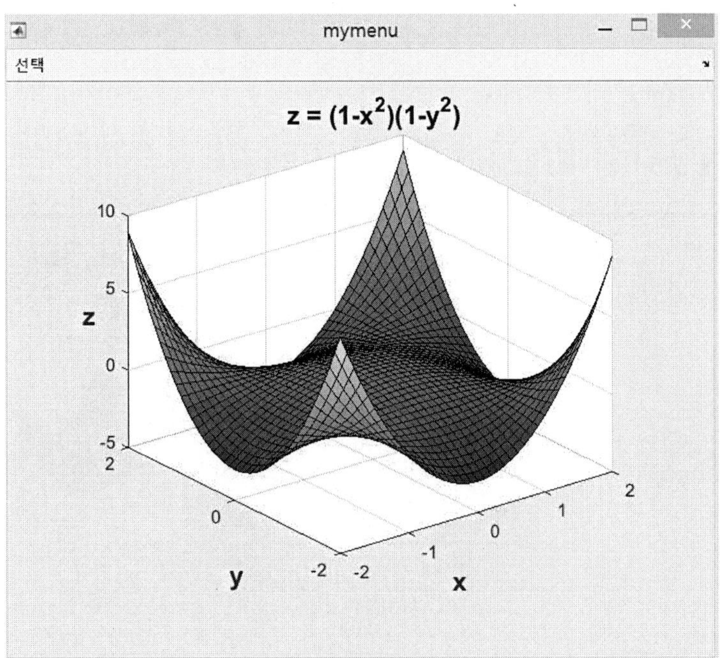
mymenu
선택
z = (1-x2)(1-y2)
z
y
x
10
5
0
-5
2
0
-2
-2
-1
0
1
2

▌표3

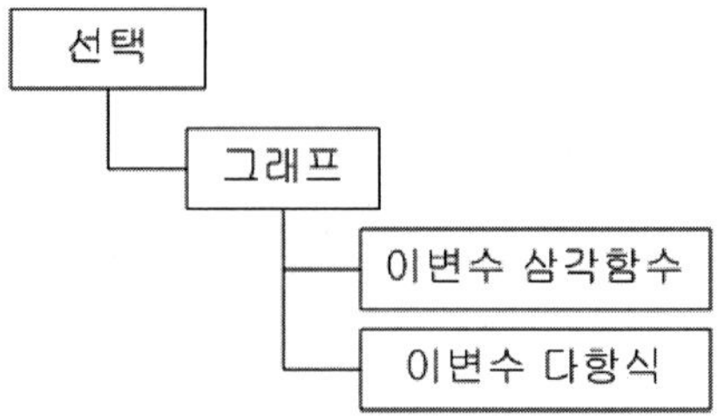

▌표4

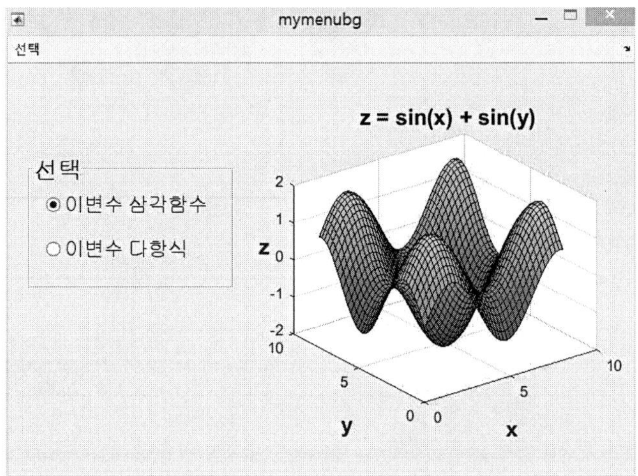

▌표5

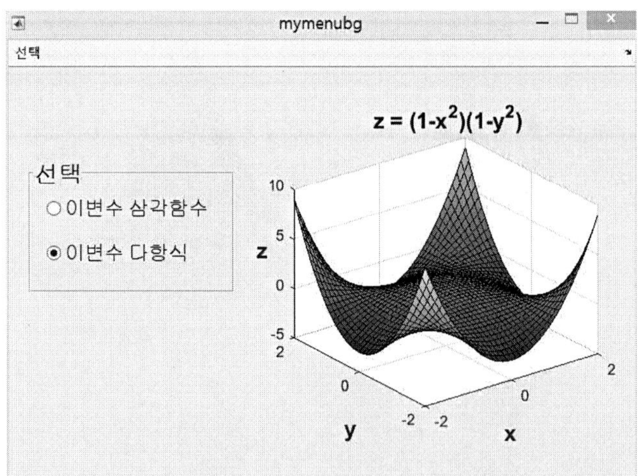

문제: 위에서 제시한 두 개의 파일 mymenubg.fig와 mymenubg.m을 완성하시오.

04. 초기치가 주어진 미분방정식

$$(*) \quad y'(t) = f(t, y(t)),\ a \le t \le b,\ y(a) = k$$

의 수치해를 구하기 위하여 〈표1〉-〈표4〉와 같은 UI window를 작성하여 보자. 수치해를 구하기 위하여 두 가지 방법을 이용한다. 하나는 Euler Method에 의하여 구해지고 다른 하나는 2차 Taylor Method에 의하여 구한다. Euler Method는 2.3.1절의 내용을 참고하고 2차 Taylor Method는 아래 박스 안에 주어진다.

$$w_0 = k$$
$$w_{i+1} = w_i + h\left(f(t_i, w_i) + \frac{h}{2} f^{(1)}(t_i, w_i)\right),\ i = 0, 1, ..., N-1$$

위의 박스 안에 주어진 차분 방정식에서 $f^{(1)} = df/dt,\ h = (b-a)/N$ 이고 N은 자연수이다. 또한 $i = 0, 1, 2, \dots, N$에 대하여 정의역의 분할점(노드점)은 $t_i = a + ih$로 주어진다. 이와 같은 방법에 의하여 구해진

$$w = [w_0, w_1, w_2, ..., w_N]$$

은 위의 (*)에 주어진 미분 방정식의 수치해(2차 Taylor Method에 의하여 구해진)가 된다. 아래 주어진 〈표1〉-〈표4〉가 의미하는 내용을 설명하여 보자.

- 레이아웃 에디터에서 MyTaylorGUI를 실행하면 <표1>에 주어진 UI window가 출력된다. 본문 2.3.1절에서 주어진 미분 방정식

$$(**) \quad y'(t) = y + e^t - 1,\ 0 \le t \le 2,\ y(0) = 1$$

에 대응하는 내용을 입력하면 〈표2〉와 같은 UI window가 된다. 〈표1〉에 주어진 UI window의 경우, stepsize가 0.2로 이미 입력되어 있으나 사용자가 임의의 값으로 변경 입력할 수 있다.

- <표2>와 같은 입력 데이터를 가진 UI window의 상황에서 오른쪽 하단에 있는 푸시 버튼인 Done! 을 클릭하면 <표3>과 <표4>의 결과를 보여주는 UI window가 출력된다.
- <표3>에 주어진 UI window에서 점선은 Euler Method에 의한 수치해이고 파선은 2차 Taylor Method에 의하여 구한 수치해이다. 마지막으로 실선은 위 (**)에 주어진 미분 방정식의 이론해를 의미한다.
- <표4>에 주어진 테이블에 대하여 설명하여 보자. 테이블의 1번째 열인 Nodes는 (**)에서 t의 범위인

$$0 \leq t \leq 2$$

을 0.2간격으로 분할하여 구해졌다. 0.2의 간격이 선택된 이유는 〈표1〉에 주어진 UI window의 하단에 위치한

stepsize = 0.2

에 의하여 0.2가 입력되었기 때문이다. 두 번째 열인 Euler는 각 분할점(Nodes 열에 있는)의 값에 대응하는 수치해(Euler Method에 의하여 구해진)이다. 2.3.4절에서 이미 소개하였던 내용이다. 세 번째 열인 Error는 두 번째 열 Euler의 값과 여섯 번째 열 Exact의 값의 차이를 구한 후에 절대값으로 구해진다. 즉,

세 번째 열에 위치한 Error = abs(Euler - Exact)

에 의하여 구해진다. 네 번째 열인 Taylor2는 각 분할점의 값에 대응하는 수치해(2차 Taylor Method에 의하여 구해진)이다. 다섯 번째 열인 Error는 네 번째 열 Taylor2의 값과 여섯 번째 열 Exact의 값의 차이를 구한 후에 절대값으로 구해진다. 즉,

다섯 번째 열인 Error = abs(Taylor2 - Exact)

에 의하여 구해진다. 마지막 열인 Exact에 주어진 값들은 각 분할점의 값에 대응하는 이론해이다.

▌표1

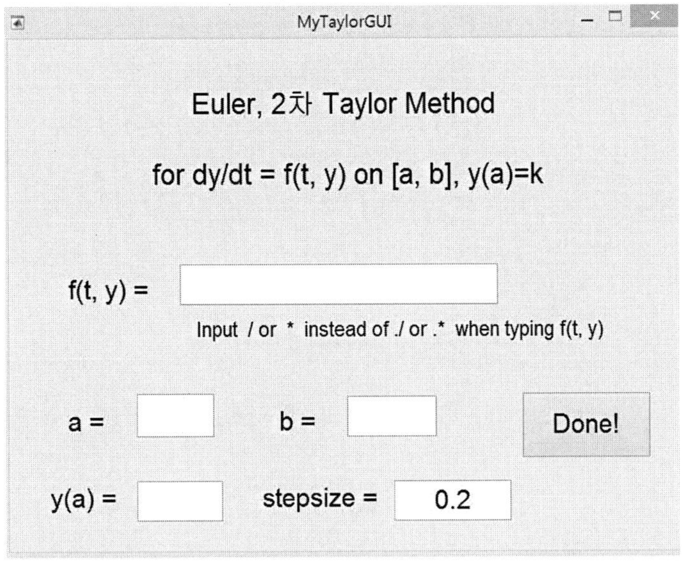

▌표2

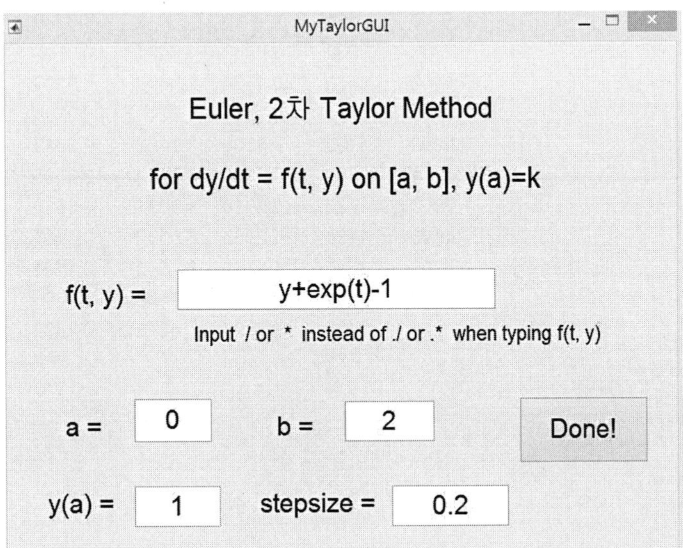

▌표3

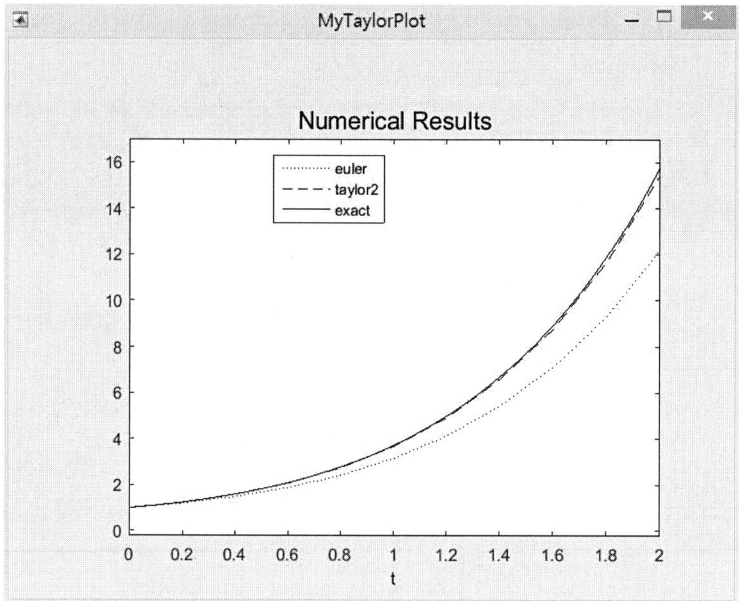

▌표4

MyTaylorGUItable

	Nodes	Euler	Error	Taylor2	Error	Exact
1	0	1	0	1	0	1
2	0.2000	1.2000	0.0443	1.2400	0.0043	1.2443
3	0.4000	1.4843	0.1124	1.5859	0.0108	1.5967
4	0.6000	1.8795	0.2138	2.0729	0.0204	2.0933
5	0.8000	2.4198	0.3606	2.7462	0.0342	2.7804
6	1	3.1489	0.5694	3.6645	0.0538	3.7183
7	1.2000	4.1223	0.8618	4.9031	0.0810	4.9841
8	1.4000	5.4108	1.2665	6.5586	0.1187	6.6773
9	1.6000	7.1040	1.8208	8.7548	0.1701	8.9249
10	1.8000	9.3154	2.5739	11.6495	0.2398	11.8894
11	2	12.1885	3.5897	15.4443	0.3338	15.7781

위 (*)에 주어진 미분 방정식의 형태에서 $f(t, y)$, a, b, k의 값이 〈표2〉와 같이 입력(위 (**)에 주어진 미분방정식에 대응하는)되면 이 값들에 대응하여 〈표3〉과 〈표4〉와 같은 결과를 구할 수 있도록 아래의 파일을 작성하시오:

(a) MyTaylorGUI.fig, MyTaylorGUI.m

(b) MyTaylorPlot.fig, MyTaylorPlot.m (〈표3〉의 결과 관련)

(c) MyTaylorGUItable.fig, MyTaylorGUItable.m (〈표4〉의 결과 관련)

참고로, 위 (*)에서 주어진 초기치 미분 방정식의 해 $y(t)$가 존재하는 경우 이 해 $y(t)$는 상미분 방정식의 solver이자 함수인 dsolve에 의하여 구할 수 있다. 명령창에서 doc를 이용하여 dsolve 함수의 사용법을 알아낸다. 또한, 〈표1〉에 주어진 UI window는 구성요소인 정적 텍스트, 편집 텍스트, 푸시 버튼을 사용하여 만들었고 〈표3〉과 〈표4〉에 주어진 UI window에서는 구성요소인 좌표축과 테이블이 차례로 사용되었다. 미분 방정식의 수치해를 구하는 방법에 관한 이론적인 내용과 수치 해석적 내용을 알고 싶다면 참고문헌 [ATK], [BUR], [CHA], [CHE]을 참고하길 바란다.

05. 아래 〈표1〉에 주어진 내용을 M-파일 에디터에서 입력한 뒤에 mytoolbar.m 파일명으로 저장한다. 저장 후에 명령창에서 다음과 같이 mytoolbar.m 파일을 실행한다.

```
>> mytoolbar % Enter키 클릭
```

실행의 결과로 〈표2〉와 같은 초기 figure window를 출력된다. 계속해서 〈표2〉에 주어진 window의 왼쪽 상단에 위치한 사각형 모양의 메뉴 ▭ 을 마우스로 클릭하면 〈표3〉과 같이 격자선이 그려진다. 〈표3〉과 같은 figure window 상태에서 마우스로 ▭ 을 다시 클릭하면 격자선이 사라지고 〈표2〉의 초기 화면으로 되돌아간다. 이와 같이 진행되는 이유를 〈표1〉에 주어진 mytoolbar.m 파일을 분석하여 설명하시오.

▌ 표1

```
---------- mytoolbar.m ----------------------------------
function mytoolbar()
f = figure;
t=0:0.1:5;
y = sin(t);
plot(t,y,'k');
set(f,'ToolBar','none');
set(f,'MenuBar','none');
tb = uitoolbar(f);
img = 0.7*ones(13,13,3);
t = uitoggletool(tb,'CData',img,'TooltipString','Grid', ...
    'OnCallback', @Make_Grid_On, ...
    'OffCallback',@Make_Grid_Off);
end

function Make_Grid_On(hObject, callbackdata)
 grid on
end

function Make_Grid_Off(hObject, callbackdata)
  grid off
end
------------------------------------------------------------
```

▌표2

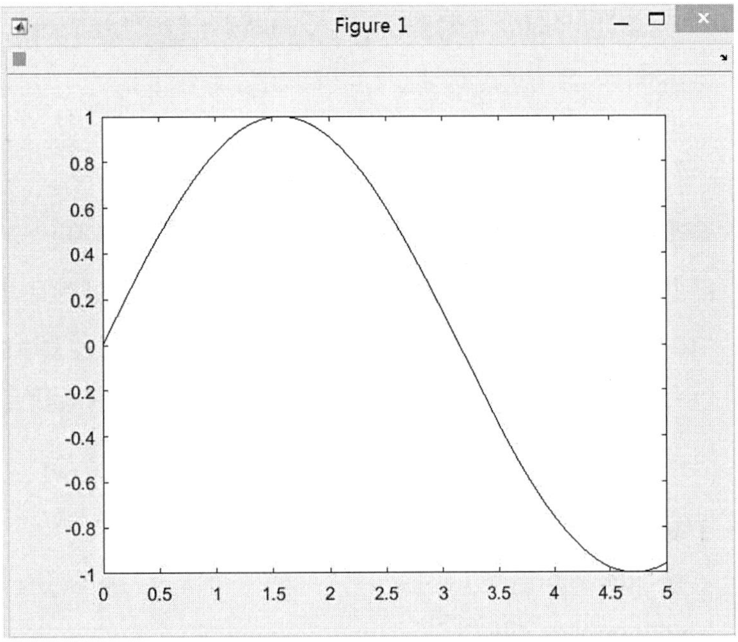
Figure 1
1
0.8
0.6
0.4
0.2
0
-0.2
-0.4
-0.6
-0.8
-1
0 0.5 1 1.5 2 2.5 3 3.5 4 4.5 5

▌표3

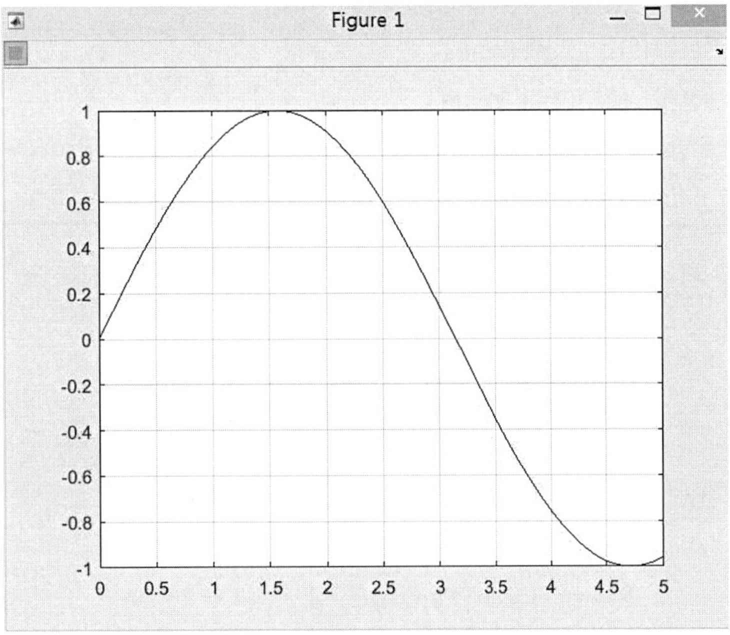
Figure 1
1
0.8
0.6
0.4
0.2
0
-0.2
-0.4
-0.6
-0.8
-1
0 0.5 1 1.5 2 2.5 3 3.5 4 4.5 5

06. 아래 〈표1〉에 주어진 내용을 M-파일 에디터에서 입력한 뒤에 mygraph.m 파일명으로 저장한다. 저장 후에 명령창에서 다음과 같이 실행한다.

>> mygraph % Enter키 클릭

실행의 결과로 〈표2〉와 같은 초기 figure window가 출력된다. 출력된 초기 화면에서 두 번째 푸시 버튼인 Table 을 클릭하면 〈표3〉과 같이 제목이 '그래프 결과'에서 '테이블 결과'로 변경된다. 첫 번째 푸시 버튼인 Graph 을 클릭하면 다시 초기 화면인 〈표2〉로 돌아간다. 즉, 제목이 '테이블 결과'에서 '그래프 결과'로 변경된다. 이와 같이 진행되는 이유를 〈표1〉에 주어진 mygraph.m 파일을 분석하여 설명하시오.

▌표1

```
--------- mygraph.m ----------------------------------------
function mygraph()
fh = figure;
set(gcf,'units','pixels','pos',[451 450 352 450]);
set(fh,'ToolBar','none');
set(fh,'MenuBar','none');
mytext = uicontrol(fh,'Style','text','units','pixels',...
        'Position',[50 337 251 62],'String','그래프 결과',...
        'FontSize',20);
mypushone = uicontrol(fh,'Style','pushbutton',...
        'units','pixels','Position',[87 249 164 51], ...
        'String','Graph','FontSize',18, ...
        'Callback',{@Graph_Title, mytext});
mypushtwo = uicontrol(fh,'Style','pushbutton',...
        'units','pixels','Position',[87 149 164 51], ...
        'String','Table','FontSize',18,...
        'Callback',{@Table_Title, mytext});
end
```

```
function Graph_Title(hObject, callbackdata, mytext)
 set(mytext,'String','그래프 결과');
end

function Table_Title(hObject, callbackdata, mytext)
 set(mytext,'String','테이블 결과');
end
-----------------------------------------------------
```

▌표2

▌표3

07. 본문 내용 중에 3.10절의 〈표10〉과 〈표11〉에서 볼 수 있었던 UI window를 다음과 같은 방법과 순서로 생성하시오.

〈step 1〉

아래 〈표1〉에 주어진 내용을 명령창에서 실행하여 〈표2〉와 같은 빈 figure window를 화면에 출력한다.

〈step 2〉

〈표2〉의 빈 figure window에 좌표축과 그래프를 생성하여 〈표3〉의 결과를 보여주는 figure window를 만든다. 이때, axes, meshgrid, surf와 같은 함수를 사용한다. 그래프에 대응하는 이변수 함수는 아래와 같다:

$$z = \sin(x) + \sin(y),\ 0 \le x, y \le 8$$

〈step 3〉

〈표3〉과 같은 상태에서 버튼 그룹과 라디오 버튼을 추가하여 〈표4〉와 같은 figure window를 출력한다. 이때, 함수 uibuttongroup와 uicontrol을 사용한다.

〈step 4〉

〈표4〉에서 버튼 그룹 박스 내부에 있는 두 번째 라디오 버튼인 'axis off'를 선택하면 〈표5〉와 같은 출력(x, y, z축이 사라짐)을 얻고 만약에 첫 번째 라디오 버튼인 'axis on'을 선택하면 다시 〈표4〉의 figure window 상태로 되돌아가도록 콜백 함수를 각각 만든다. 콜백 함수를 만드는 방법은 〈문제5〉와 〈문제6〉에 주어진 mytoolbar.m과 mygraph.m 파일의 내용을 참고한다.

표1

```
fh = figure;
set(gcf,'units','pixels','pos',[451 400 785 582]);
set(fh,'ToolBar','none');
set(fh,'MenuBar','none');
```

표2

표3

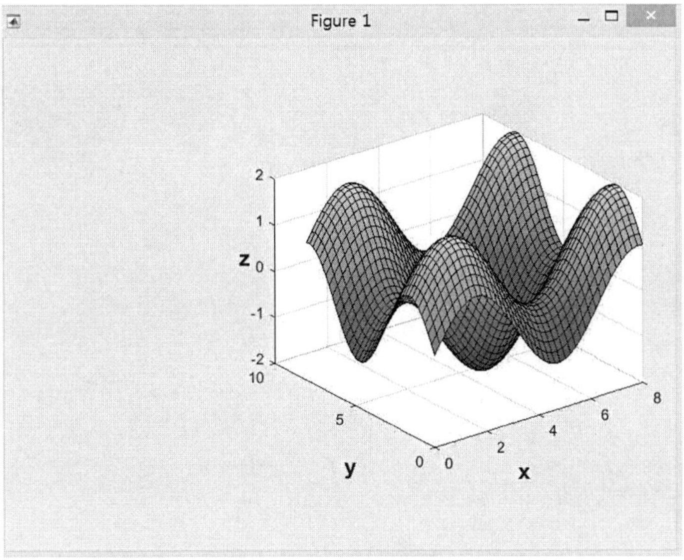

▌표4

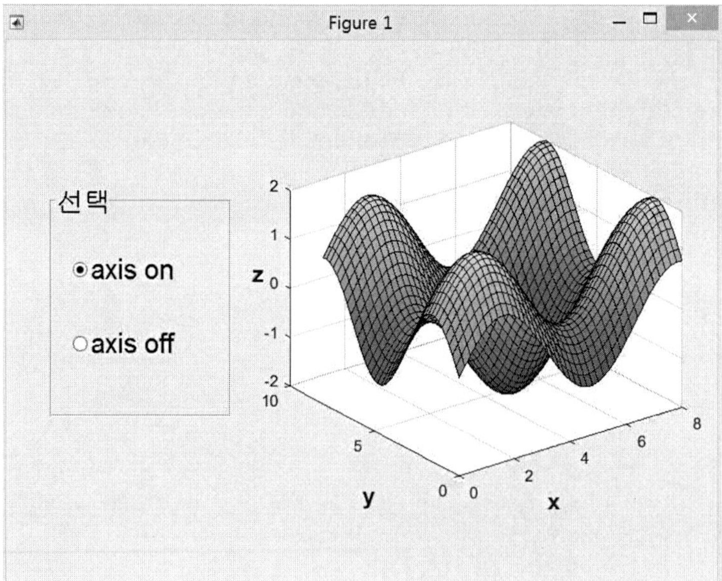
Figure 1
선택
axis on
axis off
z
y
x
2
1
0
-1
-2
10
5
0
0
2
4
6
8

▌표5

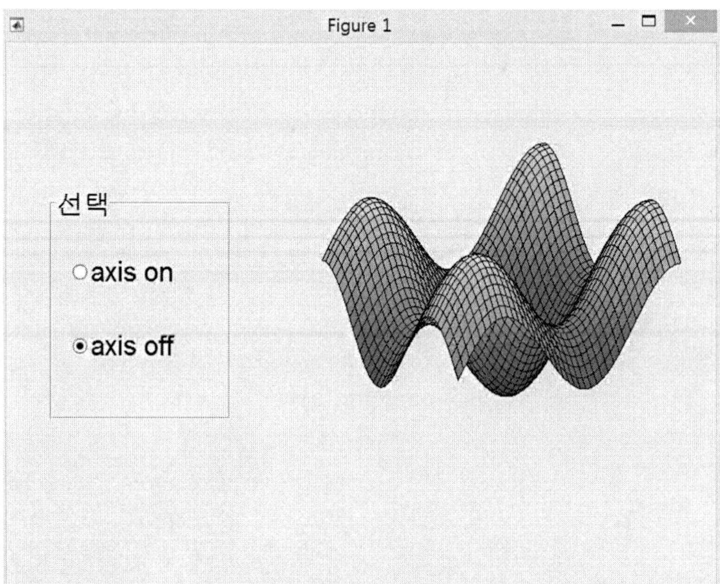
Figure 1
선택
axis on
axis off

08. 초기치가 주어진 미분방정식

(1) $y'(t) = f(t, y(t)) = y + \exp(t) - 1,\ a = 0 \le t \le 2 = b,\ y(a) = k = 1$

의 수치해(2차 Taylor Method와 Midpoint Method에 의한)를 다음과 같은 절차로 구해보자:

〈step 1〉

먼저, 함수 inputdlg을 이용하여 〈표1〉과 〈표2〉와 같은 대화형 박스가 화면에 출력되도록 매틀랩 코드를 만든다.

표1

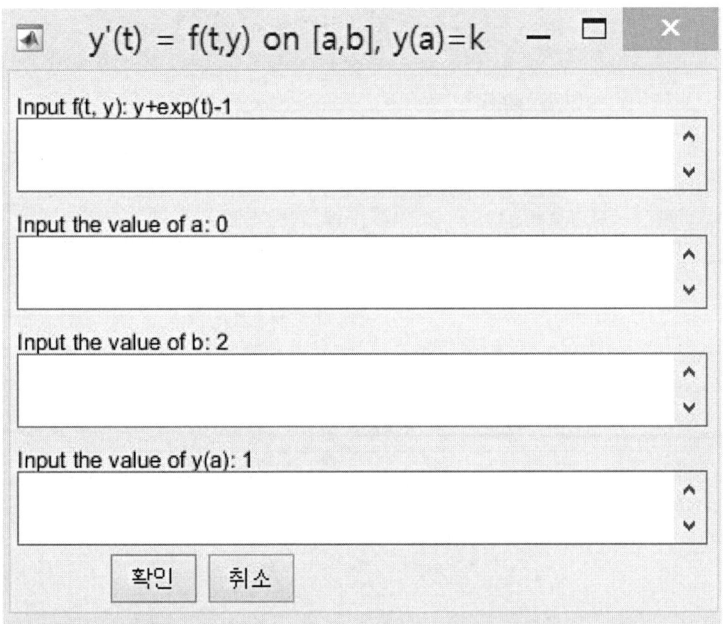

표2

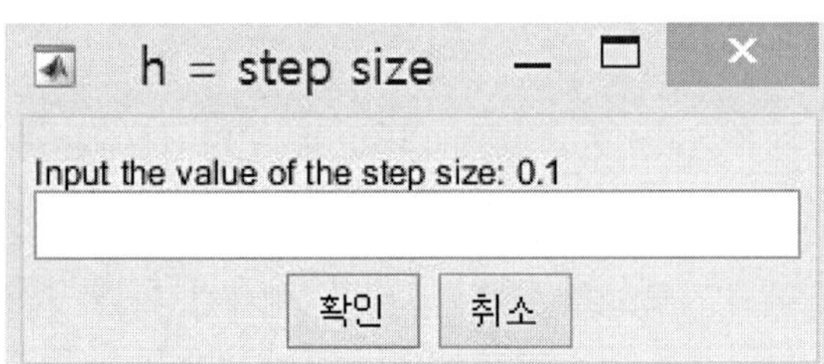

〈step 2〉

위 〈step 1〉에서 작성한 매틀랩 코드를 이용하여 midtaylor2main.m 파일을 작성한 뒤에 명령창에서

>> midtaylor2main % 입력 후 Enter키 클릭

와 같이 실행하면 〈표1〉에 주어진 대화형 박스가 출력된다. 빈 박스 안에 〈표3〉의 내용(위 (1)식에서 제공된 미분 방정식에 근거하여)으로 데이터를 입력하고 '확인' 버튼을 클릭한다.

▎표3

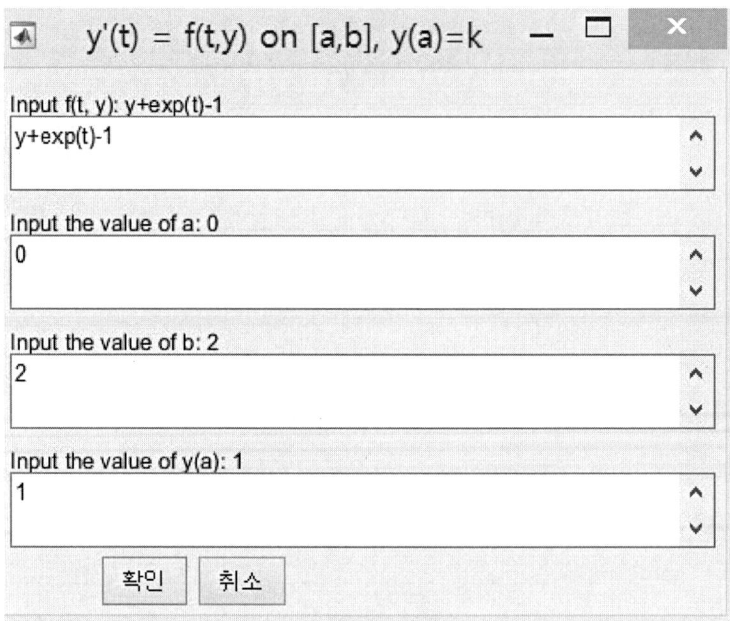

〈step 3〉

위 〈step 2〉까지의 작업을 완료하면 〈표2〉에 주어진 대화형 박스가 화면 출력된다. 계속해서 〈표4〉와 같이 입력하고 '확인' 버튼을 클릭하면 〈표5〉의 내용이 명령창에 출력되고 〈표6〉과 같은 그래프 결과가 화면 출력된다.

▌표4

▌표5

Nodes	Exact	Taylor2	Error_T2	Midpoint	Error_M
0.00	1.00000	1.00000	0.00000	1.00000	0.00000
0.10	1.11052	1.11000	0.00052	1.11013	0.00039
0.20	1.24428	1.24312	0.00116	1.24340	0.00088
0.30	1.40496	1.40300	0.00196	1.40347	0.00149
0.40	1.59673	1.59380	0.00293	1.59449	0.00224
0.50	1.82436	1.82025	0.00411	1.82120	0.00316
0.60	2.09327	2.08774	0.00554	2.08899	0.00428
0.70	2.40963	2.40238	0.00725	2.40400	0.00563
0.80	2.78043	2.77114	0.00929	2.77319	0.00724
0.90	3.21364	3.20192	0.01172	3.20447	0.00918
1.00	3.71828	3.70368	0.01460	3.70681	0.01148
1.10	4.30458	4.28658	0.01800	4.29038	0.01421
1.20	4.98414	4.96213	0.02201	4.96671	0.01743
1.30	5.77009	5.74336	0.02672	5.74885	0.02124
1.40	6.67728	6.64504	0.03224	6.65156	0.02572
1.50	7.72253	7.68384	0.03869	7.69156	0.03097
1.60	8.92485	8.87863	0.04622	8.88773	0.03712
1.70	10.30571	10.25072	0.05499	10.26141	0.04430
1.80	11.88937	11.82418	0.06519	11.83669	0.05268
1.90	13.70320	13.62618	0.07702	13.64077	0.06243
2.00	15.77811	15.68738	0.09073	15.70435	0.07376

▌표6

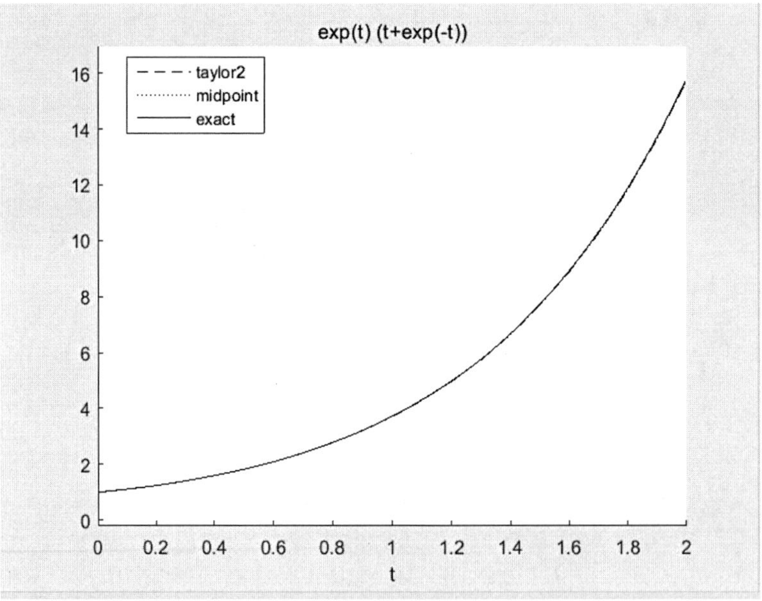
exp(t) (t+exp(-t))
taylor2
midpoint
exact
16
14
12
10
8
6
4
2
0
0 0.2 0.4 0.6 0.8 1 1.2 1.4 1.6 1.8 2
t

▌표7

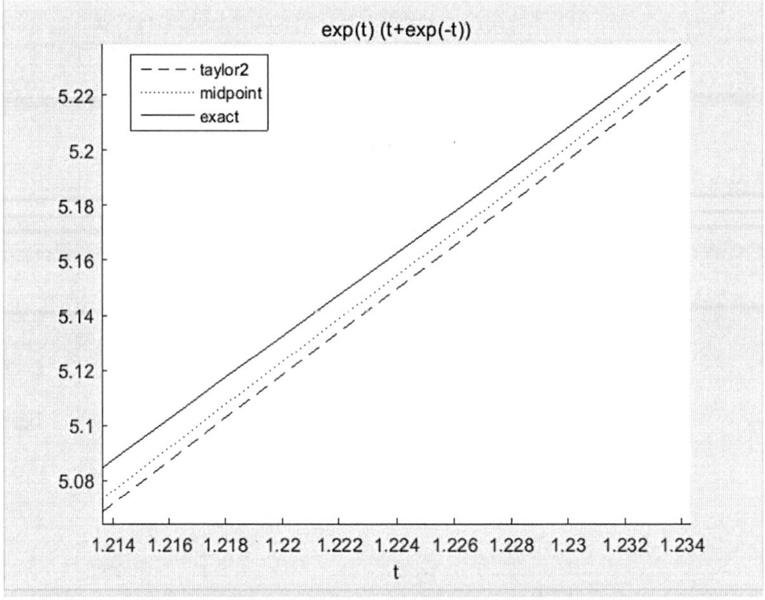
exp(t) (t+exp(-t))
taylor2
midpoint
exact
5.22
5.2
5.18
5.16
5.14
5.12
5.1
5.08
1.214 1.216 1.218 1.22 1.222 1.224 1.226 1.228 1.23 1.232 1.234
t

〈표5〉에 주어진 수치 성분에 대한 설명은 다음과 같다:

- 1열: <표4>에서 step size의 값이 0.1로 입력되었기 때문에 Nodes에 대응하는 열은, 위 (1)식에서 t의 범위인

$$0 \le t \le 2$$

  을 0.1간격으로 분할하여 구해졌다.

- 2열: 위 (1)식에서 주어진 미분 방정식의 이론해(Nodes 열의 각각의 분할점에 대응하는)이다.

- 3열: 위 <3장 연습문제> 4번에서 설명한 2차 Taylor Method로 구한 수치해(위 (1)식에서 주어진 미분 방정식에 대한)이다.

- 4열: 이론해와 2차 Taylor Method에 의한 수치해의 차이의 절대값이다. 즉, 각각의 분할점(Nodes 열에 주어진)에 대하여 4열은 다음의 관계식으로부터 구해진다.

  4열 = abs(2열 - 3열)

- 5열: 위 (1)식에서 주어진 미분 방정식에 대하여 Midpoint Method를 적용하여 구한 수치해이다.

- 6열: 이론해와 Midpoint Method에 의한 수치해와의 차이의 절대값이다. 즉, 각각의 분할점(Nodes 열에 주어진)에 대하여 6열은 다음의 관계식으로부터 구해진다:

  6열 = abs(2열 - 5열)

〈표6〉의 경우, 세 종류의 그래프(2차 Taylor Method에 의한 수치해, Midpoint Method에 의한 수치해, 이론해)가 함께 그려졌으나 하나의 선으로 보인다. Euler Method에 비하여 2차 Taylor Method와 Midpoint Method에 의한 수치해의 정확도가 상대적으로 높은 편이기 때문이다. 세 종류의 그래프

존재를 확인하기 위하여 〈표6〉에 주어진 그래프를 확대하여 〈표7〉에 제공하였다.

수치해를 구하기 위하여 두 가지 방법을 이용하였다. 하나는 2차 Taylor Method이고 다른 하나는 Midpoint Method이다. 2차 Taylor Method는 〈3장 연습문제〉 4번의 내용을 참고하고 Midpoint Method는 아래 박스 안에 주어진다.

$$w_0 = k$$
$$w_{i+1} = w_i + hf(t_i + \frac{h}{2}, w_i + \frac{h}{2}f(t_i, w_i))$$

위의 박스 안에 주어진 차분 방정식에서 $h = (b-a)/N$이고 N은 자연수이다. 또한 $i = 0, 1, 2, ..., N$에 대하여 분할점은 $t_i = a + ih$로 주어진다. 이와 같은 방법에 의하여 구해진

$$w = [w_0, w_1, w_2, ..., w_N]$$

은 위의 (1)에 주어진 미분 방정식의 수치해(Midpoint Method에 의하여 구해진)가 된다. 미분 방정식의 수치해를 구하는 방법에 관한 이론적인 내용과 수치 해석적 내용을 알고 싶다면 참고문헌 [ATK], [BUR], [CHA], [CHE]을 참고하길 바란다.

위에서 설명한 과정(〈step 1〉-〈step 3〉의 내용 포함하여)이 실행될 수 있도록 midtaylor2main.m 파일을 작성하시오.

09. 앞의 내용인 〈2장 연습문제〉 1번에서는 힌트를 보고 세 자리 번호를 맞추는 UI window를 작성하여 보았다. 〈2장 연습문제〉 1번에서와 마찬가지로 같은 세 자리 번호를 맞추는 UI window를 작성하지만 이번에는 아래 〈step 1〉–〈step 5〉에서 설명하고 있는 내용이 실행(아래 〈표1〉 – 〈표5〉에 주어진 UI window를 출력)되도록 GuiButtonNum3.fig와 GuiButtonNum3.m 파일을 작성하시오.

〈step 1〉

파일 GuiButtonNum3을 실행하면 초기 UI window가 〈표1〉과 같이 출력된다.

▌표1

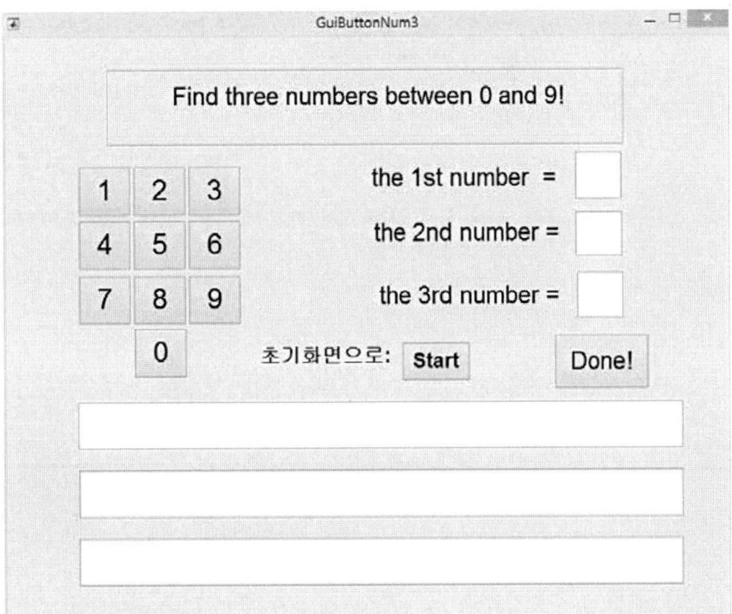

〈step 2〉

〈표1〉에 주어진 UI window의 왼쪽에 위치한 숫자 키패드에서 마우스로 세 개의 수를 선택한다. 예를 들어, 〈표2〉의 결과는 〈표1〉에 주어진 숫자 키패드에서 1,2,3을 마우스로 선택한 뒤에 푸시 버튼인 Done! 을 클릭하여 구해졌다.

▌표2

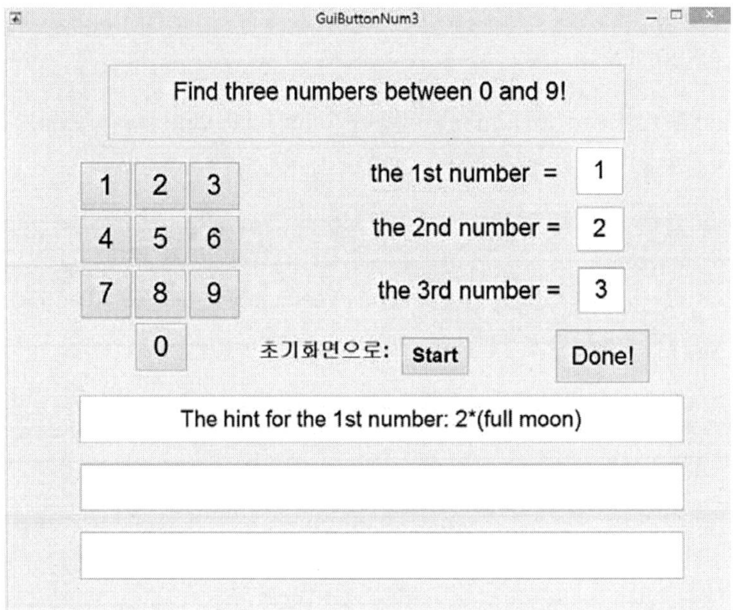

〈step3〉

아래 (i) 또는 (ii)에서 설명한 절차를 진행하여 〈표3〉의 결과를 구한다.

(i) 〈표2〉에 주어진 UI window에서 푸시 버튼인 Start 을 클릭하여 〈표1〉의 초기 UI window로 되돌아가서 숫자 8,2,3을 마우스로 차례대로 선택(〈표2〉의 UI window의 왼쪽에 위치한 숫자 키패드에서)한 뒤에 푸시 버튼인 Done! 을 클릭한다.

(ii) 〈표2〉와 같이 출력된 UI window에서 자판으로 숫자 8을 직접 입력(첫 번째 수를 입력하는 박스에서 숫자 1을 지우고)한 뒤에 푸시 버튼인 Done! 을 클릭한다.

▌표3

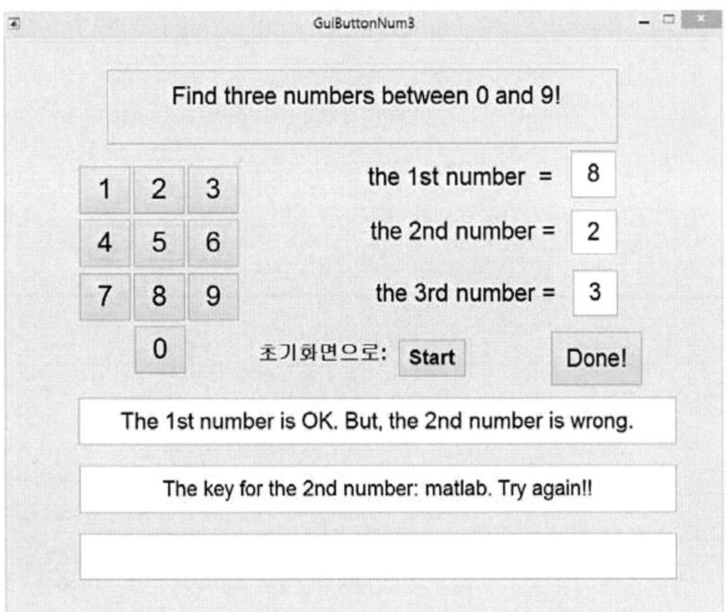

〈step 4〉

아래 (i) 또는 (ii)에서 설명한 절차를 진행하여 〈표4〉의 결과를 구한다.

(i) 〈표3〉에 주어진 UI window에서 푸시 버튼인 **Start** 을 클릭하여 〈표1〉의 초기 UI window로 되돌아가서 숫자 8,6,3을 마우스로 차례대로 선택(〈표3〉의 UI window의 왼쪽에 위치한 숫자 키패드에서)한 뒤에 푸시 버튼인 Done! 을 클릭한다.

(ii) 〈표3〉와 같이 출력된 UI window에서 자판으로 숫자 6을 직접 입력(두 번째 수를 입력하는 박스에서 숫자 2를 지우고)한 뒤에 푸시 버튼인 Done! 을 클릭한다.

▌표4

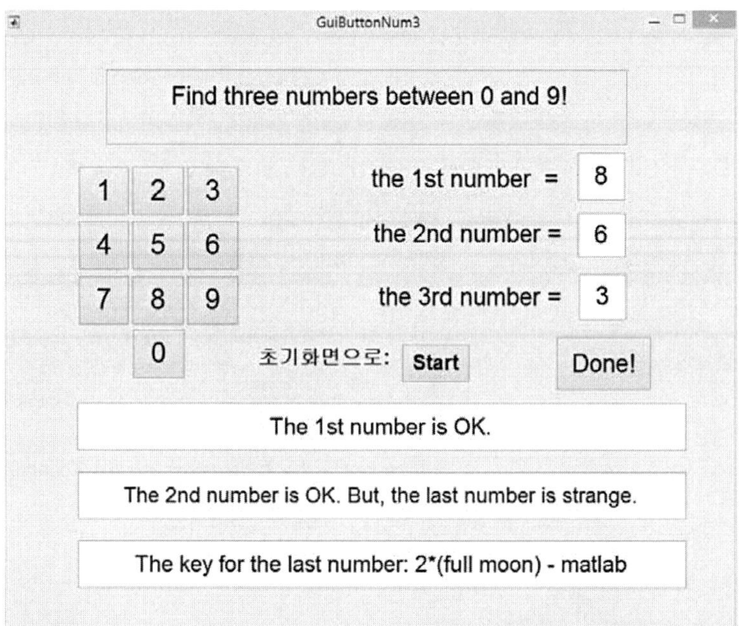

〈step 5〉

아래 (i) 또는 (ii)에서 설명한 절차를 진행하여 〈표5〉와 같은 최종 결과를 구한다.

(i) 〈표4〉에 주어진 UI window에서 푸시 버튼인 **Start** 을 클릭하여 〈표1〉의 초기 UI window로 되돌아가서 숫자 8,6,2을 마우스로 차례대로 선택(〈표4〉의 UI window의 왼쪽에 위치한 숫자 키패드에서)한 뒤에 푸시 버튼인 Done! 을 클릭한다.

(ii) 〈표4〉와 같이 출력된 UI window에서 자판으로 숫자 2을 직접 입력(세 번째 수를 입력하는 박스에서 숫자 3를 지우고)한 뒤에 푸시 버튼인 Done! 을 클릭한다.

▌표5

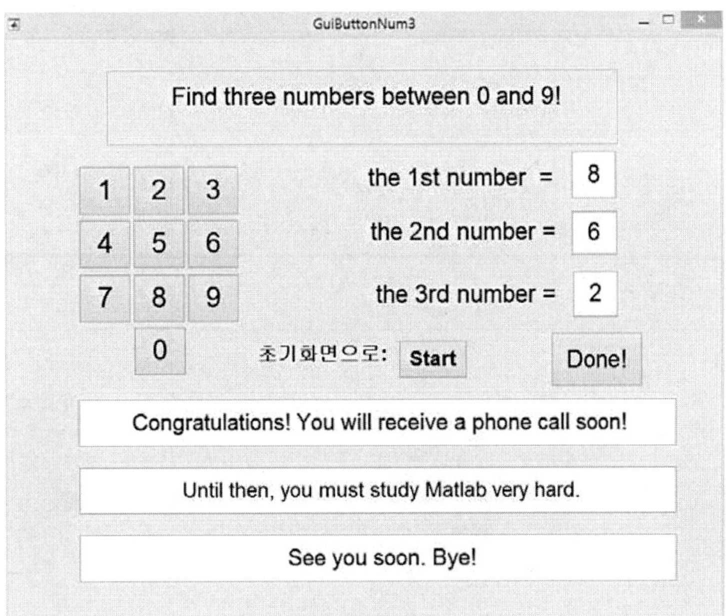

부록

Supplement

부록1 수학 함수

□ 수학 함수 I

기본함수	매틀랩 함수	실행
$n!$	factorial(n) (n은 자연수)	>> factorial(4) ans = 24
$\sqrt[n]{x}$	nthroot(x,n) (x가 음수이면 n은 odd integer)	>> nthroot(8,3) ans = 2 >> nthroot(−8,3) ans = −2
$\lvert x \rvert$	abs(x)	>> abs(−4) ans = 4
e^x	exp(x)	>> exp(1) ans = 2.7183
$\sqrt{x}$	sqrt(x)	>> sqrt(16) ans = 4
$\ln x$	log(x)	>> log(exp(3)) ans = 3
$\log_{10} x$	log10(x)	>> log10(100) ans = 2

☐ 수학 함수 II

삼각함수	매틀랩 함수 (x는 radian)	매틀랩 함수 (x는 degree)
$\sin(x)$	sin(x)	sind(x)
$\cos(x)$	cos(x)	cosd(x)
$\tan(x)$	tan(x)	tand(x)
$\sec(x)$	sec(x)	secd(x)
$\csc(x)$	csc(x)	cscd(x)
$\cot(x)$	cot(x)	cotd(x)

역삼각함수	매틀랩 함수 (출력: radian)	매틀랩 함수 (출력: degree)
$\sin^{-1}(x)$	asin(x)	asind(x)
$\cos^{-1}(x)$	acos(x)	acosd(x)
$\tan^{-1}(x)$	atan(x)	atand(x)
$\sec^{-1}(x)$	asec(x)	asecd(x)
$\csc^{-1}(x)$	acsc(x)	acscd(x)
$\cot^{-1}(x)$	acot(x)	acotd(x)

〈예제〉 아래와 같이 명령창에서 실행한다.

>> tan(pi/4) % 입력: radian ans = 1.0000 >> tand(45) % 입력: degree ans = 1	>> atan(1) % 출력: radian ans = 0.7854 >> atand(1) % 출력: 각도 ans = 45

Hyperbolic 함수	매틀랩 함수
$\sinh(x)$	sinh(x)
$\cosh(x)$	cosh(x)
$\tanh(x)$	tanh(x)
$\operatorname{sech}(x)$	sech(x)
$\operatorname{csch}(x)$	csch(x)
$\coth(x)$	coth(x)

Inverse Hyperbolic 함수	매틀랩함수
$\sinh^{-1}(x)$	asinh(x)
$\cosh^{-1}(x)$	acosh(x)
$\tanh^{-1}(x)$	atanh(x)
$\operatorname{sech}^{-1}(x)$	asech(x)
$\operatorname{csch}^{-1}(x)$	acsch(x)
$\coth^{-1}(x)$	acoth(x)

부록2 함수 fprintf 사용법

sumbytes = fprintf(fid, format_strings, X1, X2, ..., Xn)

□ 설명

(1) 데이터 X1, X2, ..., Xn에 저장되어 있는 내용을 형식 문자열(= format_strings)에서 설정한대로 파일 인식자 fid(= file identifier)와 연결된 파일에 텍스트 형식으로 출력한다.

(2) 파일 인식자 fid를 생략하거나 fid가 정수 1의 값을 가지면 데이터를 형식 문자열에서 설정한대로 명령창에 출력(파일에 출력하지 않고)한다.

(3) 출력 내용에 대응하는 총 바이트(bytes) 수가 sumbytes에 저장된다.

(4) 형식 문자열의 내용은 단일인용부호 내부에 입력한다.

(5) 아래의 예로서 형식 문자열의 기본 구조를 알아보자.

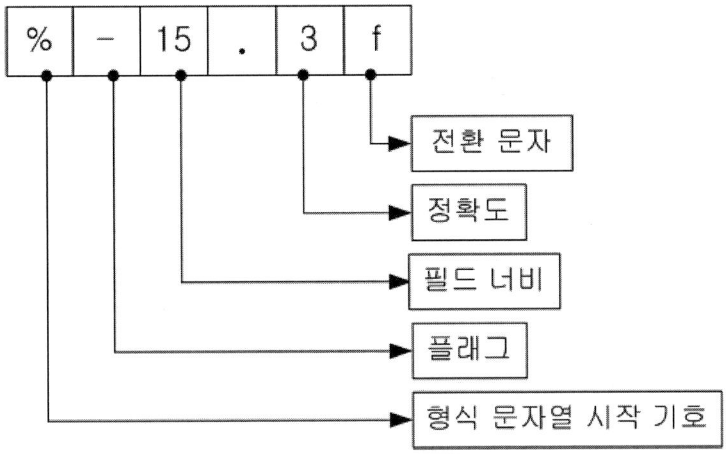

- 위의 형식 문자열에 대한 설명은 다음과 같다.

> 출력되는 값의 총 자리수를 15자리로 설정하고 소수점 이하로 3자리까지 표시한다. 정렬은 좌측열을 기준으로 한다. 출력 방식은 고정 소수점 표기 방식이다.

- % : 단일인용부호 내부에서 형식 문자열의 시작을 알려주는 기호이다.
- 플래그(Flags)에 대응하는 기호 종류와 설명:

> － : 좌측열을 기준으로 정렬
> ＋ : 부호 표시
> 0 : 공백(spaces)에 0표시
> 공백 : 값(value) 앞에 공백(space) 첨가

단, 플래그의 기호를 선택하지 않을 경우 우측 열을 기준으로 내용이 정렬된다.

- 필드 너비(Field width)에 의하여 출력되는 값의 총 자리수(소수점 포함)를 설정한다.
- 정확도(Precision)는 소수점 이하의 자리수를 설정한다.
- 전환 문자(Conversion character)의 종류

종류	설명
%c	하나의 문자 출력
%s	문자열 출력
%d	부호있는 십진법 방식으로 출력
%u	부호없는 십진법 방식으로 출력
%e	지수 표기법 출력 (3.1415e+00와 같이 소문자 e 사용)
%E	지수 표기법 출력 (3.1415E+00와 같이 대문자 E 사용)
%f	고정 소수점 표기법으로 출력

%g	%e 또는 %f 중 간략한 형태로 출력. 불필요한 0은 생략
%G	%g 사용법과 동일(단, 대문자 E 사용)
%o	8진법 방식으로 출력
%x	소문자 a-f 이용하여 16진법 방식으로 출력
%X	대문자 A-F 이용하여 16진법 방식으로 출력

- 형식 문자열에 다음과 같은 이스케이프 문자(Escape Character)를 입력할 수 있다.

종류	설명
₩n	개행(New line)
₩t	탭(Tab)
₩₩	Backslash 기호 출력: ₩
''	단일 인용 부호 출력: '
%%	퍼센트 기호 출력: %

〈**예제**〉 다음과 같이 명령창에서 실행하여 보자.

```
>> k = 10     % 수의 경우
>> fprintf('%-5d',k);
10   >>

>> fprintf('%5d',k);
   10>>

>> k=223782.2634700
>> fprintf('%-20.5f',k)
223782.26347         >>
```

```
>> fprintf('%20.5f',k)
        223782.26347>>

>> fprintf('%+20.5f\n',k)
       +223782.26347
>>

>> fprintf('%020.5E',k)
0000000002.23782E+05>>

>> y = [1 2 3 4 5 6 7 8 9 10];  % 벡터의 경우
>> fprintf('%d',y)
12345678910>>

>> fprintf('%d ',y)
1 2 3 4 5 6 7 8 9 10 >>

>> fprintf('%d  ',y)
1  2  3  4  5  6  7  8  9  10  >>

>> z = [ 1 2 3 4 5 ; 11 12 13 14 15 ];  % 행렬의 경우
>> fprintf('%d  ',z)
1  11  2  12  3  13  4  14  5  15  >>

>> deg = 40.2;    % 수와 문자열의 경우
>> fprintf('어제는 온도가 %5.1f도 까지 올라갔다.\n',deg)
어제는 온도가  40.2도 까지 올라갔다.
>>
```

부록3 ● Latex 명령어

Latex 문법	수식
x^n	x^n
x_n	x_n
₩hat{x}	$\hat{x}$
₩dot{x}	$\dot{x}$
₩bar{x}	$\bar{x}$
₩tilde{x}	$\tilde{x}$
₩ddot{x}	$\ddot{x}$
₩acute{x}	$\acute{x}$
₩vec{x}	$\vec{x}$

Latex 문법	수식
₩sqrt{x}	$\sqrt{x}$
₩frac {1+x} {x}	$\frac{1+x}{x}$
₩int_{-₩infty}^{₩infty}f(x)dx	$\int_{-\infty}^{\infty}f(x)dx$
₩sum_{n=1}^{100}a_n	$\sum_{n=1}^{100}a_n$
₩lim_{n₩rightarrow₩infty}a_n	$\lim_{n\rightarrow\infty}a_n$

Latex 문법	관계 기호	Latex 문법	관계 기호
₩leq	$\leq$	₩geq	$\geq$
₩subset	$\subset$	₩supset	$\supset$
₩subseteq	$\subseteq$	₩supseteq	$\supseteq$
₩in	$\in$	₩ni	$\ni$
₩equiv	$\equiv$	₩sim	$\sim$
₩approx	$\approx$	₩simeq	$\simeq$
₩cong	$\cong$	₩neq	$\neq$
₩doteq	$\doteq$	₩perp	$\perp$

Latex 문법	화살표 기호	Latex 문법	화살표 기호
₩leftarrow	←	₩rightarrow	→
₩Leftarrow	⇐	₩Rightarrow	⇒
₩leftrightarrow	↔	₩mapsto	↦
₩Leftrightarrow	⇔	₩updownarrow	↕
₩uparrow	↑	₩Updownarrow	⇕
₩Uparrow	⇑	₩nearrow	↗
₩downarrow	↓	₩searrow	↘
₩Downarrow	⇓	₩swarrow	↙
₩mid	∣	₩nwarrow	↗

Latex 문법	기타 기호	Latex 문법	기타 기호
₩prime	′	₩infty	∞
₩emptyset	∅	₩prod	∏
₩angle	∠	₩oint	∮
₩forall	∀	₩pm	±
₩exists	∃	₩times	×
₩backslash	\	₩bullet	•
₩partial	∂	₩mp	∓
₩div	÷	₩circ	∘
₩star	★	₩wedge	∧
₩ldots	…	₩cdot	·
₩vdots	⋮	₩ddots	⋱

아래 〈표1〉의 내용을 명령창에서 실행하면 〈표2〉와 같은 출력을 보게 될 것이다. 이와 같은 방식으로 Latex 명령어를 사용하면 원하는 기호와 수식을 출력할 수 있다.

표1

```
fh = figure;
set(fh,'menubar','none');
hold on
x=0:0.01:3;
plot(x,exp(x));
title('$y = e^x$','interpreter','latex','fontsize',20);
text(1, exp(1),'$\bullet \rightarrow \mbox{(x,y)=(1,e)}$',...
    'interpreter','latex','fontsize',20);
text(1,15,'$\int_{-\infty}^{\infty}f(x)dx$',...
    'interpreter','latex','fontsize',20)
```

표2

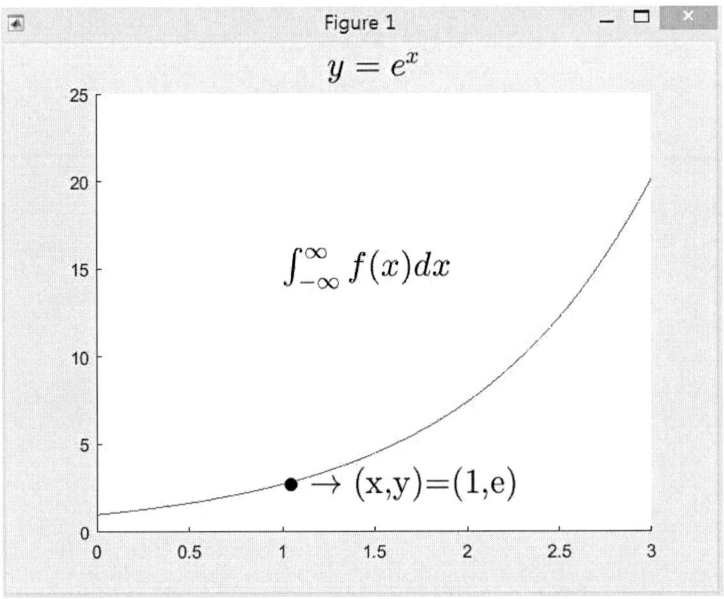

연습문제 풀이 01

01 푸시버튼, 슬라이더, 라디오 버튼, 확인란, 편집 텍스트, 정적 텍스트, 팝업 메뉴, 목록 상자, 토글 버튼

03 종류: 메뉴 편집기

경로: 레이아웃 에디터 상단: 툴 〉 메뉴 편집기 〉 메뉴 모음

레이아웃 에디터 상단: 툴 〉 메뉴 편집기 〉 상황별 메뉴

04 라디오 버튼 또는 토글 버튼

05 상황별 메뉴. 명령어: uicontextmenu

06 박스안의 내용을 아래 〈표1〉과 같이 지역 함수 mygraph_OpeningFcn의 내부에 저장한다. 사용자가 만든 실행문(들)을 mygraph_OpeningFcn 함수의 내부에 저장한 뒤에 실행하면 UI window의 초기 화면에 mygraph_OpeningFcn 함수의 내부에 있던 실행문의 결과가 출력된다.

표1

```
--------------------------------------------------------------------------------------------
function mygraph_OpeningFcn(hObject, eventdata, handles, varargin)
% This function has no output args, see OutputFcn.
% hObject    handle to figure
% eventdata  reserved - to be defined in a future version of MATLAB
% handles    structure with handles and user data (see GUIDATA)
% varargin   command line arguments to mygraph (see VARARGIN)

[X,Y] = meshgrid(-5:0.2:5);
Z = cos(X).*Y.^2 + X.^2;
surf(X, Y, Z)

% Choose default command line output for mygraph
handles.output = hObject;

% Update handles structure
guidata(hObject, handles);

% UIWAIT makes mygraph wait for user response (see UIRESUME)
% uiwait(handles.figure1);
--------------------------------------------------------------------------------------------
```

07 이용가능 객체: 버튼 그룹(uibuttongroup)

사용 방법: 사용자가 버튼 그룹 박스 안에 있는 항목인 라디오 버튼 또는 토글 버튼을 선택하면 어떤 버튼을 선택하였는지 알아내기 위하여 콜백 함수 SelectionChangedFcn을 이용할 수 있다.

08
- hObject: UI window에 존재하는 객체를 선택하여 콜백 함수가 연결되는 경우, 선택된 객체에 대응하는 핸들을 저장하고 있는 변수이다.
- eventdata: 객체들로 구성된 UI window 영역 내부에서 선택한 마우스 버튼(또는 키보드에 의한 입력 키)에 대한 자세한 정보를 가지고 있는 변수이다.
- handles: UI window를 구성하는 객체의 속성 중의 하나가 Tag이다. 속성 Tag에 값을 설정(객체의 종류를 알 수 있는 문자열 포함)하여 이 값(문자열)을 관련 객체의 핸들 변수명으로 이용한다. 이런 과정에서 생성된 객체 핸들 변수명을 서브 필드명으로 사용하는 struct 변수 구조를 가진 것이 입력 인자 handles이다.

09 테이블(uitable)

연습문제 풀이 ㅁㄹ

03 (a)

```
function varargout = abc(varargin)
function abc_OpeningFcn(hObject, eventdata, handles, varargin)
function varargout = abc_OutputFcn(hObject, eventdata, handles)
```

(b)

함수 abc_OpeningFcn, 함수 abc_OutputFcn

(c)

함수 abc_OpeningFcn

04
```
function mypush_Callback(hObject, eventdata, handles)
```

05 함수의 입력 인자 개수를 함수 내부에서 변수 nargin에 저장된 값에 의하여 알 수 있고 출력 인자의 개수는 변수 nargout에 저장된 값에 의하여 알 수 있다.

06
```
M =
    3  5  8  6
    2  6  7  5
    1  8  5  2
    7  4  9  3
```

```
>> Msort = sort(M)
Msort =
   1    4    5    2
   2    5    7    3
   3    6    8    5
   7    8    9    6

>> Mmin = min(M)
Mmin =
   1    4    5    2

>> Mminsum = sum(Mmin)
Mminsum =     12
```

07

```
>> M = [ 1 10 13 ; 2  5 17 ; 1 2 3 ];
>> M
M =
   1   10   13
   2    5   17
   1    2    3
```

>> K = sort(M(:,3)) K = 3 13 17	>> fprintf('%5.1f',K) 3.0 13.0 17.0>>

08 (ⅰ) 함수형 M-파일 이용:

〈답〉

```
function y = f(x)     % f.m 파일로 저장한다.
  y = exp(sin(x));
end

>> format long
>> Q1 = quad(@f,0,2)
Q1 =   4.236531152780965
```

(ⅱ) Anonymous 함수 정의법을 이용:

〈답〉

```
>> g = @(x) exp(sin(x))
g =    @(x)exp(sin(x))

>> Q2 = quad(g,0,2)
Q2 =   4.236531152780965
```

09 〈표1〉에 주어진 내용을 ft.m 파일명으로 저장한다. 파일 ft.m이 있는 폴더에서 〈표2〉에 주어진 내용대로 명령창에서 실행한다. 전역 변수 선언을 위하여 global을 사용하고 있다.

▌표1	▌표2

function valout = ft(nval)
  global xval
  xval = sin(nval);
  valout = 2*xval;
end
	>> a = pi/2;
	>> myresult = ft(a)
	>> global xval
	>> xval
	
	myresult = 2
	xval = 1

10 아래에 주어진 내용을 파일 myline.m으로 저장한다.

```
---------- myline.m --------------------------------------------------------------------
linetype = {'-',':','--','-.'};
str = 'y'
stepsize = 0.5;
t = 0: stepsize: 3*pi;
x = t+sin(t);
y = 2*cos(t);
while str == 'y'
  mychoice = menu('선의 선택은?', '실선','점선','대쉬','대쉬돗');
  L = plot(x,y,linetype{mychoice});
  set(L,'linewidth',3);
  str=questdlg('계속 ?', '선택하시오','y','n','y');
end
-----------------------------------------------------------------------------------------
```

다음과 같이 명령창에서 실행하면 〈표1〉과 같은 메뉴 대화창이 화면에 출력된다. 메뉴 대화창에서 첫 번째 항목인 실선을 선택하면 〈표2〉에 주어진 그래프를 보게 될 것이다. 동시에 〈표3〉과 같은 질문 대화창이 화면 출력된다. 〈표3〉의 박스에서 첫 번째 항목인 'y'를 선택하면 다시 〈표1〉의 메뉴 대화창이 출력되어 다른 종류의 선을 선택(예를 들어, 두 번째 항목인 '점선'을 선택하면 〈표4〉와 같은 figure window가 출력)할 수 있다. 만약에 〈표3〉의 질문 대화창에서 두 번째 항목인 'n'을 선택하면 실행이 종료된다.

```
>> myline  % 입력후 엔터키
```

표1

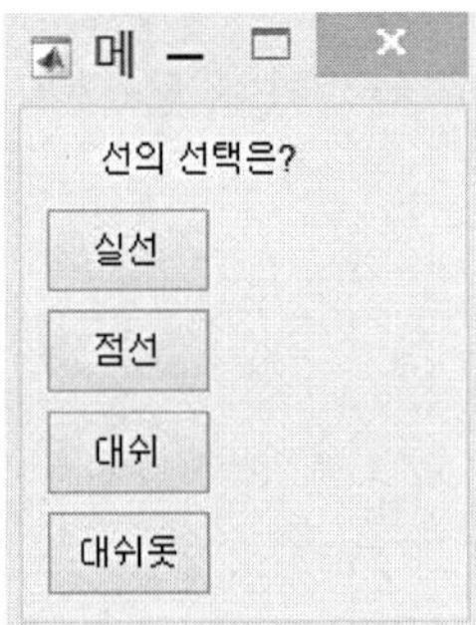

표2

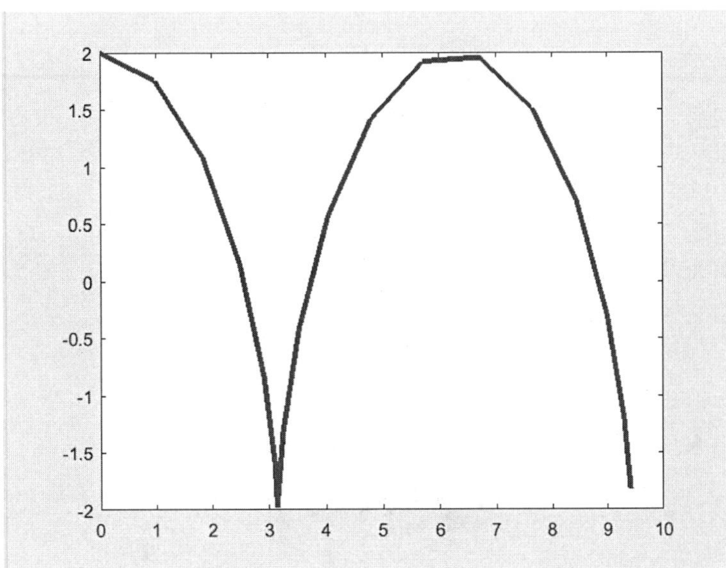

표3

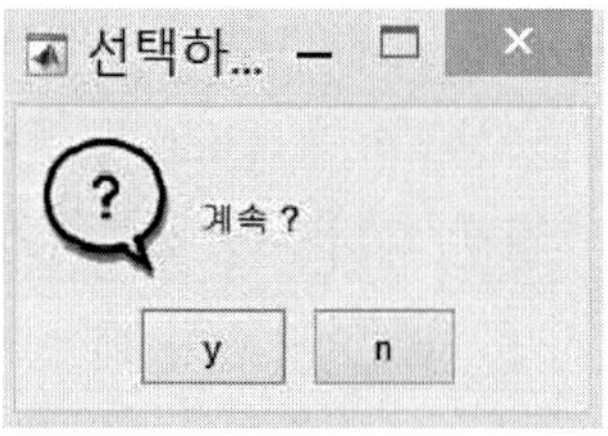

표4

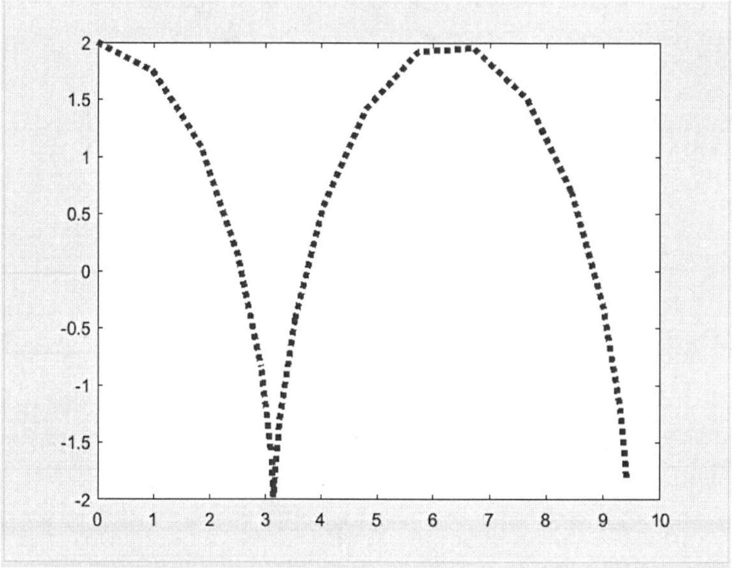

11 >> g= @(x,y) atan(x)*sqrt(y)*(exp(3/2)+ (log(x))^2);

```
>> fval = g(1,2)
fval =  4.9779
```

12 >> x = 1:2:8;

```
>> y = [x ; sin(x)];
>> fprintf('\n    x   sin(x)\n'); fprintf('%5.2f%8.3f\n',y);

    x        sin(x)
  1.00       0.841
  3.00       0.141
  5.00      -0.959
  7.00       0.657


>> y
y =
   1.0000   3.0000   5.0000   7.0000
   0.8415   0.1411  -0.9589   0.6570
```

13 legend('sin(x)','cos(x)','Location','Best')을
legend('cos(x)','sin(x)','Location','Best')으로 변경한다.

▌ 변경 전

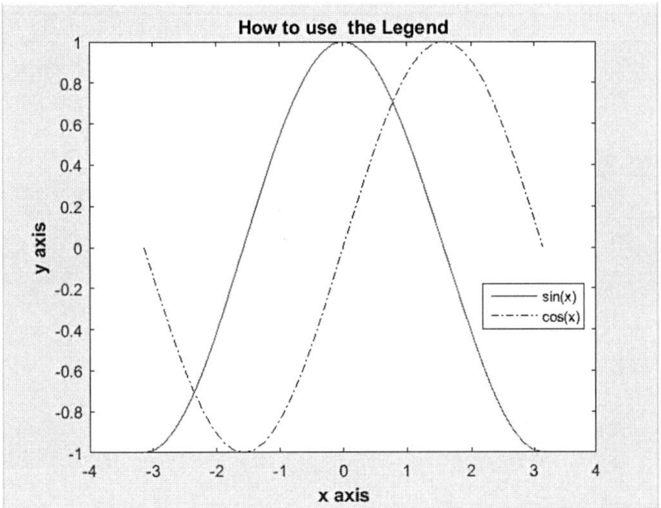

▌ 변경 후

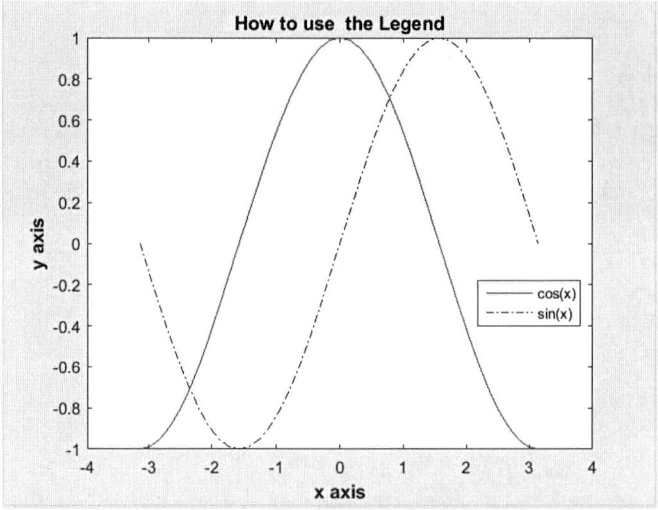

14
```
>> h = @(u) quad(@(x) (3*x.^2 + 2*u.^2.*x - u), 0, 3)
h =  @(u)quad(@(x)(3*x.^2+2*u.^2.*x-u),0,3)

>> hval = h(2)
hval =  57
```

연습문제 풀이 03

01 아래 〈표〉와 같이 함수 mygroup_OpeningFcn 내부에

set(handles.radiobutton1,'Value',0)

와 같은 실행문을 추가 입력, 저장하고 다시 mygroup.m을 실행하면 문제에 주어진 〈표3〉과 같은 초기 UI window을 출력할 수 있다.

▌표

```
---------------------------------------------------------------------------------------------
% --- Executes just before mygroup is made visible.
function mygroup_OpeningFcn(hObject, eventdata, handles, varargin)

[X1,Y1] = meshgrid(0:.2:8);
Z1 = sin(X1)+sin(Y1);
surf(X1,Y1,Z1);
xlabel('\bf{x}','fontsize',15)
ylabel('\bf{y}','fontsize',15)
zb = zlabel('\bf{z}','fontsize',15);
set(zb,'rotation',0);

set(handles.radiobutton1,'Value',0)

% Choose default command line output for mygroup
handles.output = hObject;

% Update handles structure
```

```
guidata(hObject, handles);

% UIWAIT makes mygroup wait for user response (see UIRESUME)
% uiwait(handles.figure1);
----------------------------------------------------------------------------------------
```

02 〈표1〉과 같은 구성으로 레이아웃 에디터에서 mygrouptoggle.fig 파일을 작성한다.

〈표2〉와 같이 mygrouptoggle.m 파일을 편집한다. 이렇게 완성된 두 개의 파일이 현재 폴더에 존재하는지 확인하고 다음과 같이 명령창에서 실행한다.

```
>> mygrouptoggle  % 입력 후 Enter키 클릭
```

실행의 결과로 문제에 주어진 UI window가 출력된다. 출력된 UI window에서 'axis off' 항목을 선택하면 〈표3〉과 같은 UI window가 출력(x, y, z축이 사라진다)된다. 계속해서, 〈표3〉의 UI window에서 'axis on' 항목을 선택하면 문제에 주어진 UI window(x, y, z축을 볼 수 있다)로 되돌아간다.

▌표1 mygrouptoggle.fig

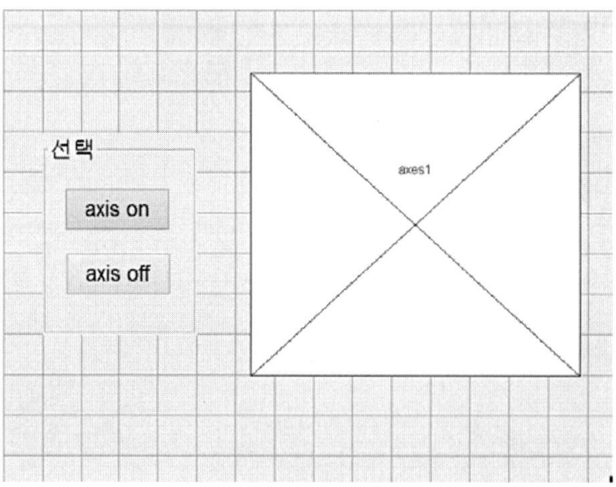

▌표2

```
---- mygrouptoggle.m --------------------------------------
function varargout = mygrouptoggle(varargin)
% MYGROUPTOGGLE MATLAB code for mygrouptoggle.fig
%    MYGROUPTOGGLE, by itself, creates a new MYGROUPTOGGLE or
%    raises the existing singleton*.
%
%    H = MYGROUPTOGGLE returns the handle to a new MYGROUPTOGGLE
%    or the handle to the existing singleton*.
%
%     MYGROUPTOGGLE('CALLBACK',hObject,eventData,handles,...) calls
%     the local function named CALLBACK in MYGROUPTOGGLE.M
%     with the given input arguments.
%     MYGROUPTOGGLE('Property','Value',...) creates a new
%     MYGROUPTOGGLE or raises the
%     existing singleton*.  Starting from the left, property value pairs are
%     applied to the GUI before mygrouptoggle_OpeningFcn gets called.
%     An unrecognized property name or invalid value makes property
%     application stop.
%     All inputs are passed to mygrouptoggle_OpeningFcn via varargin.
%    *See GUI Options on GUIDE's Tools menu.  Choose "GUI allows only
%     one instance to run (singleton)".
%
% See also: GUIDE, GUIDATA, GUIHANDLES

% Edit the above text to modify the response to help mygrouptoggle

% Last Modified by GUIDE v2.5 04-Aug-2015 16:04:46
```

```
% Begin initialization code - DO NOT EDIT
gui_Singleton = 1;
gui_State = struct('gui_Name',       mfilename, ...
                   'gui_Singleton',  gui_Singleton, ...
                   'gui_OpeningFcn', @mygrouptoggle_OpeningFcn, ...
                   'gui_OutputFcn',  @mygrouptoggle_OutputFcn, ...
                   'gui_LayoutFcn',  [] , ...
                   'gui_Callback',   []);
if nargin && ischar(varargin{1})
   gui_State.gui_Callback = str2func(varargin{1});
end

if nargout
   [varargout{1:nargout}] = gui_mainfcn(gui_State, varargin{:});
else
   gui_mainfcn(gui_State, varargin{:});
end
% End initialization code - DO NOT EDIT


% --- Executes just before mygrouptoggle is made visible.
function mygrouptoggle_OpeningFcn(hObject, eventdata, handles, varargin)
% This function has no output args, see OutputFcn.
% hObject    handle to figure
% eventdata  reserved - to be defined in a future version of MATLAB
% handles    structure with handles and user data (see GUIDATA)
% varargin   command line arguments to mygrouptoggle (see VARARGIN)

[X1,Y1] = meshgrid(0:.2:8);
```

```
Z1 = sin(X1)+sin(Y1);
surf(X1,Y1,Z1);
xlabel('\bf{x}','fontsize',15)
ylabel('\bf{y}','fontsize',15)
zb = zlabel('\bf{z}','fontsize',15);
set(zb,'rotation',0);

% set(handles.radiobutton1,'Value',0)

% Choose default command line output for mygrouptoggle
handles.output = hObject;

% Update handles structure
guidata(hObject, handles);

% UIWAIT makes mygrouptoggle wait for user response (see UIRESUME)
% uiwait(handles.figure1);


% --- Outputs from this function are returned to the command line.
function varargout = mygrouptoggle_OutputFcn(hObject, eventdata, handles)
% varargout  cell array for returning output args (see VARARGOUT);
% hObject    handle to figure
% eventdata  reserved - to be defined in a future version of MATLAB
% handles    structure with handles and user data (see GUIDATA)

% Get default command line output from handles structure
varargout{1} = handles.output;
```

```
% --- Executes when selected object is changed in uibuttongroup1.
function uibuttongroup1_SelectionChangedFcn(hObject, eventdata, handles)
% hObject    handle to the selected object in uibuttongroup1
% eventdata  reserved - to be defined in a future version of MATLAB
% handles    structure with handles and user data (see GUIDATA)

bgpH = get(handles.uibuttongroup1,'SelectedObject');
myTag = get(bgpH,'Tag');
switch myTag
   case 'togglebutton1'
        axis(handles.axes1,'on')
   case 'togglebutton2'
        axis(handles.axes1,'off')
end
------------------------------------------------------------
```

▌표3

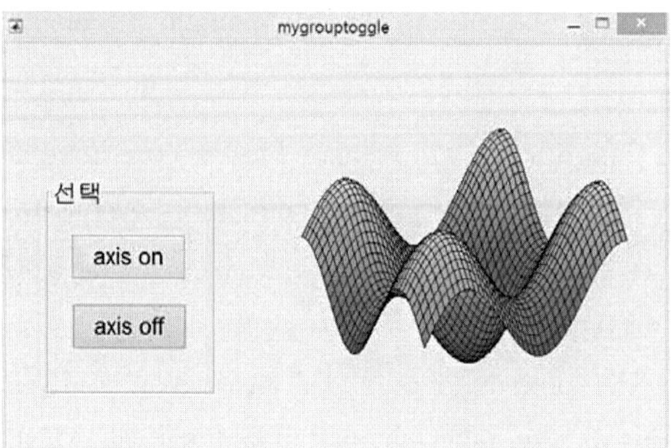

07 아래 〈표1〉에 주어진 내용을 M-파일 에디터에서 입력한 뒤에 mybtgroup.m 파일명으로 저장한다. 저장 후, 명령창에서 아래와 같이 실행하여 문제에 주어진 〈표4〉와 〈표5〉의 결과를 확인한다.

```
>> mybtgroup  % 입력한 뒤에 Enter키 클릭
```

▌표1

```
------ mybtgroup.m --------------------------------
function mybtgroup()
fh = figure;
set(gcf,'units','pixels','pos',[451 400 785 582]);
set(fh,'ToolBar','none');
set(fh,'MenuBar','none');

axh = axes;
set(axh, 'parent',fh);
set(axh,'position',[0.4 0.2 0.55 0.65]);
[X1,Y1] = meshgrid(0:.2:8);
Z1 = sin(X1)+sin(Y1);
surf(X1,Y1,Z1);
xlabel('\bf{x}','fontsize',15)
ylabel('\bf{y}','fontsize',15)
zb = zlabel('\bf{z}','fontsize',15);
set(zb,'rotation',0);

mybg = uibuttongroup(fh,'units','pixels','Position',[50 180 201 250],...
    'Title','선택','FontSize',18,...
    'SelectionChangedFcn',{@Axis_OnOff,axh});

rbone = uicontrol(mybg,'Style','radiobutton','units','pixels',...
    'Position',[23 132 152 47],'String','axis  on',...
```

```
        'FontSize',18);

rbtwo = uicontrol(mybg,'Style','radiobutton','units','pixels',...
        'Position',[23 53 152 47],'String','axis  off',...
        'FontSize',18);

end

function Axis_OnOff(hObject, callbackdata, axh)
 bgpH = get(hObject,'SelectedObject');
 myStr = get(bgpH,'String');
 switch myStr
   case 'axis  on'
          axis(axh,'on');
   case 'axis  off'
          axis(axh,'off');
 end
end
--------------------------------------------------
```

Reference

[ATK] K.E. Atkinson, An Introduction to Numerical Analysis, 2nd Edition, John Wiley and Sons, 1989.

[BUR] R.L. Burden and J.D. Faires, Numerical Analysis, 8th Edition, Brooks and Cole, 2005.

[CHA] S.C. Chapra, Applied Numerical Methods with Matlab, 2nd Edition, McGraw-Hill, 2008.

[CHE] W. Cheney and D. Kincaid, Numerical Mathematics and Computings, 7th Edition, Brooks/Cole, 2013.

[GIL] A. Gilat, Matlab An Introduction with Applications, John Wiley and Sons, 2008.

[LEN] C. S. Lent, Learning to Program with MATLAB (Building GUI Tools), Wiley, 2013.

[MAG] E.B. Magrab, An Engineer's Guide to Matlab, Prentice Hall, 2000.

[MAT] Matlab, Language of Technical Computing, Mathworks, Inc. 1984-2015.

[PAL] W. J. Palm III, Introduction to Matlab for Engineers, 3rd Edition, McGraw-Hill, 2012.

[김1] 김경중, Matlab과 응용, 교우사, 2010.

[김2] 김경중, 심볼릭 연산을 활용한 Matlab, 북스힐, 2015.

[여] 여영구, Matlab 고급 GUI 개발, 2판, 아진, 2011.

[임1] 임종수, Matlab 6.x GUI Programming, 아진, 2001.

[임2] 임종수, Matlab GUI Power, 아진, 2006.

[임3] 임종수, Matlab 7, 높이깊이, 2007.

찾아보기 I.n.d.e.x.

W

X

Y

기타

김 경 중

저자 소개

- 현재 한국항공대학교 교양학과 교수
- 서울대학교 박사후 연구원
- KU LEUVEN(Belgium) 박사후 연구원
- 연세대학교 Ph.D.

저서

- 심볼릭 연산을 활용한 MATLAB
- MATLAB과 응용

MATLAB을 이용한 GUI 생성과 활용

2015년 10월 30일 초판 발행
2023년 1월 10일 초판 2쇄 발행

저 자 • 김경중
발행자 • 오판근
발행처 • 교우사

주 소 • 서울특별시 동대문구 약령시로 8 교우빌딩 2층
전 화 • 925-2861(代), 편집부 / 925-2825, 홈쇼핑 / 969-5762
팩 스 • 925-2860

이메일 / kyowoo@kyowoo.co.kr
홈페이지 / http://www.kyowoo.co.kr
북스토어(쇼핑몰) / http://www.kyowoo.co.kr

등록번호 / 1994년 3월 24일 제6-0256호

ISBN 979-11-251-0134-5(93550)

값 35,000원